专家对第三人责任论

On Professional Liability for the Third Party

周友军 著

经济管理出版社
ECONOMY & MANAGEMENT PUBLISHING HOUSE

图书在版编目（CIP）数据

专家对第三人责任论/周友军著．—北京：经济管理出版社，2014．11
ISBN 978-7-5096-3342-7

Ⅰ．①专…　Ⅱ．①周…　Ⅲ．①民事责任—研究　Ⅳ．①D913．04

中国版本图书馆 CIP 数据核字(2014)第 207103 号

组稿编辑：宋　娜
责任编辑：宋　娜　刘广钦
责任印制：黄章平
责任校对：超　凡

出版发行：经济管理出版社
（北京市海淀区北蜂窝 8 号中雅大厦 A 座 11 层　100038）
网　　址：www．E-mp．com．cn
电　　话：（010）51915602
印　　刷：三河市延风印装厂
经　　销：新华书店
开　　本：720mm×1000mm/16
印　　张：22．25
字　　数：388
版　　次：2014 年 11 月年 1 版　2014 年 11 月第 1 版印刷
书　　号：ISBN 978-7-5096-3342-7
定　　价：118．00 元

编委会及编辑部成员名单

序　一

博士后制度是19世纪下半叶首先在若干发达国家逐渐形成的一种培养高级优秀专业人才的制度，至今已有一百多年历史。

20世纪80年代初，由著名物理学家李政道先生积极倡导，在邓小平同志大力支持下，中国开始酝酿实施博士后制度。1985年，首批博士后研究人员进站。

中国的博士后制度最初仅覆盖了自然科学诸领域。经过若干年实践，为了适应国家加快改革开放和建设社会主义市场经济制度的需要，全国博士后管理委员会决定，将设站领域拓展至社会科学。1992年，首批社会科学博士后人员进站，至今已整整20年。

20世纪90年代初期，正是中国经济社会发展和改革开放突飞猛进之时。理论突破和实践跨越的双重需求，使中国的社会科学工作者们获得了前所未有的发展空间。毋庸讳言，与发达国家相比，中国的社会科学在理论体系、研究方法乃至研究手段上均存在较大的差距。正是这种差距，激励中国的社会科学界正视国外，大量引进，兼收并蓄，同时，不忘植根本土，深究国情，开拓创新，从而开创了中国社会科学发展历史上最为繁荣的时期。在短短20余年内，随着学术交流渠道的拓宽、交流方式的创新和交流频率的提高，中国的社会科学不仅基本完成了理论上从传统体制向社会主义市场经济体制的转换，而且在中国丰富实践的基础上展开了自己的伟大创造。中国的社会科学和社会科学工作者们在改革开放和现代化建设事业中发挥了不可替代的重要作用。在这个波澜壮阔的历史进程中，中国社会科学博士后制度功不可没。

值此中国实施社会科学博士后制度20周年之际，为了充分展示中国社会科学博士后的研究成果，推动中国社会科学博士后制度进一步发展，全国博士后管理委员会和中国社会科学院经反复磋商，并征求了多家设站单位的意见，决定推出《中国社会科学博士后文库》（以下简称《文库》）。作为一个集中、系统、全面展示社会科学领域博士后优秀成果的学术平台，《文库》将成为展示中国社会科学博士后学术风采、扩大博士后群体的学术影响力和社会影响力的园地，成为调动广大博士后科研人员的积极性和创造力的加速器，成为培养中国社会科学领域各学科领军人才的孵化器。

创新、影响和规范，是《文库》的基本追求。

我们提倡创新，首先就是要求，入选的著作应能提供经过严密论证的新结论，或者提供有助于对所述论题进一步深入研究的新材料、新方法和新思路。与当前社会上一些机构对学术成果的要求不同，我们不提倡在一部著作中提出多少观点，一般地，我们甚至也不追求观点之“新”。我们需要的是有翔实的资料支撑，经过科学论证，而且能够被证实或证伪的论点。对于那些缺少严格的前提设定，没有充分的资料支撑，缺乏合乎逻辑的推理过程，仅仅凭借少数来路模糊的资料和数据，便一下子导出几个很“强”的结论的论著，我们概不收录。因为，在我们看来，提出一种观点和论证一种观点相比较，后者可能更为重要：观点未经论证，至多只是天才的猜测；经过论证的观点，才能成为科学。

我们提倡创新，还表现在研究方法之新上。这里所说的方法，显然不是指那种在时下的课题论证书中常见的老调重弹，诸如“历史与逻辑并重”、“演绎与归纳统一”之类；也不是我们在很多论文中见到的那种敷衍塞责的表述，诸如“理论研究与实证分析的统一”等等。我们所说的方法，就理论研究而论，指的是在某一研究领域中确定或建立基本事实以及这些事实之间关系的假设、模型、推论及其检验；就应用研究而言，则指的是根据某一理论假设，为了完成一个既定目标，所使用的具体模型、技术、工具或程序。众所周知，在方法上求新如同在理论上创新一样，殊非易事。因此，我们亦不强求提出全新的理论方法，我们的最低要求，是要按照现代社会科学的研究规范来展开研究并构造论著。

我们支持那些有影响力的著述入选。这里说的影响力，既包括学术影响力，也包括社会影响力和国际影响力。就学术影响力而言，入选的成果应达到公认的学科高水平，要在本学科领域得到学术界的普遍认可，还要经得起历史和时间的检验，若干年后仍然能够为学者引用或参考。就社会影响力而言，入选的成果应能向正在进行着的社会经济进程转化。哲学社会科学与自然科学一样，也有一个转化问题。其研究成果要向现实生产力转化，要向现实政策转化，要向和谐社会建设转化，要向文化产业转化，要向人才培养转化。就国际影响力而言，中国哲学社会科学要想发挥巨大影响，就要瞄准国际一流水平，站在学术高峰，为世界文明的发展作出贡献。

我们尊奉严谨治学、实事求是的学风。我们强调恪守学术规范，尊重知识产权，坚决抵制各种学术不端之风，自觉维护哲学社会科学工作者的良好形象。当此学术界世风日下之时，我们希望本《文库》能通过自己良好的学术形象，为整肃不良学风贡献力量。

中国社会科学院副院长

中国社会科学院博士后管理委员会主任

2012 年 9 月

序　二

在21世纪的全球化时代，人才已成为国家的核心竞争力之一。从人才培养和学科发展的历史来看，哲学社会科学的发展水平体现着一个国家或民族的思维能力、精神状况和文明素质。

培养优秀的哲学社会科学人才，是我国可持续发展战略的重要内容之一。哲学社会科学的人才队伍、科研能力和研究成果作为国家的“软实力”，在综合国力体系中占据越来越重要的地位。在全面建设小康社会、加快推进社会主义现代化、实现中华民族伟大复兴的历史进程中，哲学社会科学具有不可替代的重大作用。胡锦涛同志强调，一定要从党和国家事业发展全局的战略高度，把繁荣发展哲学社会科学作为一项重大而紧迫的战略任务切实抓紧抓好，推动我国哲学社会科学新的更大的发展，为中国特色社会主义事业提供强有力的思想保证、精神动力和智力支持。因此，国家与社会要实现可持续健康发展，必须切实重视哲学社会科学，“努力建设具有中国特色、中国风格、中国气派的哲学社会科学”，充分展示当代中国哲学社会科学的本土情怀与世界眼光，力争在当代世界思想与学术的舞台上赢得应有的尊严与地位。

在培养和造就哲学社会科学人才的战略与实践上，博士后制度发挥了重要作用。我国的博士后制度是在世界著名物理学家、诺贝尔奖获得者李政道先生的建议下，由邓小平同志亲自决策，经国务院批准于1985年开始实施的。这也是我国有计划、有目的地培养高层次青年人才的一项重要制度。二十多年来，在党中央、国务院的领导下，经过各方共同努力，我国已建立了科学、完备的博士后制度体系，同时，形成了培养和使用相结合，产学研相结合，政府调控和社会参与相结合，服务物质文明与精神文明建设的鲜明特色。通过实施博士后制度，我国培养了一支优秀的高素质哲学社会科学人才队伍。他们在科研机构或高等院校依托自身优势和兴趣，自主从事开拓性、创新性研究工作，从而具有宽广的学术视野、突出的研究能力和强烈的探索精神。其中，一些出站博士后已成为哲学社会科学领域的科研骨干和学术带头人，在“长江学者”、“新世纪百千万人才工程”等国家重大科研人才梯队中占据越来越大的比重。可以说，博士后制度已成为国家培养哲学社会科学拔尖人才的重要途径，而且为哲学社会科学的发展造就了一支新的生力军。

哲学社会科学领域部分博士后的优秀研究成果不仅具有重要的学术价值，而且具有解决当前社会问题的现实意义，但往往因为一些客观因素，这些成果不能尽快问世，不能发挥其应有的现实作用，着实令人痛惜。

可喜的是，今天我们在支持哲学社会科学领域博士后研究成果出版方面迈出了坚实的一步。全国博士后管理委员会与中国社会科学院共同设立了《中国社会科学博士后文库》，每年在全国范围内择优出版哲学社会科学博士后的科研成果，并为其提供出版资助。这一举措不仅在建立以质量为导向的人才培养机制上具有积极的示范作用，而且有益于提升博士后青年科研人才的学术地位，扩大其学术影响力和社会影响力，更有益于人才强国战略的实施。

今天，借《中国社会科学博士后文库》出版之际，我衷心地希望更多的人、更多的部门与机构能够了解和关心哲学社会科学领域博士后及其研究成果，积极支持博士后工作。可以预见，我国的博士后事业也将取得新的更大的发展。让我们携起手来，共同努力，推动实现社会主义现代化事业的可持续发展与中华民族的伟大复兴。

人力资源和社会保障部副部长
全国博士后管理委员会主任
2012 年 9 月

摘　要

专家对第三人责任，是指专家因执业过错而导致第三人损害，其应当承担的民事责任。“第三人”意味着专家与其之间并不存在合同关系。专家对第三人责任案件可以分为遗嘱案群、专家意见案群和专家咨询案群三类。从比较法来看，专家对第三人责任涉及专家执业利益与社会公众利益的平衡，是重要和前沿的问题，也是比较棘手的问题。

从各国的立法和司法实践来看，受制于法律结构和制度背景，专家对第三人责任问题的解决路径有较大的差异。在英国，受到合同相对性和约因（Consideration）制度的制约，专家对第三人责任不可能通过合同责任来解决，而是通过过失侵权（Negligence）制度来解决。在法国，专家对第三人责任问题被纳入过错侵权的一般条款之中解决。德国则主要通过附保护第三人作用的合同和缔约过失责任等制度来处理。

就专家对第三人责任的法理构造模式而言，理论上有合同责任模式、侵权责任模式和独立责任模式三种。不过，其并非天然地要求特定的模式，考虑到我国过错责任采纳大一般条款模式、合同相对性规则和既有的做法等，应采纳侵权责任模式。如果专家构成不作为侵权，可以通过类推适用安全保障义务制度来确定其作为义务。

在解释论上，如果法律上没有特别规定，专家对第三人责任案件就要适用《侵权责任法》第6条第1款的规定，即采纳过错责任原则。与此相应，专家对第三人责任的构成要件包括三个层次，分别为符合性、违法性和有责性。就专家过失的认定来说，应当采取客观过失标准。行业准则可以作为认定专家过失的重要参考，但不是作为决定性的依据。从实践来看，对专家的过错可以进行鉴定。

如果专家的行为符合了责任构成要件，就要对第三人负责。不过，专家不应对所有的第三人负责。在遗嘱案群中，第三人的范围是特定的，即因专家的执业活动而间接受益的人。在专家意见案群和专家咨询案群中，应采取综合认定的立场，即综合考虑专家意见的目的、专家对第三人的认知和第三人信赖的合理性。专家责任的承担原则上应当适用完全赔偿原则。在诉讼中，专家可以提出的抗辩事由主要包括责任辅助性、免责声明、保密条款、责任限额、合法替代行为等。

在我国，专家的类型很多，笔者选择了实践中最重要也最典型的三类专家，即会计师、律师和公证人，探讨其对第三人的责任问题。在比较法上，会计师对第三人责任是比较重要的类型。我国《注册会计师法》第42条明确了会计师事务所要对第三人承担责任，但没有明确会计师个人是否对第三人承担责任。在解释上，应当认可会计师个人也应当对第三人负责。在证券市场上会计师对第三人责任，不应以证券监管机构等的行政处罚决定或者人民法院的刑事裁判文书为前提。在会计师过错的认定方面，其已经遵守了执业准则（主要是指《中国注册会计师独立审计准则》）并非意味着其没有过错。考虑到2007年《最高人民法院关于审理涉及会计师事务所在审计业务活动中民事侵权赔偿案件的若干规定》第6条第1款的规定，会计师个人的责任也应考虑过错程度来确定。根据上述司法解释第2条第1款的规定，第三人的认定仅考虑合理信赖，这一规定并不完全妥当。另外，应当肯定会计师对第三人的补充责任，补充责任的前提之一应当是存在其他赔偿可能性，且受害人请求其他的赔偿具有期待可能性。而且，会计师对第三人的责任应适用责任限额，但其具有故意时不得适用。

在比较法上，律师个人对第三人的责任是普遍认可的。虽然我国《律师法》等法律没有明确规定，但在解释上，律师对第三人责任应当认可，其属于普通的过错责任。就律师过失的认定而言，其应当尽到一名普通律师的注意义务，主要包括：事实澄清义务、法律审查义务、建议与告知义务和采取较安全途径的义务。在符合责任构成要件以后，律师就要对第三人承担责任。我国法上并没有类似英国法上的出庭律师免责特权制度。实践中的律师“保留声明”，也不能作为其免责的依据。在立法论上，我国应当强制性地要求律师个人购买职业责任保险。

在不同的国家，公证人对第三人责任受到不同的公证制度的影响。在我国，《公证法》第43条规定了公证机构对第三人的赔偿责任。在解释论上，也应当认可公证人个人对第三人的责任。公证人的责任应当结合我国《侵权责任法》上过错责任的一般条款来认定。公证人职务上的义务主要包括如下两大类：一是验证和劝导的义务，二是公证的义务。为了履行公证人的义务，公证人应当进行实质审查。可以请求赔偿的第三人的范围也要考虑公证人职务上义务的保护范围予以认定。公证人责任可以采取社会化分散措施，包括公证人执业责任保险、公证人赔偿基金等。

关键词： 专家责任　专家对第三人责任　会计师对第三人责任　律师对第三人责任　公证人对第三人责任

Abstract

Professional liability for the third party means a professional takes liability to the victim because of his negligence, although there is no contractual relationship between the professional person and the victim. The cases about professional liability for the third party can be divided into three groups, namely the invalid-will-case-group, the statement-of-expert-case-group and the expert-consultation-case-group. In comparative law, professional liability for the third party involves the balance of professionals' interest and the public interest. This is an important and international forward problem, and hard to solve.

The way to solve this problem varies in different jurisprudences, because legislative structure and institutional background is different in every country. In England, the cases are dealed with through negligence, not contract law, because the relativity of contract and consideration are obstacles. In French, the general clause for fault liability is applied to the cases about professional liability for the third party. In Germany, the institution of contract with contract with protective effects towards third parties and culpa in contrahendo are the main tools to solve these cases.

Three different models are advocated to solve the problem about professional liability for the third party. These are the contractual-liability-model, the tort-liability-model and the independent-liability-model. No one of these models is inherent, man can choose an appropriate model. The tort-liability-model should be accepted by us because of the general clause for fault liability, the relativity of contract and the juridical practice in the past. If a professional person commits an omission, the duty to act can be recognized by means of analogying the duty of care in intercourse.

The general clause for fault liability, namely the first paragraph of the article 6 of the Chinese Tort Law, should be applied to the cases of professional liability for the third party, if there are no special provisions. Consequently the conditions of liability consist of compliance, illegality and fault. The Bolam-test should be applied when the judge ascertains a professional's negligence. Practicing standards are important to affirm the fault of a professional, but not decisive. The judge can also draw support from expert testimony when he ascertains a professional's negligence.

If the conditions of liability are realized, the professional is liable. But the defendant should not take liability to every victim. The victim who can obtain compensation in the invalid-will-case-group is only the person who should have benefited from the practice of the professional. As to the statement-of-expert-case-group and the expert-consultation-case-group, the plaintiff who can obtain compensation should be decided by such conditions, including the purpose of the statement of expert, professional's awareness of the third party, and reasonableness of the third party's reliance. As a general rule the principle of total compensation is applied when a professional person is sentenced to take liability. There are also grounds for exemption of the defendant, such as subsidiary feature of his liability, disclaimer in the statement of expert, confidentiality clause between the professional and his client, limit of liability and the defence of lawful alternative behavior ect.

There are many kinds of professional persons. The author studied the CPA's liability for the third party, the lawyer's and the notary's, which is important and typical in social life. The CPA's liability for the third party is an important type in comparative law. An accounting firm can be liable for the third party according to the article 42 of the Chinese CPA Law, but an accountant's liability for the victim is not clear. The CPA himself should also compensate the victim if man interprets law correctly. The victims' right to claim should not be restricted. An accountant can also be ascertained to be negligent, even though he has observed the practicing standards, such as the independent auditing standards China CPA. An accountant's liability for the third party should be decided according to the degree of his fault, when man analogies the first paragraph of the article 6 of the judicial interpretation about cases involving the accounting firm's liability. According to the first paragraph of the article 2 in the same judicial interpretation, the victims who can obtain compensation are decided by their reasonable reliance, this is not correct. The liability of an accountant is subsidiary if there is other possibility to obtain compensation or other possibility can not reasonably realised. Furthermore limit of liability can also be a counterplea of the defendant, but it can not be applied when he is not negligent.

The lawyer's liability for the third party is generally accepted in many jurisprudences. The lawyer himself should compensate the victim if he has practiced negligently, although there are no specific provisions in the chinese law on lawyers and other statutes. The Bolam-test should be applied when the judge ascertains a lawyer's negligence. The duties of care of lawyers are to clarify facts, find out and interpret the law, propose and inform correctly, take a more safe way. If the conditions of liability are realized, the lawyer is liable. The immunity-of-the-bar-doktrin is not accepted in China. And the lawyer can not be exempted because of the disclaimer in the statement of lawyer. We should set rules about lawyers' obligatory professional liability insurance.

The notary's liability for the third party can be influenced by the notary system in different country. The notary office can take liability for the third party according to the article 43 of the Chinese Notarization Law, but it is not clear whether the notary himself is liable. The notary's liability for the third party is also appropriate if the general clause for fault liability, namely the first paragraph of the article 6 of the Chinese Tort Law, is correctly interpreted. When a notary is in practice, his duty of care is to verify and advise, and to notarize. The notary should take substantial review to comply with his duty. The victims who can get compensation are decided by the protective effect of the duty of care of the notary. The notary can controll and disperse his risk though purchasing professional liability insurance and establishing compensation fund.

Key Words: Professional Liability; Professional Liability for the Third Party; CPA's Liability for the Third Party; Lawyer's Liability for the Third Party; Notary's Liability for the Third Party

目　录

下篇　专家对第三人责任的具体类型

Contents

Part 2 Lmportant Types of Professional Liability for the Third Party

导　　言

专家是拥有专业知识和特殊技能的群体，特殊的职业特征决定了他们成为特定的社会层级，并因此而要求特殊的法律规范。在专家执业过程中，因其过失而导致委托人或第三人遭受损害的情形也日益增加。专家越来越多地被受害人起诉，这既表明了社会公众对专家服务越来越高的期待，也表明了律师、会计师等专家群体面临新的问题。① 在我国，出现了许多因专家的执业活动导致第三人遭受损害的案件，例如，因会计师为公司出具不实的验资证明，导致被验资公司的债权人损失的案件。因律师的行为导致遗嘱无效，"遗嘱继承人"请求赔偿的案件。② 再如，文物专家鉴定自制"金缕玉衣"，导致银行被骗取贷款的案件等。③ 法律是社会的一面镜子，实践中的需要要求法律作出回应。专家的民事责任（简称为专家责任）制度就在这一背景下产生和不断发展，其中包括专家对第三人责任制度。所谓专家对第三人责任，是指专家因执业过错而导致第三人损害，其应当承担的民事责任。"第三人"意味着专家与其之间并不存

---

① Dugdale, Parkinson, Stanton, Cox, Swinson, *Professional Negligence in Accountancy*, London: Longman Group Ltd., 1986, p. 1.

② 典型的案件如"王保富诉三信律师所财产损害赔偿纠纷案"，参见《最高人民法院公报》2005年第10期。

③ 2002年，中国建设银行北京市经济技术开发区支行发现了谢某的骗贷行为，但是，谢某凭借其号称价值24亿元的两件自制"金缕玉衣"取得了银行负责人的信任，不仅没追要原贷款，反而又贷给其5000万元和开具4.5亿元银行承兑汇票。这两件"金缕玉衣"经过了5位文物鉴定专家（包括世界文物艺术品鉴定评估委员会主任王某、原故宫博物院副院长杨某、北京大学宝石鉴定中心主任杨某、中国宝玉石协会原秘书长李某、原中国收藏家协会会长史某）的鉴定，认定价值达24亿元。参见《富豪自制金缕玉衣骗取银行贷款　故宫专家估价24亿》，《京华时报》2011年9月6日。

在合同关系。[①] 从比较法来看，专家对第三人责任制度涉及专家执业利益与社会公众利益的平衡，是重要和前沿的问题，也是比较棘手的问题。

在我国，学者对于专家对第三人责任制度倾注了较多的精力，获得了丰硕的成果。[②] 不过，在既有的研究中，并没有将专家对第三人责任独立出来进行专门的研究。虽然有学者针对具体的专家进行了类型化的研究，[③] 这些研究不少具有实证的特点，也颇具启发性，但是，就专家对第三人责任制度来说，其一直是学界研究比较薄弱的环节，缺乏比较法上的详细介绍和评析。既有的针对具体专家类型的研究，似乎具有“知识碎片”的特点，也没有形成系统化、体系化的理论。尤其是我国债法（尤其是侵权法）具有其自身的概念、规则体系，如何以既有的理论体系为基础，以既有的制度资源为前提，构建我国专家对第三人责任的理论体系，是理论上迫切需要解决的问题。

从比较法来看，专家对第三人责任制度是债法领域的重要制度。不过，受制于各国的法律结构和制度背景，该问题的解决路径有较大的差异。正如德国学者格罗斯菲尔德所言：“我们必须持续地重视我们自己的文化，同时保持对于外国影响的通达态度。”[④] 对比较法进行考察有助于开阔学术视野，拓展学术资源。在我国专家对第三人责任理论的初步探索阶段，其更具有重要的借鉴意义。

在英国法上，受到合同相对性和约因制度的制约，专家对第三人责任不可能通过合同责任来解决。就侵权领域来看，其为了突破古老的令状制

---

① Sprenger, Internationale Expertenhaftung: Die Dritthaftung von Experten im International Privat-und Zivilverfahrensrecht, Tübingen 2008, S. 1.

② 其中具有代表性的著作有：张新宝：《侵权责任法》（第二版），中国人民大学出版社 2010 年版，第二十章；屈茂民：《专家民事责任论》，湖南人民出版社 1998 年版；唐先峰、赵春兰、王洪宇：《我国专家民事责任制度研究》，法律出版社 2005 年版；田韶华、杨清：《专家民事责任制度研究》，中国检察出版社 2005 年版。

③ 参见刘燕：《会计师民事责任研究：公众利益与职业利益的平衡》，北京大学出版社 2004 年版；金勇军：《会计师第三人责任》，高等教育出版社 2006 年版；戴谋富：《建筑师专家责任研究》，北京理工大学出版社 2012 年版。

④ ［德］格罗斯菲尔德：《比较法的力量与弱点》，孙世彦、姚建宗译，清华大学出版社 2002 年版，第 64 页。

度，发展了过失侵权制度。这一制度类似于大陆法系的过错侵权一般条款，[①] 专家对第三人责任主要借助于这一制度来解决。其中，核心的制度工具是注意义务（Duty of Care），无论是专家责任的扩张还是限制，都是借助于这一制度工具。

在法国法上，其对于过错侵权采纳大一般条款模式，即《法国民法典》（以下简称"《法民》"）第1382条和第1383条，[②] 专家对第三人责任问题往往被纳入这一条款之中解决。当然，这一解决方式给责任的限制带来了困难。实践中，法官借助于过错、损害、因果关系等要素来限制专家对第三人的责任。尤其是借助损害是否现实、直接、确定，来区分是否要对第三人提供救济。[③] 但是，实际上借助这三个途径来限制责任，其标准并不明确，往往是通过法院行使自由裁量权来进行个案认定，这可能会对法的安定性产生不利影响。

德国法解决专家对第三人责任的途径比较多样，其司法实践采取的方式包括默示的咨询合同、附保护第三人作用的合同和缔约过失责任等。这与其过错侵权采三个小一般条款模式有关，即《德国民法典》（以下简称"《德民》"）第823条第1款、第2款，第826条。同时，德国法上不存在约因理论，而且其对合同相对性的突破也采取比较宽容的态度，因此，其有可能借助合同法上的制度来解决问题，附保护第三人作用的合同制度是其典型。

比较法作为一所"真理的学校"扩充并充实了"解决办法的仓库"。[④] 它还擦亮了法律学者们的眼睛，使其能够发现本国法律机制的一些缺陷与弱点。[⑤] 通过对比较法进行考察，我们发现，各国解决专家对第三人责任制度都依托于其既有的制度背景，从而形成了独特的法理构造。当然，各国的解决方案也都有类似之处，例如，整体上表现出这样一种趋势，即既认可专家对第三人的赔偿，又适当限制专家的责任。

---

① Reinhard Zimmermann & Mathias Reimann（eds.），*Oxford Handbook of Comparative Law*，Oxford：Oxford University Press，2007，p. 1009.

② Reinhard Zimmermann & Mathias Reimann（eds.），*Oxford Handbook of Comparative Law*，Oxford：Oxford University Press，2007，p. 1006.

③ Gotthard，Landesbericht Frankreich，in：von Bar（Hg.），Deliktsrecht in Europa，Köln 1993，S. 23.

④ ［德］茨威格特、克茨：《比较法总论》，潘汉典等译，法律出版社2003年版，第22页。

⑤ ［德］格罗斯菲尔德：《比较法的力量与弱点》，孙世彦、姚建宗译，清华大学出版社2002年版，第19页。

从解释论的角度来看，我国没有确立独立的专家对第三人责任的一般规则，但是过错侵权的一般条款（即《侵权责任法》第6条第1款）可以适用于这一案型。但是，该条款与法国法上的大一般条款模式相同，给责任的限制带来了极大的困难。无论在司法实务还是理论上，都没有发展出有效的限制责任的方法。就具体类型的专家而言，有些法律和司法解释作出了具体的规定，但各规定之间并没有体现出理论上的意义关联，也往往存在遗漏。

从立法论的角度来看，专家对第三人责任究竟是设计为合同责任、侵权责任还是独立责任，理论界有不同的看法。笔者认为，应当结合我国既有的制度进行妥当的设计。考虑到我国过错侵权采纳大一般条款模式，以及理论界和实务界并不轻易认可合同相对性的突破，我国仍然应当在侵权法的框架内进行法理构造。以这一法理构造为基础，来设计相应的归责原则、构成要件和责任承担等制度。

我国民法学研究正处于广泛进行比较法借鉴的时期，也正处于以“主体性中国”理念为指引，形成中国自己的民法学理论体系的阶段。① 就专家对第三人责任制度来说也是如此，如何形成我国专家对第三人责任制度的理论体系，是学界面临的重大问题。本书正是基于这一现实需求而进行深入研究的。

本书从总体上分为两篇：上篇是“专家对第三人责任的一般理论”，下篇是“专家对第三人责任的具体类型”。这一结构类似于法典构造中的“总分结合”的模式，这主要是考虑到，各种类型的专家对第三人责任，既有其共性的部分，也有其个性的部分。对专家对第三人责任的一般理论进行研究，是为了探讨各种类型专家对第三人责任的共通性问题，明确所有类型专家对第三人责任之间的意义关联，形成共通的理论。

在上篇中，笔者拟分别探讨如下问题：专家对第三人责任概述、专家对第三人责任制度的比较法考察、专家对第三人责任的法理构造、专家对

① 邓正来教授曾经指出，“长期以来中国是一个主权国家，但是自与西方遭遇以降还没有成为一个‘主体性的中国’。因此，世界结构中的中国的实质不在于个性或与西方国家的不同，而在于主体性，在于中国本身于思想的主体性，其核心在于形成一种根据中国的中国观和世界观（亦即一种二者不分的世界结构下的中国观），并根据这种中国观以一种主动的姿态参与世界结构的重构进程。”参见邓正来：《全球化时代与中国法学——“主体性中国”的建构理路》，《学习与探索》2006年第1期。

第三人责任的承担。在比较法部分，选取了英国、法国和德国作为考察对象，之所以如此，主要是考虑到它们在世界范围内的影响力和代表性。英国代表了英美法系，[①] 法国和德国代表了大陆法系，而法国代表了大陆法系中的法国法系，德国代表了大陆法系中的德国法系。而且，三个国家的法律制度在世界范围内都具有重大影响力，是比较法研究中关注的重点。此外，选择这三个国家，也是考虑到它们在处理专家对第三人责任方面存在差异性，从而可以更充分地发挥比较法的工具箱（Tool Box）价值。当然，在运用比较法的方法时，我们也应当坚持功能主义的立场，避免表面的比较。[②]

在下篇中，拟分别探讨会计师对第三人责任、律师对第三人责任和公证人对第三人责任。这是以类型化的方法来进行特定类型专家对第三人责任的研究，同时，也是要细化上篇中一般理论部分的研究，探求特定类型专家对第三人责任的特殊性。诚然，从我国社会现实来看，专家的类型很多，包括律师、医师、会计师、建筑师、公证人、资产评估师、拍卖师等。[③] 但是，本书仅选择会计师、律师和公证人作为研究对象，这主要是考虑到如下因素：其一，从我国既有立法情况考虑，针对会计师、律师和公证人的责任，我国相关法律和司法解释已有规定。因此，对这些专家的责任的研究，对于既有法律规定的理解适用具有重要意义。其二，从司法实践的需要考虑，会计师、律师和公证人进行执业活动所导致损害的案件，是实践中较多发生的、诉讼较多的案群。选择这三类专家进行研究，也有助于解决司法实践中发生较多的纠纷，从而发挥对司法的指导意义。其三，从专家执业对社会的影响考虑，会计师、律师和公证人也是应当重点研究的专家类型。我国自改革开放以来，因为经济和社会发展的需要，涌现了

---

① 正如有学者所指出的，英国法作为母国法，其对于其他普通法国家有重要影响。参见 Richter, Die Dritthaftung der Abschlussprüfer, 1. Aufl., Baden-Baden 2007, S. 27。

② 正如日本学者大木雅夫所言，“比较方法，只能在各比较项之间有比较可能性（可比性）的场合才能适用。所谓比较可能性，可以理解为各比较项之间的结构的类似性和功能的等值性。以后者为基础的就是功能主义的比较法，也就是给现代比较法带来决定性发展的理论。”参见［日］大木雅夫：《比较法》，范愉译，法律出版社 1999 年版，第 86 页。

③ 王利明教授主持的民法典草案建议稿第 1860 条第 2 款就曾列举性地规定，“前款所称专家包括医师、律师、会计师、资产评估师、建筑师、工程师、保险经纪人等具有专业知识或者专门技能的人”。参见王利明主编：《中国民法典学者建议稿及立法理由·侵权行为编》，法律出版社 2005 年版，第 72 页。

诸多专家类型。但是，从目前的实际情况来看，会计师、律师和公证人都是重要的专家类型，应当作为理论研究中的重点。其四，从比较法来看，学者在进行类型化的专家责任研究时，会计师、律师和公证人也是受到最多关注的类型。①

① 例如，德国学者在研究专家对第三人责任时，会计师、律师和公证人是其重点关注的对象。参见 Stahl，Zur Dritthaftung von Rechtsanwälten，Steuerberatern，Wirtschaftsprüfern und öffentlich bestellten und vereidigten Sachverständigen，Frankfurt am Main u. a. 1989；Sommerschuh，Berufshaftung und Berufsaufsicht，1. Aufl.，Baden-Baden 2003。

上篇　专家对第三人责任的一般理论

第一章　专家对第三人责任概述

第一节　专家责任

一、专家的认定

随着人类社会分工的细化，逐渐产生了具有专门知识和特殊技能的群体，并从事着固定的职业。他们也因为其职业上的特色而构成了特定的社会层级，这就是人们所说的“专家”，也称为“专业人士”。从法律的角度来看，专家的认定要把握如下几个特征：

第一，他们具有专门知识和特殊技能。专家就是特定领域内的专业人士，他们拥有该领域内特有的知识和技能。用通俗的话来说，专家是知识工具，[①] 或者说，专家就是对越来越少的事物知道得越来越多的人。[②] 专家是掌握特定领域中高度专业性知识和技能，经过学术和实务精练、历史积淀而获得体系性知识的人群。体系性知识是精于逻辑的、高度理性的知识和技能。专家不仅关心个别有用技术的修得，而且还关心其背后的理论体系及其发展。[③] 专家所具有的知识和技能，可能是通过专业培训获得的，也可能是通过长期实践获得的。从我国的实践来看，专家通常都受过某一方

---

① 王海光：《学者、学问与学品》，《战略与管理》2010 年第 1/2 期。

② 刘燕：《“专家责任”若干基本概念质疑》，《比较法研究》2005 年第 5 期。

③［日］六本佳平：《日本法与日本社会》，刘银良译，中国政法大学出版社 2006 年版，第 97 页。

面的专门职业教育和训练（如高等学校的医学、法学教育），而且，此种训练和教育一般为国家高等教育或中等教育的一部分，这是参加资格考试取得专业资格证书并进一步取得执业证书的条件。①

第二，他们获得了国家颁发的执业许可证书，并受到国家的职业监督。② 专家应当得到相关政府主管部门的认可。这主要是为了保证特定行业专家的执业水平，保障其社会服务的质量，并减少公众的搜寻成本。因为专家向社会提供服务时，面临“逆向选择”的危险。专家和公众之间的信息不对称，导致一般公众无法判断服务品质的优劣，只好以平均的标准来期待专家的服务，而且公众也以该标准付费。这可能导致“劣质专家驱逐优质专家”的效应。应对这一信息不对称的方法之一，就是政府介入，如政府可规定有一定学历和通过资格考试的人才能从事某行业的服务，从而保持行业服务的优良品质，并降低社会公众在选择专家时的搜寻成本。③ 从各国的情况来看，从事某一专门职业，大多需要取得相应的资格，即必须通过国家认可的职业资格考试并取得执业资格证书。例如，在日本、德国，从事律师、法官职业需要通过统一的国家司法考试。国家或社会通过控制颁发职业资格证书和执业证书，可以有效地控制从业者的技能水平和执业素养。④ 在我国，具有从事某项专业工作（执业活动）的资格证书和执业证书，一般由国家专门管理部门颁发，例如，律师、医师则分别由司法行政部门和卫生行政部门主管。⑤ 另外，专家还必须接受国家的职业监督，以避免专家的机会主义倾向，导致对社会公众的伤害。如果专家违反了相关的规定，国家可以采取相应的制裁措施，甚至取消其执业资格。

第三，他们提供的服务主要是精神的和脑力的劳动。⑥ 专家的出现反映了人类社会分工的需要，反映了人类社会对特定领域高度复杂的知识和技

---

① 参见梁慧星主编：《中国民法典草案建议稿附理由·侵权行为编、继承编》，法律出版社 2004 年版，第 55-56 页。

② Herrmann, Die Sachwalterhaftung vermögenssorgender Berufe, JZ 1983, 425.

③ 参见唐先峰、赵春兰、王洪宇：《我国专家民事责任制度研究》，法律出版社 2005 年版，第 40 页。

④ 季为玉：《专家对第三人侵权责任研究》，南京师范大学硕士学位论文，2008 年，第 4 页。

⑤ 梁慧星主编：《中国民法典草案建议稿附理由·侵权行为编、继承编》，法律出版社 2004 年版，第 56 页。

⑥［日］能见善久：《论专家的民事责任》，梁慧星译，载梁慧星主编：《民商法论丛》（第 5 卷），法律出版社 1996 年版，第 504 页。

能的需要。例如，建筑师的出现是为了满足房屋建造中的复杂知识的需要；会计师的出现是为了满足财务审计、会计服务专业化的需求。从实际情况来看，专家都是以提供精神性的服务为主的，例如，会计师、医师、律师等。虽然专家提供的服务中也可能部分是体力劳动，但是其服务的核心部分是脑力劳动。

第四，他们提供的服务具有专业性和权威性的特点。专家是以其专业知识和特殊技能为公众服务，其服务具有浓厚的专业特点。同时，专家提供的服务还具有权威性，其权威性的来源，既因为他们属于特定的职业群体，又因为他们经过了国家的认可。① 当然，当事人对专家的专业水准的信任以及对其品格的信任，也是重要因素。② 正是因为专家服务的专业性和权威性，社会公众会对其服务产生信赖，并以其服务成果作为自己决策的重要依据。例如，会计师的审计结果被认为是权威的，可以作为相关决策的基础。

第五，他们提供的服务具有独立性和非标准化的特点。专家提供的服务具有独立性，较少受到他人的干涉和影响。专家提供的是专业服务，其服务对象通常具有较少的相关专业知识。这导致专家在提供服务时，除适当地接受服务对象的总体意见外，都需要依据自己的知识、技能独立地完成工作，这使得专家对他人事务的处理具有较大的自由裁量权。③ 另外，专家所提供的服务还具有非标准化的特点。换言之，专家所提供的服务是非定型化的，即满足服务对象多样化的要求。④ 从这一点来看，专家提供服务与制造企业提供产品之间存在较大的差异。

第六，他们通常要加入行业自律组织，进行自我管理。⑤ 专家都是特定领域内的专业人士。特定领域的专家具有相同的知识背景和实践经验，易于组成行业自律组织。同时，行业自律组织的形成，可以充分发挥行业成员的积极性，实现自我管理，例如，确定行业自律公约、职业准则等。⑥ 通

---

① Sprenger, Internationale Expertenhaftung: Die Dritthaftung von Experten im International Privat-und Zivilverfahrensrecht, Tübingen 2008, S. 84.

② 张彩云：《专家责任研究》，中国文史出版社 2005 年版，第 21 页。

③ 季为玉：《专家对第三人侵权责任研究》，南京师范大学硕士学位论文，2008 年，第 5 页。

④ 参见屈芥民：《专家民事责任论》，湖南人民出版社 1998 年版，第 7 – 8 页。

⑤ Herrmann, Die Sachwalterhaftung vermögenssorgender Berufe, JZ 1983, 425.

⑥ 参见于守华：《论我国注册会计师的法律责任——以会计信息虚假陈述为视角探讨》，对外经济贸易大学博士学位论文，2007 年，第 60 页。

过行业自律，可以提高职业水准，保持行业的整体形象。同时，行业自律也有助于实现政府管理职能的分流，减少政府的人员配置，减轻政府的管理负担。从我国来看，专家通常都要加入行业自律组织，例如，律师要加入律师协会、注册会计师要加入注册会计师协会。

第七，他们通常具有较高的社会地位，获得较高的收入。① 专家是特定领域的专门人才，他们获得相应的知识和技能往往需要较长时间的学习和实践。另外，基于其掌握的知识，专家和社会大众在不自觉中产生了很多的区分。这样的区分所带来的后果就是专家逐渐地基于其专业知识获得社会所允许的高报酬。② 例如，在发达国家，会计师、律师等都是高收入阶层。同时，专家服务的专业性、权威性、精神性等，都使得他们成为社会中少数受尊敬的群体，获得较高的社会地位。

不过，上述专家身份认定中所要考虑的因素并非同等重要。有学者甚至提出，考虑到我国的实际情况，专家身份的认定并不应考虑社会地位及是否加入行业组织。因为我国的专家并不具有特别的社会地位，行业组织也不享有与国外行业组织类似的绝对权威。③ 笔者认为，这一观点确实有一定的道理，在我国因为传统与现实等多种因素，不少领域的专家并不享有特殊的社会地位。而且，因为历来重视行政机关在行业管理中的作用，行业自律组织的作用发挥有限，例如，专业资格和执业证书一般都是由国家行政部门颁发的，而不是由行业自律组织颁发。但是，这仅仅意味着专家的社会地位和是否加入行业组织在认定专家身份时的分量较轻，而并非意味着一概不予考虑。在考虑专家身份的认定时，应当借鉴动态系统论的理论，④ 动态系统论的基本构想是，“特定在一定的法律领域发挥作用的诸

---

① ［日］能见善久：《论专家的民事责任》，梁慧星译，载梁慧星主编：《民商法论丛》（第5卷），法律出版社1996年版，第504页。

② 仲伟珩：《专家对第三人民事责任制度研究》，中国政法大学博士学位论文，2007年，第186页。

③ 梁慧星主编：《中国民法典草案建议稿附理由·侵权行为编、继承编》，法律出版社2004年版，第57页。

④ 奥地利学者威尔伯格（Wilburg）于1941年出版其著作《损害赔偿法的要素》，首倡动态系统论。参见Wilburg，Die Elemente des Schadensrechts，Marburg 1941。威尔伯格教授提出了在损害赔偿法中的5个决定性的要素：一是对他人的财产或其面临的危险的利用；二是就瑕疵而进行的责难，该瑕疵接近于违法性，也包括不同程度的过错；三是原因力的强度；四是财产状况的衡量；五是在企业中利益和危险集中在一起的理念。参见Wilburg，Zusammenspiel der Kräfte im Aufbau des Schuldrechts，AcP 163（1964），346。

'要素'，通过'与要素的数量和强度相对应的协动作用'来说明、正当化法律规范或者法律效果"。[①] 借鉴动态系统论的思想，在认定专家身份时，应当综合考虑上述 7 种因素，但是应当考虑这些因素满足度的总量，而不必拘泥于特定因素是否满足及满足的程度。

在我国，专家群体的发展与经济社会转型是密不可分的。在计划经济体制下，经济活动不活跃，对专业服务的需求量较小，专业服务市场相对封闭，专家群体人数较少。而随着改革开放的深入和市场经济发展，原先不同程度带有"行政色彩"的专业职业，如公证、会计、律师、经理人等都已经逐步走向市场化，[②] 与此相应，专业分工也呈现越来越细密的趋势，各行各业的专家逐渐产生，专家群体不断壮大。[③] 从实践来看，如下几类专家是与社会公众联系最密切，也是最受法学研究关注的：①医疗领域的专家（如医师、美容师等）；②法律领域的专家（如律师、公证人等）；③经济领域的专家（如会计师、证券分析师、资产评估师、保险经纪人等）；④建筑领域的专家（如建筑师、结构工程师、造价工程师、监理工程师等）。[④] 笔者也主要以这些专家为对象进行研究。

二、专家责任的特点

专家责任（英 Professional Liability，德 Berufshaftung），是指专家在执业活动中给他人造成损害所应承担的民事责任。从法律的角度来看，专家承担的责任可能是多方面的，包括刑事责任、行政责任、民事责任，限于研究范围，此处所说的"专家责任"仅指民事责任。专家责任具有如下

① 参见［日］山本敬三：《民法中的动态系统论》，解亘译，载梁慧星主编：《民商法论丛》第 23 卷，金桥文化出版（香港）有限公司 2002 年版。

② 参见王伟：《董事责任保险制度研究》，知识产权出版社 2006 年版，第 4 页。

③ 据学者统计，我国的专家种类包括：执业律师、企业法律顾问、医务工作者、执业药（中药）师、注册会计师、执业审计师、注册资产评估师、注册造价工程师、房地产估价师、价格鉴证师、注册税务师、注册结构工程师、注册建筑师、勘察设计注册工程师、监理工程师、珠宝玉石质量检验师、棉花质量检验师、拍卖师、商标登记代理、专利登记代理、企业登记代理、培训师、商务谈判专家、土地登记代理、高级农艺师、心理咨询师、采购师、物流师、环境影响评价工程师、注册设备监理师、注册安全工程师、注册核安全工程师、注册环保工程师等。参见蔡佳君：《专家对第三人民事责任研究》，华南理工大学硕士学位论文，2008 年，第 5 页。

④ 季为玉：《专家对第三人侵权责任研究》，南京师范大学硕士学位论文，2008 年，第 3 页。

特点：

第一，它是因专家的执业活动而承担的责任。专家责任也可以称为职业风险，正所谓“利益之所在风险之所在”，专家获得了较高的报酬，就意味着他要承担较大的风险。在市场经济中，专家走向了市场，为社会公众提供大量的服务，这就难免要因执业过错而承担责任。当然，专家本身也具有双重身份，他既有社会公众的身份，也有专家的身份，专家责任仅仅是指其因执业活动而承担的责任，或者说其以专家身份行为造成他人损害而承担的责任。如果专家仅以社会公众的身份行为，即使造成他人损害，也并不承担“专家责任”，只承担普通的民事责任。

第二，它是因专家的执业过错而承担的责任。虽然学界对于专家责任的归责原则存在不同看法，但是，从各国的法律制度来看，专家责任本质上基于同一理念，即只有专家具有过错时，其违反了注意义务才承担责任。[①] 这里所说的过错包括故意和过失，[②] 不过，从实践来看，专家往往是因其过失而造成他人损害，其执业过错较少以“故意”的形态出现。从根本上说，专家的执业过错会导致他人损害，是因为社会公众对其存在特殊的信赖。专家的职业要求特殊的信赖，[③] 如果专家违背了社会公众的信赖，就很可能导致他人损害，并承担相应的责任。

第三，它可能是对委托人承担的责任，也可能是对第三人承担的责任。通常来说，专家是接受他人委托而提供服务的。如果专家执业中具有过错，很可能导致委托人受损害。例如，律师接受委托为他人处理诉讼事务，但因其过错导致错过了上诉期限，最终导致其委托人遭受损失。专家导致委托人受损害，就可能要对其承担责任。在有些情况下，专家也可能与其服务对象之间没有委托合同关系，或者委托人以外的第三人信赖了专家的意见，导致其遭受了损害。例如，会计师受公司的委托为其出具的审计报告有误，拟收购该公司的投资者信赖审计结果，导致其对公司财务状况判断失误，并因此遭受了损失。在委托人以外的其他人遭受损害的情况下，专家也可能要承担民事责任，以保护委托人以

---

① André Tunc（ed.），*International Encyclopedia of Comparative Law*, Vol. XI，Torts，Part I，Ch. 6，Tuebingen：J. C. B. Mohr，1983，p. 5.

② 有学者认为，专家的过错限于过失。参见邹海林：《责任保险论》，法律出版社 1999 年版，第 106 页。

③ Lammel，Zur Auskunftshaftung，AcP 179（1979），358f.

外的社会公众的利益。

第四，它可能是合同责任，也可能是侵权责任。从比较法的角度来看，专家责任可能是合同责任，也可能是侵权责任。例如，在现代英美法上，作为基础性的原则，专家的执业行为（包括自由执业）就导致了义务的产生。如果存在合同，就可以导致合同责任和侵权责任的并存。如果不存在合同，侵权责任也可以产生。因此，在英美法上，侵权责任在专家责任中处于中心地位。① 从我国现行法来看，其承认合同责任和侵权责任的自由竞合，② 所以，专家对委托人既可能承担合同责任，也可能承担侵权责任，具体取决于受害人对请求权规范基础的选择。而专家对第三人的责任基本上被设计为侵权责任。

三、立法上专家责任的独立

1. 独立的专家责任的必要性

从立法的角度来看，多数国家和地区都是通过特别法的方式针对各个领域的专家责任作出规定。例如，在德国，其民法典并没有就专家责任作出一般性的规定，但是，在《德国联邦公证人条例》（BNotO）、《德国商法典》等中针对特殊类型的专家的责任，作出了专门规定。③ 也有少数国家和地区在民法典中对专家责任作出了一般规定。例如，《奥地利民法典》第1300条规定："如果专家就其技术或知识范围内的事务，因过失而提供了不利的意见，并因此获得了报酬，则其也应当负责。除此之外，仅在故意通过意见的提供造成他人损害时，提供意见的人才应当承担责任。"④ 本条是就专家提供意见的责任或者说咨询责任所做的规定。⑤ 但是，从理论上说，是否有必要就专家责任进行系统性的研究，也值得思考。有学者提出"专家责任否定说"，认为各种具体类型的专家（如律师）分别有相关的法律规

---

① André Tunc（ed.），*International Encyclopedia of Comparative Law*，Vol. XI，Torts，Part Ⅰ，Ch. 6，Tuebingen，J. C. B. Mohr，1983，p. 4.

② 参见《合同法》第122条。

③《德国联邦公证人条例》第19条等对公证人的责任作出了规定；《德国商法典》第323条等对会计师的责任作出了规定。

④ 参见周友军、杨垠红译：《奥地利普通民法典》，清华大学出版社2013年版，第214页。

⑤ Karner in KBB，§ 1300 Rz 4.

定，只要依照各自的法律规定来认定各个专家的责任就足够了。各种专家在民法上的责任问题，只要灵活运用民法上的债务不履行和侵权行为等理论来解决即可。所以，没有必要在这些职业人中专门设立“专家”这个概念，也没有必要讨论专家共同的责任。①

笔者认为，这种观点虽然有一定的道理，但也值得商榷。在理论上，以“专家”的概念为基础，系统而体系地探讨专家责任问题，具有重要的意义，理由在于：

第一，专家责任是古老的法律制度，其经过长期发展，已经形成了一套较为完备的体系。在罗马法上，土地测量员的责任就已经被承认。这可以说是专家责任的最初形态。随着社会的发展，各种类型的专家责任不断出现，并已经形成比较完备的制度和规则体系。

第二，各种类型的专家责任的研究可以形成理论体系。法学研究的重要功能就在于，探寻制度之间的意义关联。各种类型的专家责任之间，存在意义关联，或者说存在共性的因素。具体来说，其在法理基础、归责原则、构成要件、免责事由、责任承担等方面，都存在共性。例如，按照德国学者 Herrmann 的归纳，各种类型的专家承担责任都存在共同的职业化基础，具体包括四个：一是专家执业以理论为基础，并经过较长时间的培训；二是专家受到强有力的职业伦理的拘束，尤其是通过行业自律组织；三是专家要得到国家颁发的执业许可，并接受国家的职业监督；四是专家在为公众服务时，必须具有责任意识。②

第三，专家责任的理论研究，可以为专家责任一般规则的立法化提供基础。目前，各国对于专家责任基本上都采用个别立法模式，不利于妥当规范专家的执业行为。随着社会分工的细化，新的专家形态不断出现，而个别立法的模式难免具有片面性和滞后性。同时，个别立法的模式，还可能导致规则之间的不一致性。就专家责任进行整体性研究，可以为专家责任一般规则的立法化提供理论准备。

第四，在我国侵权法自成体系的情况下，专家责任制度的探讨可以直

① ［日］加藤雅信编：《制造物责任·专门家责任》，评论社 1999 年版，第 43－58 页。转引自李彬：《日本建筑师专家责任研究》，湖南大学硕士学位论文，2006 年，第 4 页。

② Herrmann, Die Sachwalterhaftung vermögenssorgender Berufe, JZ 1983, 425.

接为立法提供理论准备。我国学界对于侵权法是否要独立成编，有不同的看法。[①] 但是，学界对于要构建自成体系的侵权法几乎没有争议。我国《侵权责任法》的制定表明，立法者采纳了这一看法。在我国侵权法自成体系的情况下，专家责任制度就应当成为重要的类型化的对象，缺少该制度的侵权法难谓已形成完善的体系。理论上的研究可以为侵权法上专家责任制度的构建提供建议。遗憾的是，我国《侵权责任法》最终没有规定专家责任制度。因此，从目前来看，最现实可行的方式是最高人民法院通过司法解释的方式确立专家责任制度。当然，也不排除在机会成熟的时候，通过修改《侵权责任法》，将专家责任制度纳入其中的可能性。

2. 专家责任制度应当在我国侵权法中独立成章

从立法论的角度考虑，专家责任制度应当在我国侵权法上独立成章。其理由主要在于：

第一，这是实现我国民事立法体系化的需要。专家责任制度具有共同的规则，可以通过规则群的形式组成统一的制度。我国民事立法采法典化的方式，因此，特别强调体系化。从民事立法的角度来看，“提取公因式”的方法仍然是制度构建的重要方法，它对于体系化的形成具有重要意义。就专家责任制度来说，通过共性规则的提取，可以强化规则群的体系性，同时，也可以避免立法的重复，实现法律的简约。

第二，这是避免个别立法模式缺陷的需要。专家责任制度中可以设立一般性规定，从而避免针对具体专家类型立法中的遗漏。另外，在立法上，针对各种具体的专家类型进行立法，虽然可以发挥制度的针对性和具体性的长处，但是，法律的制定毕竟需要比较漫长的过程。通过专家责任的独立成章，可以设立一般性的规则，避免个别立法模式的滞后性。

第三，这是总结我国既有立法成果的需要。我国既有的法律和司法解释（如《律师法》、《会计师法》、《医疗事故处理条例》等）针对特定的专家类型作出了规定，这些既有的立法为统一专家责任制度的形成奠定了基础，或者可以说发挥了“立法实验”的作用。在侵权法中，可以总结既有立法的成功经验，确立成熟的、统一的制度。

---

① 赞成的观点，参见王利明：《合久必分：侵权行为法与债法的关系》，《法学前沿》第 1 辑。反对的观点，参见柳经纬：《我国民法典应设立债法总则的几个问题》，《中国法学》2007 年第4 期。

第四，这是形成我国侵权法完整体系的需要。如果侵权法要形成相对独立的“微系统”，它就应当是完整的。专家责任作为侵权法上的重要制度，就应当被纳入其中。当然，从本质来说，侵权法的规范对象决定了应当对专家责任作出规范，否则，就难以对社会生活实现有效调整。

总之，我国侵权法中应当独立一章规定专家责任。我国《侵权责任法》并没有采纳学理上关于专家责任独立成章的规定，在此背景下，由最高人民法院以司法解释的方式确立专家责任制度，似乎是比较可行的途径。而且，本书所探讨的专家对第三人责任制度应当属于其重要组成部分。

考虑到各种类型的专家责任（如律师责任、会计师责任）的规则比较具体，可以在特别法中规定。这主要基于如下考虑：其一，在立法上规范适度的抽象性的要求。一方面，规范不应概括性太强，否则，它对于实践不再是充分可靠的指南；另一方面，它又需有足够的概括性，以针对一定类型的情况，而不是如同法官的判决那样，仅仅适用于特殊情况。[①] 侵权法立法中，也应当保持适度的抽象性，尤其是考虑到侵权法的民事基本法地位，不宜就各种具体类型的专家责任作出规定。其二，侵权法与特别立法相互配合的需要。侵权法与特别立法的关系应当是相互配合，而不是相互取代。侵权法应当为特别立法预留空间，留下具体规则设计的可能。而且，各种特别立法也更能够结合特定领域作出妥当的规范设计。

四、专家对委托人责任与专家对第三人责任

专家责任可以按照很多标准进行分类，其中，按照受害人的不同可以分为两大类型：一是专家对委托人责任；[②] 二是专家对第三人责任。

1. 专家对委托人责任

专家对委托人责任，是指专家执业过错造成其委托人损害，而应当对委托人承担的民事责任。专家的执业过错往往会导致其委托人的损害，所以，专家侵害委托人是经常出现的案型。迄今为止，研究专家责任的著作

---

① ［法］勒内·达维德：《当代主要法律体系》，漆竹生译，上海译文出版社 1983 年版，第 88 页。

② 专家与其合同相对人之间的合同，究竟属于委托合同，还是属于承揽合同，抑或属于其他合同，对此存在不同的看法。笔者认为，其合同属于委托合同，所以，使用“委托人”的概念。

和论文也主要关注于这一责任类型。

从责任性质来说，专家对委托人责任可以是合同责任。专家既然要接受他人的委托，就要与委托人订立合同，就委托事项作出约定。例如，律师接受当事人的委托，为当事人处理诉讼事务，就会签订诉讼委托合同。专家违反了合同，就应当承担合同责任。当然，专家负有的合同法上的义务，并非仅仅来自合同。在大陆法上，其也可能来自制定法的规定，或者来自诚信原则（即附随义务）。① 例如，医生在治疗结束以后，负有不得宣扬病人病史的义务，就属于附随义务。在英美法上，其也可能来自制定法或者默示条款。例如，英国 1982 年的《货物和服务供应法》就规定了，服务应当以合理的注意来提供，并且应当在合理的期限内提供。该制定法也确立了专家对委托人负有的合同法上的义务。②

在承认合同责任和侵权责任竞合的国家，专家对委托人还可能承担侵权责任。例如，在英国，法院明确了专家对其委托人既可以负有合同法上的注意义务，也可以负有侵权法上的注意义务。委托人既可以要求专家承担合同责任，也可以要求其承担侵权责任。③ 我国《合同法》第 122 条也明确承认了请求权自由竞合，所以，处理结果与英国相同。当然，在不承认合同责任和侵权责任竞合的国家，专家对委托人就只承担合同责任。例如，法国就不承认合同责任和侵权责任的竞合（Non-cumulation）。如果案件符合了合同责任的构成要件，受害人就只能提起合同诉讼，而不能提起侵权诉讼。④ 因此，在法国，专家对委托人只承担合同责任。

2. 专家对第三人责任

专家对第三人责任，是指专家执业过错导致第三人损害，而应当对第三人承担的民事责任。所谓“第三人”，意味着专家与其之间并不存在合同

---

① 王利明主编：《民法》，中国人民大学出版社 2005 年版，第 501 页。

② Dugdale, Parkinson, Stanton, Cox, Swinson, *Professional Negligence in Accountancy*, London: Longman Group Ltd., 1986, p. 1.

③ Dugdale, Parkinson, Stanton, Cox, Swinson, *Professional Negligence in Accountancy*, London: Longman Group Ltd., 1986, p. 3.

④ 法国法采取此立场的理由之一在于，合同责任规范的特性可以阻止侵权责任规范介入其中，从而避免经济受到影响。参见 George A. Bermann, Etienne Picard (ed.), *Introduction to French Law*, Leiden: Kluwer Law International BV, 2008, p. 244。另外，学者一般认为，这与法国侵权法采大一般条款模式有关，如果允许竞合，合同法规范就淹没在侵权法规范的汪洋大海之中了。

关系。[1]

在罗马法上，土地测量员的责任就已经被承认。[2] 它实际上包含了对第三人责任的问题。但是，当时这一问题并没有受到较多的重视。这既是因为当时的专家类型较少，也是因为专家执业不够活跃，从而导致专家对第三人责任的问题不够突出。然而，随着社会的发展，专家执业日益频繁，第三人越来越多地受到专家活动的影响，相关的纠纷也日渐增加。专家对第三人责任的问题，逐渐成为立法、司法和理论关注的重要问题。

从表面上看，专家对第三人责任，是个体对个体的责任。实际上，它可以理解为专家群体对社会一般公众的责任，因为第三人实际上是社会一般公众的化身。所以，专家对第三人责任制度，担负着保护社会一般公众免受专家执业活动侵害的任务。

从专家执业本身来区分，专家致第三人损害，可能是因为其过失的意见而造成的，也可能是因为其过失的活动而造成的，前者如会计师因过失出具不实的审计报告，后者如医师因过失而导致手术失败。不过，在专家执业中，过失的意见或过失的活动的区分似乎对普通人并不重要。[3] 在后面的研究中，笔者并不以此区分为基础。

另外，从主观心理状态来区分，专家的过错可以分为故意和过失两类。例如，会计师与委托审计的公司之间串通，故意做不实的审计，就属于故意行为；律师因事务繁多，不慎错过了申请强制执行的期限，则属于过失行为。在以后的研究中，关注的重点是专家因过失而导致第三人损害的情形，这主要基于如下考虑：

第一，专家因其故意行为而对第三人承担责任，可以在各国既有的法律框架内解决。在英美法上，故意侵权可以基于欺诈等各种诉因而起诉。在大陆法上，即使在严格限制侵权责任成立的国家，故意侵权也可以轻易地构成。例如，德国法上，违法可以分为三类："侵害绝对权和法益型"的违法、"违反保护性法律型"的违法和"违背善良风俗型"的违法。与此相应，《德民》确立了过错侵权的三个小一般条款模式，即该法典第 823 条第

---

① Sprenger, Internationale Expertenhaftung: Die Dritthaftung von Experten im International Privat-und Zivilverfahrensrecht, Tübingen 2008, S. 1.

② Lammel, Zur Auskunftshaftung, AcP 179 (1979), 358f.

③ Dugdale, Parkinson, Stanton, Cox, Swinson, *Professional Negligence in Accountancy*, London: Longman Group Ltd., 1986, p. 13.

1 款、第 823 条第 2 款和第 826 条。可以说，德国法上侵权责任的构成是比较困难的，目的是“界定个人之间的发展个人自由和追求个人利益的权利范围”。[①] 即便是在这样的侵权法结构之下，故意侵害他人也可以轻易地认定责任的成立，通常的途径是适用《德民》第 826 条。因为各国现行法上已经提供了妥当的解决方案，所以，不必再单独进行探讨。

第二，专家因其故意行为而对第三人承担责任，不会影响其执业自由。在专家具有故意的情形，他已经预见到其行为会造成第三人的损害，其承担责任的原因是其滥用其意志自由。此时，专家避免责任承担的成本很小，仅仅需要避免实施此种故意行为。所以，专家责任的承担并不会导致其执业自由受到限制。另外，既然专家已经预见到其行为会对第三人造成损害，那么就不必考虑第三人范围限制的问题，只要是专家故意导致其损害的人都属于这里所说的第三人。

第三，专家因其故意行为而对第三人承担责任，不要求特殊的侵权责任构成要件。在专家致第三人损害的案件中，受害人通常遭受的是纯经济损失（Pure Economic Loss）。“过失造成的纯经济损失原则上不予赔偿”，这是两大法系侵权法原则上坚持的规则。如果对其予以赔偿，责任就变得漫无边际，个人的行为自由也会受到过分的限制。[②] 因此，如果专家因执业过失而导致第三人损害，其责任成立必须有特殊的构成要件。而在故意导致纯经济损失的情况下，侵权人要承担责任并不要求特殊的构成要件。

第四，专家因其故意行为而对第三人承担责任，与过失执业致第三人损害存在较大差异。专家的主观心理状态不同，其责任的构成要件、受保护的第三人范围、抗辩事由等方面，都存在较大差异。例如，就受保护第三人的范围来说，在专家过失执业的情形，必须考虑各种因素加以适当限制，以免专家承担过重的责任。而在专家故意侵害第三人的情形，所有的第三人都可以请求责任的承担。

综上，此处所说的专家对第三人责任，主要是指专家因执业过失而导致第三人损害的责任。而且，专家致第三人损害，可能因为其意见，也可能因为其活动。

---

① Larenz/ Canaris, Lehrbuch des Schuldrechts, Band Ⅱ/2 · Besonderer Teil, 13. Aufl., Munchen 1994, S. 350.

② Picker, Vertragliche und deliktische Schadenshaftung, JZ 1997, 1052.

第二节　专家对第三人责任案件的类型化

在实践中，专家对第三人责任案件纷繁复杂，如何对其进行类型化，就成为研究者面临的重要问题。从研究的角度来看，笔者倾向于将其区分为遗嘱案群（Testamentsfallgruppe）、专家意见案群（Gutachtenfallgruppe）和专家咨询案群（Auskunftsfallgruppe）。这三个案群区分的主要标准是，在多大程度上，专家的责任不取决于作为专家给付基础的法律关系。①

一、遗嘱案群

遗嘱案群中的典型案件是，律师受他人委托起草遗嘱，但因律师的过错导致遗嘱无效或者被撤销，进而导致可能通过遗嘱而获得利益的人遭受损失。例如，英国著名的 White v. Jones 案就是遗嘱案件。② 在该案中，因为家庭内的争吵，被继承人巴拉特（Barratt）先生曾制作了一份遗嘱，在这份遗嘱中被继承人没有给予他的两个女儿任何遗产。后来，巴拉特先生与他的两个女儿和好，于是打算修改原来的遗嘱。因此，他就给后来成为被告的律师发去一封信，希望律师帮助他起草一份遗嘱，将其两个女儿列为继承人，留给她们各 9000 英镑的遗产。后来，虽然律师两次与巴拉特先生预约来见他，但律师都失约了。在律师准备与巴拉特先生第三次预约的 3 天前，巴拉特死亡。因为新遗嘱没有起草好而且没有证人证实，只能适用旧遗嘱，因此两个女儿无权继承其父亲的遗产，她们就起诉了律师。最后，法院认定，律师对遗嘱继承人负有注意义务，应当赔偿原告预期利益的损失。③ 在我国，王保富诉三信律师事务所案，也是典型的遗嘱无效案型。在该案中，因被告事务所的过失，导致王保富的父亲所立的代书遗

① Büttner, Umfang und Grenzen der Dritthaftung von Experten, Tübingen 2006, S. 57.

② White v. Jones [1980] Ch. 297.

③ Hugh Evans, *Lawyers' Liabilities*, London: Sweet & Maxwell, 1996, pp. 21 - 22.

嘱因缺少一名见证人而无效，导致王保富无法按照其父亲的意愿进行继承。[①]

除了上述典型案件外，遗嘱案群还包括如下案件：[②] ①保险公司负有义务向其投保人推荐合适的保险产品，从而为其妻子提供保护。但是，该公司违反了该义务，导致投保人死亡后其妻子不能得到保险的保护。[③] ②律师被一个提前离职的工人委托，参与其与前雇主的谈判，谈判内容是其养老金问题。但是，因为律师的失误，导致该工人死亡后其妻子能够得到的遗孀抚恤金减少。[④] ③律师受委托起草离婚协议，但是，该协议的形式出现了瑕疵，导致其无效。后来，委托人的子女起诉该律师，因为离婚协议的无效导致他们原本可能获得的利益而不能获得。[⑤]

遗嘱案群具有如下特点：第一，专家被他人委托必须是为了第三人的利益。这可以通过委托人的意图来确定。例如，遗嘱人委托律师，就是为了让第三人获得遗产。[⑥] 如果委托人聘请专家并非为了第三人的利益，就不属于遗嘱案群。例如，张某因其向银行贷款的事宜而聘请了律师提供咨询，他聘请律师是为了自己的利益而不是为了银行的利益，所以，不属于遗嘱案群。第二，加害人和受害人之间并不存在与专家的给付（如律师提供法律服务）相关的接触。专家仅仅对其委托人作出给付，第三人所遭受的损害，直接因专家违反其合同义务而产生。不过，第三人不必知道专家的存在。专家的给付目的虽然是有利于第三人，但是，专家的给付并不被第三人所利用，第三人只是间接地从专家的给付中受益。[⑦] 所以，在遗嘱案群

---

① 该案的详细案情如下：原告王保富之父王守智与被告于2001年签订了一份《非诉讼委托代理协议书》，代理权限为：代为见证遗嘱。随后，三信律师事务所指定张合律师作为王守智的代理人，代为见证遗嘱事宜。但在办理遗嘱见证过程中，只有1名见证人，后来遗嘱被认定为无效。原告王保富未能按照委托人的遗愿继承遗产，后者的遗产被按照法定继承方式予以分配。王保富因遗嘱无效而少继承遗产合计11万余元，因此起诉三信律师事务所。北京市第二中级人民法院二审依据《民法通则》第106条第2款、《律师法》（2001年）第49条，判决三信律师事务所赔偿上述11万余元的损失。参见《王保富诉三信律师所财产损害赔偿纠纷案》，载《最高人民法院公报》2005年第10期，第32－35页。

② Büttner，Umfang und Grenzen der Dritthaftung von Experten，Tübingen 2006，S. 36f.

③ Gorham v. British Telecommunications Plc. ［2000］1 W. L. R. 2129.

④ BGH NJW 1988，200.

⑤ BGH NJW 1977，2073.

⑥ Büttner，Umfang und Grenzen der Dritthaftung von Experten，Tübingen 2006，S. 63.

⑦ Büttner，Umfang und Grenzen der Dritthaftung von Experten，Tübingen 2006，S. 34f.

中，第三人对专家并无信赖产生，其甚至不知道专家的存在。第三，专家认识到其给付目的是要间接有利于第三人。“间接”是因为专家的给付本身并不导致第三人受益，第三人受益是因为他和委托人的关系，比如通过委托人的赠与等而获得利益。①

在遗嘱案群中，第三人虽然没有对专家产生信赖，但是，他因专家的行为而间接地遭受了损害。此时，第三人无法通过其他渠道获得救济。例如，律师制作了因形式瑕疵而无效的遗嘱，此时，实际获得了利益的继承人也不必对受到损害的第三人负责，此时，既不构成不当得利，也不构成侵权。所以，在法律上，如果第三人不能向专家请求赔偿，就会出现责任的真空。为了避免可能的责任真空，也为了提高专家的注意水平，专家对第三人承担责任是必要的。② 另外，在遗嘱案群中，专家对第三人承担责任，不会给其增加过重的、不可预见的责任负担，不会给其执业自由带来不利影响。正如，在前述 White v. Jones 案中高夫（Goff）法官所言，律师对可能的受益人承担责任，并不会导致不公平和不可预见的加重责任。③ 因为律师的责任被限制在遗嘱人希望受益的人的范围之内，这是范围狭小且已经为律师所知晓的人群。④

二、专家意见案群

在专家意见案群中，专家的义务违反并非间接使第三人受到影响。虽然在法律意义上，专家的义务不是针对第三人，但是，在事实上，专家的义务是针对第三人的。专家的意见是委托人和第三人作出交易决定的共同基础。因此，专家和第三人之间形成了事实上和法律上都承认的特别结合关系。⑤ 英国著名的 Candler v. Crane, Christmas Co. 案就属于专家意见案群。⑥ 在该案中，甲会计师事务所接受客户（即乙公司）的委托制作一套账目。这套账目被原告用来作为其投资乙公司的参考。会计师事务所制作了账目，并与原告就此事进行过商谈。基于对该会计师事务所的信赖，原告

①② Büttner, Umfang und Grenzen der Dritthaftung von Experten, Tübingen 2006, S. 59.

③ White v. Jones [1995] 2 A. C. 207, 269.

④ Büttner, Umfang und Grenzen der Dritthaftung von Experten, Tübingen 2006, S. 27.

⑤ Büttner, Umfang und Grenzen der Dritthaftung von Experten, Tübingen 2006, S. 37f.

⑥ Candler v. Crane, Christmas Co. [1951] 1 KB 164.

投资了乙公司。但是，因会计师事务所的过失，其制作的账目中包含很多不准确的信息。后来，乙公司停业，原告损失了其所有的投资。英国民事上诉法院认为，原告不能从会计师事务所获得赔偿。然而上议院（The House of Lords）采纳了丹宁（Denning）法官的意见，认为，既然会计师知道原告的身份，并且知道原告所进行的交易依赖于专家意见，会计师就应当对原告负有注意义务。① 在我国，会计师虚假验资是常见的专家意见案群。例如，在山西太原南郊化工厂诉德阳市东方企业贸易公司购销合同货款纠纷案中，山西太原南郊化工厂申请追加德阳市会计师事务所为诉讼当事人。因为该会计师事务所存在虚假验资行为，所以，法院要求其就被验资公司的债权人的损失承担赔偿责任。②

专家意见案群是专家对第三人责任案件中最重要的、最频繁出现的形态，很多学者的研究也仅仅限于这一案件类型。该案群的特点在于：第一，它是因为专家意见被第三人信赖而导致损害的案件。虽然每个交易的参与者都可以委托自己的专家，但是，专家的职业化和中立性也往往被人们所重视，否则，专家在交易中的意义也几乎丧失。③ 因此，第三人往往会信赖专家意见，从而遭受损害。④ 在这一点上，专家意见案群与遗嘱案群是不同的，在后者，第三人的损害并不是因其对专家的信赖所致。第二，它存在损害成倍增加的问题。信息具有广泛的可传播性和可复制性，特别是在信息价值凸显的现代社会，人们在进行商业行为时，对专家意见存在较高的依赖。所以，当专家提供的意见不实时，致害的范围无法估量。⑤ 专家的意见可能被数次传递，并导致接受信息者的损害。⑥ 因为在专家出具意见的情况下，该意见并非针对特定的合同。虽然该意见往往与合同磋商相联系，但是，它并非与特定的合同相联系。究竟是为了一个或数个合同的订立，哪些人参与合同的订立，合同的内容是什么，这些在出具专家意见

① Dugdale, Parkinson, Stanton, Cox, Swinson, *Professional Negligence in Accountancy*, London: Longman Group Ltd., 1986, p. 14.

② 参见《最高人民法院关于会计师事务所为企业出具虚假验资证明应如何处理的复函》。

③ Büttner, Umfang und Grenzen der Dritthaftung von Experten, Tübingen 2006, S. 31.

④ Sprenger, Internationale Expertenhaftung: Die Dritthaftung von Experten im International Privat-und Zivilverfahrensrecht, Tübingen 2008, S. 1.

⑤ 参见季为玉：《专家对第三人侵权责任研究》，南京师范大学硕士学位论文，2008 年，第8 页。

⑥ Dugdale, Parkinson, Stanton, Cox, Swinson, *Professional Negligence in Accountancy*, London: Longman Group Ltd., 1986, p. 13.

时并不确定。[①] 这与遗嘱案件存在区别，在遗嘱案件中，遭受损害的第三人是特定的，仅仅存在损害的移转问题。[②] 例如，在律师因过失而导致遗嘱无效的案件中，第三人所遭受的损害就是其通过遗嘱所可能获得的利益。第三，它往往导致第三人的纯经济损失。一般说来，专家因执业过失而导致提供的意见有误，其所导致的往往只有纯经济损失。[③] 纯经济损失救济的特殊性也要求对第三人的范围作出限制，以免专家要“在不特定的时间、对不特定的人，承担不特定的责任”。第四，它所导致的损害是专家无法预见的。在专家意见案件中，专家几乎无法预见受害人的范围、受害人的数量，以及受害人遭受的损害大小。[④] 因此，如果专家要对所有遭受损害的第三人负责，将使其负担过重的责任，似乎也不公平合理。

在专家意见案件中，专家的委托人并不会对第三人承担责任，他不必为专家的过失负责。[⑤] 虽然在比较法上，也有极少的案例认可了委托人的雇主责任，[⑥] 但此种做法并没有被广泛接受。专家的独立性、中立性决定了他不宜被认定为委托人的雇员。另外，委托行为本身也不意味着委托人同意专家所作出的意见。[⑦] 所以，如果专家不对第三人负责，也可能出现责任真空。当然，专家对第三人承担责任，也必须限制在合理的范围之内，以避免专家承担过重的责任，过度妨碍其执业自由。这可以说是专家对第三人责任制度中的核心问题，很多制度设计都与此有关。

三、专家咨询案群

专家咨询案群也是专家对第三人责任案件中的重要类型。在这类案件中，专家和第三人处于直接的咨询关系之中，[⑧] 但是，双方之间并没有形成合同关系。另外，在实践中，专家咨询案群与善意施惠该如何区分，是比

---

① Büttner, Umfang und Grenzen der Dritthaftung von Experten, Tübingen 2006, S. 41.

② Büttner, Umfang und Grenzen der Dritthaftung von Experten, Tübingen 2006, S. 34.

③ 参见达燕：《专家对第三人的责任——以专家作为信息提供者为中心》，西南政法大学硕士学位论文，2004 年，第 3 页。

④ Büttner, Umfang und Grenzen der Dritthaftung von Experten, Tübingen 2006, S. 29.

⑤ BGHZ 142, 126, 130ff.

⑥ Merrett v. Babb [2001] Q. B. 1174 (CA).

⑦ Büttner, Umfang und Grenzen der Dritthaftung von Experten, Tübingen 2006, S. 28.

⑧ Büttner, Umfang und Grenzen der Dritthaftung von Experten, Tübingen 2006, S. 43.

较困难的问题。按照理论上比较一致的看法，在善意施惠的情况下，专家对第三人不承担责任。[①]

英国的 Hedley Byrne & Co. Ltd. v. Heller & Partners Ltd. 案是专家咨询案群的典型。[②] 在该案中，英国上议院认为，信息提供者可以合理地预见，即使信息提供者和信息接受者之间没有合同等关系，信息提供者仍然基于特别关系而负有注意义务。[③]

专家咨询案群的特点在于：第一，专家与受害人之间虽然不存在合同关系，但是，双方之间发生过接触。在德国，法院常常在咨询案件中认定默示的咨询合同的存在。[④] 因为专家和第三人之间存在直接的、排他性的给付联系，而且，仅该第三人是接受咨询的人。[⑤] 不过，在英国法上，受制于约因理论，无法在此时认定合同关系的存在。第二，受害人是特定的第三人。在咨询案群中，专家直接向特定的第三人提供咨询，并且仅向该第三人作出。[⑥] 所以，作为受害人的第三人是特定的，不像专家意见案群那样会出现损害成倍增加的问题。第三，专家对其意见造成受害人的损害是可以预见的。因为专家提供咨询意见的对象是特定的，所以，专家可以预见其造成的损害。

第三节　专家对第三人责任的社会基础

专家对第三人民事责任问题关系到社会公众利益与专家职业利益的平衡，已成为专家民事责任制度的重要问题，成为各国立法、理论和实务共同关注的对象。[⑦] 从实际情况来看，专家的执业活动不仅影响到其委托人的利益，而且影响到第三人的利益，即与专家不存在合同关系者的利益。问

---

① Hirte, Berufshaftung: ein Beitrag zur Entwicklung eines einheitlichen Haftungsmodells für Dienstleitungen, München 1996, S. 415.

② Hedley Byrne & Co. Ltd. v. Heller & Partners Ltd. [1964] A. C. 465.

③ 参见［日］望月礼二郎：《英美法》，郭建、王仲涛译，商务印书馆 2005 年版，第 144 页。

④ BGH WM 1980, 527; BGH WM 1972, 583; BGH WM 1985, 381; BGH WM 1989, 1836.

⑤ Büttner, Umfang und Grenzen der Dritthaftung von Experten, Tübingen 2006, S. 43f.

⑥ Büttner, Umfang und Grenzen der Dritthaftung von Experten, Tübingen 2006, S. 43.

⑦ 参见蔡佳君：《专家对第三人民事责任研究》，华南理工大学硕士学位论文，2008 年，第 1 页。

题在于，第三人遭受损害以后，究竟是其自己承受损害，还是专家要对其负责？这是专家对第三人责任首先要解决的问题。

一、信赖保护的需要

专家对第三人责任的重要社会基础就是社会公众信赖的保护。[①] 这里所说的“第三人”，实际上是社会公众的化身，专家对第三人承担责任，就是对第三人信赖的保护，也就是对社会公众信赖的保护。从专家对第三人责任的案件类型来看，主要是因信赖而产生的责任。例如，信赖会计师出具的审计报告而进行投资或收购行为，并导致损害。也正是如此，德国学者 Canaris 教授认为，专家对第三人责任属于信赖责任（Vertrauenshaftung），专家对第三人责任的基础不是合同，而是法律行为意义上的接触。当事人之间基于信赖，而产生了法定的债的关系。[②] 在比较法上，也有基于信赖责任的理念而构造专家对第三人责任的做法。例如，《美国侵权行为法重述》（第二版）第 874 条 A 规定：“与他人处于信赖关系中，因违反该信赖关系所生的责任而导致该他人受损害的人，应当对该他人承担责任。”而德国冯·巴尔教授主持的《欧洲示范民法典草案》（DCFR）第 6－2：207 条也规定：“因合理地信赖错误的建议或信息而作出决定所遭受的损失，在以下情况下，构成具有法律相关性的损害：（a）该建议或信息是由专业人士或在业务活动中提供的；（b）建议或信息的提供人，知道或应当知道建议或信息的受领人在作决定时将依赖此建议或信息。”[③] 归纳起来，社会公众信赖专家的原因主要在于：

第一，专业化。社会公众对专家产生信赖的重要原因是专业化。虽然社会普通民众相互之间也存在信赖，但是，人们对专家的信赖常常被称为特别的信赖。专家掌握、控制甚至垄断着知识，这些知识又是隔绝于普通

---

① Sprenger, Internationale Expertenhaftung: Die Dritthaftung von Experten im International Privat-und Zivilverfahrensrecht, Tübingen 2008, S. 11.

② Canaris, Schutzgesetze-Verkehrspflichten-Schutzpflichten, in: Festschrift für Karl Larenz zum 80. Geburtstag, München 1983, S. 102ff.

③ 参见欧洲民法典研究组、欧盟现行私法研究组：《欧洲示范民法典草案：欧洲私法的原则、定义和示范规则》，高圣平译，中国人民大学出版社 2011 年版，第 315 页。

社会公众的，[①] 所以，社会公众可以也必须信赖专家。而且，随着社会的进步和科技的发展，社会分工更为细致和发达，人们对专家的专业知识和技能的依赖日益突出。可以说，社会的专业化程度越高，公众对专家的信赖就会越强。[②]

第二，国家的认可。专家拥有普通人所不能享有的知识和技能，他们往往还得到国家的认可、允许或者批准。[③] 国家对专家的认可包括对其身份的认可和对其行为的认可。就国家对专家身份的认可来说，往往通过执业资格认定的方式来进行。其目的是提高专家执业的门槛，维持专家执业的水准。例如，我国《律师法》规定，取得律师执业资格要通过国家司法考试，并且要实习期满一定期限。就国家对专家行为的认可来说，往往是通过赋予专家执业活动一定的法律效力来实现的。例如，我国《注册会计师法》第 14 条第 2 款规定："注册会计师依法执行审计业务出具的报告，具有证明效力。"

第三，职业传统。社会公众对专家的信赖，还源自于专家的职业传统。[④] 很多职业是经过长期的历史发展而形成的，它具有自身的职业传统。职业传统往往决定了专家具有较高的社会地位，人们也对其具有较高的期待。例如，在英国，出庭律师（Barrister，也称大律师）是具有很高社会地位的群体，而且长期享受辩护免责的待遇。

正是基于上述原因，社会公众会对专家产生合理的信赖。他们对专家的信赖包括两个方面：一是专家知识和特殊技能方面的信赖。社会公众对专家的专业化的信赖，并非意味着他们信赖专家具有本领域的最高水平，而是信赖其具有本领域的中等水平。二是职业伦理和道德品格方面的信赖。社会公众还会信赖专家具有职业操守，会自觉遵守职业伦理，会妥当地运用其知识和技能。

社会公众对专家的信赖是基于上述原因产生的，是值得保护的。[⑤] 所

---

① 仲伟珩：《专家对第三人民事责任制度研究》，中国政法大学博士学位论文，2007 年，第183 页。

② 蔡佳君：《专家对第三人民事责任研究》，华南理工大学硕士学位论文，2008 年，第 22 页。

③ 仲伟珩：《专家对第三人民事责任制度研究》，中国政法大学博士学位论文，2007 年，第14 页。

④ Sprenger，Internationale Expertenhaftung：Die Dritthaftung von Experten im International Privat-und Zivilverfahrensrecht，Tübingen 2008，S. 11.

⑤ Sprenger，Internationale Expertenhaftung：Die Dritthaftung von Experten im International Privat-und Zivilverfahrensrecht，Tübingen 2008，S. 11.

以，专家对第三人应当承担相应的责任。通过责任的承担，不仅可以填补当事人的信赖利益损失，而且可以促进在交易过程中信赖的形成和发展，以达到节约交易成本，鼓励交易的目的。[①] 此外，人们对专家的信赖，还会对责任的具体承担产生影响。例如，人们信赖专家具有特定领域的中等水平，这实际上也会影响专家注意义务的认定，即以特定领域中等水平的专家作为认定的标准。再如，人们对专家的信赖应当是合理的，所以，具有不合理信赖的受害人不应获得救济。

二、避免损失的需要

专家作出了有误的意见，并成为交易的基础，这不仅导致了当事人的损失，而且导致了社会的损失。因为当事人投入的资金没有实现最优的利用。[②] 具体来说，如果后来证明专家的意见存在错误，就可能导致交易被撤销，或者产生损害赔偿等问题，这也是无效率的。[③] 尤其是因为信息的易传播性和可复制性，专家意见的传播范围可能很广，如果专家提供的意见不实，那么其所导致损失的范围无法估量。[④]

为了避免损失的发生，从经济的角度看，应当让专家承受损失，而不是第三人。[⑤] 因为专家仅仅对委托人的损害负责，他就没有动力进行客观的判断。而且，委托人和第三人之间往往存在利益的冲突。[⑥] 另外，较之于作为受害人的第三人，专家来避免损害，其成本也比较低。

当然，为了避免专家作出不实的意见，也可以仅借助于公权力的介入，例如，让专家承担行政责任，甚至刑事责任。但是，作为受害人的第三人直接请求专家来承担民事责任，应当是最好的方式。因为受害人有直接的

① 参见马新彦：《现代私法上的信赖法则》，社会科学文献出版社 2010 年版，第 4 章。

② Schäfer, Haftung für fehlerhafte Wertgutachten aus wirtschaftswissenschaftlicher Perspektive, AcP 202 (2002), 813f.

③ Sprenger, Internationale Expertenhaftung: Die Dritthaftung von Experten im International Privat-und Zivilverfahrensrecht, Tübingen 2008, S. 11.

④ 季为玉：《专家对第三人侵权责任研究》，南京师范大学硕士学位论文，2008 年，第 8 页。

⑤ Schäfer, Haftung für fehlerhafte Wertgutachten aus wirtschaftswissenschaftlicher Perspektive, AcP 202 (2002), 815.

⑥ Sprenger, Internationale Expertenhaftung: Die Dritthaftung von Experten im International Privat-und Zivilverfahrensrecht, Tübingen 2008, S. 11f.

利益，他有足够的动力去查明专家是否具有过错。[1]

另外，或许有人认为，专家投保责任保险，可能导致专家对第三人责任制度的损失预防功能丧失。笔者认为，此种看法有失全面，因为保险公司会通过保险合同的设计督促专家尽到注意义务，避免损害的发生。例如，专家出现失误，可能是其再次投保时保险费增加的原因。

三、社会分工和合作的需要

专家的活动实际上是分工和专业化的体现。专家提供服务，体现了外行对专家的依赖，对专业知识的依赖，尤其是委托人以外的第三人的依赖。“社会对专业知识的需求，导致了专家活动的职业化，并导致了职业角色的标准化。社会的期待并非仅仅针对专家个人，而是针对整个职业。专家对第三人责任，可以保证一定的服务质量，进而促进职业的发展。”[2]

社会对独立的专家的信赖，将其意见作为交易的基础，这就形成了合作。在现代社会，人们越来越依赖于专家。或许有人要说，第三人不应将其经济上的风险转嫁给专家。因为第三人是为了追求其自身的利益而使用专家的意见，他的预期收益意味着他应当承受投资失败的风险。笔者认为，这只是表明，第三人也要承担一定的责任，专家对第三人的责任要受到限制。但是，并不因此而否定专家对第三人的责任。因为专家的职业化和中立性往往被人们所重视，否则，专家在交易中的意义就几乎丧失。[3] 从这个意义上说，专家对第三人责任，可以发挥保障专家意见的客观性、中立性的作用。[4]

在专家对第三人责任中，专家的中立性是重要的责任基础。中立性和职业化是不同的概念，职业化并不当然导致中立性。只有当一个专家以可识别的中立身份出现时，才能允许第三人在利益冲突的交易中对专家的意见合理地予以信赖。而且，只有当一个专家基于其中立性的立场而出具专

---

① 参见李会明：《非市场失灵理论与中国市场经济实践》，立信会计出版社 1996 年版，第 9 页。

② Sprenger, Internationale Expertenhaftung: Die Dritthaftung von Experten im International Privat-und Zivilverfahrensrecht, Tübingen 2008, S. 14.

③ Büttner, Umfang und Grenzen der Dritthaftung von Experten, Tübingen 2006, S. 31.

④ Quiring, Die Dritthaftung von Sachverständigen, Frankfurt 2006, S. 25.

家意见，才应当对这种信赖的后果承担责任。[①] 例如，律师仅仅为了其委托人的利益而提供服务时，第三人就不能对律师的行为产生合理的信赖，因为律师此时并不是以中立身份出现，其职责就是最大程度地维护委托人的利益。

四、信息市场高效率的需要

正如德国学者卡纳里斯（Canaris）教授所指出的，专家对第三人责任本质上应取决于，专家意见是否使第三人自己的调查以及参照另外的专家意见变得多余。[②] 从市场交易的角度来说，第三人既然要从事交易，他似乎也应当自行委托专家。如果第三人也委托了自己的专家，那么，他对于受托专家的过失可以请求合同法上的赔偿。第三人没有这样做，似乎就意味着他要自己承受风险。这一观点似乎是符合自己负责的原则的。[③]

但是，从经济的角度来看，任何交易的参与者都要独自委托专家，这几乎是没有意义的。[④] 它不符合信息市场高效率的需要，具体表现在：其一，它并没有考虑到信息市场的特点，即付出少量的成本，就可以实现数人对专家意见的利用。[⑤] 例如，通过会计师的审计，就避免了大量的个别审查（如担保机构的审查）的必要性，从而在一定范围内可以避免交易成本。[⑥] 而且，从交易的实际考虑，如果交易的当事人都要委托自己的专家，这就会导致不必要的重复和信息市场的低效率。例如，在公司上市发行证券时，我国《证券法》要求发行人聘请律师事务所，就发行人的经营业绩和资产状况给出意见。这就可以免除广大投资者的信息核实成本，提高交易的效率。其二，从理论上说，利用专家意见的人都可以与同一个专家之间形成合同关系。但是，这并不现实，因为专家的委托人经常不能确定哪

① 仲伟珩：《专家对第三人民事责任制度研究》，中国政法大学博士学位论文，2007 年，第249 页。

② Canaris，Die Reichsweite der Expertenhaftung gegenüber Dritte，ZHR 163（1999），233.

③ Sprenger，Internationale Expertenhaftung：Die Dritthaftung von Experten im International Privat-und Zivilverfahrensrecht，Tübingen 2008，S. 15.

④ Schäfer，Haftung für fehlerhafte Wertgutachten aus wirtschaftswissenschaftlicher Perspektive，AcP 202（2002），830.

⑤ Schäfer，Haftung für fehlerhafte Wertgutachten aus wirtschaftswissenschaftlicher Perspektive，AcP 202（2002），812.

⑥ Sommerschuh，Berufshaftung und Berufsaufsicht，1Aufl.，Baden-Baden 2003，S. 247f.

些人会利用专家的意见。专家意见的特点就在于，它的利用人的范围是不特定的。①

另外，每个参与交易的人都委托自己的专家，这通常不符合交易参与者的意愿。他们实际上是希望以统一的评估为基础进行交易。如果数人计划从事一项交易，而基于事实上和经济上的原因，只有其中一人委托了专家，但是，专家给付的接受者实际上是所有的交易参与人，而且，他们将专家的意见作为交易的共同基础。②

第四节　专家对第三人责任与雇主责任

在专家对第三人责任案件中，专家可能是以雇员的身份出现的，此时，专家的雇主可能要承担责任。在我国，专家常常以其所在执业机构的工作人员形式出现，而且，往往是其执业机构接受委托。例如，律师不能以其个人名义接受委托，而只能以律师事务所的名义接受委托。这就涉及专家对第三人责任与雇主责任的关系问题，而且涉及本研究中究竟如何设计理论模型的问题。

一、雇主责任概述

1. *雇主责任的一般理论*

雇主责任是指雇主对雇员的行为承担的侵权责任。雇主责任是随着劳动分工而出现的法律问题。雇主（Geschäftsherr），是指任用雇员，并能够通过其指示权有计划地控制该雇员的人。③ 例如，企业主、雇用他人劳动的人等都属于雇主。雇主身份的认定应当考虑两个因素：①雇主应当是任用了他人的人。通常来说，雇主任用雇员都是基于一定的基础关系，如劳

---

① Büttner, Umfang und Grenzen der Dritthaftung von Experten, Tübingen 2006, S. 30.

② Büttner, Umfang und Grenzen der Dritthaftung von Experten, Tübingen 2006, S. 31f.

③ Staudinger/W. Belling/Eberl-Borges (2002), § 831, Rn. 63.

动关系等。不过，作为任用基础的法律关系，并不是决定性的要素。[①] ②雇主应当是享有指示权的人。[②] 雇员必须服从雇主的指示。不过，雇主的指示不必个别地发出，只要他在任何时间都可以影响事务的处理即可。[③]

从立法论的角度来看，要让雇主对雇员的行为负责，可以有两种思路：一种思路是，只要雇员的行为符合侵权行为的要件（如既有过错又违法），雇主就应当承担责任；另一种思路是，雇主承担责任的前提是其自身对于损害的发生也存在过错。[④] 就大陆法系而言，法国法采取了前一种思路，《法民》第1384条规定，雇主对其雇员在执行职务的过程中因过错造成的损害一般性地负责。[⑤] 德国法有意采取了与法国法不同的做法，它借鉴了日耳曼普通法的做法，以雇主的选任、监督等方面的过错为基础来构建雇主的责任，同时规定了举证责任的倒置。[⑥] 在英美法上，雇主责任是替代责任（Vicarious Liability）。"替代"是指占据或补充他人的地位。"替代责任"的本质是，在特定情况下，某人对其雇员（Servant）或代理人（Agent）的过失行为负责，就像他处于这些人的位置一样。[⑦] 所以，其与法国法的做法类似。

2. 我国法上的雇主责任

我国《侵权责任法》总结了既有立法的经验，于第34条和第35条确立了完整的雇主责任制度。[⑧] 该制度的特点在于：第一，废弃了以往区分所

---

① Staudinger/W. Belling/Eberl-Borges（2002），§ 831，Rn. 63.

② Medicus，Schuldrecht Ⅱ，Besonderer Teil，12. Aufl.，München 2004，S. 411.

③ BGHZ 45，311.

④ Kötz/Wagner，Deliktsrecht，9. Aufl.，Neuwied/Kriftel 2001，S. 109.

⑤ Zimmermann/A. Verse，Die Reaktion des Reichsgerichts auf die Kodifikation des deutschen Deliktsrechts（1900 – 1914），In：Ulrich Falk/Heinz Mohnhaupt，Das Bürgerliche Gesetzbuch und seine Richter，Frank-furt/Main 2000，S. 335.

⑥ von Bar，Verkehrspflichten：richterliche Gefahrsteuerungsgebote im deutschen Deliktsrecht，Köln/Berlin/Bonn/München 1980，S. 21.

⑦ Harrop-Griffiths，Bennington，*Underwood and Holt's Professional Negligence*，London：Fourmat Publishing，1985，p. 7.

⑧《侵权责任法》第34条第1款规定："用人单位的工作人员因执行工作任务造成他人损害的，由用人单位承担侵权责任。"同条第2款规定："劳务派遣期间，被派遣的工作人员因执行工作任务造成他人损害的，由接受劳务派遣的用工单位承担侵权责任；劳务派遣单位有过错的，承担相应的补充责任。"同法第35条规定："个人之间形成劳务关系，提供劳务一方因劳务造成他人损害的，由接受劳务一方承担侵权责任。提供劳务一方因劳务自己受到损害的，根据双方各自的过错承担相应的责任。"

有制而分别制定规则的做法。《最高人民法院关于审理人身损害赔偿案件适用法律若干问题的解释》（以下简称“《人身损害赔偿司法解释》”）第8条和第9条的设计是以区分公有制和私有制为基础的。① 《侵权责任法》废弃了这一做法，采用统一的规则，可谓重大进步。② 第二，雇主责任继续采替代责任。我国既有立法一直采替代责任，这一做法被认为符合多数国家的经验，也有利于强化受害人保护。③ 第三，针对实践中频繁出现的劳务派遣，设计了特殊的规则，即“由接受劳务派遣的用工单位承担侵权责任；劳务派遣单位有过错的，承担相应的补充责任”。不过，此次立法也留下了一些遗憾，雇主责任中相关的制度仍然有所欠缺，如雇员自身的责任问题、雇主与雇员之间的追偿权等。

二、专家对第三人责任与雇主责任

从比较法来看，专家责任都受到专家作为雇员进入劳动关系的影响。④ 因此，分析专家对第三人责任与雇主责任的关系十分必要。另外，对两者关系的探讨，还涉及本研究所选取的理论模型的问题。

就专家的执业形态来说，其可能有两种不同的选择：其一，个人执业的形态。这就是说，执业机构为专家个人出资设立。此时，该执业机构与设立人实际上为同一民事主体，专家需要对该执业机构的债务承担连带责任。如个体医疗诊所。在我国，有些类型的专家可以采取个人执业的形式，例如，医师可以开办个人诊所，律师也可以个人开展业务。⑤ 其二，非个人

① 最高人民法院民事审判一庭编著：《最高人民法院人身损害赔偿司法解释的理解与适用》，人民法院出版社2004年版，第151页。

② 《侵权责任法》第34条、第35条区分用人单位和个人，分别设立条文予以规定。从立法技术的角度来看，如此区分处理，似乎没有必要。因为立法上的区别处理是为了设置不同的规则，但是，这两条对于雇主责任的规定并无区别。笔者认为，如果要避讳“雇主”可以采用“用人者”或“使用人”的概念，并以一个条文来规范雇主责任。

③ 在采取雇主承担过错推定责任的立法例之下，雇主要免责通常也不太可能。例如，在日本法上，雇主（或称使用人）免责的判例从来没有过。所以，其民法典上雇主免责的规定基本上是一个空洞的条文。参见［日］园谷峻：《判例形成的日本新侵权行为法》，赵莉译，法律出版社2008年版，第303页。

④ André Tunc (ed.), *International Encyclopedia of Comparative Law*, Vol. XI, Torts, Part I, Ch. 6, Tuebingen: J. C. B. Mohr, 1983, p. 5.

⑤ 季为玉：《专家对第三人侵权责任研究》，南京师范大学硕士学位论文，2008年，第21页。

执业的形态。这就是说，专家以执业机构工作人员的身份出现。该执业机构可以是合伙的形式，也可以是法人的形式。例如，在公立医院内，医师以其工作人员的身份执业。

在我国，法律对于有些专家的执业作出了特殊的规定，例如，《律师法》第23条规定，律师事务所要统一接受委托；《注册会计师法》第16条也规定，会计师事务所统一接受委托。所以，从我国的实际来看，通常情况下，专家都以非个人执业的形式出现，并且，执业机构是受托人，专家只是以雇员的形式出现。例如，在审计业务中，上市公司都委托会计师事务所进行审计，会计师个人只是以该事务所雇员的身份出现。因此，如果专家在执业过程中具有过错，往往是其雇主（如会计师事务所）来对受害人承担责任，专家对他人承担责任的情形并不多见。

不过，此处的研究并不希望将雇主责任和专家责任合并起来进行研究，而是以专家个人执业形态作为研究的模型。如此处理的理由在于：第一，这是避免理论分析过分复杂化的需要。专家执业的形态存在差异，如果所有的理论分析都考虑具体的执业形态，将导致理论分析的过分复杂，不利于该制度的研究。第二，这并不会影响专家对第三人责任制度的适用。在我国，无论从形式意义上的雇主责任，还是从实质意义上的雇主责任来看，雇主责任的承担都是以雇员的行为构成侵权为前提的，雇主承担的是无过错责任。也就是说，只要雇员的行为构成侵权，雇主自然就承担责任。因此，以专家个人执业形态为研究模型得出的结论，通过雇主责任制度的简单结合，就可以运用于专家非个人执业的形态。第三，这也并非完全脱离实际。仅仅以专家个人执业为模型的研究，也并非完全脱离实际。就专家个人执业来说，该理论是可以直接适用的。另外，在专家非个人执业的形态，专家也可能要承担责任。按照我国《人身损害赔偿司法解释》第9条的规定，雇员因故意或者重大过失致人损害的，应当与雇主承担连带赔偿责任。所以，专家以执业机构雇员身份出现时，此处的理论可以直接运用于他与执业机构承担连带责任的情形。

在专家对第三人责任案件中，如果存在专家的委托人，该委托人是否要就专家的执业行为对第三人承担雇主责任？当然，委托人承担责任的前提是，委托人可以认定为专家的雇主。已如前述，雇主身份的认定应当考虑两个因素：其一，雇主应当是任用了他人的人。其二，雇主应当是享有指示权的人。毫无疑问，委托人是任用了专家的人，但是，他对于专家是否享有指示权则值得探讨。从比较法上看，一般不认为委托人是专家的雇主。例如，在英国法上，雇员认定的重要因素之一就是某人对他人的控制程度。如果某人对他人完成工作的具体方式都进行控制，该他人就是雇员。但是，这个标准很难运用于专家，因为任何人都不太可能对专家进行控制。[①] 笔者赞同此种做法，即专家不能认定为委托人的雇员，所以，委托人也不必因专家的行为而对第三人承担雇主责任。

另外，在专家执业过程中，其可能通过其自身的雇员来完成受托事务。例如，律师接受委托以后，其通过律师助理处理受托事务。当然，从合同法的角度来说，专家所使用的人属于其债务履行辅助人，债务履行辅助人的过错被视为专家的过错，无论专家自身是否具有过错，都要承担违约责任。从侵权法的角度来看，专家与其所使用的人之间属于雇主与雇员的关系，专家要对其雇员的行为承担侵权责任，此时，应适用《侵权责任法》第 35 条的规定，只要雇员的行为符合侵权责任的构成要件，作为雇主的专家就应当承担责任。例如，律师应对其助理的行为承担雇主责任。不过，在本研究成果中，笔者拟以专家通过其自身行为处理受托事务为模型进行研究，以避免研究中法律关系过分复杂化。

第五节 专家对第三人责任与纯经济损失赔偿

从专家执业活动的实际情况来看，专家给第三人造成损失的常态是纯经济损失。例如，会计师为被审计公司出具了虚假的验资报告，被审计公司的债权人因信赖该验资报告而与该公司签订合同，后来，被审计公司无力清偿债务，导致公司债权人的损失，这就是纯经济损失。所以，探讨专家对第三人责任与纯经济损失赔偿的关系具有重要意义。

---

① Harrop-Griffiths, Bennington, *Underwood and Holt's Professional Negligence*, London: Fourmat Publishing, 1985, p. 8.

一、纯经济损失的概念与案型

“纯经济损失”（英 Pure Economic Loss，德 reines Vermögenschaden）是侵权法的一个重要的新领域，并被认为是侵权法体系中真正的难题。[①] 纯经济损失的概念界定主要有两种方式：一种定义认为，它是指并非通过对原告的人身和确定的财产造成的有形损害（Physical Injury）而产生的费用损失。[②] 另一种定义认为，它是指没有侵害受害人的绝对性权益（ein absolutes Gut），而仅存在于其一般财产中的损害。[③] 前一种定义是以英美法为背景的，[④] 后一种定义是以大陆法为背景的，我国属大陆法系，笔者采用后一种定义。

纯经济损失的“纯”就体现在，它不是侵害人身或有体财产的结果。[⑤] 受害人遭受的经济利益上的损失，有的是因人身权或财产权受侵害而产生的，有的则是独立于人身权或财产权的侵害而产生的，前者被称为附随的经济损失，后者被称为纯经济损失。[⑥] 对于附随的经济损失，各国法律一般都给予救济。如甲侵害乙的健康权，导致乙支出了医疗费，此种医疗费的支出就是侵害健康权导致的附随的经济损失。乙可以以侵害健康权为由向甲请求赔偿。

纯经济损失的主要案件类型有如下几类：其一是“电缆案件”。例如，甲挖掘地道，不慎毁坏了乙的电缆，导致了电力供应中断，从而致使丙的餐厅不能营业。在此情况下，乙的所有权遭受了侵害，而丙遭受了纯经济

---

① Efstatheios K. Banakas, *Civil Liability for Pure Economic Loss*, Leiden: Kluwer Law International Ltd. 1996, p. 188. 关于纯经济损失的比较法研究，可以参阅［意］布萨尼、［美］帕尔默主编：《欧洲法中的纯粹经济损失》，张小义、钟洪明译，法律出版社 2005 年版。

② ［美］D. W. Robertson:《义务的新领域：纯粹经济损害》，刘慧译，载张新宝主编：《侵权法评论》2003 年第 1 辑，人民法院出版社 2003 年版。

③ Heinrich Honsell, Der Ersatz reiner Vermögensschäden in Rechtsgeschichte und Rechtsvergleichung, In: Thomas Rauscher/Heinz-Peter Mansel, Festschrift für Werner Lorenz zum 80. Geburtstag, München 2001, S. 483.

④ 1972 年 6 月 2 日的《瑞典损害赔偿法》采用此种方式，该法第 2 条规定，“本法中的纯经济损失是指这样的经济损失，它与某人遭受的人身损害或物的损害没有关联。”

⑤ Zimmermann & Reimann (eds.), *Oxford Handbook of Comparative Law*, Oxford: Oxford University Press, 2007, p. 1013.

⑥ Weir, *Lectures*: *Economic Torts*, London: Clarendon Press, 1997, pp. 2 – 3.

损失。[1] 其二是“不实陈述案件”，即专家对他人做不合事实的说明，从而造成第三人纯经济损失。例如，会计师出具不真实的会计意见，从而导致公司收购者或股民的纯经济损失。其三是“商品瑕疵案件”。商品具有瑕疵，致使买受人或第三人遭受经济上损失。例如，甲向乙购买丙制造的机器，因机器具有瑕疵，不能使用造成甲营业损失（纯经济损失）。[2] 其四是“第三人侵害债权案件”。[3] 第三人侵害债权，是作为侵害权利的案件处理，还是作为纯经济损失案件来处理，学说上有不同的看法。[4] 笔者认为其属于纯经济损失案件，因为债权具有相对性，而不具有社会典型公开性，从第三人的角度来看，债权只不过是财产性利益，不是绝对性权益。其五是“遗嘱案件”。其典型例子是，律师受他人委托起草遗嘱，但是，因律师的过错而导致遗嘱无效或者被撤销，进而导致可能通过遗嘱而获得利益的人遭受纯经济损失。

在民法领域，合同法偏重于保护纯经济损失。[5] 根据学者的解释，合同责任之所以适合保护纯经济损失，是因当事人具有特别关系，可以减少责任范围的不确定性，从而可以依合同条款合理分配合同上的危险。[6] 如果加害人和受害人之间具有合同关系，那么，纯经济损失就完全可以根据合同法的规定予以赔偿。所以，关于纯经济损失，真正的问题在于，加害人与被害人之间没有合同关系时，应如何加以保护。[7]

---

① 王泽鉴：《民法学说与判例研究》（第 8 册），中国政法大学出版社 1997 年版，第 214 页。

② 王泽鉴：《民法学说与判例研究》（第 7 册），中国政法大学出版社 1997 年版，第 91 页。

③ 从具体形态来看，第三人侵害债权包括如下三种情形：一是侵害给付标的物。它是指第三人侵害债务人将要对债权人履行的标的物（如毁坏标的物、毁灭标的物、买卖租赁标的物和扣押标的物等），导致债务人给付不能或迟延给付。二是侵害债务人或债权人人身。它是指第三人拘禁债务人或债权人（如伤害债务人或债权人、杀害债务人或债权人等），致使债务不能履行或迟延履行。三是直接侵害债权。它是指第三人直接处分债权或行使债权，使债权削减或丧失。例如，代理人超越代理权限受领债权清偿或免除债务。参见史尚宽：《债法总论》，荣泰印书馆 1980 年版，第 137 页。

④ 郑玉波教授持前一种立场，参见郑玉波：《民法债编总论》，三民书局 1993 年版，第 152 页。孙森焱教授持后一种立场，参见孙森焱：《论对债权的侵权行为》，《法令月刊》第 37 卷第 5 期。

⑤ 参见王泽鉴：《民法学说与判例研究》（第 8 册），中国政法大学出版社 1997 年版，第 268 页。

⑥ 王泽鉴：《民法学说与判例研究》（第 8 册），中国政法大学出版社 1997 年版，第 275 页。

⑦ 参见王泽鉴：《民法学说与判例研究》（第 8 册），中国政法大学出版社 1997 年版，第 271 页。

二、纯经济损失救济的比较法考察

1. 英美法系

在英美侵权法上，故意引起的纯经济上损失通常可以获得赔偿。这些故意侵权行为类型主要包括欺诈（Deceit）、通谋（Conspiracy）、胁迫（Intimidation）、伤害性谎言（Injurious Falsehood）、假冒（Passing-off）、干预合同关系（Interference with Contractual Relations）、诽谤（Defamation）等。①

对于因过失侵权引发的纯经济损失，英国法最初采“排除规则”（Exclusionary Rule），即对于案件中产生的纯经济损失一律排除在可赔偿的损失范围之内而不予补偿。这一规则作为纯经济损失补偿领域的一般规则长期被法院采用。排除规则的理论根据是所谓的“水闸”（Floodgate）理论。因为在很多情形下，纯经济损失的发生颇具偶然性，而受害人的范围亦难确定，损失大小更是难以考察。按照卡多佐（Cardozo）的说法，纯经济损失的赔偿，可能导致“在不确定时间、对不确定人的、不确定的责任”。② 而且，在打开了诉讼闸门之后，将导致诉讼洪水的泛滥。因此，英国法传统上认为，纯经济损失应受合同法的规范，侵权法不应加以保护，理由则或为基于政策考虑，因此，注意义务不存在，③ 或为损失与行为之间不具有因果关系。④ 1875 年的 Cattle v. Stockton 案⑤和 1973 年的 Spartan Steel & Alloys

---

① 参见李昊：《论纯经济上损失》，载梁慧星主编：《民商法论丛》（第 28 卷），法律出版社 2003 年版，第 559 页。

② Ultramares Corpn v. Touche [1931] 174 NE 441.

③ Weller & Co. v. Foot and Moouth Disease Reasearch Institute, [1966] 1Q. B. 569.

④ Rivtow Marine Ltd. v. Waschingto Iron Works. (1973) 40D. L. R. (3d.) 530.

⑤ Cattle v. Stockton (1875) L. R. 10 Q. B. 453. 该案的案情如下：原告是一家建筑队，被告是一家自来水公司。原告与第三人（土地所有人）订立了一份合同，双方约定，原告以固定的费用为第三人挖掘一条地下通道。但是，因为被告的过失导致水流入原告所挖的坑道，从而导致原告支出了比原计划多得多的费用。原告请求被告予以赔偿。但是，法院认为，不是原告的财产受到损害，他无权以自己的名义起诉，同时，法官还认为，仅仅因为被告过失伤害第三人而干扰了原告的合同关系时，也不存在先例使原告能够获得救济。转引自李昊：《论纯经济上损失》，载梁慧星主编：《民商法论丛》第 28 卷，法律出版社 2003 年版，第 562 页。

Ltd. v. Martin & Co. Ltd . 案[①]都是适用排除规则的典型案例。然而，自 1932 年的 Donoghue 一案后出现了对排除规则的大突破，确立了众多可诉请赔偿的新案型，特别是以 1964 年的 Hedley Byrne & Co. Ltd. v. Heller & Partners Ltd. 一案为标志确立了不实陈述案型。[②] 该案判决要求，对于过失造成纯经济损失的赔偿，当事人之间必须存在“紧密联系”（A Relationship of Close Proximity)。换言之，当事人之间存在相当于合同的关系。此时，当事人之间就产生了注意义务。[③] 1978 年的 Anns v. Merten London Borough Council 案中，法院判决提出，要将纯经济损失与侵害人身或有形财产置于同等水平予以保护。[④] 不过，1991 年的 Murphy v. Brentwood District Council 案件，再次确认了区分人身或有形财产损害与纯经济损失。[⑤] 总体上，英国法目前处于漫长的不确定的发展时期。[⑥] 在一些案件中，仅仅对有形的或身体的损害给予赔偿，不赔偿纯经济损失；在另一些案件中，纯粹经济的损失则可以得到赔偿。[⑦]

在美国法上，对于过失引起的纯经济损失，整体上也坚持排除规则。

---

① Spartan Steel & Alloys Ltd. v. Martin & Co. Ltd. ［1973］1 Q. B. 27，［1972］3 A11 E. R. 557 (C. A.).

② Hedley Byrne & Co. Ltd. v. Heller & Partners Ltd. ［1964］ A. C. 465. 在该案中，原告 Hedley Byrne 是一家广告代理商，被 Easipower 公司雇来进行广告宣传活动。在这次宣传活动中，原告要承担大量的合同责任，为了谨慎起见，原告通过自己的开户行向 Easipower 公司的开户行 Heller & Partners 公司写信询问 Easipower 公司的资信情况。Heller & Partners 公司回信说，Easipower 公司的信用良好，并附带声明其对此信息不负责任。Hedley Byrne 的开户行又向其转述了这封信。原告相信了被告的意见，并与 Easipower 公司产生了交易。但是，这封信的内容后来被证明存在不实，Easipower 公司后来破产，广告宣传合同项下损失 17000 英镑，于是，原告起诉到法院，要求被告承担赔偿责任。英国上议院认为，信息提供者可以合理地预见，即使信息提供者和信息接受者之间没有合同等关系，信息提供者仍然基于特别关系而负有注意义务。不过，在本案中，被告在提供信息时声明，其不对该信息正确性负责，因此，判决被告免于承担赔偿责任。参见李昊：《交易安全义务论》，北京大学出版社 2008 年版，第 495 页；［日］望月礼二郎：《英美法》，郭建、王仲涛译，商务印书馆 2005 年版，第 144 页。

③ Hedley Byrne Co. Ltd. v. Heller Patners Ltd. ［1964］AC 465，528.

④ Anns v. Merten London Borough Council ［1978］AC 728，751.

⑤ Murphy v. Brentwood District Council ［1991］1 AC 398，457.

⑥ 参见李昊：《论纯经济上损失》，载梁慧星主编：《民商法论丛》（第 28 卷），法律出版社 2003 年版，第 577 页。

⑦ 参见［法］达维：《英国法与法国法：一种实质性比较》，潘华仿译，清华大学出版社 2002 年版，第 180 页。

但是，在该规则的适用上也存在很多波折和反复。[①] 另外，美国合同法上还存在着“利益第三人担保责任”制度。[②] 根据该制度，出卖人明示或默示的担保及于任何可合理期待使用、消费该商品或受商品之影响，而其人身又因担保义务的违反而遭受损害的自然人。[③] 该制度与德国法上“附保护第三人作用的合同”制度有异曲同工之妙，只是适用范围比后者狭窄。

2. 法国法系

在法国法系国家，纯经济损失的概念是没有意义的。在法国侵权法上，一般条款仅仅要求损害，而没有要求侵害受法律保护的利益。因此，该法并没有为区分附随于人身或财产侵害的经济损失和纯经济损失提供基础。[④]《法民》第1382～1386条所规定的侵权民事法律责任是迄今为止世界上范围最广、射程最远的侵权责任制度，任何损害，无论是有形的还是无形的或经济的损害，根据该法都是可以提起侵权诉讼的，因为《法民》关注的重点是致损事件，而不是原告所享有的特定权利的性质和范围。[⑤] 比利时、卢森堡、西班牙均采用了类似于法国法的立法例，因此，在这些国家的侵权行为法中，纯经济损失也从未与其他损害形态分离过。[⑥] 因此，可以说，在法国法系中并无纯经济损失这一概念。

但是，任何一个法律制度都需要一个过滤器，以将可赔偿性损害从不可赔偿性损害中区分出来。[⑦] 法国侵权法的发展支持这一结论，即纯经济损失的保护与人身和有形财产的保护处于不同的水平，所以，纯经济损失赔偿也受到限制。不过，法国法实现这一结果，并不是通过区分不同类型的损害，而是通过“过错”（faute）概念的变形和“可赔偿的损害”的概念的运用。[⑧] 具体来说：其一，“过错”概念的变形。在法国法上，侵害人身或

---

① 参见李昊：《论纯经济上损失》，载梁慧星主编：《民商法论丛》第28卷，法律出版社2003年版，第590页。

② 参见《美国统一商法典》（U. C. C.）第二编买卖（Sales）下的第2－318条。

③ 参见李昊：《论纯经济上损失》，载梁慧星主编：《民商法论丛》（第28卷），法律出版社2003年版，第557页。

④ Zimmermann & Reimann（eds.），*Oxford Handbook of Comparative Law*，Oxford：Oxford University Press，2007，p. 1013.

⑤ 张民安：《现代法国侵权责任制度研究》，法律出版社2003年版，第57页。

⑥⑦ 参见［德］克雷斯蒂安·冯·巴尔：《欧洲比较侵权行为法》（下册），焦美华译，法律出版社2001年版，第33页。

⑧ Reinhard Zimmermann & Mathias Reimann（eds.），*Oxford Handbook of Comparative Law*，Oxford：Oxford University Press，2007，p. 1015.

有体物时的过错与纯经济损失中的过错，其含义不同。因为人身权或物权是界限明晰的权利，潜在的侵权行为人有义务采取措施以避免给权利人造成损害。在纯经济损失案件中，被告并不当然负有采取措施以避免他人损害的义务。① 例如，在专家对第三人责任案件中，专家也可能导致第三人纯经济损失。此时，专家也并不当然负有采取措施以避免第三人损害的义务，所以，专家过错的认定比较困难。其二，可赔偿的损害的概念的运用。在法国法上，可赔偿的损害是指受害人的权益所遭受的财产性或非财产性的不利影响。② 它必须是现实的、直接的、确定的。③ “现实的”和“确定的”损害，是指损害是事实上的，而不仅仅是可能的损害。不过，未来才能实现的损害，并不原则上被排除于救济范围之外。“直接的”损害，实际上是描述行为与损害之间存在必要的因果关系。不过，“现实的”、“直接的”等说法，并没有界定可赔偿的损害的概念，只是对损害边界的描述，它的具体认定是在司法实践中结合案例群完成的。④ 不过，过错和损害的现实、直接与确定，都具有不确定性，因此，法国法院对纯经济损失赔偿案件的判决具有相当大的不确定性。在一些案件中，法国法院认定原告遭受的纯经济损失应当赔偿。例如，在一家公交公司因交通肇事者的过错导致其利润损失而提起的赔偿案件⑤、某雇主因其雇员被杀害而提起的纯经济损失赔偿案件、一家足球俱乐部因其一名职业球员被过失杀害而请求加害人给予赔偿案件中，法院都判决被告应当赔偿原告的纯经济损失。⑥ 在另外一些案件

---

① Zimmermann & Reimann (eds.), *Oxford Handbook of Comparative Law*, Oxford: Oxford University Press, 2007, p. 1016.

② Gotthard, Landesbericht Frankreich, in: von Bar (Hg.), Deliktsrecht in Europa, Köln 1993, S. 22.

③ Cour de Cassation, civ. 1re, 7. 11. 2000, Bull. civ. 2000, Ⅰ, n. 277.

④ Gotthard, Landesbericht Frankreich, in: von Bar (Hg.), Deliktsrecht in Europa, Köln 1993, S. 23.

⑤ 在本案中，因为被告的过错导致了交通事故的发生，从而阻塞了市中心的交通，并因此导致原告（一家名为“The Marseilles Bus Company”的公交公司）的利润损失。法国最高法院作出判决，被告应当赔偿原告所遭受的利润损失。See Efstatheios K. Banakas, *Civil Liability for Pure Economic Loss*, Leiden: Kluwer Law International Ltd. 1996, p. 16.

⑥ See Jacques Herbots, “Economic Loss in the Legal System of the Continent”, in Michaed Furmstone, eds., *The Law of Tort: Policies and Trends in Liability for Property and Economic Loss*, Geral Duchworth & Co. Ltd., 1986, pp. 143 - 144. 转引自李昊：《论纯经济上损失》，载梁慧星主编：《民商法论丛》第28卷，法律出版社2003年版，第604页。

中，如“保险金案”,[①] 法院又不支持原告的诉讼请求。因此，法国教授 Esmein 曾戏言，法官在具体个案中，“依照他喜欢原告与否而准许赔偿”。[②]

另外，法国法院还借助于“合同群”（groupe de contrats，ensemble contractuel）的概念，逐步扩大合同责任的认定，使得原告与被告之间即使没有直接的合同关系存在，但只要双方都与诉外人具有合同关系，即构成连锁性合同而成为经济复合体，原告得对被告主张合同责任，从而提起直接诉讼（action directe）。[③] 这就是法国法上特有的直接诉讼制度，该制度在一定范围内可以强化对纯经济损失的保护。

3. 德国法系

在德国侵权法上，其坚持权利和利益的区分，并设计了不同的侵权责任构成要件。与此相应，其限制了过错侵权中受保护的权益，尤其是在第823条第1款中作了列举性规定。[④] 该条所列举的受保护的权益限于绝对权，所以，它实际上间接地表明，纯经济损失原则上不予赔偿。其理由主要在于，如果对其予以赔偿，那么，责任就变得漫无边际，而且，个人的行为自由会受到过分的限制。[⑤] 因为在1896年，《德民》的制定者将行为自由的保护作为法政策上最紧迫的关切,[⑥] 这种价值取向与当时的经济自由主义思想相吻合。[⑦]

按照《德民》制定者的设计，纯经济损失的赔偿仅仅在例外情况下被允许，主要包括两种情形：一是违反保护他人法律型的侵权。《德民》第823条第2款确立了违反保护他人法律型侵权，也就是说，加害人违反了保

① 该案案情如下：原告向被告投健康保险，同时向被告贷款，嗣后原告因病残障，于是向被告请求给付保险金，以偿还贷款本息。但被告于借款当时即拒绝承保，而未通知原告，原告遂向被告起诉主张侵权责任，请求赔偿损害。第一审法院准许原告之诉，但第二审法院则废弃原判决，驳回原告之诉。Rennes，9julllet 1975：D. 1976，417. 参见邱琦：《纯粹经济上损失之研究》，台湾大学博士学位论文，2002年，第151－152页。

② Cass. Civ. 2e，28April 1965，D. 1965J. 777，note Esmein. 转引自邱琦：《纯粹经济上损失之研究》，台湾大学博士学位论文，2002年，第153页。

③ 邱琦：《纯粹经济上损失之研究》，台湾大学博士学位论文，2002年，第144－145页。

④ Zimmermann/Reimann（eds.），*Oxford Handbook of Comparative Law*，Oxford：Oxford University Press，2007，p. 1013.

⑤ Picker，Vertragliche und deliktische Schadenshaftung，JZ 1997，1052.

⑥ Fuchs，Deliktsrecht，Berlin/Heidelberg 1995，S. 4.

⑦ Fuchs，Deliktsrecht，Berlin/Heidelberg 1995，S. 2.

护受害人的法定化的义务。[①] 所以，该条的主要功能之一就是扩大纯经济损失获得赔偿的可能性。[②] 二是故意背俗型的侵权。《德民》第826条规定，故意以背于善良风俗方法加损害于他人时，应负损害赔偿责任。这是以概括的方式保护纯经济损失。其以故意违背善良风俗为要件，不是在于惩罚，而是考虑到加害人明知而为之，责任范围可以预见，自然不应当免于承担赔偿责任。[③]

不过，随着社会的发展，德国侵权法也必须面对人们的安全要求和因此而增加的社会安全需要。因此，侵权法也被人们期待着要为社会福利国家的实现作出贡献。[④] 德国法院通过司法的方式，逐渐扩大纯经济损失的救济，具体包括如下方式：

（1）合同责任的扩张。合同责任扩张的主要表现就是，缔约上过失责任制度和附保护第三人作用的合同制度。其一，缔约上过失责任制度。德国新债法第311条正式确立了缔约上过失责任制度。缔约过失责任以一个类似合同的社会接触和信赖关系为前提，通过缔约上过失责任制度的适用，缔约当事人所遭受的纯经济损失，也可以以合同法的规则来救济。其二，附保护第三人作用的合同。附保护第三人作用的合同，是指特定合同一经成立，不但在当事人之间发生权利义务关系，同时债务人对于与债权人具有特殊关系的第三人，也负有照顾、保护等义务。债务人违反此项义务时，对该特定范围的人所受的损害，也应依合同法的原则，负赔偿责任。也就是说，特定合同关系兼具保护第三人的作用。[⑤]

（2）利益的权利化。利益的权利化表现为两个方面：一是对所有权的扩大解释。例如，在一个案件中，德国联邦法院认为，在生产商供货的产品因瑕疵部件导致无法使用时，该生产商的行为构成了对买受人对本产品的所有权的侵害。[⑥] 二是营业权概念的创设。在德国法中，为了扩大对营业性纯经济损失的保护而创设了“营业权”（Das Recht am eingerichteten und ausgeübten Gewerbebetrieb）这一概念。[⑦] 所谓营业权，是指“对已设立及实

---

① Zimmermann/Reimann（eds.），*Oxford Handbook of Comparative Law*，Oxford：Oxford University Press，2007，p. 1013.

② Larenz/Canaris，Lehrbuch des Schuldrechts，13. Aufl.，Muenchen 1994，S. 431.

③ 参见王泽鉴：《侵权行为法》（第1册），中国政法大学出版社2001年版，第99－100页。

④ Fuchs，Deliktsrecht，Berlin/Heidelberg 1995，S. 4f.

⑤ 王泽鉴：《民法学说与判例研究》（第2册），中国政法大学出版社1998年版，第34页。

⑥ 参见王泽鉴：《侵权行为法》，三民书局1998年版，第180页。

⑦ Haack，Schuldrecht BT 4，5. Aufl.，Münster 2005，S. 55.

施企业经营的权利"。[①] 但是，为了使营业权的范围不至于泛化，其营业权的保护范畴以"企业关连性"为标准，即侵害须直接针对企业本身，而非与企业本身可分离的权利。[②]

三、我国法上纯经济损失救济规则的解释论

1. 我国过错侵权一般条款对纯经济损失的救济

在我国立法中，并没有出现纯经济损失的概念。学者一般认为，我国侵权法实际上采纳的是法国侵权法的一般条款模式。因此，纯经济损失案件，就应当适用《侵权责任法》第 6 条第 1 款，即"行为人因过错侵害他人民事权益，应当承担侵权责任"。其中的"侵害他人民事权益"，包含了对他人单纯的财产利益的侵害，或者说包含了纯经济损失的赔偿。问题是，该法没有采纳德国法上的权利位阶理论，[③] 而是采取与法国法几乎相同的做法，只要造成损害，就可能获得赔偿。这就也导致了与法国法类似的问题，即责任的限制比较困难。在法政策上，纯经济损失的赔偿应当受到比较严格的限制，这主要是基于如下考虑：第一，这是保障社会一般行为自由的需要。如果纯经济损失的赔偿不受严格限制，责任就变得漫无边际，个人的行为自由也会受到过分的限制。[④] 第二，这是避免诉讼泛滥的需要。正如卡多佐（Cardozo）法官所言，纯经济损失的赔偿，可能导致"在不确定时

---

① 在实践中，对营业权的侵害主要包括如下类型：第一，保护权利警告，即主张自己不存在的商标或专利权，从而妨碍企业生产某产品；第二，物理上妨害企业经营，如堆放物料于商店门口，阻止顾客出入；第三，传播伤害企业的事实，如无正当理由将迟延付款客户的黑名单散布给不相关的人；第四，以非法的罢工方法妨害企业生产经营等。参见马俊驹、白飞鹏：《对财产上法益间接损害的民法救济：保护与限制》，载《法学评论》2001 年第 2 期。另参见王泽鉴：《民法学说与判例研究》（第 7 册），中国政法大学出版社 1998 年版，第 84－85 页。

② "营业权被侵害之得请求损害赔偿，须以受侵害者与企业经营具有内在关连，不易分离的关系为要件。对企业的侵害须具直接性。伤害企业员工，毁损企业的车辆，尚未足构成对企业的侵害，因员工或车辆与企业并无内在关连。因挖断电缆，致不能营业，亦属如此。因停电而遭受不利益的，不限于企业，亦包括家庭用户等消费者。供电关系非属企业所特有。挖断电缆，导致电力中断，不能认为是对企业权的侵害。企业纵因此受有经济上的损失，亦不能认为是对企业权受侵害为理由，请求赔偿。"参见王泽鉴：《民法学说与判例研究》（第 7 册），中国政法大学出版社 1998 年版，第 84－85 页。

③ 全国人大常委会法制工作委员会民法室编：《〈中华人民共和国侵权责任法〉条文说明、立法理由及相关规定》，北京大学出版社 2010 年版，第 7 页。

④ Picker, Vertragliche und deliktische Schadenshaftung, JZ 1997, 1052.

间、对不确定人的、不确定的责任”。[①] 如果打开了诉讼的闸门，将导致诉讼洪水的泛滥。第三，这是比较法上经验的总结。国外的立法和判例都表明，纯经济损失的赔偿要受到比较严格的限制。例如，根据奥地利学者库齐奥（Koziol）的考察，欧盟国家基本上都是通过考虑如下 10 项因素来确定是否认可纯经济损失赔偿，包括：限制潜在原告的数量、无额外注意义务、近因性与特殊关系、危险性、依赖、明显性与实际知晓、明确的内容、过失与故意、经济损失对原告的重要性、被告的经济利益。[②]

我国《侵权责任法》就过错侵权的一般条款采法国模式。此种模式的问题就是，它给根据实际需要限制责任带来了困难。[③] 具体来说，需要进行的责任限制主要体现为，如何限制过失造成的纯经济损失的责任承担。因为法国模式之下，过错侵权责任对绝对权、法益和利益是一体保护的，并没有设计不同的构成要件。当然，我们可以借鉴法国法的经验，即通过过错、因果关系和损害 3 个要件来控制纯经济损失的赔偿。尤其是，要借鉴其司法实务中发展出来的方法，即损害应当是现实的、直接的和确定的。但是，这种方法过分依赖于法官的自由裁量，而且无法为法官裁判案件提供有效的约束和指引。

笔者认为，为了限制我国《侵权责任法》第 6 条第 1 款所规定的过错侵权责任，可以借鉴日本学者我妻荣教授提出的“相互关系说”。[④] 根据这种理论，违法性的判断，一方面必须避免违法性概念僵化，另一方面必须避免违法性概念流于恣意，因而违法性的判断标准，必须按照受侵害权益的种类及侵害行为的后果这二者的相互关系予以考察。若被侵害的权益是物权等支配性财产权、人格权等人格利益或债权等，即使加害行为的违法性甚低，仍应认为加害行为具有违法性。反之，若属于其他类型的权益受侵害，除非侵害行为违法性甚为重大，则应认为加害行为不具备违法性。至于侵害行为本身的违法性是否重大，应依据侵害行为的后果，是否违反

---

① Ultramares Corpn v. Touche［1931］174 NE 441.

② 参见［奥］海尔穆特·库齐奥：《欧盟纯粹经济损失赔偿研究》，朱岩、张玉东译，《北京大学法律评论》2009 年第 1 期。

③ Canaris, Schutzgesetz-Verkehrspflichten-Schutzpflichten, in: Festschrift für Karl Larenz zum 80. Geburtstag am 23. April 1983, München 1983, S. 35.

④ 陈聪富：《中国大陆侵权责任法草案之检讨》，《月旦民商法杂志》2005 年第 9 期，第 22 页。

刑罚法规、禁止规定或取缔规定，是否违反公序良俗或权利滥用等具体认定。[1]

之所以采用“相互关系说”来限制我国法上的一般过错侵权责任，理由在于：第一，这是保障自由的需要。侵权法的任务在于保障自由。但是，如果按照《侵权责任法》第6条第1款的文义来理解，即使过失侵害他人一般财产也应当承担损害赔偿责任。[2] 然而由于一般财产并不具有社会典型公开性，所以，如果这样理解，将导致对人们行为自由的过分限制。第二，这是“过失造成的纯经济损失原则上不予赔偿”规则的要求。在两大法系，侵权法原则上坚持“过失造成的纯经济损失不予赔偿”规则。[3] 因为如果对其予以赔偿，那么，责任将会变得漫无边际，而且个人的行为自由也会受到过分的限制。第三，这是降低预防损害成本的需要。经济分析法学认为，责任应当由能够以最低（边际成本）避免损失的那一方当事人来承担。[4] 毕竟要一个人一般性地注意身边的所有事情和让每个人自己照管好自己的财产相比，后者是更容易做到的安排，也更符合效率原则。[5]

不过，有人可能提出这样的反驳意见，即《侵权责任法》第6条第1款并没有出现“违法”字样，采“相互关系说”似乎没有基础。笔者认为，这种反驳虽不无道理，但其对《侵权责任法》第6条第1款的理解未免过于僵化。“侵权行为之成立，是否以行为违法为必要，外国法律有明文规定者，有不然者。夫自学理言之，凡属权利，均有不可侵性，侵害权利，即属违法，法律纵不明定违法为侵权行为之要件，解释上盖属当然。”[6] 另外，结合《民法通则》第5条的规定，即“公民、法人的合法的民事权益受法律保护，任何组织和个人不得侵犯”。通过解释可以认为，《侵权责任法》

① 参见［日］我妻荣：《事物管理·不当得利·不法行为》，1937年，第125-144页。转引自陈聪富：《中国大陆侵权责任法草案之检讨》，《月旦民商法杂志》2005年第9期，第22-23页。

② 一般财产就是指非体现为绝对权的财产性理论，侵害一般财产的结果是纯经济损失。

③ 参见李昊：《论纯经济上损失》，载梁慧星主编：《民商法论丛》（第28卷），法律出版社2003年版，第590页以下。

④ 王成：《侵权损害赔偿的经济分析》，中国人民大学出版社2002年版，第153-154页。

⑤ 许德风：《对第三人具有保护效力的合同与信赖责任》，载易继明主编：《私法》（第8卷），第270页。

⑥ 胡长清：《中国民法债编总论》，商务印书馆1946年版，第142页。

也认可违法性要件。[1]

2. 我国法上缔约过失责任对纯经济损失的救济

缔约过失责任制度也是通过扩张合同责任来救济纯经济损失的制度。它所涉及的，不是违反合同有效成立后的给付义务问题，其所违反的，是以缔约当事人为了订立合同而接触磋商之际，因相互信赖所形成的以特别结合关系为基础的诚实、照顾、告知、解明、保护等附随义务。当事人违反缔约之际的义务，其具体情况比较复杂。结合德国、日本的判例学说，主要有下列四种类型：①合同不成立或合同无效的责任；②合同内容不利于一方当事人的责任；③合同磋商恶意中止的责任；④合同缔结之际的加害行为责任。[2] 我国《合同法》借鉴德国等国家的立法、判例和学说，明确规定了缔约过失责任制度。一般认为，该法第 42 条和第 43 条形成了完整的缔约过失责任制度。[3] 从比较法的角度解释，这两个条文都可以用于扩张纯经济损失的救济。

四、专家对第三人责任与纯经济损失的赔偿

1. 专家对第三人责任与我国过错侵权的一般条款

专家对第三人责任制度与纯经济损失赔偿制度之间存在较大的差异，具体表现为：第一，受害人所遭受的损害不同。在纯经济损失案件中，受害人遭受的是纯经济损失，也就是说，其绝对权没有遭受侵害，但是，遭受了财产损失。因此，可以说，被侵害的对象是受害人的一般财产。在专家对第三人责任案件中，专家既可能侵害了第三人的绝对权，也可能仅导致第三人纯经济损失。虽然专家导致第三人纯经济损失是多数情形，但是，其导致第三人绝对权侵害也时有发生。例如，公证人的错误公证，导致房屋被第三人善意取得，原房屋所有权人的所有权遭受了侵害。第二，加害人的范围

① 我国也有一些学者认为，《侵权责任法》没有认可违法性要件，参见王利明：《我国〈侵权责任法〉采纳了违法性要件吗?》，《中外法学》2012 年第 1 期。

② 参见刘春堂：《民商法论集》（二），三民书局 1990 年版，第 35 – 37 页。

③《合同法》第 42 条规定："当事人在订立合同过程中有下列情形之一，给对方造成损失的，应当承担损害赔偿责任：（一）假借订立合同，恶意进行磋商；（二）故意隐瞒与订立合同有关的重要事实或者提供虚假情况；（三）有其他违反诚实信用原则的行为。" 第 43 条规定："当事人在订立合同的过程中知悉的商业秘密，无论合同是否成立，不得泄露或者不正当使用。泄露或者不正当使用该商业秘密给对方造成损失的，应当承担损害赔偿责任。"

不同。在纯经济损失案件中，加害人的范围是十分广泛的，可能是专家，也可能是社会一般人。例如，普通民众自己建造房屋时，挖断电缆，导致工厂的纯经济损失。在专家对第三人责任案件中，加害人必须是专家，而且，专家必须是以其专业人士的身份出现，而不能是以普通民众的身份出现。

不过，两者之间也存在密切的关联性，具体来说：第一，在专家对第三人责任案件中，多数情况下第三人遭受的是纯经济损失。而且，在多数情况下，专家是因过失而造成第三人的纯经济损失。第二，纯经济损失赔偿的一般规则，会直接影响专家对第三人责任。除非专家对第三人责任制度有特殊的规则，否则，在专家造成第三人纯经济损失的情形，也要适用纯经济损失赔偿的一般规则。

我国目前纯经济损失赔偿的主要法律依据是《侵权责任法》第6条第1款。因此，在专家对第三人责任没有特殊规定的情形，专家造成第三人纯经济损失，就要适用该条的规定。这是从解释论角度得出的结论。同样，适用该条来解决专家对第三人责任问题时，也存在如何限制责任的问题。

2. 专家对第三人责任与我国缔约过失责任制度

2002年《德国债法现代化法》颁布，修改了《德民》的若干条文，其中第311条第3款规定："本法第241条所规定的负有义务的债之关系亦可针对非合同当事人存在。特殊范围内的第三人享有别人对其的信赖并因此严重影响合同磋商或合同缔结的，尤其存在此种关系。"[①] 德国学者认为，这是关于先合同义务延伸到第三人的规定，[②] 而且，"特殊范围内的第三人享有别人对其的信赖"，就可以包含专家。所以，专家对第三人责任可以通过该制度予以解决。这也可以理解为，德国民法上附保护第三人作用的合同思想在缔约过失责任领域的运用。

但是，我国《合同法》第42条和第43条中并没有明确第三人应当承担缔约过失责任。如果要以缔约过失责任制度来规范专家对第三人责任，唯一的可能就是通过类推的方式，将其适用于专家对第三人责任案件。不过，笔者认为，这一类推适用并不妥当，理由在于：

第一，我国理论和实务一直没有认可附保护第三人作用的合同制度。

① 朱岩编译：《德国新债法条文及官方解释》，法律出版社2003年版，第121页。

② 参见邵建东、孟翰、牛文怡译：《德国债法现代化法》，中国政法大学出版社2002年版，第10页。

对于我国是否应当采纳德国法上的附保护第三人作用的合同制度，学者一般持否定态度，[①] 我国司法实务也没有承认过这一制度。第三人负有缔约过失责任，实际上是附保护第三人作用的合同思想在缔约过失责任领域的运用。既然我们不承认附保护第三人作用的合同制度，也就不可能承认第三人负有缔约过失责任。

第二，我国法律制度背景没有提供认可附保护第三人作用的合同制度的必要。在德国法上，附保护第三人作用的合同制度的产生源自其侵权法的特殊性，[②] 主要包括：①德国过错侵权的一般条款采用三个小一般条款模式，在此模式下，纯经济损失的赔偿受到限制，借助附保护第三人作用的合同制度可以扩张纯经济损失的赔偿。②德国侵权法上的雇主责任采过错推定责任原则。按照《德民》第831条的规定，雇主只要证明其尽到了对于雇员的选任、监督和配备义务，就可以免责。为了强化对受害人的保护，德国法院就借助附保护第三人作用的合同制度，从而使受害人获得救济。[③] ③侵权责任的消灭时效大大短于合同责任的诉讼时效。在《德国债法现代化法》颁布之前，其侵权损害赔偿请求权的诉讼时效是3年，而合同责任的诉讼时效是30年。[④] 但是，我国法上，并没有相应的制度背景，表现为：我国过错侵权采法国式的大一般条款模式、雇主责任采无过错责任原则、诉讼时效期间采统一规定模式。所以，我国并不存在与德国类似的制度环境。

第三，附保护第三人作用的合同制度存在较大的弊端。该制度的最大弊端在于，“第三人”范围的确定具有一定的模糊性，如此不仅使法律的适用具有很大程度的不确定性，而且使合同当事人承担了自己难以预见的责任，违反了鼓励交易原则。该制度的力倡者拉伦茨（Karl Larenz）教授曾试图限制“第三人”的范围，即“因债权人之给付受影响之人，而债权人对其祸福基于亲属、劳工、雇佣、租赁等具有人格法上特质之关系负有保护、

① 参见王利明：《合同法研究》（第一卷），中国人民大学出版社2002年版，第106－108页。

② 参见王利明：《合同法研究》（第一卷），中国人民大学出版社2002年版，第105页。

③ 参见刘春堂：《契约对第三人之保护效力》，《辅仁法学》1985年第4期。

④ 原《德民》第852条第1款规定：“因侵权行为而发生的损害赔偿请求权，自受害人知悉损害和赔偿义务人时起，经3年时效消灭，在不考虑知悉的情形，自行为实施时起，经30年时效消灭。”《德民》第195条规定：“普通消灭时效期间为30年。”该普通诉讼时效是适用合同责任的。

照顾义务者，例如债权人之妻儿、受雇人以及其所邀请之医生等”。[①] 尽管如此，“第三人”仍然是一个不确定的概念。我们进行类推适用，也难以克服上述弊端。

第六节 专家对第三人责任与职业责任保险

一、职业责任保险概述

责任保险是指以被保险人对第三者依法应负的赔偿责任为保险标的的保险。[②] 保障每一个社会成员的安全，控制风险和避免意外伤害，是现代社会追求的目标。长久以来，人们期待通过良好的制度设计来实现这个目标。[③] 责任保险制度的产生，正是为了实现这一目标。1804 年的《法民》明确规定了赔偿责任，此后在法国首先产生了责任保险。后来，德国继起仿效。英国于 1857 年创立责任保险；在美国，1887 年以后责任保险才产生和发展。[④]

职业责任保险（Professional Liability Insurance），也称职业补偿保险（Professional Indemnity Insurance）或专业责任保险，是责任保险的一种。它是承保各种专业技术人员因工作上的疏忽或过失造成合同一方或他人的人身伤害或财产损失的赔偿责任的保险。[⑤] 虽然我国《保险法》没有明确将其作为独立的险种加以规定，但是，理论上一般认可其是责任保险的特殊类型。职业责任保险的特点在于：

第一，它是责任保险的具体类型。责任保险属于财产保险的一种类型。责任保险的标的既不是被保险人特定的动产或不动产，也不是被保险人将

---

① Larenz，Lehrbuch des Schuldrechts（Band I），14. Aufl.，1987，S. 224f. 转引自王洪亮：《缔约上过失制度研究》，中国政法大学博士学位论文，2001 年，第 56 页。

② 参见《保险法》第 65 条第 4 款。

③ 林嘉：《社会保险对侵权救济的影响及其发展》，《中国法学》2005 年第 3 期。

④ 王伟：《董事责任保险制度研究》，知识产权出版社 2006 年版，第 5 页。

⑤ 王伟：《董事责任保险制度研究》，知识产权出版社 2006 年版，第 1 页。

来可获取的财产利益，而是其对第三者依法应承担的赔偿责任。[①]

第二，它是以专业技术人员为投保人或被保险人的保险。职业责任保险是为了保障专业技术人员的职业风险而产生的险种，其投保人或被保险人具有特定性。职业责任保险存在的合理性在于，专业人士从事其职业时所存在的职业风险，即事故发生的可能性或事故发生的不确定性。[②]

第三，它是以专业技术人员的执业过失为基础的。保险自身的特点就是“将不确定的事情变得确定”，保险所保障的危险只能是不确定的危险，即现实生活中客观存在的、可能发生的、具有偶然性的事件。这就决定了被保险人的故意行为带来的风险不能投保。而且，以故意行为来投保，还会带来道德风险。

第四，它所保障的对象既包括专业技术人员的合同相对人，也包括与专业技术人员没有合同关系的第三人。责任保险的标的是民事赔偿责任，应涵盖侵权法、合同法及其他法律规定应承担的民事损害赔偿责任。[③] 所以，职业责任保险的保险对象不仅仅限于专业技术人员的合同相对人。

二、专家投保职业责任保险的意义

就专家对第三人责任来说，其也可以作为职业责任保险的标的。按照我国《保险法》第65条第4款的规定，“责任保险是指以被保险人对第三者依法应负的赔偿责任为保险标的的保险”。这里所说的“第三者”，是指责任保险合同当事人与关系人之外，因被保险人的行为而对其有赔偿请求权的人。[④] 它既包括与被保险人有合同关系的人，也包括与被保险人没有合同关系的人。所以，专家可以就对与其没有合同关系的人的责任，投保职业责任保险。当然，考虑到职业责任保险的特点，专家只能就其因执业过失而应对第三人承担的责任进行投保。

就专家对第三人责任而言，专家投保职业责任保险的意义在于：

第一，从受害人的角度而言，它可以使受害人获得及时、可靠的救济。从获得救济的时间来看，职业责任保险可以给受害人及时的救济。因为保

---

① 吴定富主编：《〈中华人民共和国保险法〉释义》，中国财政经济出版社2009年版，第156页。

② 王伟：《董事责任保险制度研究》，知识产权出版社2006年版，第3页。

③ 吴定富主编：《〈中华人民共和国保险法〉释义》，中国财政经济出版社2009年版，第158页。

④ 吴定富主编：《〈中华人民共和国保险法〉释义》，中国财政经济出版社2009年版，第159页。

险理赔是比较快速、简便的，而通过诉讼的方式来获得救济，受害人要经历漫长的诉讼程序和执行程序。另外，从受害人获得救济的可靠性来看，职业责任保险可以解决因专家没有支付能力而不能支付损害赔偿的困境。尤其是专家可能导致为数众多的第三人的损害，其不能支付损害赔偿的可能性较大。以会计师为例，如果确立了会计师个人对于第三人的责任，而第三人可能为数众多，在此背景下，个案中受害人是否获得赔偿完全取决于会计师个人的经济实力，第三人责任的确立几乎是没有意义的。①

第二，从专家的角度来说，它可以分散和减轻专家的执业风险。在专家提供的服务中，隐藏着高度的执业风险。此种执业风险的产生原因，既可能是专家自身的知识、技术和经验的局限，也可能是专家主观上的疏忽或过失。② 保险制度就可以通过社会化的机制来分散专家的执业风险，③ 是转移律师、医生、会计师等专家面临的执业风险的一种重要方式，有利于缓和专家沉重的责任负担与其较小的支付能力之间的矛盾。④ 所以，在国外，专家往往都要购买责任保险。⑤ 这在会计师对第三人责任方面表现尤其突出。在会计师导致第三人损害的情形，第三人为数众多，这不同于律师和公证人导致第三人损害的情形。所以，在个案中，会计师对第三人承担的责任可能是非常重的。⑥ 任何一次责任诉讼都可能葬送会计师的职业生命。因此，如果确立了会计师个人对第三人的责任，则会计师就必须通过责任保险的方式降低其执业风险。

第三，从社会的角度来说，它可以促进特定职业的发展。职业责任保险可以避免专家承担过重的责任，避免专家对第三人责任的承担影响到其职业生存，⑦ 从而保障该行业的存在和发展。另外，在没有责任保险的情况下，人们会担心承担赔偿责任而不愿意采用新技术、新工艺、新方法，进

---

① Schlie, Die Berufshaftpflichtversicherung für die Angehörigen der wirtschaftsprüfenden und steuerberatenden Berufe, Berlin 1995, S. 50.

② 参见孙祁祥:《保险学》，北京大学出版社 1996 年版，第 240 页。

③ 参见［日］望月礼二郎:《英美法》，郭建、王仲涛译，商务印书馆 2005 年版，第 130 页。

④ 季为玉:《专家对第三人侵权责任研究》，南京师范大学硕士学位论文，2008 年，第 30 页。

⑤ Hugh Evans, *Lawyers' Liabilities*, London: Sweet & Maxwell, 1996, p. 1.

⑥ Sommerschuh, Berufshaftung und Berufsaufsicht, 1Aufl., Baden-Baden 2003, S. 247.

⑦ 参见仲伟珩:《专家对第三人民事责任制度研究》，中国政法大学博士学位论文，2007 年，第 184 页。

而妨碍科学技术的发展和经营管理的创新。[①] 专家投保了职业责任保险之后，其风险得到一定的控制，打消了被保险人采取过度防御措施的动机，[②] 并且间接地鼓励了其创新活动，最终促进整个行业的发展。

或许有人担心，专家投保了职业责任保险以后，是否会导致其怠于尽到必要的注意，从而不利于损害的避免？此种观点虽有一定的道理，但也值得商榷，理由在于：第一，专家的职业信誉要求其在执业中尽到谨慎的义务。专家的社会认可度很大程度上依赖于其信誉，而且专家的信誉又取决于其执业水平和道德谨慎程度，因此，专家责任保险并不会助长专家的侥幸心理。[③] 第二，保险制度的设计可以避免专家怠于尽到注意义务。在保险合同中，保险公司往往要约定专家的损害预防和损害避免义务，并且要与保险费的缴纳相联系。这些制度设计可以有效避免专家的疏忽和懈怠。从保险实践来看，国外保险公司在设计职业责任保险的保险单时，为了督促专家尽到其必要的谨慎，往往采取两种类型的保单，即超额责任保单（Excess Liability Form）和累积超额保单（Excess Aggregate Form）。超额责任保单，是指在按照基本保险费投保一定的保险金额之外，专家应当以远高于基本保险费率的保险费率来购买一定的保险金额。累积超额保单则用以承保保险期内历次损失累积起来超过一定限额之后的经济赔偿责任。也就是说，被保险人首先自行偿付所有发生的经济赔偿金额，直到损失赔偿额达到约定的金额为止，此后所发生的损害赔偿由承保的保险公司负责承担。另外，为了鼓励被保险人（即专家）的勤勉尽责，保险公司还可以在职业责任保险合同中设置“无赔偿优待”等优惠条款，或者设计差别保险费率来促使专家（如会计师）降低道德风险。[④] 这些措施都可以应用于我国保险业之中，以督促专家尽到其执业谨慎。

---

① 王伟：《董事责任保险制度研究》，知识产权出版社 2006 年版，第 13 页。

② 周学峰：《论责任保险的社会价值及其对侵权法功能的影响》，《甘肃政法学院学报》2007 年第 3 期。

③ 于守华：《论我国注册会计师的法律责任——以会计信息虚假陈述为视角探讨》，对外经济贸易大学博士学位论文，2007 年，第 65 页。

④ 方军雄、方芳：《对注册会计师职业责任保险的两点思考》，《中国注册会计师》2002 年第 7 期。

三、职业责任保险不能完全取代专家对第三人责任

理论上，也有学者提出，应当以职业责任保险制度完全取代专家对第三人责任制度。笔者认为此种想法不可取，理由在于：第一，专家对第三人责任制度是职业责任保险的基础。[①] 如果专家对第三人责任制度缺失，就会导致职业责任保险适用的困难，因为无法认定专家是否对第三人承担责任。第二，职业责任保险中可以保障的损害是有限的。在保险法上，其可以投保的损害是有限的，并非所有的损害都能通过保险获得救济。例如，专家的故意行为导致他人的损害，就不能投保，否则会诱发道德风险。第三，职业责任保险难以为受害人提供充足的救济。在保险法上，不存在完全赔偿的原则，保险理赔都有最高限额的限制。在该最高限额之外，受害人就无法获得救济。所以，对于受害人超过保险金额的损失，专家仍然应当自行承担责任。[②] 第四，责任保险有可能产生负面影响，即影响民事责任阻却功能的发挥。[③] 如果以责任保险取代专家对第三人的民事责任，则可能会影响到民事责任制度核心功能的发挥，不利于实现民事责任的预防功能。这尤其体现在以责任保险取代专家对第三人的侵权责任方面。正如有学者所指出的，“在民法传统中，侵权乃犯罪的姐妹；除了赔偿受害人之外，侵权法，像刑法一样，具有一种威慑的功能。”[④] 如果以责任保险取代专家的侵权责任，则会阻碍侵权法威慑功能的发挥。

四、专家对第三人责任与强制的职业责任保险

从比较法的角度来看，专家被要求购买强制的职业责任保险的情况比较普遍。例如，在很多国家（如德国、英国、奥地利、瑞士），法律都要求

---

① 参见［日］望月礼二郎：《英美法》，郭建、王仲涛译，商务印书馆2005年版，第130页。

② 于守华：《论我国注册会计师的法律责任——以会计信息虚假陈述为视角探讨》，对外经济贸易大学博士学位论文，2007年，第65页。

③ 周学峰：《论责任保险的社会价值及其对侵权法功能的影响》，《甘肃政法学院学报》2007年第3期。

④ 参见［德］瓦格纳主编：《比较法视野下的侵权法与责任保险》，魏磊杰等译，中国法制出版社2012年版，第434页。

律师购买责任保险而应对其风险，而在一些国家（如英国、德国、瑞典），公证人和医师也被要求购买强制的职业责任保险。[①] 在理论上，也有学者提出，应当建立普遍性的强制的职业责任保险，所有专家都必须投保该险种。

必须指出，上述学者的建议实际上是与国外专家责任制度相联系的，因为国外的专家往往都以个人身份执业，因此，专家个人要对第三人承担责任。在我国，专家往往都以其所在机构（如律师事务所、会计师事务所、公证处）的名义对外从事执业活动，所以，我国法也有强制专家所在的机构投保责任保险的规定。例如，我国《公证法》第15条规定："公证机构应当参加公证执业责任保险。"这就确立了强制性的公证责任保险制度，它既可以弥补公证机构赔偿能力的不足，以达到规避部分赔偿风险的目的，又保证了公证机构具有适当的民事赔偿能力，确保赔偿得以实现。[②] 再如，《注册会计师法》第28条第2款规定："会计师事务所按照国务院财政部门的规定建立职业风险基金，办理职业保险。"笔者认为，在特定行业内实行强制的职业责任保险是可以认可的，但是，这一制度的推行也应当做好相关配套制度的建设，如专家对第三人责任制度的完善、职业共同体的发展、法治环境的改进等。另外，还要注意设计妥当的制度，例如，受害人的直接请求权、保险费的拟定、最高限额的拟定等。

不过，在目前阶段，我国不宜普遍推行这一制度。诚然，强制的职业责任保险可以有效地保障第三人的利益，但是，它也会产生一些弊端，具体表现在：第一，强制的职业责任保险会导致专家的执业成本增加。在我国当前阶段，专家的社会地位有待提高，其执业报酬也不十分优裕。如果强制其投保责任保险，可能会导致其执业成本大幅增加，不利于其职业发展。第二，强制的职业责任保险会导致委托人的成本增加。强制的职业责任保险制度，会增加专家的执业成本，而这些成本又会被转嫁给专家的委托人。所以，它可能导致委托人不愿委托或者较少委托。第三，强制的职业责任保险会影响行业的发展。从我国既有的强制责任保险来看，往往出现运行成本高、保险费高、赔偿限额低等问题。如果推行强制的职业责任保险，不但不会产生良好的效果，反而可能会影响某些行业的发展。

---

① 参见［德］瓦格纳主编：《比较法视野下的侵权法与责任保险》，魏磊杰等译，中国法制出版社2012年版，第400页。

② 在我国，公证赔偿保障机制还包括公证赔偿基金制度和公证赔偿后备金制度，详细的论述参见王进喜主编：《律师与公证制度》（第二版），中国人民大学出版社2012年版，第270－271页。

五、与职业责任保险相关的问题

1. 受害人的直接请求权

在责任保险中，受害人的直接请求权，是指受害人可以直接请求承保责任保险的保险人给付保险金的权利。在责任保险中，受害人的直接请求权可以发挥其对于受害人的间接保障功能。从责任保险制度的发展历史来看，其功能逐渐从“填补被保险人因向第三人赔偿所致之损失”向“填补第三者之损害”发展。[①] 受害人直接请求权制度也是顺应这一趋势而产生的。受害人的直接请求权构成合同相对性规则的突破，因为在受害人与保险人之间并不存在合同关系，按照债的相对性规则，受害人原本不应当享有对保险人的直接请求权。在我国，《保险法》并没有一概地赋予受害人直接请求权。依据《保险法》第 65 条第 1 款的规定，原则上，受害人要享有直接请求权，必须存在法律规定或合同约定。[②] 在例外情况下，受害人也可以在满足法定条件时享有直接请求权。依据《保险法》第 65 条第 2 款的规定，[③] 在满足如下条件时，受害人享有直接请求权：其一，被保险人对第三者的赔偿责任依法经和解、调解、诉讼或仲裁已经确定。其二，被保险人自身未依据已确定的法律责任向第三者进行赔偿或未足额赔偿。其三，被保险人客观上能够请求却不请求保险人向第三者支付保险赔偿金。[④] 即便受害人享有直接请求权，其所请求的数额也不得超过被保险人应当向其赔偿的数额，且不得超过保险金额。

就专家对第三人责任而言，如果专家投保了责任保险，第三人是否享有直接请求权，也应当依据上述一般原理确定，即除非存在法律的特别规定或合同约定，否则，也仅能依据《保险法》第 65 条第 2 款的规定在满足

① 参见吴定富主编：《〈中华人民共和国保险法〉释义》，中国财政经济出版社 2009 年版，第 157 页。

②《保险法》第 65 条第 1 款规定：“保险人对责任保险的被保险人给第三者造成的损害，可以依照法律的规定或者合同的约定，直接向该第三者赔偿保险金。”

③《保险法》第 65 条第 2 款规定：“责任保险的被保险人给第三者造成损害，被保险人对第三者应负的赔偿责任确定的，根据被保险人的请求，保险人应当直接向该第三者赔偿保险金。被保险人怠于请求的，第三者有权就其应获赔偿部分直接向保险人请求赔偿保险金。”

④ 参见吴定富主编：《〈中华人民共和国保险法〉释义》，中国财政经济出版社 2009 年版，第160－161 页。

特定条件时享有直接请求权。从立法论的角度来看，如果法律强制专家投保，则应当在法律中直接设计受害人的直接请求权，理由主要在于：其一，这是强化受害人保护的需要。通过赋予直接请求权，可以使得受害人能够直接向保险人请求，更加便利受害人获得救济。其二，从比较法的考察来看，虽然在很多国家，直接请求权并非强制责任保险中的一项规则，而仅在被制定法明确之时才可适用，但是，在不少国家（如德国、意大利），即便在具体的强制责任保险中不认可直接请求权，其制定法与法院也都尽可能地为受害者提供便利，以使其可以获得与在直接请求权制度下能够获得之利益相同的利益。[①] 其三，我国《保险法》第 65 条第 1 款的规定，实际上也为通过立法设定受害人的直接请求权预留了空间。

2. 专家责任诉讼的判决对于后来的责任保险诉讼的约束效力

在专家投保了责任保险的情形，如果法院在侵权诉讼中作出了判决，嗣后保险公司是否可以在保险诉讼中重新要求审理原来的事项？这涉及专家责任诉讼对于后来的责任保险诉讼的约束效力问题。

从比较法的角度来看，美国、德国、奥地利等国家的法院都认为，专家责任诉讼的判决对于后来的责任保险诉讼具有约束效力。[②] 我国法院也采取同一立场。笔者认为，法院的这一做法是值得肯定的，理由主要在于：其一，这是判决既判力的要求。既判力又称实质上的确定力，是指确定的终局判决所裁判的诉讼标的对当事人和法院的强制性适用力。[③] 从既判力的角度考虑，保险人在其与被保险人（即专家）的诉讼中，不应当再要求对原来专家责任诉讼中的事项进行重新审查。因为既判力理论的核心在于拘束法院及当事人不得轻易动摇已发生法律效力的判决，以维护程序的安定性和法律的和平性。[④] 其二，这是维护被保险人和第三人利益的需要。虽然保险人并不是侵权诉讼的当事人，但其完全可以通过责任保险的合同安排参与到诉讼中去维护自身利益，在这种情况下，如果允许保险人撇开侵权

---

① 参见［德］瓦格纳主编：《比较法视野下的侵权法与责任保险》，魏磊杰等译，中国法制出版社 2012 年版，第 402 页。

② 周学峰：《侵权诉讼与责任保险的纠结》，《清华法学》2012 年第 2 期。

③ 对于民事判决的既判力问题的详细探讨，可以参见丁宝同：《民事判决既判力研究》，法律出版社 2012 年版。

④ 谭振波：《既判力理论与我国民事诉讼法中审判监督程序的冲突及解决途径》，《河北法学》2003 年第 1 期。

诉讼而事后又在保险诉讼中就相同事项要求重新审理，不仅会增加诉累，而且还可能损害被保险人或第三人的利益。①

3. 保险人在专家责任诉讼中的地位

除了受害人享有直接请求权的情形之外，在受害人对专家提起诉讼的案件中，责任保险人都不是当事人。这实际上是以责任保险与责任之间的“分离原则”为基础的。分离原则意味着，责任保险与民事责任是两个相互分离、不应相互影响的法律领域，理赔的请求和要求承担民事责任的请求是各自单独处理的。② 从我国法上来看，保险人应当定位为无独立请求权的第三人。因责任诉讼的判决对于保险人影响较大，尤其是专家责任诉讼的判决对于后来的责任保险诉讼具有约束效力。虽然保险人不是责任诉讼的当事人，但是，其要受到责任诉讼生效判决的拘束。

据学者考察，在很多国家，针对被保险人提起的赔偿索赔，责任保险人往往都充当控制者与管理者的角色。③ 可以说，责任保险人是真正的“当事人”。因为保险人与诉讼的结果有着明显的利害关系，被保险人的败诉就意味着，保险人要承担理赔责任。另外，保险人的工作就在于对抗与满足索赔请求权，他们具有优于受害人的“重复参与者”（Repeat Player）优势，而后者仅是一种典型的“偶一造访者”（One-shotter）。④ 从实践来看，保险人往往通过责任保险合同赋予了自己相当大的诉讼控制权，它可以决定被告（被保险人）的诉讼费用支出、诉讼策略的选择与诉讼和解的决定权等，这些也为保险人控制诉讼提供了合同上的依据。⑤

---

① 周学峰：《侵权诉讼与责任保险的纠结》，《清华法学》2012 年第 2 期。

② 参见杨华柏：《德国侵权法与责任保险的互动关系及对中国的启示》，《保险研究》2009 年第 3 期。

③ 参见［德］瓦格纳主编：《比较法视野下的侵权法与责任保险》，魏磊杰等译，中国法制出版社 2012 年版，第 428 页。

④ 参见［德］瓦格纳主编：《比较法视野下的侵权法与责任保险》，魏磊杰等译，中国法制出版社 2012 年版，第 430 页。

⑤ 参见周学峰：《侵权诉讼与责任保险的纠结》，载《清华法学》2012 年第 2 期。例如，按照中国公证员协会（现改称中国公证协会）与中国人民保险公司签订的《公证责任保险合同》，公证责任赔偿数额由人民法院以判决书或调解书的方式确定，采用调解书时，赔偿数额要事先征得保险人同意；由被保险人与公证责任索赔人以非诉讼方式确定的赔偿数额，必须事先经保险人书面同意，当保险人和被保险人就调解方案中赔偿数额意见不一致时，保险人具有决定权。参见王进喜主编：《律师与公证制度》（第二版），中国人民大学出版社 2012 年版，第 271 页。

第二章 专家对第三人责任制度的比较法考察

第一节 英国法

一、英国法上专家对第三人责任被纳入侵权法

1. 约因和合同相对性导致合同法无法适用

在英国，专家对第三人责任原则上没有被纳入合同法来调整，而是通过侵权法来调整。[①] 合同法的制度之所以不能用于解决这一问题，主要是因为两个制度障碍：

（1）约因制度。“约因”是英美法上特有的制度，其含义究竟为何有不同的看法，笔者赞成如下观点，即约因是“从原告处所得之某些具法律上价值者，它可能是某些对原告造成之损害（Detriment）或被告获得之利益（Benefit）”。[②] 约因制度是为了表明双方受约束的意愿的严肃性。[③] 在英国法上，合同必须有约因的支持，没有约因合同不能强制执行。例如，在委托审计合同中，审计员与公司之间的合同就有约因，因为公司支付了审计费

---

① Harrop-Griffiths, Bennington, *Underwood and Holt's Professional Negligence*, London: Fourmat Publishing, 1985, p. 5.

② Thomas v. Thomas 2 Q. B. 851（1842）. 转引自杨桢：《英美契约法论》，北京大学出版社 2000 年版，第 98 页。

③ Büttner, Umfang und Grenzen der Dritthaftung von Experten, Tübingen 2006, S. 17.

用。公司的负责人对该合同没有约因，所以，该负责人不能申请该合同的强制执行。① 因为约因制度的障碍，专家和第三人之间不可能形成合同关系。例如，借助专家意见的提交，认定存在默示的咨询合同，这在英国法上是不可能的。② 如果专家意见的使用者与专家之间不存在约因，或者说不存在法律上的利益或损害，双方之间不可能被认定为存在合同关系。

（2）合同相对性规则。在英国法上，合同相对性（Privity of Contract）也是重要的规则，按照这一规则，只有合同当事人才能享有合同上的权利，也只有合同当事人才应负担合同上的义务。虽然随着法律制度的变迁，合同相对性规则出现了一定的松动（如承认了利益第三人合同），但是，它仍然是英国合同法上重要的规则。正是因为合同相对性规则的约束，使得英国法上不可能产生像德国法上附保护第三人作用合同的制度。③ 1999 年的《英国合同法案》（Contract Act 1999）确立了利益第三人合同。就专家对第三人责任领域而言，专家和委托人可以约定一项保证，赋予合同对第三人的效果。为此，委托人和专家之间必须达成明示的协议，至少暗示要给予第三人利益。不过，绝大多数情况下，都不能满足这个要求。④另外，英国的法律委员会曾明确表示，不愿意引入德国法上的附保护第三人作用的合同制度。⑤

在例外情况下，英国法上的专家对第三人责任，可能基于合同法请求。⑥ 确切而言，这是基于利益第三人合同制度的运用。依据这一制度，专家的委托人可以请求专家对第三人作出保证的声明。不过，考虑到约因制度，这一保证的声明要生效，必须以名义性的报酬或行为作为对待给付。从实践来看，这样明示的合同约束，往往不存在。⑦

① Dugdale, Parkinson, Stanton, Cox, Swinson, *Professional Negligence in Accountancy*, London: Longman Group Ltd., 1986, p. 1.

②④ Sprenger, Internationale Expertenhaftung: Die Dritthaftung von Experten im International Privat-und Zivilverfahrensrecht, Tübingen 2008, S. 67.

③ Decku, Zwischen Vertrag und Delikt, Frankfurt 1997, S. 27.

⑤ Sprenger, Internationale Expertenhaftung: Die Dritthaftung von Experten im International Privat-und Zivilverfahrensrecht, Tübingen 2008, S. 68.

⑥ Sprenger, Internationale Expertenhaftung: Die Dritthaftung von Experten im International Privat-und Zivilverfahrensrecht, Tübingen 2008, S. 66.

⑦ Sprenger, Internationale Expertenhaftung: Die Dritthaftung von Experten im International Privat-und Zivilverfahrensrecht, Tübingen 2008, S. 66f.

2. 英国侵权法框架与专家对第三人责任

（1）英国侵权法的框架。英国侵权法受到罗马法的深刻影响。在罗马法上，侵权法列出了各种侵权行为的“菜单”。① 英国法上也具体规定了各种类型侵权行为的方式，如欺诈（Deceit）、暴行（Battery）、非法妨害（Nuisance）等，从而确定侵权责任，② 它并没有像法国法、德国法、日本法那样确立侵权法的一般条款。正是从这个意义上，有学者提出，大陆法是“以原则为基础”的模式，英美法是“以规则为基础”的模式。③ 另外，英国侵权法上的具体规定各种类型侵权行为的模式，还与其特有的中世纪以来持续存在的令状制度密切相关。④ 令状制度使得英国侵权法只是个别类型侵权行为规范的集合体。⑤ 目前，英国法上存在各种类型的侵权行为，它们被称为有名侵权（Nominate Tort），如欺诈、暴行、非法妨害等。⑥虽然1875年的《英国法院法》（Judicature Acts）公布以后，令状制度已全部被废除，然而在古老的令状制度下发展起来的各自不同的侵权行为实体法依然存在。⑦

作为独立侵权类型的过失侵权，是近代以来过失责任主义发展的产物。过失责任主义在17世纪后半叶的英国判例中已初见端倪，但作为侵权责任的普遍原则而得以显著发展，则是在18世纪末19世纪初。从这一时期开始，引起损害的行为的未加注意性质被认为是责任的基础。而且，不久就有所谓“过失”的新型侵权行为概念加入已有的侵权行为类型目录中去。⑧ 在20世纪初期，温菲尔德（Percy H. Winfield）教授就提出，过失侵权不再

---

① Zimmermann & Reimann（eds.），*Oxford Handbook of Comparative Law*，Oxford：Oxford University Press，2007，p. 1007.

②⑥ George A. Bermann，Etienne Picard（ed.），*Introduction to French Law*，Leiden：Kluwer Law International BV，2008，p. 238.

③ Zimmermann & Reimann（eds.），*Oxford Handbook of Comparative Law*，Oxford：Oxford University Press，2007，p. 1006.

④ 按照这一制度，英国民众受到侵犯与损害，要想向法院起诉获得救济，其前提条件是必须获得一纸“令状”。否则，法院根本不受理其案件。令状是以国王的名义发布的、命令法院受理案件的指令性文书，令状上加盖了君主名衔，并写明由法院的执行官（Sheriff）命令被告出庭，并就原告的起诉内容进行答辩。令状制度的特点可以概括为：一个令状、一种诉因、一套程序。参见胡雪梅：《英国侵权法》，中国政法大学出版社2008年版，第10页。

⑤［日］望月礼二郎：《英美法》，郭建、王仲涛译，商务印书馆2005年版，第124页。

⑦［日］望月礼二郎：《英美法》，郭建、王仲涛译，商务印书馆2005年版，第125页。

⑧［日］望月礼二郎：《英美法》，郭建、王仲涛译，商务印书馆2005年版，第127页。

仅仅是实施侵权行为的方式，而是一种侵权类型。[①] 不过，一般认为，“过失侵权”作为独立的侵权行为被最终得以确立，是由 1932 年的 Donoghue v. Stevenson 案中 Aktin 法官提出的“邻人规则”所宣布的。这一侵权类型的确立是近代以来过失责任主义发展的产物，标志着英国法上已经产生了类似于法国法和德国法上过错责任一般条款的侵权类型。过失侵权是以行为的特定性质（未加注意性）为基础的侵权行为，被侵害的利益可以是人身安全，也可以是财产权利，并且无论侵害行为的形态如何，只要被告的行为被打上未加注意的烙印，就成立了所谓的“过失”侵权。[②] 过失侵权的构成要件包括：注意义务、注意义务的违反、因注意义务的违反而导致损害的产生。[③]

过失侵权行为是对当时日益增大的意外损害最有效的责任类型，被适用于广泛的事故范围——从而对于“有过失就有责任”的过失责任主义突破已有的侵权行为诉权界限具有很大的作用。[④] 时至今日，学者已经普遍认为，英国法上的过失侵权类似于其过错侵权的一般条款，并且占据了英国侵权法的中心位置。[⑤]

（2）英国侵权法框架下的专家对第三人责任。在英国，如果专家故意造成第三人损害，第三人可能基于“欺诈”而请求侵权损害赔偿。[⑥] 不过，“欺诈”侵权的构成要件非常严格，必须以被告具有故意为前提，所以，受害人依据其请求赔偿往往不能得到法院的支持。例如，在 1889 年的 Derry v. Peek 案中，[⑦] 甲公司的董事乙在公开发布的公司营业计划书内，声明该公司有权以蒸汽或机械推进器替代马匹牵引电车，投资人丙根据此项声明购买了甲公司的股票，不料该权利的申请被帝国商业部驳回，甲公司因此停业，丙就对乙提起欺诈之诉。在该案中，上议院认为，虽然乙并无充分理由相信甲公司拥有该项权利，但因为乙确信其陈述为真，因此，

① Zimmermann & Reimann (eds.), *Oxford Handbook of Comparative Law*, Oxford: Oxford University Press, 2007, p. 1009.

②⑤ [日] 望月礼二郎：《英美法》，郭建、王仲涛译，商务印书馆 2005 年版，第 138 页。

③ Harrop-Griffiths, Bennington, *Underwood and Holt's Professional Negligence*, London: Fourmat Publishing, 1985, p. 1.

④ [日] 望月礼二郎：《英美法》，郭建、王仲涛译，商务印书馆 2005 年版，第 127 页。

⑥ Decku, Zwischen Vertrag und Delikt, Frankfurt 1997, S. 30.

⑦ Derry v. Peek (1889) 13 App. Cas. 337.

乙是过失不实陈述，而不是故意为之，丙的诉请不能成立。①

因为英国法院从来没有准备，也没有意向通过放松欺诈的构成要件来针对专家对第三人民事责任，所以，他们不得不在过失侵权行为责任领域来寻求出路。② 可以说，英美法上的专家责任与过失侵权的发展史是密切相连的。③ 起初，英国法院认为，在当事人之间不存在合同关系时，一方对另一方的过失性虚假陈述所造成的纯经济损失没有诉权。例如，在1893年的Le Lievre v. Gould案中，④ 被告是一名检查员（Surveyor），由于过失签发了一份不确定的证书，给原告造成了经济损失。法官在判决中指出，当缺乏合同关系时，被告对其制作的证书并不负有赔偿责任。⑤ 直到1932年的Donoghue v. Stevenson案，⑥ 才认可了在不存在合同关系的当事人之间，也存在注意义务，并可以承担过失侵权的责任。

就专家对第三人责任而言，英国法的过失侵权制度发挥着越来越广泛的作用，主要表现在：①专家即使是无偿地提供意见或工作，也要负有注意义务。②专家也可能对其委托人以外的第三人负有注意义务。侵权法上的注意义务并不受合同相对性规则的限制。例如，专家可能要对与委托人交易的相对方负有注意义务。③专家的注意义务，不仅是针对其过失的意见，而且可以针对其过失的行为。④专家过失导致他人遭受纯经济损失，受害人也可能获得救济。⑦

二、英国法上的过失侵权与专家对第三人责任

1. 从Donoghue案到Hedley Byrne案

一般认为，“过失侵权”作为独立的侵权行为被最终得以确立，是由

---

① 李昊：《交易安全义务论》，北京大学出版社2008年版，第494页。

② 仲伟珩：《专家对第三人民事责任制度研究》，中国政法大学博士学位论文，2007年，第39页。

③ André Tunc（ed.），*International Encyclopedia of Comparative Law*，Vol. XI，Torts，Part Ⅰ，Ch. 6，Tuebingen：J. C. B. Mohr，1983，p. 3.

④ Le Lievre v. Gould，1QB491，9TLR243，CA（1893）.

⑤ 周学峰：《公司审计与专家责任》，人民法院出版社2007年版，第93页。

⑥ Donoghue v. Stevenson［1932］A. C. 562.

⑦ Dugdale，Parkinson，Stanton，Cox，Swinson，*Professional Negligence in Accountancy*，London：Longman Group Ltd.，1986，p. 13.

1932 年的 Donoghue v. Stevenson 案中 Aktin 法官提出的“邻人规则”所宣布的。① 在该案中，原告的朋友在咖啡馆里为原告购买了一杯姜啤酒，咖啡馆的主人将啤酒放置在一个棕色的玻璃瓶里，他从玻璃瓶中倒了一杯给原告，此时酒中已含有一个腐败的蜗牛躯体，原告不知而饮用，后来发觉时精神受到惊吓，于是向啤酒的制造人提出赔偿请求。② 在该案中，Aktin 法官提出，“当你必须爱你的邻人的道德规范成为法律的时候，你就不可以伤害你的邻人。那么，谁是我的邻人呢？当我实施作为或不作为时，可以合理地预见将因我的行为密切、直接而受影响的人，都是我的邻人”。③按照这一规则，法官确认了啤酒制造人对原告负有注意义务。

Donoghue 案确立了注意义务认定的一般规则，只要符合其中的“邻人规则”，就可以认定注意义务的存在。结合专家对第三人责任案件，如果不存在“邻人规则”，专家与第三人之间的注意义务则很难认定。但是，该规则的确立意味着，专家可能对第三人负有注意义务。

但是，直到 Hedley Byrne 案，法院并不认可过失不实陈述可以获得赔偿，这主要是受到过失造成纯经济损失不予赔偿规则的影响。1964 年的 Hedley Byrne & Co. Ltd. v. Heller & Partners Ltd. 案是英国法上过失侵权的又一重要案例。④ 在该案中，原告 Hedley Byrne 是一家广告代理商，被 Easipower 公司雇来进行广告宣传活动。在这次宣传活动中，原告要承担大量的合同责任，为了谨慎起见，原告通过自己的开户行向 Easipower 公司的开户行 Heller & Partners 公司写信询问 Easipower 公司的资信情况。Heller & Partners 公司回信说，Easipower 公司的信用良好，并附带声明其对此信息不负责任。Hedley Byrne 的开户行又向其转述了这封信。原告相信了被告的意见，并与 Easipower 公司发生了交易。但是，这封信的内容后来被证明存在不实，Easipower 公司后来破产，原告在广告宣传合同项下损失 17000 英镑。于是，原告起诉到法院，要求被告承担赔偿责任。⑤ 英国上议院认为，信息提供者可以合理地预见，即使信息提供者和信息接受者之间没有合同等关系，信息提供者仍然基于特别关系而负有注意义务。不过，在本案中，被告在提供信息时声明，其不对该信息正确负责，因此，判决被告免于承担

①③ Donoghue v. Stevenson [1932] A. C. 562.

② 参见廖焕国：《侵权法上注意义务比较研究》，法律出版社 2008 年版，第 19 页。

④ Hedley Byrne & Co. Ltd. v. Heller & Partners Ltd. [1964] A. C. 465.

⑤ 参见李昊：《交易安全义务论》，北京大学出版社 2008 年版，第 495 页。

赔偿责任。[①]

在 Hedley Byrne 案中，法官虽然没有支持原告的诉讼请求，但是，却确立了一条规则，即过失的不实陈述造成他人纯经济损失，也可以给予赔偿，使得对合同当事人以外的人提供纯经济损失的救济成为可能。[②] 而且，法院运用了“特殊关系”（Special Relationship）的概念，它等同于合同或自愿承担风险，可以产生注意义务。另外，在该案中，法官认为，被告即使不知道原告的身份，也要对原告负有注意义务。[③] 从专家对第三人责任案件来看，其主要类型是专家因过失而出具不当的意见，属于过失不实陈述案件类型。在多数情况下，专家对第三人责任与过失不实陈述的责任等同。[④] 可以说，自 Hedley Byrne 案以后，就确立了专家对第三人负责的先例。

2. 过失侵权的构成要件与专家对第三人责任

在英国法上，过失侵权的构成要件包括：注意义务、注意义务的违反和因果关系（或者说因注意义务的违反而导致损害的产生）。[⑤]

（1）注意义务。注意义务是被告所负有的对于特定原告的义务。在此一意义上，注意义务被认为具有方向性（对于该原告的该项利益的注意义务），是相对的。[⑥] 被告是否能够合理地预见对于原告的损害，是一个按照案件具体情况加以判断的事实问题。因此，在进行陪审团裁判时，应由陪审团决定，没有陪审团时，则应由法官决定。[⑦]

在 Donoghue 案中，Atkin 法官试图寻找到一般的规则。按照他的“邻人规则”，无论有无合同关系，也无论有无先例可循，当事人之间都可产生侵权责任关系。[⑧] 邻人规则的核心内容被归纳为：可预见性（Foreseeability）

---

① 参见［日］望月礼二郎：《英美法》，郭建、王仲涛译，商务印书馆 2005 年版，第 144 页。

② Büttner, Umfang und Grenzen der Dritthaftung von Experten, Tübingen 2006, S. 26.

③ Dugdale, Parkinson, Stanton, Cox, Swinson, *Professional Negligence in Accountancy*, London: Longman Group Ltd., 1986, p. 14.

④ Sprenger, Internationale Expertenhaftung: Die Dritthaftung von Experten im International Privat-und Zivilverfahrensrecht, Tübingen 2008, S. 65.

⑤ Harrop-Griffiths, Bennington, *Underwood and Holt's Professional Negligence*, London: Fourmat Publishing, 1985, p. 1.

⑥ ［日］望月礼二郎：《英美法》，郭建、王仲涛译，商务印书馆 2005 年版，第 139 页。

⑦ ［日］望月礼二郎：《英美法》，郭建、王仲涛译，商务印书馆 2005 年版，第 142 页。

⑧ 参见胡雪梅：《英国侵权法》，中国政法大学出版社 2008 年版，第 59 页。

与关系密切性（Proximity）。当然，后者又以前者为基础和前提。简言之，邻人规则实际上是建立在可预见性基础上的：只要损害是可以合理预见的，相关当事人之间就具有了紧密性，也就由不相干的、无须彼此负责的陌生人变成了法律上的邻人，也即一方应对另一方负有注意义务。① 后来，虽然在注意义务的认定上出现了两步认定法和三步认定法，但是，预见可能性仍然是核心的标准。

另外，即使能够满足预见可能性的要件，法律仍然往往出于特别的政策上的理由而否定注意义务的存在。② 一般来说，伴随人身及财物的有形损害而产生的经济损失（医疗费、修理费、利益丧失等），由于其适合预见可能性试验，被认定被告负有注意义务。与此相反，并不伴随有形损害而独立产生纯粹经济损失，则根据特别的政策理由而否定被告注意义务的存在。③ 严格限定对于纯粹经济损失的“过失”侵权法保护的政策性理由是“水闸理论”，即避免“在不确定时间、对不确定人的、不确定的责任”。④

在英国，专家对第三人的过失侵权，其认定的决定性要件是，专家对第三人是否负有注意义务。在 Donoghue v. Stevenson 案之前，注意义务只是在特定情况下被认定。该案确立了一般性的注意义务，即不能造成他人可预见的损害的义务。⑤ 当然，专家往往造成第三人纯经济损失，这往往成为否定注意义务的政策考虑因素。在英国法上，对于人身和有形财产，原则上产生注意义务；对于纯经济损失，例外情况下才有注意义务。⑥ 按照 Neill 法官在 McNaughton 案中的看法，专家对第三人是否负有注意义务，要从 6 个方面考虑：①咨询意见提供的目的；②转达专家意见的目的；③专家与相关第三人的关系；④第三人所属人群的人数多少；⑤专家的认知程度；⑥第三人对咨询意见的信赖。⑦

（2）注意义务的违反。所谓注意义务的违反，是指没有达到合理人在

---

① 参见胡雪梅：《英国侵权法》，中国政法大学出版社 2008 年版，第 60 页。

② ［日］望月礼二郎：《英美法》，郭建、王仲涛译，商务印书馆 2005 年版，第 139 页。

③ ［日］望月礼二郎：《英美法》，郭建、王仲涛译，商务印书馆 2005 年版，第 143 页。

④ Ultramares Corpn v. Touche ［1931］ 174 NE 441.

⑤ Sprenger, Internationale Expertenhaftung: Die Dritthaftung von Experten im International Privat-und Zivilverfahrensrecht, Tübingen 2008, S. 69.

⑥ Sprenger, Internationale Expertenhaftung: Die Dritthaftung von Experten im International Privat-und Zivilverfahrensrecht, Tübingen 2008, S. 70.

⑦ James McNaughton Paper Group Ltd. v. Hicks Anderson & Co. ［1991］ 2Q. B. 113, 125.

具体环境中的行为标准，并因此带来了相应的损害。[①] 注意义务违反的认定，要考虑合理人标准（Conduct of a Reasonable Man）。合理人是假设的、想象中的具有当事人社会通常的思考辨别能力的人（Ordinary Man of Prudence）。他并不是完全不犯错误的人。他的预见能力、警惕心、勇气、判断能力、爱心等方面代表着社会的一般水平，而不是在此之上。[②] 合理人行为的基准是客观的基准，它具有一定的弹性，给法官根据案件的全部情况认定被告的行为是否合理留下了充分的空间，从而也使法官得以将其作为控制责任范围的又一有效工具。[③] 在具体案件中，在被告所处的情形下，合理人会如何行动？这一问题要由该情形所包含的各种要素决定，法官主要考虑如下要素：①损害发生的可能性；②可预见损害的严重性；③防止损害措施的成本及其实施的可能性；④被告行为的目的。[④]

被告违反注意义务，其证明责任在于原告。不过，在例外情况下，也可以适用“事实自证”（res ipsa loquitur）规则。事实自证规则最早是由英国的 Pollock 大法官在 1863 年的 Byrne v. Boadle 案中确立的，该案原告在经过被告开设的面粉店门口的时候，被从二楼掉下来的面粉桶砸伤。[⑤] 大法官认为，“面粉桶是在被告的控制之中的，面粉桶飞出窗外，就是过失的表面证据”。[⑥] 后来，该规则成为英美法上减轻受害人举证责任的重要制度。[⑦] 在适用“事实自证”规则时，原告只要能够证明如下两种情形，就能够推断被告违反注意义务：①使原告招致损害的事物完全处于被告（或被告所指派的责任人，如受雇人）的控制下；②任何人只要加以注意，该损害就不会发生。当被告以反证推翻上述的证明，或者以其他证据证明自己并没有不加注意，或证明损害的原因是第三人未加注意时，可以免于承担违反义务的责任。[⑧]

在专家对第三人责任案件中，按照英国法的一般规则，第三人通常也要证明专家违反了注意义务。在认定专家是否违反了注意义务时（即过

---

① 参见廖焕国：《侵权法上注意义务比较研究》，法律出版社 2008 年版，第 124 页。

② ［日］望月礼二郎：《英美法》，郭建、王仲涛译，商务印书馆 2005 年版，第 150－151 页。

③ 参见胡雪梅：《英国侵权法》，中国政法大学出版社 2008 年版，第 119 页。

④ ［日］望月礼二郎：《英美法》，郭建、王仲涛译，商务印书馆 2005 年版，第 152 页以下。

⑤ Byrne v. Boadle 2H. &C. 722，159 Eng. Rep. 299（Ex. 1863）（SATL335）.

⑥ 参见程啸：《侵权行为法总论》，中国人民大学出版社 2007 年版，第 363 页。

⑦ 参见许传玺：《侵权法事实自证制度研究》，《法学研究》2003 年第 4 期。

⑧ ［日］望月礼二郎：《英美法》，郭建、王仲涛译，商务印书馆 2005 年版，第 154－155 页。

失），仍然适用合理人标准，只不过此时的合理人不是社会普通人，而是该专业人士所属行业的普通人。所以，一个没有某项专业资格或能力却从事某项专业工作的人，其行为必须符合该专业合理人的标准。同理，一个拥有特别技能或专业知识的专家也不会被法律挑选出来“特别对待”。①

在认定专家是否存在过失时，要考虑行业的通行做法或惯例。如果专家遵循了通行的行业做法或惯例，一般认为不存在过失。例如，在英国的 Shakoor v. Situ 案中，② 被告是开设中医诊所者，一个肝病急性发作者经其治疗无效而死亡。尽管该病患者的死亡风险非常低，而且传统西医对此是可以预见的，但法院认为，被告并无过错，因为其遵循了英国为中医治疗所制定的标准规范，而法院是不能用西医标准来衡量中医治疗的。③不过，这一标准也并非可以绝对排除专家的过失。

（3）因果关系。在英国法上，因果关系被区分为两个层面，即事实上因果关系（Cause-in-Fact）和法律上因果关系（Legal Cause）。所谓事实上因果关系，是指被告的行为和原告的损害之间是否存在事实上的引起与被引起的关联性。所谓法律上因果关系，也被称为损害的间隔性（Remoteness of Damage）或者近因（Proximate Cause），是指基于法律政策考虑而认定的被告的行为和原告的损害之间存在恰当的关联性。④ 因此，在判断因果关系时，必须分两个步骤来进行。

在判断事实上因果关系时，采用的一般方法是“but for”检验（“but for” test），探究“如果没有被告的行为，是否会有原告的损害发生”。如果被认定是“会发生”，被告的行为就不是导致原告损害的必要要因；如果认定“不会发生”，就可能得出被告行为是原告损害的原因的结论。⑤ 例如，在 Robinson v. Post Office 案中，⑥ 受害人因为受伤被送往医院，急需注射破伤风疫苗，医生没有做皮试就直接为其注射了疫苗，结果受害人产生过敏反应造成了损害。证据显示，根据受害人当时的情形，必须立即注射疫苗。因此，法院认为，即使医生为受害人做了皮试也不能等到结果出来才注射疫苗。受害人的过敏反应无论如何都会发生。所以，医生的过失与受害人

---

①③ 参见胡雪梅：《英国侵权法》，中国政法大学出版社 2008 年版，第 127 页。

② Shakoor v. Situ [2000] 4 All ER 181.

④ 参见胡雪梅：《英国侵权法》，中国政法大学出版社 2008 年版，第 134 页以下。

⑤ [日] 望月礼二郎：《英美法》，郭建、王仲涛译，商务印书馆 2005 年版，第 156 页。

⑥ Robinson v. Post Office [1974] 2 All ER 737.

的损害之间没有因果关系。[①]

在判断法律上因果关系时，实际上就是要判断损害的间隔性问题。在英国法上，其采取可预见性规则。作为判断损害的遥远性的规则，可预见性规则是在 1961 年的 Overseas Tankship（UK）Ltd. v. Morts Docks and Engineering Co. Ltd. 案中确立的。[②] 在该案中，被告所租用的船在悉尼海湾装载石油时，其雇用的工人不慎将一些石油泄漏到水中，污染了很大一片地方，其中一些漂到原告码头附近，并与水中的木屑、碎棉花等混合在一起。原告的工人正在码头进行电焊维修作业，一些金属碎屑掉入水中点燃了混合在油污中的棉花与木头碎屑，并迅速引起一场大火，给码头造成很大的损失。原告起诉要求被告赔偿，但法院认为，被告不应承担责任，理由是，对被告而言，该损害太遥远。根据本案的事实，即使是一个合理人也无法预见到这种损害后果。[③]

就专家对第三人责任案件而言，其也要进行因果关系的判断。尤其是在法律上因果关系判断中，必须要进行法律政策的考虑。例如，在英国 1981 年的 Fasteners v. Marks，Bloom and Co. 案中，[④] 法院就以因果关系的缺乏判决原告败诉。在该案中，被告是会计师，他的审计结果显示，被审计的公司处于收支平衡的状态。事实上，如果公司股票没有按照公司管理者自己估计的可实现价值来出售（即以当时股价的两倍以上的价值来估价），公司实际上是亏损的。会计师将该公司股票描述为“以较低的成本和纯可实现价值”来估价。在进行审计时，被告知晓被审计公司面临流动性问题，正寻求外部支持，但是，被告并没有声明这一点。原告信赖了这一审计，并以较低的价格收购了该公司。在收购之前，原告参考了被告的审计结果，并就这一审计结果与被告进行了讨论。在该案中，Woolf 法官认为，会计师对原告负有注意义务。他认为，被告的预见是其注意义务的前提，这就可以避免不确定的责任。“合理预见”的检验，就意味着，信赖是合理的而且是可预见的。不过，该案中，初审法院以缺少因果关系判决原告败诉。后

---

① 参见胡雪梅：《英国侵权法》，中国政法大学出版社 2008 年版，第 135 页。此种案型在比较法上可以称为“合法替代行为抗辩”案型，关于合法替代行为抗辩的详细分析，可参见周友军：《论民法上的合法替代行为抗辩》，《法律科学》2013 年第 1 期。

② Overseas Tankship（UK）Ltd. v. Morts Docks and Engineering Co. Ltd. ［1961］1All ER 404.

③ 参见胡雪梅：《英国侵权法》，中国政法大学出版社 2008 年版，第 151 页。

④ Fasteners v. Marks，Bloom and Co. ［1981］ 3 All ER 289，［1983］ 1 All ER 583.

来，民事上诉法院（The Court of Appeal）确认了初审的结果。[1]

三、专家对第三人的注意义务

1. 从邻人规则、两步认定法到三步认定法

（1）邻人规则。在 Donoghue 案中，法官 Atkin 提出了判断注意义务是否存在的邻人规则，即“谁是我的邻人呢？当我实施作为或不作为时，可以合理地预见将因我的行为密切、直接而受影响的人，都是我的邻人”。[2] 邻人规则的核心内容被归纳为：可预见性与关系密切性。[3] 不过，后来人们发现，邻人规则所确立的标准似乎太宽泛，太过弹性，它没有对如何正确判断可预见性加以限制。[4] 而且，即使原告毫无疑问是可以被预见的，还可能存在限制被告责任的政策因素，但恰恰在需要对责任加以限制时，“可预见性”这一工具却无能为力。[5] 所以，又出现了两步认定法和三步认定法。

（2）两步认定法。在 1978 年的 Anns v. Merton LBC 案中，[6] Wilberforce 法官提出两步认定法。第一步，查明在原告和被告之间是否存在密切关系，或者说是否是邻人。此时要考虑原告的损害是否在被告行为时可以合理预见的范围内，从而初步认定注意义务的存在。第二步，如果对上述问题的回答是肯定的，就要考虑，是否存在任何理由应该否定、减少或者限制义务的政策因素。[7] 从司法操作层面而言，两步认定法具有简单明了的特性，但是此种方法的潜在危险是极易导致责任的扩大。因为在被告行为造成了原告损害的情况下，要能够举出充分的政策性理由证明被告不应对损害承担责任并非易事。[8] 所以，该规则后来也受到批评，出现了三步认定法。

（3）三步认定法。在 1984 年的 Governors of the Peabody Donation Fund v. Sir Lindsay Parkinson & Co. Ltd. 案中，Keith 法官首先对两步认定法提出公开质疑。[9] 后来，又有不少法官表达了类似的观点，并发展出了三步认定

---

① Dugdale, Parkinson, Stanton, Cox, Swinson, *Professional Negligence in Accountancy*, London: Longman Group Ltd., 1986, p. 15.

② Donoghue v. Stevenson [1932] A. C. 562.

③④ 参见胡雪梅：《英国侵权法》，中国政法大学出版社 2008 年版，第 60 页。

⑤ 参见廖焕国：《侵权法上注意义务比较研究》，法律出版社 2008 年版，第 96 页。

⑥ Anns v. Merton LBC [1978] A. C. 728.

⑦ 参见廖焕国：《侵权法上注意义务比较研究》，法律出版社 2008 年版，第 100 页。

⑧⑨ 参见胡雪梅：《英国侵权法》，中国政法大学出版社 2008 年版，第 61 页。

法。在 Caparo Industries Plc. v. Dickman 案中,① 法官提出，注意义务的认定要符合三项标准：①可预见性；②加害人和受害人之间的密切关系；③公平、正当和合理的考虑（Fair, Just and Reasonable）。最后一项标准允许法官直接依据法政策进行考虑。

2. 三步认定法与专家对第三人责任

（1）可预见性。在三步认定法之中，注意义务认定第一个步骤是认定可预见性。此处所说的可预见性指向“原告和损害”。② 例如，在英国 1985 年的 Mathew v. Maughold Life Assurance Ltd. 案中,③ 被告是一名会计师，他作为专家之一受委托对如何节省遗产税提出建议。这些专家并没有告知委托人的妻子，如果她的丈夫生存的时间超过某个特定的交易时点后的 7 年且她没有行使选择权的话，她就可能遭受严重的经济损失。最终，委托人的死亡时间确实超过了该交易后的 7 年，他的妻子也没有行使选择权，因此，她遭受了严重的损失。在该案中，Leonard 法官认为，会计师对委托人的妻子和委托人的整个家庭负有侵权法上的注意义务，这也是基于“合理预见”的规则。④

不过，英国学界也承认，可预见性是非常弹性与灵活的概念，同样的环境和案情，损害后果的可预见性往往既可以用“完全可预见”、“高度可预见”，也可以用“一般可预见”，甚至“可能可预见”来描述。因此，到底是否可预见往往取决于法官的选择。⑤

另外，就专家对第三人责任案件而言，可预见性的判断出现了比较宽松的趋势。在 Hedley Byrne 案以后，英国法上的过失侵权快速扩张。这在很大程度上与 Anns v. Merton LBC 案有关，在该案中，一名建筑物检查员的过失导致了一栋公寓房的缺陷。Wilberforce 法官认为，“合理预见”的检验可以运用于注意义务的认定。在过失虚假陈述领域，这个观点导致了更自由、更宽泛的责任。⑥

---

① Caparo Industries Plc. v. Dickman［1989］Q. B. 653，658，696.

② 参见廖焕国：《侵权法上注意义务比较研究》，法律出版社 2008 年版，第 104 页。

③ Mathew v. Maughold Life Assurance Ltd. ［1985］1PN 142.

④ Dugdale，Parkinson，Stanton，Cox，Swinson，*Professional Negligence in Accountancy*，London：Longman Group Ltd.，1986，p. 16.

⑤ 参见胡雪梅：《英国侵权法》，中国政法大学出版社 2008 年版，第 63 页。

⑥ Dugdale，Parkinson，Stanton，Cox，Swinson，*Professional Negligence in Accountancy*，London：Longman Group Ltd.，1986，p. 14.

（2）加害人和受害人之间的密切关系。在三步认定法之中，注意义务认定的第二个步骤是，认定加害人和受害人之间是否存在密切关系。此处所说的密切关系，是指原告和被告之间直接和紧密的关系。Hedley Byrne 案中确立了一个规则，即对于过失造成纯经济损失的赔偿，当事人之间必须存在“密切联系”。[①] 该规则后来被持续地运用。例如，在英国著名的 Candler v. Crane，Christmas Co. 案中，[②] 法官提出，只有专家和第三人之间存在密切关系，才能赔偿。赔偿的限定应从如下三个方面进行：其一，被告有特别的知识和能力；其二，被告认识到其意见要被转交给第三人；其三，被告的义务限于这些交易，即被告认识到的其意见必需的交易。[③] 这个判决实现了限定专家可能承担的不确定责任的目的。

在英国法上，如果第三人信赖了专家的意见，那么，诉讼中就首先要确定，在原告和被告之间是否存在密切性。此时，存在诸多可能的选择：①专家的注意义务可能限制于与专家有直接交易的人。②专家的注意义务可能限制于一定范围内的信赖专家意见的人。③专家的注意义务适用于所有可能预见到的信赖专家意见的人。自 Hedley Byrne 案件以后，法院倾向于前述第三种观点，即采最广泛意义上的第三人标准。[④]

（3）公平、正当和合理。三步认定法的第三个步骤是，进行公平、正当和合理的判断。英国学者认为，这就是进行司法政策的考虑。[⑤] 例如，在 Marc Rich & Co. A. G v. Bishop Rock Marine Co. Ltd. 案中，[⑥] 法官就依据这一因素否定了注意义务的存在。在该案中，原告根据国际通行的条件与一家船主签订了运送货物的协议，船行驶到半途，因为外船体有裂缝而停靠码头。雇人焊接后，原告委托一家船舶等级鉴定协会对船舶的适航性进行检验鉴定。该鉴定协会则雇请了一个专业的鉴定人员进行鉴定。该鉴定人员检查船舶的情况后认为，该船完全适航，并颁发了适航证书。但是，该船开出后不久就沉没了，原告价值 600 万英镑的货物全部损失。原告根据货运

---

① Hedley Byrne Co. Ltd. v. Heller Patners Ltd. ［1964］ AC 465，528.

② Candler v. Crane，Christmas Co. ［1951］ 1 KB 164.

③ Candler v. Crane Christmas & Co. ［1951］ 2 K. B. 164，178 –182.

④ Dugdale，Parkinson，Stanton，Cox，Swinson，*Professional Negligence in Accountancy*，London：Longman Group Ltd.，1986，p. 14.

⑤ W. V. H. Rogers，Winfield & Jolowicz on Tort，London：Sweet & Msxwell，1998，p. 101.

⑥ Marc Rich & Co. A. G v. Bishop Rock Marine Co. Ltd. ［1996］ 1A. C. 211.

合同只从船主处获得50万英镑的赔偿。因此，原告以船舶等级鉴定协会为被告提起诉讼，要求其赔偿500多万英镑的损失，该案最终上诉到上议院。① 该案的多数法官认为，根据该案的具体情况，认定船舶等级鉴定协会对原告负有注意义务是不公平、不正当的。其最主要的理由在于：被告是非营利性的社会组织，其主要的职责是为社会公众服务，因而其首要任务是促进海事活动安全，判决其承担责任会导致其采取防御性的措施，如将更多的资源用于防范责任风险，这就必然影响其促进海事活动安全的首要职责。②

3. *注意义务认定中的政策考虑*

在注意义务认定中，法官要进行政策考虑，其所考虑的因素很多，包括“水闸”问题、损害的性质、过度防御、法律之间的协调、损失分配、道德伦理、行为自由、产业政策等。③

就专家对第三人责任案件而言，法官政策考虑中的重要因素是纯经济损失。一般来说，伴随人身及财物的有形损害而产生的经济损失（如医疗费、修理费、利益丧失等），经过预见可能性的检验，被告往往被认定为负有注意义务。与此相反，并不伴随有形损害而独立产生纯粹经济损失，则会根据特别的政策理由否定被告注意义务的存在。④

不过，上述规则也经历了变迁的过程。最初英国的法院坚持上述规则，但是到了1978年的Anns v. Merten London Borough Council案，法官提出，要将纯经济损失与侵害人身或有形财产置于同等水平予以保护。⑤ 这就在一定程度上放弃了最初的规则。不过，放弃最初的区分有形损害与纯经济损失的规则，又可能导致责任的泛滥。到 Junior Books Ltd. v. Veitchi Co. Ltd. 案，⑥ 英国法上因过失导致纯经济损失的救济扩张到了最高点。⑦ 这也导致

---

①② 胡雪梅：《英国侵权法》，中国政法大学出版社2008年版，第64页。

③ 参见胡雪梅：《英国侵权法》，中国政法大学出版社2008年版，第65页。

④ ［日］望月礼二郎：《英美法》，郭建、王仲涛译，商务印书馆2005年版，第143页。

⑤ Anns v. Merten London Borough Council ［1978］ AC 728，751. 在该案中，原告是某住宅楼的承租人，由于住宅楼地基过浅，导致房屋结构性移位，引起墙体开裂。在英国，住宅地基设计是由当地市政厅审批的，因此，原告指控被告的雇员在批准住宅地基设计时有过失，需要对未来的住户承担责任。

⑥ Junior Books Ltd. v. Veitchi Co. Ltd. ［1983］ 1 A. C. 520.

⑦ Sprenger，Internationale Expertenhaftung：Die Dritthaftung von Experten im International Privat-und Zivilverfahrensrecht，Tübingen 2008，S. 70.

了社会的批评。所以，此后英国的法院又再次回归最初的立场，倾向于对因过失导致纯经济损失的救济条件采严格立场。例如，在 Murphy v. Brentwood District Council 案中，上议院拒绝沿用过去的部分判决。法官再次确认，应当区分人身或有形财产损害与纯经济损失。[①] 不过，因专家过失而造成第三人纯经济损失的判决，继续有效。[②]

四、英国法上免责条款的效力

按照普通法上的规则，专家在其意见中表述的免责条款（或称为免责声明），原则上可以对第三人产生效力。[③] 所以，在英国，专家对第三人的责任原则上可以通过免责条款来限制。认可此种免责条款的理由主要在于：其一，委托人为专家的报告支付了报酬，而第三人并没有支付对价。其二，专家并没有注意到第三人的利益。其三，人们期待第三人委托自己的专家。[④] 不过，在专家对第三人责任领域，专家主张免责条款的效力，必须满足如下条件：

其一，专家作出了明确的免责表示。免责条款并不一定需要委托人与专家之间达成合意，只需要专家作出单方的表示就已经足够。[⑤] 例如，在一起案例中，土地勘测员声明，信息的准确性不能完全保证，使用者应当自行调查，这也被认定为免责条款，而并不能作为第三人信赖不合理的证明。[⑥]

其二，专家及时对第三人作出了提示。专家必须对第三人提示免责条款，如果仅仅是专家和委托人之间在合同中约定了免责条款，并不能对第三人产生效力。另外，专家对第三人的提示还必须是“及时”的，即在第三人与他人订立合同之前作出。[⑦]

---

① Murphy v. Brentwood District Council ［1991］ 1 AC 398，457.

② Sprenger，Internationale Expertenhaftung：Die Dritthaftung von Experten im International Privat-und Zivilverfahrensrecht，Tübingen 2008，S. 71.

③ Sprenger，Internationale Expertenhaftung：Die Dritthaftung von Experten im International Privat-und Zivilverfahrensrecht，Tübingen 2008，S. 77.

④ Dugdale，Parkinson，Stanton，Cox，Swinson，*Professional Negligence in Accountancy*，London：Longman Group Ltd.，1986，p. 65.

⑤⑦ Jackson/Powell，Professional Negligence，4. ed.，London，1997，pp. 1 – 127.

⑥ Cremdean Properties v. Nash（1977）244 EG 547.

其三，免责条款符合1977年《英国不公平合同条款法案》（Unfair Contract Terms Act 1977）的要求。专家对第三人主张免责条款时，还必须受到1977年的《英国不公平合同条款法案》的限制。[①] 不过，这一要件的认可经历了一个演变的过程。在1990年的Smith v. Eric S. Bush案之前，[②] 该法案是否适用于专家意见中的免责声明是有争议的。因为专家意见中的免责声明已经排除了第三人的信赖，所以，专家对第三人就不负有注意义务。[③] 在Smith v. Eric S. Bush案中，英国上议院认为，即使专家意见中的免责声明已经限制了其注意义务，它也要进行"合理性检验"（Reasonableness Test）。[④] 在该案中，评估员受借贷公司的委托对一栋房屋进行了评估，评估报告中称，该房屋无须修缮。这一评估报告被转交给了借贷公司的客户Smith女士，她信赖评估报告并购买了该房屋。但不久，该房屋的烟囱倒塌，损坏了卧室的天花板和地板。Smith女士向法院起诉，要求评估员承担责任。而评估员提出，评估报告中有免责声明。上议院认为，评估员对房屋的潜在购买人负有注意义务，而且，评估报告中的免责声明被认定为无效，因为其不符合1977年的《英国不公平合同条款法案》的要求。[⑤]

虽然专家意见中的免责声明是在注意义务认定时适用，还是在责任免除时适用，目前还没有定论，但是，无论如何，它都要受到内容控制，不能是不公平、不合理的。[⑥] 按照Smith v. Eric S. Bush案中Griffiths法官的看法，合理性的判断要考虑如下因素：①当事人（即专家和第三人）是否有同等的协商能力？②第三人通过其他渠道获得信息是否是可能的？③专家作出无误的意见是否困难？④免责声明无效会导致怎样的实际后果，尤其是专家是否投了保险？[⑦]

---

① Dugdale, Parkinson, Stanton, Cox, Swinson, *Professional Negligence in Accountancy*, London: Longman Group Ltd., 1986, p. 64.

② Smith v. Eric S. Bush [1990] 1A. C. 831.

③ Sprenger, Internationale Expertenhaftung: Die Dritthaftung von Experten im International Privat-und Zivilverfahrensrecht, Tübingen 2008, S. 78.

④ Smith v. Eric S. Bush [1990] 1A. C. 831, 856.

⑤ 李昊：《交易安全义务论》，北京大学出版社2008年版，第502－503页。

⑥ Sprenger, Internationale Expertenhaftung: Die Dritthaftung von Experten im International Privat-und Zivilverfahrensrecht, Tübingen 2008, S. 78.

⑦ Smith v. Eric S. Bush [1990] 1A. C. 831, 858.

第二节　法国法

一、法国过错侵权一般条款之下的专家对第三人责任

1. 法国过错侵权的大一般条款模式

在18世纪末19世纪初的自然法的法典编纂过程中，《法民》与《奥地利普通民法典》和《普鲁士一般邦法》（ALR）一起成为三大经典的私法法典。所以，法国法实际上是自然法的成文化，它的条文大多都是要表述自然法的精神。① 可以说，正是因为受到自然法学的影响，《法民》才以高度抽象的方式对一般侵权责任原则作出了规定。② 这就形成了法国法关于过错责任的大一般条款模式。一般认为，法国过错责任的一般条款是《法民》第1382条和第1383条共同组成的，前者规范故意侵权，后者规范过失侵权。③

在法国过错责任的大一般条款之下，凡是因过错而给他人造成损害者，原则上都应当承担损害赔偿责任。这表明了它与英国侵权法上的决疑式特点（Casuistic Quality）不同，④ 而且，此种大一般条款在适用上具有高度的适应性，足以充分因应社会实情的变迁。⑤ 但事实上，法律会基于法政策的考虑或社会生活的需要而限制某些责任的承担，此时，这种大一般条款模

① Lorenz, Fortschritte der Schuldrechtsdogmatik, JZ 1961, 438.

② 张民安：《现代法国侵权责任制度研究》，法律出版社2003年版，第2-3页。

③ Zimmermann & Reimann (eds.), *Oxford Handbook of Comparative Law*, Oxford: Oxford University Press, 2007, p. 1006. 不过，也有学者认为，该法第1382条规范的是作为侵权，而第1383条规范的是不作为侵权。

④ George A. Bermann, Etienne Picard (ed.), *Introduction to French Law*, Leiden: Kluwer Law International BV, 2008, p. 238.

⑤ 邱聪智：《民法研究》（一），中国人民大学出版社2002年版，第132页。

式就遇到了困难。[①] 例如，如何限制过失造成纯经济损失的赔偿，在法国法上就成为了难题。另外，此种模式还给予了法官过大的自由裁量权。《法民》第1382条和第1383条基本上等于给法官设定了一个空白条款，从而使得法官可以自由填充其内容。这样不仅会导致法律适用中的较大的不确定性，而且容易侵害人民的权利。

可以说，《法民》第1382条和第1383条并没有为法官提供可适用的规则，而只是提供了指导性的原则。[②] 在侵权法日益重要的背景下，《法民》对于侵权行为的规定如此简略，就等于将问题留给了法院。因此，在法国，侵权领域的判例法发展迅速，而且，大量的侵权特别法被颁行，从而解决一般条款不能回答的问题。[③]

2. 法国侵权法上的专家对第三人责任

法国的绝大多数法院都同意，在专家对第三人责任案件中，通过侵权法为第三人提供救济，而且，可以赔偿第三人所遭受的纯经济损失。[④] 例如，在一起案件中，土地评估专家因过失评估错误，而这个评估意见是原告发放贷款的基础。再如，在一起案件中，会计师审查资产负债表中出现失误，而这一意见被该企业作为增加资本金的基础。在这两起案件中，法国最高法院都作出了相应的判决。[⑤]

在专家对第三人责任方面，法国之所以没有采用合同责任模式，原因主要在于，要实现法的安定性。另外，法国的理论界和实务界也对该侵权法模式表现出广泛的接受，没有对其产生争论，[⑥] 法国学界对于专家对第三人责任的特殊问题也没有发生争议。[⑦]

问题在于，第三人请求专家承担侵权责任，究竟依据《法民》第1382条，还是依据《法民》第1382条和第1383条？对此，存在不同的看法。

---

① Canaris, Schutzgesetz-Verkehrspflichten-Schutzpflichten, in: Festschrift für Karl Larenz zum 80. Geburtstag am 23. April 1983, München 1983, S. 35.

② Zimmermann & Reimann (eds.), *Oxford Handbook of Comparative Law*, Oxford: Oxford University Press, 2007, p. 1007.

③ George A. Bermann, Etienne Picard (ed.), *Introduction to French Law*, Leiden: Kluwer Law International BV, 2008, p. 237.

④⑤⑦ Sprenger, Internationale Expertenhaftung: Die Dritthaftung von Experten im International Privat-und Zivilverfahrensrecht, Tübingen 2008, S. 48.

⑥ Sprenger, Internationale Expertenhaftung: Die Dritthaftung von Experten im International Privat-und Zivilverfahrensrecht, Tübingen 2008, S. 87.

笔者认为，这实际上取决于对法国侵权法一般条款的理解。按照法国学界的通说见解，《法民》第1382条仅规定了故意侵权，第1383条规定了过失侵权，这两条共同构成了法国侵权法中过错责任的一般条款。[①] 因此，第三人依据《法民》第1382条和第1383条向专家请求侵权损害赔偿，必须满足其责任构成要件，即过错、损害和因果关系。

需要注意的是，在法国，虽然专家对第三人责任原则上适用其过错侵权的一般条款。但是，针对特定类型的专家对第三人责任也可能存在特别的法律规定。例如，依据《法国商法典》第L822－17条第1款，就因审计中的义务违反和过错，会计师不仅要对被审计的企业负责，而且要对第三人负责。[②]

3. 法国的合同制度与专家对第三人责任

在法国，第三人不可能基于合同而请求专家赔偿。因为专家的合同相对方是其委托人，而不是第三人。法国学者也没有提出，要通过默示的咨询合同或担保合同来确立专家和第三人之间的直接合同关系。[③]

（1）直接诉讼制度与专家对第三人责任。在法国合同法领域，其法院发展出了特有的直接诉讼制度。例如，消费者、经销商和生产商处于合同链条之上，虽然消费者仅仅与经销商之间存在合同，但是，他也可以向生产商主张合同法上的责任。直接诉讼制度是以合同群为基础的，在这个合同群中，各个当事人可以相互主张合同法上的请求权。[④]

不过，迄今为止，直接诉讼制度并没有被运用于专家对第三人责任。因为在合同客体方面，专家和委托人之间的合同与委托人和第三人之间的合同并不一致。例如，委托人和第三人订立了买卖合同，而委托人和专家

① Zimmermann & Reimann（eds.），*Oxford Handbook of Comparative Law*，Oxford：Oxford University Press，2007，p. 1006.

② 这一规定与1966年7月24日的《法国商业公司法》第234条第1款的规定相同。参见Hirte，Berufshaftung：ein Beitrag zur Entwicklung eines einheitlichen Haftungsmodells für Dienstleitungen，München 1996，S. 258f.

③ Sprenger，Internationale Expertenhaftung：Die Dritthaftung von Experten im International Privat-und Zivilverfahrensrecht，Tübingen 2008，S. 49f.

④ Sprenger，Internationale Expertenhaftung：Die Dritthaftung von Experten im International Privat-und Zivilverfahrensrecht，Tübingen 2008，S. 51.

订立的是委托合同，在两个合同之间没有形成给付的链条。[①]

（2）合同对第三人的保护作用与专家对第三人责任。在法国，《法民》第 1165 条确立了合同相对性规则，同法第 1121 条确立了利益第三人合同制度，构成了合同相对性规则的例外。[②] 不过，按照《法民》第 1121 条的规定，其适用范围较窄。后来，通过司法实践得到扩张，也承认了合同对第三人的保护作用（stipulation pour autrui tacite）。但是，该制度并没有成为一般的制度，而仅仅在很少的案件中被运用，最主要的是在客运合同和货运合同案件中适用。例如，受医院委托的血液收集点对病人所应承担的责任。而且，在法国的司法实践中，如果第三人选择侵权责任对其有利的，法院也允许第三人享有选择权，即选择主张合同责任或侵权责任。[③]

在 1957 年的一个专家对第三人责任案件中，法国法院曾经运用了合同对第三人的保护作用制度。在该案中，原告是邮票购买人，被告曾受出卖人委托来鉴定邮票的状态，后来，原告遭受了损失。巴黎的上诉法院认为，专家应当承担合同责任。[④] 不过，这一判决后来成为了个案，专家依据合同对第三人的保护作用来对第三人承担合同责任，这一观点没有被法院普遍采纳。[⑤]

二、法国侵权法限制专家对第三人责任的途径

正如有学者所指出的，《法民》的起草者只对表达“永恒的真理”感兴趣。他们认为，对具体问题寻找解决方案不是立法者关注的问题。[⑥] 所以，

---

① Sprenger, Internationale Expertenhaftung: Die Dritthaftung von Experten im International Privat-und Zivilverfahrensrecht, Tübingen 2008, S. 52.

②《法民》第 1165 条规定：“合同只在缔约当事人之间发生效力，双方不得使第三人遭受损害。”同法第 1121 条规定：“在为第三人利益订立合同是为本人订立合同的条件，或者是向他人赠与财产的条件时，也可以为第三人利益订立合同；如果第三人表明愿意享有该合同的利益，订立合同的人不得撤销之。”

③ Sprenger, Internationale Expertenhaftung: Die Dritthaftung von Experten im International Privat-und Zivilverfahrensrecht, Tübingen 2008, S. 50.

④ Cour d' Appel Paris, 18. 6. 1957, JCP 1957, Ⅱ, 10134.

⑤ Sprenger, Internationale Expertenhaftung: Die Dritthaftung von Experten im International Privat-und Zivilverfahrensrecht, Tübingen 2008, S. 51.

⑥ 参见［德］克雷斯蒂安·冯·巴尔：《欧洲比较侵权行为法》（上卷），张新宝译，法律出版社 2001 年版，第 18 页。

法国侵权法对于过错责任采大的一般条款模式，这导致了民事责任的过分扩张，[①] 或者说，容易造成责任的泛化。[②] 不过，任何国家的侵权责任制度都要设置相应的责任限制机制，以免责任的认定过于宽泛。就专家对第三人责任案件而言，法国法上也通过各种途径来限制责任的承担。

1. 过错（或称为“过咎”）

法国侵权法的发展支持这一结论，即纯经济损失的保护与人身和有形财产的保护处于不同的水平。在法国，纯经济损失赔偿也受到限制。不过，法国法实现这一结果，并不是通过区分不同类型的损害，其途径之一是通过“过错”（faute）概念的变形。[③] 就专家对第三人责任案件来说，其通常也造成第三人的纯经济损失，所以，法院也会借助过错概念来限制责任。

在法国，理论界和实务界对于过错的理解存在主观说和客观说两种不同的观点。[④] 但其传统的理解采主观说，即过错应当被理解为行为人实施了可责难的不当行为。在主观说之下，过错包含了主观因素（即行为人的可责难性）和客观因素（即行为的不当），类似于德国法上过错和违法性的综合。[⑤] 可以说，该“过错”包含了违法（Illicitness）。与区分过错和违法性的国家（如德国）不同，法国法上的过错是指没有遵守行为规则。这个行为规则可能是法律（Statute）、条例（Regulation）规定的，也可能是具有约束力的法律文件规定的。[⑥] 或者说，过错包含了与通常的、合理的人的行为不一致的任何行为。在法国法的传统上，它就是所谓“良家父”的行为。[⑦]

就专家对第三人责任案件来说，专家的过错就意味着其违反了义务。具体而言，其违反的义务或者是一般的义务（即不得伤害他人的行为义

① George A. Bermann, Etienne Picard (ed.), *Introduction to French Law*, Leiden: Kluwer Law International BV, 2008, p. 238.

② Lorenz, Fortschritte der Schuldrechtsdogmatik, JZ 1961, 438.

③ Zimmermann & Reimann (eds.), *Oxford Handbook of Comparative Law*, Oxford: Oxford University Press, 2007, p. 1015.

④ 参见缪宇：《未成年人民事责任能力研究》，中国人民大学博士学位论文，2013 年，第 69 页以下。

⑤ Gotthard, Landesbericht Frankreich, in: von Bar (Hg.), Deliktsrecht in Europa, Köln 1993, S. 17.

⑥ George A. Bermann, Etienne Picard (ed.), *Introduction to French Law*, Leiden: Kluwer Law International BV, 2008, p. 247.

⑦ George A. Bermann, Etienne Picard (ed.), *Introduction to French Law*, Leiden: Kluwer Law International BV, 2008, p. 248.

务)，或者是基于特殊规则产生的行为义务。① 一般的义务是按照一个正直的、谨慎的一般人的标准来认定的。就专家来说，他应当按照一个正直的、本领域的专家的义务标准来行为。② 在法国法上，并不认可这一观点，即专家所违反义务的对人的保护范围是有限的。所以，通过过错这一要件来限制其所保护的人的范围几乎是不可能的。③

另外，在法国法上，侵害人身或有体物时的过错与纯经济损失中的过错，其含义不同。因为人身权或物权是界限明晰的权利，潜在的侵权行为人有义务采取措施避免给权利人造成损害。在纯经济损失案件中，被告并不当然负有采取措施以避免他人损害的义务。④ 因为在专家对第三人责任案件中，专家也可能导致第三人纯经济损失，所以，专家也并不当然负有采取措施以避免第三人损害的义务，其过错的认定也就比较困难。

2. 可赔偿的损害

在法国法上，可赔偿的损害是指受害人的权益所遭受的财产性或非财产性的不利影响。⑤ 与《德民》第 823 条第 1 款的规定不同，法国法没有对法律保护的利益进行“数目限定”（Numerus Clausus）。⑥ 另外，就过错责任而言，法国法也没有确定权利和利益的不同位阶，进而区分不同的责任构成要件，而是统一规定，只要导致他人损害就可能承担侵权责任。⑦ 因此，可赔偿的损害是多种多样的，包括人身伤害、财产损害和利润损失（甚至是可能的利润损失）等，而且没有排除纯经济损失的赔偿。⑧

---

① Sprenger, Internationale Expertenhaftung: Die Dritthaftung von Experten im International Privat-und Zivilverfahrensrecht, Tübingen 2008, S. 55.

② Gotthard, Landesbericht Frankreich, in: von Bar (Hg.), Deliktsrecht in Europa, Köln 1993, S. 18.

③ Sprenger, Internationale Expertenhaftung: Die Dritthaftung von Experten im International Privat-und Zivilverfahrensrecht, Tübingen 2008, S. 56.

④ Zimmermann & Reimann (eds.), *Oxford Handbook of Comparative Law*, Oxford: Oxford University Press, 2007, p. 1016.

⑤ Gotthard, Landesbericht Frankreich, in: von Bar (Hg.), Deliktsrecht in Europa, Köln 1993, S. 22.

⑥ George A. Bermann, Etienne Picard (ed.), *Introduction to French Law*, Leiden: Kluwer Law International BV, 2008, p. 256.

⑦ 不过，在法国法上，无过错责任仅仅适用于人身侵害和财产的物理侵害。参见 George A. Bermann, Etienne Picard (ed.), *Introduction to French Law*, Leiden: Kluwer Law International BV, 2008, p. 257。

⑧ George A. Bermann, Etienne Picard (ed.), *Introduction to French Law*, Leiden: Kluwer Law International BV, 2008, p. 257.

但是，为了限制侵权责任的承担，法国法院还是试图限制可赔偿的损害的范围。可赔偿的损害必须是合法的，它不能是与违法的交易密切相连的损害。① 此外，可赔偿的损害还必须是现实的、确定的和直接的。②

就专家对第三人的损害来说，法官就是按照上述“现实的”、“直接的”、“确定的”三个标准，来认定其是否是可赔偿的损害。不过，专家对第三人责任中比较难的问题是，哪些人可以请求赔偿，对此，上述“可赔偿的损害”的概念并没有给出明确的答案。③

3. 因果关系

在法国，过错责任的第三个前提是因果关系，它也是法院限制责任的方式之一。④ 在理论上，因果关系的认定有如下几种学说：一是条件说（Equivalence of Conditions），即如果侵权行为不发生，损害就不会发生，就存在因果关系。二是相当因果关系说（Adequate Causation），即如果按照事物发展的通常进程，侵权行为会导致损害，就认定存在因果关系。三是近因说（Causa Proxima），即在时间上接近的侵权行为与损害之间才有因果关系。⑤

在实践中，法院没有采纳近因说，它们比较倾向于条件说，不过，它们也没有完全忽视相当因果关系说，通常将其适用于客观责任，以保证赔偿被限定在合理的范围之内。⑥ 另外，法院有时还运用“机会丧失”的概念，适用于因果关系难以确定的案件，从而使受害人获得部分的救济。这尤其发生在医疗事故中，法院通常认为，医疗过错会导致病人丧失被治愈或被救活的机会。⑦

就专家对第三人责任案件来说，责任成立的前提也是因果关系，即专家的过错行为与第三人的损害之间存在因果关系。不过，法国的法律和判决都没有对其确定一般的规则。按照法国学者维内（Viney）教授的看法，

① Gotthard, Landesbericht Frankreich, in: von Bar (Hg.), Deliktsrecht in Europa, Köln 1993, S. 24f.

② Cour de Cassation, civ. 1re, 7. 11. 2000, Bull. civ. 2000, Ⅰ, n. 277.

③ Sprenger, Internationale Expertenhaftung: Die Dritthaftung von Experten im International Privat-und Zivilverfahrensrecht, Tübingen 2008, S. 57.

④ 参见邱琦：《纯粹经济上损失之研究》，台湾大学博士学位论文，2002 年，第 152 页。

⑤⑥ George A. Bermann, Etienne Picard (ed.), *Introduction to French Law*, Leiden: Kluwer Law International BV, 2008, p. 258.

⑦ George A. Bermann, Etienne Picard (ed.), *Introduction to French Law*, Leiden: Kluwer Law International BV, 2008, p. 259.

法国法院多数情况下认定，在条件意义上必要的原因与损害之间存在因果关系。同时，借助于判断来排除因果关系。① 总体上，法官在个案中的判断发挥了重要的作用，即可以合理期待第三人的损害与专家的过错行为之间有因果关系。② 在第三人请求专家承担责任的情形，法院有时认定因果关系的存在，有时否认因果关系的存在。如果专家因过失而作出的意见对第三人的损害产生发挥了决定性的作用，就会认定因果关系的存在。③ 法国法院有时也运用规范的保护目的理论来否认因果关系，即非法的损害与过错之间没有因果关系。此外，法院有时还借助可预见性来限制因果关系的认定。例如，法院认为，考虑到公平和适当，会计师只应对其可预见的损害负责。④

从总体来看，法国侵权法的判例法特点给受害人带来了不便，因为受害人掌握它不易；另外，它也使得判决结果具有高度的不确定性。⑤ 这一点也突出表现在专家对第三人责任案件之中，在这些案件中，法官限制责任的工具都具有个案判断的特点，其享有较大的自由裁量权。

三、法国法上专家对第三人责任的特殊问题

在法国，合同相对性规则决定了第三人不能请求专家承担合同责任。但是，专家违反其与委托人之间的合同，也可能会对第三人的请求权产生影响。从实践来看，有争议的问题是，专家违反合同是否同时构成侵权法上的过错。对此，法国理论界和实务界存在不同的看法。一是否定说。法国一些法院的判决认为，合同上的义务违反，并不能就因此认定侵权法上的过错。⑥ 确切地说，合同的相对性也意味着合同法上过错的相对性。只有当违反合同同时也违反了一般的注意义务时，才能使第三人享有主张侵权

①③ Sprenger, Internationale Expertenhaftung: Die Dritthaftung von Experten im International Privat-und Zivilverfahrensrecht, Tübingen 2008, S. 58.

② Gotthard, Landesbericht Frankreich, in: von Bar (Hg.), Deliktsrecht in Europa, Köln 1993, S. 29.

④ Sprenger, Internationale Expertenhaftung: Die Dritthaftung von Experten im International Privat-und Zivilverfahrensrecht, Tübingen 2008, S. 59.

⑤ George A. Bermann, Etienne Picard (ed.), *Introduction to French Law*, Leiden: Kluwer Law International BV, 2008, p. 261.

⑥ Cour de Cassation, com., 8. 10. 2002, Resp. Civ. et Assur. 2003, comm. n. 2, Januar 2003, S. 11.

赔偿的权利。[①] 二是肯定说。法国法院最近的多数判决认为，合同的违反可以构成侵权法上的过错。[②] 因此，如果第三人可以证明专家违反了合同义务，他就可以请求专家承担侵权责任。而且，较之于侵权法上过错的证明，在合同义务违反的证明中，举证责任要轻。[③] 另外，依据肯定说的见解，合同责任与侵权责任不竞合原则是适用于合同当事人的，第三人依据合同的违反来主张侵权损害赔偿，与此并不矛盾。[④]

在法国，尽管有学者批评合同义务的违反与侵权责任中的过错认定等同的观点，但是，目前肯定说仍然是主流的看法，并且持续地被法院所采纳。[⑤]

另外，在法国法上，专家与委托人之间的免责条款，不能对第三人产生效力。这是基于合同的相对性。当然，如果专家在其意见中作出了保留，而且，任何阅读该意见的人都可以知晓，专家也可能免责。[⑥]

第三节 德国法

一、德国过错侵权的一般条款与专家对第三人责任

1.《德民》中过错侵权的三个小一般条款模式

《法民》的制定在《德民》之前，因此，其不可避免地要对《德民》

① Sprenger, Internationale Expertenhaftung: Die Dritthaftung von Experten im International Privat-und Zivilverfahrensrecht, Tübingen 2008, S. 61.

② Cour de Cassation, civ. 1re, 18. 7. 2000, JCP 2000, Ⅱ, 415.

③ Sprenger, Internationale Expertenhaftung: Die Dritthaftung von Experten im International Privat-und Zivilverfahrensrecht, Tübingen 2008, S. 60f.

④ Sprenger, Internationale Expertenhaftung: Die Dritthaftung von Experten im International Privat-und Zivilverfahrensrecht, Tübingen 2008, S. 60.

⑤ Sprenger, Internationale Expertenhaftung: Die Dritthaftung von Experten im International Privat-und Zivilverfahrensrecht, Tübingen 2008, S. 63.

⑥ Sprenger, Internationale Expertenhaftung: Die Dritthaftung von Experten im International Privat-und Zivilverfahrensrecht, Tübingen 2008, S. 64.

的起草者产生影响。虽然《德民》最终采取了与法国法类似的“以原则为基础”的模式（A Principle-based Model），在侵权法中设置了过错侵权的一般条款，[①] 但是，《德民》的立法者并没有设计与《法民》类似的大一般条款。在《德民》建议草案中，冯·库布尔（Franz Philipp von Kübel）教授曾设计了与《法民》类似的大一般条款，《德国民法典第一草案》第 704 条规定：“因故意或过失不法侵害他人导致损害者，不管对损害有所预见或可以预见，都应当承担损害赔偿责任。”但是，后来这一建议没有被采纳，立法者最终在具体列举和大一般条款之间谋求了调和。《德民》第二次起草委员会虽然不希望回到罗马法上的决疑式的立法，但他们也不愿意采纳大一般条款模式。[②] 他们认为，在侵权法上，违法可以分为三类：“侵害绝对权和法益型”的违法[③]、“违反保护性法律型”的违法和“违背善良风俗型”的违法。根据这种对违法性的分类，确立了过错侵权的三个小一般条款模式，即《德民》第 823 条第 1 款、第 823 条第 2 款和第 826 条。

《德民》采三个小一般条款模式的原因主要有如下几个：第一，这是界定人们自由的边界的需要。当时的立法者曾指出，侵权法的任务是“界定个人之间的发展个人自由和追求个人利益的权利范围”。[④] 为了实现这一任务，立法者采纳了过错责任原则，并规定相当固定和明确的责任要件。[⑤] 第二，立法者不愿意把自己的任务推诿给法官。《德民》的起草者认为，如果《德民》规定了大一般条款，法官还是要根据具体情况来认定责任的构成要件。将应当由立法解决的问题交给法院，这不符合立法者的本意。而且，从德国人民对法官职能的一般观念来看，这也是不能接受的。[⑥] 第三，

---

① Zimmermann & Reimann (eds.), *Oxford Handbook of Comparative Law*, Oxford: Oxford University Press, 2007, p. 1006.

② Zimmermann & Reimann (eds.), *Oxford Handbook of Comparative Law*, Oxford: Oxford University Press, 2007, p. 1008.

③ 在《德民》之中，“法益”（Rechtsgüteer）是一个特殊的概念，它是指《德民》第 823 条第 1 款所规定的生命、身体、健康、自由。因为立法者认为，它们不是权利，所以就称为法益。所以，法益就类似于我国法上的人格权。

④ Larenz/ Canaris, Lehrbuch des Schuldrechts, Band Ⅱ/2 · Besonderer Teil, 13. Aufl., Munchen 1994, S. 350.

⑤ Larenz/ Canaris, Lehrbuch des Schuldrechts, Band Ⅱ/2 · Besonderer Teil, 13. Aufl., Munchen 1994, S. 351.

⑥ 参见［德］克雷斯蒂安·冯·巴尔：《欧洲比较侵权行为法》（上卷），张新宝译，法律出版社 2001 年版，第 21 页。

这是德国法上权利位阶理论的反映。权利位阶理论认为，权利和利益要区别对待，给予不同程度的保护。德国法采纳了这一理论，将绝对权与其他利益（尤其是一般财产和行为自由或决定自由）进行区别性的保护。[①] 这种区别对待的结果就是，要区分不同类型的权益而确定不同的责任构成要件。[②]

2. 《德民》第 823 条第 1 款与专家对第三人责任

《德民》第 823 条第 1 款确立了侵害绝对权和法益型侵权，即故意或过失且不法侵害他人生命、身体、健康、自由、所有权和其他权利的，要承担赔偿责任。按照德国多数学者的解释，这里所规定的“其他权利”并不包括“一般财产”,[③] 也就是说，该条并不救济纯经济损失。另外，该条中所包含的侵权行为包括作为和不作为。在德国法上，作为侵权和不作为侵权的认定存在区别：就作为侵权来说，其本身就可以认定为“侵权行为”；不作为只有违反了作为义务，才能被认定为“侵权行为”。

就专家对第三人责任案件而言，如果第三人遭受了绝对权和法益的侵害，而且是因为专家的作为（或者说积极行为）而导致的，第三人就可以直接按《德民》第 823 条第 1 款的规定请求赔偿。不过，因专家的不作为而导致第三人损害，受害人是否可以请求赔偿，还要考虑专家对第三人是否负有作为义务。例如，心理治疗师得知前来治疗的患者要杀害第三人，却没有告知该第三人，后来，第三人果然被杀害。此时，心理治疗师是因其不作为而导致第三人的权益受到侵害，其必须负有作为义务才会构成侵权行为。在《德民》制定之初，德国学界通说站在维护人的行动自由的立场，普遍倾向认为，应当对不作为责任适当限制，进而以行为人依法律规定、合同约定、先前危险行为的要求负有作为义务时，应作为而不作为，才负不作为责任。[④] 但是，随着社会的发展，既有的理论逐渐暴露了其不足。在德国经济和社会变迁的背景下，德国的司法实务创造了交往安全义

---

① Canaris, Schutzgesetz-Verkehrspflichten-Schutzpflichten, in: Festschrift für Karl Larenz zum 80. Geburtstag am 23. April 1983, München 1983, S. 30f.

② 我国有学者研究了德国法上的权利与利益区分方法问题，并提出借鉴的建议。参见于飞：《侵权法中权利与利益的区分方法》，《法学研究》2011 年第 4 期。

③ Medicus, Schuldrecht Ⅱ · Besonder Teil, 12. Aufl., München 2004, S. 364.

④ 参见林美惠：《侵权行为法上交易安全义务之研究》，台湾大学博士学位论文，2000 年，第 21 页。

务（Verkehrspflichten）。[①] 所谓交往安全义务，就是指开启或持续特定危险的人所应承担的、根据具体情况采取必要的、具有期待可能性的防范措施，以保护第三人免受损害的义务。[②] 交往安全义务的首要目的是，在民法上认可事实上的行为要求，并将社会中不断扩张的行为义务配之以侵权法上的责任。[③] 这样，交往安全义务就成为作为义务的新的类型。从德国判例的发展来看，交往安全义务的产生原因之一是，实施职业活动。所以，在前述案例中，心理治疗师是否负责，就取决于其是否负有作为义务。

需要注意的是，最近也有德国学者提出，与专家的执业活动相关的"信赖"，可以作为《德民》第 823 条第 1 款中的"其他权利"来对待，从而保护受害人遭受的纯经济损失。这一思想是从德国法上的"营业权"获得的灵感。[④] 但是，如此理解，就违背了《德民》第 823 条第 1 款具体列举各种绝对权的本意，而且，将导致实质意义上的法国法式的大一般条款模式。另外，"信赖"与生命、身体、所有权等并不具有类似性，如此理解不符合法律解释的规则。所以，这一观点基本上没有被德国学界所接受。

3.《德民》第 823 条第 2 款与专家对第三人责任

《德民》第 823 条第 2 款确立了违反保护性法律型侵权，即违反保护他人的法律导致他人损害，要承担损害赔偿责任。保护性法律通过禁止实施特定的行为，从而保护特定的权益。[⑤] 所以，该条对受害人的保护并没有区分权利和利益，其保护的范围包括纯经济损失。[⑥]

---

① Jansen，Die Struktur des Haftungsrechts，Tübingen 2003，S. 400. 详细的论述参见周友军：《交往安全义务理论研究》，中国人民大学出版社 2008 年版；李昊：《交易安全义务论》，北京大学出版社 2008 年版。

② BGH NJW 1975，108. 判决原文如下："Es gilt vielmehr der allgemeine，seit Jahren von der Rechtsprechung entwickelte Grundsatz，dass derjenige，der Gefahrenquellen ' schafft '，d. h. sie selbst hervorruft oder andauern... alle nach Lage der Verhältnisse erforderlichen Sicherungsmassnamen zum Schutze anderer Personen zu treffen hat."

③ Jansen，Die Struktur des Haftungsrechts，Tübingen 2003，S. 403.

④ Karampatzos，Vom Vertrag mit Schutzwirkung für Dritte zur deliktischen berufsbezogenen Vertrauenshaftung，Baden-Baden 2005，S. 207ff.

⑤ European Group on Tort Law，*Principles of European Tort Law*：*Text and Commentary*，Vienna/New York：Springer，2005，p. 30.

⑥ Larenz/Canaris，Lehrbuch des Schuldrechts，13. Aufl.，Muenchen 1994，S. 431.

违反保护性法律型侵权的构成，必须符合严格的条件，尤其要具备如下两个条件：一是保护性法律的存在。认定保护性法律的关键标准在于，其要对个人提供保护。此处所说的个人的保护是相对于公众的保护而言的。[①] 二是受害人属于该保护性法律所保护范围。在确定保护性法律的保护范围时要考虑受害人是否处于其保护范围、特定的权益是否处于其保护范围、特定的行为是否处于其禁止的范围。因为保护性法律通过禁止实施特定的行为，从而保护特定的权益。[②] 就专家对第三人责任案件而言，如果可以认定存在保护性法律，并且，该法律是为了保护受害人被侵害的利益，就可以直接依据《德民》第 823 条第 2 款获得救济。在德国，曾经出现过适用《德民》第 823 条第 2 款解决专家对第三人责任的案例。在该案中，原告是一位女士，被告是一名土地测量员。原告要贷款给一家建筑企业，同时，要求该企业以其土地提供抵押。该企业就委托了被告，后来因为被告的失误导致原告遭受了损失。[③] 受害人就在法院起诉该土地测量员。法院认为，土地测量员出具了错误的意见，他违反了保护他人的法律。在该法律中，其目的不仅是保护委托人，而且，要保护信赖其意见正确的交易相对人。所以，该案应适用《德民》第 823 条第 2 款。[④] 不过，在专家对第三人责任案例中，通常都没有保护性法律的存在，[⑤] 即使有保护性法律，受害人也未必属于其保护的范围。例如，《德国税务顾问法》（StBerG）第 57 条第 1 款规定了税务顾问的义务，但是，该义务仅仅是对委托人的义务，第三人并不处于该条的保护范围之内。所以，在德国，适用《德民》第 823 条第 2 款的情形很少。

另外，在德国的司法实践中，法院也拒绝认定职业准则属于保护性法律。例如，在一个案例中，德国法院明确否认了会计师准则是保护性法律。其之所以拒绝将职业准则作为保护性法律，理由有两个：其一，要避免使专家对所有人遭受的任何损害负责；[⑥] 其二，职业准则是为了保护社会公众

---

① ［德］福克斯：《侵权行为法》，齐晓琨译，法律出版社 2006 年版，第 143 页。

② European Group on Tort Law, *Principles of European Tort Law: Text and Commentary*, Vienna/New York: Springer, 2005, p. 30.

③ RGZ 79, 85.

④ RGZ 79, 89ff.

⑤ Sprenger, Internationale Expertenhaftung: Die Dritthaftung von Experten im International Privat-und Zivilverfahrensrecht, Tübingen 2008, S. 9.

⑥ Grunewald, Die Haftung des Experten für seine Expertise gegenüber Dritten, AcP 187 (1987), 297.

的利益，而不是特定人的利益。①

需要注意的是，德国也有学者提出，前述交往安全义务属于保护性法律，所以，违反交往安全义务也应当适用《德民》第823条第2款。② 理由在于：其一，因为交往安全义务可以避免抽象的危险，因此，具有保护性法律的性质，从而应被置于第823条第2款。③ 其二，某一义务是作为交往安全义务，还是纳入刑法等保护性法律，纯属偶然。某一交往安全义务被司法实践承认后，经常就被纳入保护性法律。④ 如果这一观点可以成立，专家因其执业活动对第三人负有交往安全义务，其违反这一义务致第三人损害，第三人就可以直接依据《德民》第823条第2款来请求赔偿，即使第三人遭受了纯经济损失也是如此。不过，德国主流观点认为，交往安全义务只是侵权法上的义务，而非保护性法律。⑤ 违反交往安全义务应当适用《德民》第823条第1款，而不是该条第2款。另外，如果将专家对第三人的交往安全义务归入保护性法律，那么，任何因专家的过错导致的纯经济损失都要赔偿。如此，专家责任就被过分扩大，几乎不受限制。⑥ 所以，专家违反了其对第三人的交往安全义务，并不能被认定为违反保护他人法律型侵权。

4.《德民》第826条与专家对第三人责任

《德民》第826条规定了故意违背善良风俗的侵权类型，也就是说，行为人故意且以违背善良风俗的方式致损害于他人，就要对其承担侵权损害赔偿责任。按照德国帝国法院的看法，善良风俗的认定应考虑“一切能够公平、公正地进行思考的人的正当感受”。⑦ 该条保护的权益范围不受限制，受害人遭受了纯经济损失也可以获得救济。正如梅迪库斯（Medicus）教授

---

① Stahl, Zur Dritthaftung von Rechtsanwälten, Steuerbaratern, Wirtschaftsprüfern und öffentlich bestellten und vereidigten Sachverständigen, Frankfurt a. M. 1989, S. 41.

② von Bar, Verkehrspflichten: richterliche Gefahrsteuerungsgebote im deutschen Deliktsrecht, Köln/Berlin/Bonn/München 1980, S. 233f.

③ Deutsch, Entwichlungstendenz des Schadensrechts in Rechtsprechung und Wissenschaft, JS 1967, S. 157.

④ von Bar, Verkehrspflichten: richterliche Gefahrsteuerungsgebote im deutschen Deliktsrecht, Köln/Berlin/Bonn/München 1980, S. 160.

⑤ Staudinger/J Hager (1999), §823, Rn. E4.

⑥ Grunewald, Die Haftung des Experten für seine Expertise gegenüber Dritten, AcP 187 (1987), 298.

⑦ RGZ 48, 124.

所言，“《德民》第826条的损害赔偿后果，并不取决于受侵害的权益的类型，而取决于侵害本身的类型。”①

就专家对第三人责任案件而言，其适用《德民》第826条的可能性较小，除非满足两项条件，即故意和违背善良风俗。这里所说的故意，包括直接故意和间接故意。② 虽然按照德国司法实务的长期做法，专家在出具意见时的轻率和不负责任，就构成了违背善良风俗。③ 但是，专家具有故意的情形较少。在一些案件中，德国法院有意扩张《德民》第826条的适用范围，将重大过失也包括在内。④ 但是，此种做法受到德国学者的批评。所以，第三人很难依据《德民》第826条请求赔偿。正如Lammel教授所指出的，通过《德民》第826条来解决专家对第三人责任问题是不妥当的。⑤

二、德国法上的具体规定与专家对第三人责任

在《德民》制定之时，基于保障人们行为自由考虑，确立了第676条，即“向他人给以建议或者推荐的人，在不妨碍由合同关系、侵权行为或者其他法律规定产生的责任的情况下，不负有赔偿因听从建议或者推荐而发生的损害的义务”。⑥ 从立法史的角度来看，《德民》立法者实际上将其作为善意施惠的行为来对待。⑦ 在司法实务上，德国帝国法院也曾依据其作出判决，认定，非基于职业活动而提供咨询的，即使错误也不必负责。⑧

原《德民》第676条原则上排除了咨询责任的承担。⑨ 不过，咨询责任

---

① Medicus, Schuldrecht Ⅱ · Besonder Teil, 12. Aufl., München 2004, S. 364.

② Stahl, Zur Dritthaftung von Rechtsanwälten, Steuerbaratern, Wirtschaftsprüfern und öffentlich bestellten und vereidigten Sachverständigen, Frankfurt a. M. 1989, S. 42.

③ BGH VersR 66, 1034.

④ BGHZ. 74, 281.

⑤ Lammel, Zur Auskunftshaftung, AcP 179 (1979), 337.

⑥ 需要注意的是，在2002年《德国债法现代化法》通过之前，该条的条文顺序为“第676条”，但是，该法通过之后，其条文顺序被调整为“第675条第2款”，内容并没有发生变化。

⑦ Quiring, Die Dritthaftung von Sachverständigen, Frankfurt 2006, S. 18f.

⑧ Hirte, Berufshaftung: ein Beitrag zur Entwicklung eines einheitlichen Haftungsmodells für Dienstleitungen, München 1996, S. 398.

⑨ Stahl, Zur Dritthaftung von Rechtsanwälten, Steuerbaratern, Wirtschaftsprüfern und öffentlich bestellten und vereidigten Sachverständigen, Frankfurt a. M. 1989, S. 37.

案件仍然可能适用过错侵权的一般条款，即第 823 条和第 826 条。[①] 如果该类案件符合了《德民》第 823 条和第 826 条的规定，向他人提供建议或者作出推荐的人仍然要承担侵权责任。

不过，德国学者在解释原《德民》第 676 条时，并没有严格坚持立法者的本意。多数德国学者认为，该条不应作为第三人请求赔偿的禁止性规定，[②] 该条只应当解释为，单纯地提供建议或者推荐并不能在双方之间形成合同关系。[③] 他们总是通过各种制度工具来认可咨询者的责任。这些看法也被司法实务所认可。例如，德国联邦法院往往以附保护第三人作用的合同制度来肯定咨询者的责任。尤其是原《德民》第 676 条规定，“在不妨碍由合同关系、侵权行为或者其他法律规定产生的责任的情况下”，这就意味着，除非按照合同和侵权要承担责任，否则咨询者不承担责任。这就为判例学说发展合同责任和侵权责任从而满足咨询责任的需要提供了基础。[④]

在德国法上，还存在若干针对特定类型专家的第三人责任的特殊规定。例如，《德国联邦公证人条例》第 19 条第 1 款规定，公证人对其负有职务上义务的人，公证人都要对其承担责任。这里就包含了公证人对第三人的责任。再如，《德国商法典》第 323 条第 1 款第 3 句明确了，在强制审计的情形，作为委托人的资合公司的关联企业可以请求会计师给予赔偿。此外，2002 年德国债法修改时新增加了《德民》第 839a 条。该条规定：“（1）法院任命的鉴定人故意或者有重大过失地作出不正确的鉴定的，鉴定人即有义务赔偿因以该鉴定为依据的法院裁判而给诉讼参与人带来的损害。（2）必须准用第 839 条第 3 款。”这实际上确立了法院任命的鉴定人对第三人的责任，不过，其限于故意和重大过失导致损害的情形。就法院任命的鉴定人对第三人责任来说，其核心的构成要件包括三个：其一，法院任命的鉴定人具有故意或重大过失。在 2002 年德国债法修改之前，法院所任命

---

① Hirte, Berufshaftung: ein Beitrag zur Entwicklung eines einheitlichen Haftungsmodells für Dienstleitungen, München 1996, S. 414.

② Hirte, Berufshaftung: ein Beitrag zur Entwicklung eines einheitlichen Haftungsmodells für Dienstleitungen, München 1996, S. 415.

③ Sprenger, Internationale Expertenhaftung: Die Dritthaftung von Experten im International Privat-und Zivilverfahrensrecht, Tübingen 2008, S. 6f.

④ Lammel, Zur Auskunftshaftung, AcP 179 (1979), 338.

的鉴定人不必承担责任，因为他与当事人之间没有合同关系，同时，他并非公务员，也没有国家赔偿责任的适用。但是，在德国债法修改之后，此类鉴定人要对其故意或重大过失负责，这既加重了他们的责任，也没有影响他们的评价自由，因为他们不必对轻过失负责。其二，作为判决基础的法院任命的鉴定人的鉴定存在错误。责任的前提是，专家因故意或重大过失而作出错误的鉴定，这一鉴定成为法院判决的基础，并导致诉讼当事人遭受损害。另外，受害人遭受损害，通常是因为终审判决，但也可能并非终审判决。[①] 从实践来看，要认定作为原鉴定人的鉴定是否有错误，要委托另一位鉴定人进行鉴定。例如，在一个控诉市立医院的医疗过失案件中，如果鉴定人因重大过失认定医师在手术过程中存在过失，而事实上该医师并无过失，该鉴定人就应当对该医院承担赔偿责任。[②] 其三，法院任命的鉴定人的鉴定导致第三人的损害。通常来说，法院任命的专家所做的错误的鉴定结论，都没有侵害受害人的绝对权，只是造成了其纯经济损失。[③] 如果满足了责任构成要件，法院任命的鉴定人就要对受害人（即诉讼当事人）承担赔偿责任。[④] 另外，该法还规定了限制鉴定人责任的措施。这就是说，如果受害人因过错（包括故意和过失）而怠于运用法律手段避免自己的损失，其不能向法院任命的鉴定人请求赔偿。[⑤]

三、默示的咨询合同与专家对第三人责任

在德国，早期的司法实务通过默示的咨询合同（Auskunftsvertrag）来解决专家对第三人责任问题。[⑥] 这就是说，专家与第三人之间存在独立的咨询合同，虽然双方之间没有明示地订立合同的表示，但是，其默示地表明了订立合同的意愿，专家意见的缺陷导致了专家违反这一默示的合同，所以，专家应当对第三人承担责任。[⑦] 例如，在 1965 年的一个典型案例中，[⑧] 原告

---

① Wagner, Das Zweite Schadensersatzrechtsänderungsgesetz, NJW 2002, 2061.
② 参见黄立：《德国新债法之研究》，台湾地区 2009 年自版，第 239 页。
③ Wagner, Das Zweite Schadensersatzrechtsänderungsgesetz, NJW 2002, 2062.
④ Wagner, Das Zweite Schadensersatzrechtsänderungsgesetz, NJW 2002, 2049.
⑤ Wagner, Das Zweite Schadensersatzrechtsänderungsgesetz, NJW 2002, 2061f.
⑥ BGHZ 7, 371, 377; BGH WM 1965, 287.
⑦ Grunewald, Die Haftung des Experten für seine Expertise gegenüber Dritten, AcP 187 (1987), 294.
⑧ BGH WM 1965, 287.

曾考虑投H公司，L是该公司的管理者。因此，在原告、L以及L带来的被告三者之间就进行了一次商谈。原告要求提供该公司的资产负债表。被告作为审计员受到L的委托，出具了不正确的报告。基于对这一报告的信赖，原告为L的公司提供了保证。后来，原告被他人请求履行保证债务。原告最终起诉被告，要求其赔偿自己因承担保证责任而遭受的损失。德国联邦法院认为，原告和被告之间存在默示的咨询合同，被告违反了该合同就要对原告承担赔偿责任。①

德国法院之所以发展出“默示的咨询合同”这一解决路径主要是因为：其一，德国侵权法保护范围的狭窄，即过失造成的纯经济损失原则上不予赔偿。② 已如前述，德国侵权法确立了三个小一般条款，而且，原则上不赔偿因过失造成的纯经济损失。所以，专家因执业过失给第三人造成纯经济损失，无法通过侵权法获得救济。其二，原《德民》第676条为通过合同责任来解决提供了空间。该条规定，除非可以确认合同责任或侵权责任，否则，提供意见或建议的人不承担责任。这实际上为法院借助合同责任提供救济提供了可能。

但是，德国法院采取的“默示的咨询合同”的方案，受到很多学者的批评，主要集中在如下两个方面：其一，在此种方案之下，合同纯粹是拟制出来的，③ 并不符合当事人的意愿。实际上，专家仅仅希望对其委托人负有合同义务，并不愿对第三人负有合同义务。④ 正如梅迪库斯教授所言，专家对第三人负责，不是因为他“愿意”，而是因为他“应当”。⑤ 其二，在此种方案之下，当事人之间的权利义务不具有对等性。虽然法院认为，专家和第三人之间存在默示的合同，但是，只有第三人可以要求专家负有合同义务，专家并不能要求第三人负担合同义务。⑥

正是因为“默示的咨询合同”的方案存在若干缺陷，后来，德国法院

---

① Grunewald, Die Haftung des Experten für seine Expertise gegenüber Dritten, AcP 187 (1987), 295.

② Stahl, Zur Dritthaftung von Rechtsanwälten, Steuerbaratern, Wirtschaftsprüfern und öffentlich bestellten und vereidigten Sachverständigen, Frankfurt a. M. 1989, S. 47.

③ von Bar, Verkehrspflichten: richterliche Gefahrsteuerungsgebote im deutschen Deliktsrecht, Köln/Berlin/Bonn/München 1980, S. 230f.

④ Grunewald, Die Haftung des Experten für seine Expertise gegenüber Dritten, AcP 187 (1987), 296.

⑤ Medicus, Bürgerliches Recht, 16. Aufl., Köln/Berlin/Bonn/München 1993, S. 211.

⑥ Sprenger, Internationale Expertenhaftung: Die Dritthaftung von Experten im International Privat-und Zivilverfahrensrecht, Tübingen 2008, S. 18.

就没有再采取这一做法，而是通过其他方式来解决。在 1985 年的一个案例中，德国联邦法院明确地表明了其放弃默示的咨询合同的方案。[①]

四、附保护第三人作用的合同制度与专家对第三人责任

1. 附保护第三人作用的合同制度概述

附保护第三人作用的合同（der Vertrag mit Schutzwirkung für Dritte）是德国帝国法院根据《德民》第 328 条等所规定的第三人利益合同制度发展而来的。[②] 附保护第三人作用的合同理论中最核心的论证，是认为当事人之间的合同隐含了保护第三人的效力。这种效力虽然没有体现在合同的明文之中，但可以通过解释当事人的意思予以“发掘”。可以说，合同解释以及类推适用《德民》第 328 条是最主要的论证途径。[③] 目前，德国理论界和实务界基本上都认可了该制度。[④]

虽然附保护第三人作用的合同制度是由第三人利益合同制度发展而来的，但时至今日，德国学界通说认为，它是一个独立的制度。[⑤] 不过，对于

---

① Grunewald，Die Haftung des Experten für seine Expertise gegenüber Dritten，AcP 187（1987），295.

② RGZ 91，21；98，210；127，222.《德民》第 328 条第 1 款规定：“可以以合同约定向第三人履行给付，并具有该第三人直接取得请求给付的权利的效力。”第 2 款规定：“无特别规定时，必须根据情况，特别是根据合同目的推知第三人是否取得前款所规定的权利，第三人的该项权利是否立即发生或只在一定的前提下发生，以及合同订立人双方是否应保留不经第三人同意而取消或更改第三人的该项权利的权能。”

③ 许德风：《对第三人具有保护效力的合同与信赖责任》，载易继明主编：《私法》（第 4 辑第 2 卷），北京大学出版社 2004 年版，第 265 页。

④ 一般认为，该制度产生的原因在于：其一，德国侵权法上过错责任的一般条款原则上不保护过失造成的纯经济损失。而在合同法上，并不区分是否是纯经济损失，一概给予救济。因此，借助附保护第三人作用的合同制度，可以扩大对受害人遭受的纯经济损失的救济。其二，德国侵权法上的雇主责任制度（即《德民》第 831 条），不足以满足社会的需要。依据该条规定，雇主可以通过举证证明其在选任、监督和配备方面并无过错，从而免除责任。这虽有利于保障雇主的行为自由，但不利于对受害人的保护。而借助附保护第三人作用的合同制度，可以回避这一规定，雇主无法通过主张其没有选任、监督等过错而免责。其三，侵权损害赔偿请求权的消灭时效只有 3 年。在 2002 年的《德国债法现代化法》颁行之前，侵权损害赔偿请求权的消灭时效只有 3 年，而违约损害赔偿请求权的消灭时效却是 30 年。附保护第三人作用的合同实际上是承认了法定的债的关系可以具有合同之债的性质。而且，客观上保护第三人的合同上损害赔偿请求权的产生，并不取决于合同当事人的意志。第三人依据该制度请求损害赔偿，适用 30 年的消灭时效。

⑤ Fikentscher，Schuldrecht，9. Aufl.，Berlin 1997，S. 185.

该制度的性质的认识，学界有两种不同的观点：一是合同类型说。此种观点认为，该制度实际上确立了一种比较少见的合同类型。① 二是法定债的关系说。此种观点认为，该制度只是在合同当事人和特定第三人之间产生了法定的债的关系。②

因为附保护第三人作用的合同制度使得债务人要对合同当事人以外的第三人承担合同责任，所以，他负担了累积的风险。③ 为了避免合同当事人的责任过分扩张，该制度的适用必须满足严格的条件，包括三项要件，即给付近邻（Leistungnähe）、合同当事人的预见可能性以及第三人受保护的必要性。

在满足了上述条件后，就可以适用附保护第三人作用的合同制度。该制度实际上使得合同当事人负有保护特定范围内的第三人的义务。如果合同当事人违反了此种基于合同关系产生的保护义务，遭受损害的第三人就被赋予了合同法上的损害赔偿请求权，并且此种请求权可以直接对违反义务的合同当事人行使。④ 但是，该制度之下的第三人并没有参与合同的订立，也不是合同当事人，因此，第三人并不能享有根据合同产生的请求给付的权利。例如，在房屋租赁合同中，承租人的近亲属并不能请求出租人交付房屋。

2. 附保护第三人作用的合同适用于专家对第三人责任案件

目前，德国司法实务解决专家对第三人责任案件的主要途径是附保护第三人作用的合同制度。之所以借助这一制度来救济第三人，原因主要有两个：其一，合同法的保护范围不限于人身或有形财产损害，该制度使得第三人可以主张纯经济损失赔偿。⑤ 附保护第三人作用的合同使得第三人是依据合同法的规则请求赔偿，因此，第三人的任何损害都可以得到赔偿，包括纯经济损失。⑥ 专家对第三人责任案件中，第三人主要遭受了纯经济损失，借助这一制度，就可以使第三人的纯经济损失获得赔偿。其二，突破

---

① BGHZ 49，353；BGH NJW 75，344.

② Fikentscher，Schuldrecht，9. Aufl.，Berlin 1997，S. 185.

③ Medicus，Bürgerliches Recht，17. Aufl.，Köln/Berlin/Bonn/München 1996，S. 626.

④ Larenz，Lehrbuch des Schuldrechts，Bd. 1.，14. Aufl.，München 1987，S. 224 – 225.

⑤ Zimmermann & Reimann（eds.），*Oxford Handbook of Comparative Law*，Oxford：Oxford University Press，2007，p. 1018.

⑥ Larenz，Lehrbuch des Schuldrechts，Bd. 1.，14. Aufl.，München 1987，S. 229.

原《德民》第676条限制的需要。原《德民》第676条原则上对于因提供意见和建议而给第三人造成的损害不予救济，但是，存在合同责任或侵权责任的除外。通过附保护第三人作用的合同制度，实际上使得提供意见或建议的专家负担了合同责任，这就可以突破原《德民》第676条的责任限制。

（1）专家对第三人责任案件满足了附保护第三人作用的合同制度的适用要件。就专家对第三人责任案件，可以满足附保护第三人作用的合同制度的各项要件，具体来说：

1）给付近邻。德国学说及实务上一般普遍认为，第三人必须处于给付的危险范围之内，简称为“给付近邻”或“合同近邻”（Vertragsnähe）。[①] 这就是说，“第三人”应当会像债权人一样，遭受到相同范围和方式的债务不履行产生的危险。按照“给付近邻”的要求，偶然的给付联系是不足以满足附保护第三人作用的合同制度的适用条件的。就专家对第三人责任案件来说，如果第三人可以纳入专家与委托人之间合同的保护范围，就可以适用附保护第三人作用的合同制度。第三人一般都被认定为处于“给付近邻”，因为专家的意见不仅是为委托人出具的，它也是为交易相对人出具的。[②] 尤其是在专家意见按照约定出示给第三人的情况下，更可以认定给付近邻的存在。[③] 例如，在1983年的一个案件中，被告是一名不动产专家，他被商人S委托，就S的一处庄园进行估价。在S与被告就委托事项进行谈话时，原告也在场。被告评估了该庄园的交易价值和预期收益，但是，他忽略了该庄园之上必须建造公共住宅建筑的限制。后来，原告购买了该土地。但是，原告发现，租金收益还不能超过其所欠贷款的利息。嗣后，原告取消了这次交易，并起诉被告，要求其赔偿自己因该交易而遭受的损失，包括经纪人佣金、公证费用、贷款利息。在判决书中，法院认可了原告的诉讼请求，主要运用了附保护第三人作用的合同理论。法院指出，专家的鉴定意见往往成为与其没有合同关系的第三人作出决定的依据。[④] 正是因为

① BGHZ 70，329.

② Sprenger，Internationale Expertenhaftung：Die Dritthaftung von Experten im International Privat-und Zivilverfahrensrecht，Tübingen 2008，S. 36.

③ Sprenger，Internationale Expertenhaftung：Die Dritthaftung von Experten im International Privat-und Zivilverfahrensrecht，Tübingen 2008，S. 47.

④ BGH NJW 84，355.

专家的鉴定意见，不仅是为了委托人而出具，也是为了第三人而出具，所以，第三人处于给付近邻。

按照德国法院早期的看法，还要求“债权人近邻”（Glaübigernähe）这一要件。债权人近邻，也称为当事人近邻（Partnernähe），它是指债权人就第三人的保护具有特别的利害关系。所谓“债权人就第三人的保护具有特别的利害关系”，是指债权人基于照顾关系，对于第三人的祸福共负责任。① 换言之，债权人和第三人之间应当存在“祸福与共”（Wohl und Wehe）的关系。但是，后来德国司法实务放弃了“祸福与共”的要求。② 这实际上就是说，“债权人近邻”并不是决定性标准，而“给付近邻”应当是决定性标准。这实际上为专家对第三人责任案件中适用附保护第三人作用的合同理论扫清了障碍。因为在专家意见案件中，第三人和委托人之间往往是利益对立的，双方都希望借助于专家意见使自己获得利益。③ 附保护第三人作用的合同制度的适用，必须突破“祸福与共”的限制。在著名的领事案中，法院就表明了这一立场。在该案中，P 是一家两合公司，被告是一名专家，被告为 P 所有的一块地产的交易价值做了鉴定。4 个月以后，丹麦的领事给被告打电话，领事询问被告，他是否是国家认可的、经过宣誓的专家。被告作出了肯定的回答。接着，领事又询问，被告所做的鉴定是否仍然正确。被告也作出了肯定的回答。应领事的要求，被告还在当天写了一封信给领事，再次确认了他所做鉴定的正确性。3 个月以后，原告向 P 发放了贷款，并以被告评估的价值为基础，通过土地债务的形式在该地产上设立了担保。后来，P 没有能够清偿贷款，原告通过法院执行该地产，也没有能够实现其债权，因为地产的价值远低于被告所评估的价值。法院也借助于附保护第三人作用的合同制度来解决该案件。法院认为，合同当事人也可以将其合同的保护范围延伸到第三人。虽然第三人与专家的委托人的利益是对立的，但不妨碍其被纳入应保护的人的范围。④

2）合同当事人的预见可能性。从合同的角度来看，当事人对其不可预见的损害承担责任是不合理的。因为当事人在订立合同时，并没有考虑到

---

① BGHZ 56，273.

② BGH WM 1962，933，934；BGH NJW 1973，321，322；BGH WM 1985，1520.

③ Büttner，Umfang und Grenzen der Dritthaftung von Experten，Tübingen 2006，S. 8.

④ BGH WM 85，450.

这些损害，也没有打算要承担相应的风险。① 合同当事人的预见可能性就意味着，债务人在订立合同时对于“给付近邻”和“债权人近邻”都有认识可能性，或者说，客观上可以划定其范围的第三人必须是债务人有认识可能性和责任扩张的期待可能性的第三人。② 因此，如果通过合同法来确定专家对第三人的责任，就应当采取客观的标准，即可预见性的标准来界定第三人的范围。③ 就专家对第三人的预见来说，并不要求他预见到特定的作为受害人的第三人，而是要考虑，受保护第三人的范围扩大，可以在多大程度上增加专家的责任风险。④ 通常来说，第三人在场是可预见性认定的重要依据；但第三人不在场也并非一定否定可预见性。⑤例如，一起案件中，原告和出卖人协商购买一片树林。在谈判中，出卖人向原告出示了一份被告所出具的书面声明，被告曾经出售给了出卖人 42 摩尔干的树林。⑥ 因此，原告相信出卖人拥有出售该片 42 摩尔干树林的权利，便订立了合同，并支付了 42000 马克。后来证实，出卖人实施了欺诈，其树林面积仅有 6 摩尔干。⑦ 法院认为，被告已经认识到，其书面声明会成为他人交易的基础。⑧

从总体上看，在德国，出现了借助预见可能性要件不断扩大受保护第三人范围的趋势。例如，在一个案例中，被告是一名医生，他在一个妇女杂志上发表文章，并给出了错误的建议。后来，德国法院判决，医生仍然要对读者的损害负责。因为医生应当认识到，读者会信赖他的建议。有杂志就应当有读者，所以，受保护的人群是客观上可以界定的。⑨

3）第三人受保护的必要性。这就是说，如果第三人的利益可以通过其

---

①⑤ Hirte, Berufshaftung: ein Beitrag zur Entwicklung eines einheitlichen Haftungsmodells für Dienstleitungen, München 1996, S. 420.

② 必须指出的是，债务人对于“给付近邻”和“债权人近邻”必须在合同订立时就有认识可能性。因为债务人必须在订立合同时知道他会承受哪些风险，从而能够合理地计算其承受的风险。参见 Medicus, Bürgerliches Recht, 17. Aufl. , Köln/Berlin/Bonn/München 1996, S. 627.

③ Hirte, Berufshaftung: ein Beitrag zur Entwicklung eines einheitlichen Haftungsmodells für Dienstleitungen, München 1996, S. 419.

④ Sprenger, Internationale Expertenhaftung: Die Dritthaftung von Experten im International Privat-und Zivilverfahrensrecht, Tübingen 2008, S. 37.

⑥ 摩尔干是欧洲各国的土地面积单位，等于 0. 24 ~0. 34 公顷。

⑦ RGZ 114, 289.

⑧ RGZ 114, 290.

⑨ Grunewald, Die Haftung des Experten für seine Expertise gegenüber Dritten, AcP187 (1987), 293.

自己享有的具有同等价值的请求权获得救济，就没有保护的必要性，也就没有适用附保护第三人作用的合同制度的必要。① 就专家对第三人责任案件来说，第三人往往不能对委托人享有同等价值的请求权，因为委托人常常无力赔偿。② 例如，在一个案例中，一位电影导演想要购买一个制片公司，该导演的开户银行为其提供融资。制片公司委托被告以税务顾问身份出具了制片公司的财务报告。该导演为了融资，又向其开户银行转交了该财务报告。因此，银行信赖了该财务报告，给予了该导演一笔贷款，同时，以该制片公司的股权设定质押。后来，该制片公司破产，税务顾问出具的财务报告也被证明存在错误。③ 在该案中，德国联邦法院判决，被告应当承担赔偿责任。④ 该案中，法院之所以判决适用附保护第三人作用的合同制度，就是因为制片公司破产，第三人必须借助于该制度才能获得充分的救济。

必须指出的是，因为给付近邻和债权人对第三人的利益强度两个方面认定的模糊性，使得一个清晰的第三人范围的界定几乎是不可能的。⑤ 在司法实践中，德国法院在第三人范围认定方面也是时宽时严。诚如德国学者拉伦茨教授所言，"德国司法实践对第三人范围的确定，还在进行之中。所有人都认可的、合同的保护作用所及的第三人范围的界定，还没有找到"。⑥

（2）专家是否可以对第三人主张其对委托人的抗辩。从合同法的原理上看，专家应当可以对第三人主张其对委托人的抗辩。但是，在专家对第三人责任案件中，专家是否可以提出这一主张？这一问题的回答对于责任的认定具有重要意义。从实践来看，上述问题又具体表现为两个小问题：

其一，专家是否可以因委托人的过错，而对第三人主张过失相抵？对此，存在不同的看法。肯定说认为，如果专家不可就委托人过错来提出抗辩，就可能导致法的安定性受到损害。⑦ 否定说则认为，考虑到专家意见的特殊功能和专家自身的特殊地位，专家不能对第三人主张其可以对委托人

① Staudinger/W. Belling/Eberl-Borges（2002），§ 831，Rn. 32.

② Sprenger，Internationale Expertenhaftung：Die Dritthaftung von Experten im International Privat-und Zivilverfahrensrecht，Tübingen 2008，S. 37.

③ BGH NIW 1987，1758.

④ BGH NJW 1987，1759f.

⑤⑥ Larenz，Lehrbuch des Schuldrechts，Bd. 1.，14. Aufl.，München 1987，S. 228.

⑦ Quiring，Die Dritthaftung von Sachverst? ndigen，Frankfurt 2006，S. 133.

主张的抗辩。[①] 另外，专家的意见本身也包括了事实的查明，所以，第三人有理由相信，专家的专业知识足以识破委托人提供事实上的欺诈，从而避免出具错误的意见。[②] 因此，第三人对专家的信赖，排除了专家以委托人过错来抗辩的可能。从德国司法实务来看，德国联邦法院基本上采取否定说的立场。例如，在一个案件中，联邦法院提出，委托人和专家之间已经默示地废除了《德民》第 334 条相关规定的适用。[③] 这就是说，专家不能因委托人的过错而对第三人提出抗辩。

其二，专家是否可以依据其与委托人之间的免责条款，而对第三人主张限制或免除责任？对此，德国法院的判决并没有表明统一的立场。例如，在 1997 年的一份判决中，德国联邦法院认可了专家的主张。[④] 而在 2004 年的一个案例中，该法院又否定了专家提出的抗辩。[⑤] 另外，即使认可专家的抗辩，其与委托人之间的免责条款，也要进行内容控制，控制的方式是适用《德民》第 305 条以下关于一般交易条件（即格式条款）的规定。[⑥]

五、缔约过失责任制度与专家对第三人责任

在德国法上，还通过缔约过失责任来解决专家对第三人责任问题，这在英国法和法国法上没有对应的解决方式。[⑦] 确切地说，专家要承担缔约过失中的第三人责任（die Dritthaftung aus culpa in contrahendo）。专家虽然不是合同当事人，但是，他参与了合同的磋商，因而要对他人承担责任。[⑧] 尤其是要考虑到，受害人的信赖值得保护。[⑨]

---

① Sprenger, Internationale Expertenhaftung: Die Dritthaftung von Experten im International Privat-und Zivilverfahrensrecht, Tübingen 2008, S. 44.

② Musielak, Haftung für Rat, Auskunft und Gutachten, Berlin / New York 1974, S. 41.

③ BGHZ 127, 378.

④ BGH NJW 1998, 1061.

⑤ BGHZ 159, 1, 2.

⑥ Sprenger, Internationale Expertenhaftung: Die Dritthaftung von Experten im International Privat-und Zivilverfahrensrecht, Tübingen 2008, S. 45.

⑦ Sprenger, Internationale Expertenhaftung: Die Dritthaftung von Experten im International Privat-und Zivilverfahrensrecht, Tübingen 2008, S. 88.

⑧ Sprenger, Internationale Expertenhaftung: Die Dritthaftung von Experten im International Privat-und Zivilverfahrensrecht, Tübingen 2008, S. 24.

⑨ Canaris, Die Reichsweite der Expertenhaftung gegenüber Dritte, ZHR 163 (1999), S. 228.

在2002年《德国债法现代化法》通过之前，德国法院也曾在一些专家对第三人责任案例中适用缔约过失责任制度。例如，在企业投资案件中，会计师、律师等的意见使投资人产生了信赖，因此，投资人可以向专家主张缔约过失责任。[①] 缔约过失责任制度运用于专家对第三人责任案件，实际上是将合同订立前的债的关系扩张适用于专家，尽管他们不是合同当事人。其关键在于，第三人因信赖专家的意见而订立了对自己不利的合同。[②]

2002年的《德国债法现代化法》颁布之后，《德民》第311条第3款规定了缔约过失责任制度，将前述做法成文化。[③]《德民》第311条第3款是为了将非合同当事人（如专家）纳入先合同义务之中，使非合同当事人与合同当事人之间产生先合同阶段的债的关系。它适用于合同当事人对非合同当事人产生了特别的信赖，因此对合同的磋商、订立和履行具有较大影响的情形。[④]

《德民》第311条第3款的适用应当满足如下三个要件：①合同当事人对非合同当事人具有特别的信赖；②对非合同当事人对合同的磋商产生了较大影响；③两者之间存在因果关系。[⑤] 对于如何确定此处的对非合同当事人范围，本条规定显然非常灵活。它虽然以“特别程度的信赖”为基础确定了认定的标准，但同时又通过“尤其存在”这几个字的运用，从而为其他标准的采用预留了空间。[⑥] 至于“特别程度的信赖”的认定，则可以参照司法实践的做法，即只有当合同当事人得到了特别的担保，并且他的行为与该特定的担保联系在一起时，才能认为合同当事人具有特别程度的信赖。[⑦]

德国主流观点认为，《德民》第311条第3款可以适用于专家对第三人

---

① BGHZ 77, 172, 175ff.

② Büttner, Umfang und Grenzen der Dritthaftung von Experten, Tübingen 2006, S. 11.

③ MünchKomm/Emmerich, §311, Rn. 231. 该法第311条第3款规定：“本法第241条所规定的负有义务的债之关系亦可针对非合同当事人存在。特殊范围内的第三人享有别人对其的信赖并因此严重影响合同磋商或合同缔结的，尤其存在此种关系。”此处所说的“第三人”是指非合同当事人，如专家。

④ Büttner, Umfang und Grenzen der Dritthaftung von Experten, Tübingen 2006, S. 14.

⑤ Sprenger, Internationale Expertenhaftung: Die Dritthaftung von Experten im International Privat-und Zivilverfahrensrecht, Tübingen 2008, S. 27.

⑥ Canaris, Die Reform des Rechts der Leistungsstörungen, JZ 2001, 520.

⑦ Canaris, Die Reform des Rechts der Leistungsstörungen, JZ 2001, 521.

责任案件，因为在有些专家对第三人责任案件中，该条的适用要件可以被满足。① 而且，从本条的起草过程来看，立法者的目的之一就在于，要适用于提供意见的专家。② 不过，也有少数学者认为，《德民》第311条第3款无法适用于专家对第三人责任案件。因为专家对第三人责任要求专家对第三人有所预见。但是，在缔约过失的情况下，这一要件无法满足。③

第四节 比较法经验的分析与借鉴意义

一、英国、法国和德国经验的分析

正如Hirte教授所言，专家责任既是老问题也是新问题。④ 英国、法国和德国的立法和司法经验也证明了这一点。专家对第三人责任是三个国家长期以来都关注的问题，并且通过司法和立法予以应对。通过比较法的考察，可以看出，各国在处理专家对第三人责任方面，既有共同之处，也有不同之处。从总体来看，因为英国、法国和德国针对专家对第三人责任问题所采取的解决方案，都受到其历史发展、理论背景和社会需求等的影响，所以，形成了各具特色的解决路径。例如，在英美法上，其合同中有特殊的约因理论，⑤ 所以，其无法通过合同责任模式来解决。而在德国，因为其侵权法采三个小一般条款模式的原因，第三人要获得救济就应当转向合同法。⑥ 与此相应，各国法上解决专家对第三人责任问题所使用的制度工具也存在差异。在英国法上，其中核心的制度工具是注意义务，无论是专家责任的扩张还是限制，都是借助于这一制度工具。而在法国法上，法官借助

①③ Sprenger, Internationale Expertenhaftung: Die Dritthaftung von Experten im International Privat-und Zivilverfahrensrecht, Tübingen 2008, S. 27.

② Canaris, Die Reform des Rechts der Leistungsstörungen, JZ 2001, 499.

④ Hirte, Berufshaftung: ein Beitrag zur Entwicklung eines einheitlichen Haftungsmodells für Dienstleitungen, München 1996, S. 1.

⑤ André Tunc (ed.), International Encyclopedia of Comparative Law, Vol. XI, Torts, Part I, Ch. 6, J. C. B. Mohr, 1983, p. 4.

⑥ Lorenz, Die Einbeziehung Dritter in vertragliche Schuldverhältnisse, JZ 1960, 108ff.

于过错、损害、因果关系等要素来限制专家对第三人的责任，尤其是借助损害是否现实、直接、确定，来区分是否要对第三人提供救济。① 德国法上，其总体上通过合同责任制度来解决这一问题，所以，发展出了默示的咨询合同、附保护第三人作用的合同、缔约过失责任等各种方式。

不过，所考察的三个国家在处理专家对第三人责任案件方面也存在一些共同之处，主要表现为：

其一，主要以信赖为基础，认可专家对第三人的责任。专家对第三人责任的重要社会基础就是社会公众信赖的保护。② 第三人实际上是社会公众的化身，专家对第三人承担责任，就是对第三人信赖的保护，也就是对社会公众信赖的保护。在所考察的三个国家，除少数案件（如遗嘱无效案件）以外，专家对第三人责任案件都属于因信赖而导致损害的案件。所以，在论证专家为何对第三人承担责任时，也主要是以第三人对专家的合理信赖为基础。换言之，因为专家的特殊知识和技能，导致了社会公众对其信赖，也因此，才有必要考虑专家对第三人承担责任的问题。

其二，在积极认可专家对第三人责任的基础上，合理地限制专家对第三人责任的范围。在英国、法国和德国，专家对第三人责任都受到立法和司法的认可。在英国，通过 Donoghue v. Stevenson 案确立的“注意义务”理论，最终被运用到专家对第三人责任案件中，通过认可专家对第三人的注意义务，承认了专家的过失侵权责任。法国则主要通过其民法典中过错侵权的大一般条款的运用，认可了专家对第三人责任。德国则主要通过默示的咨询合同、附保护第三人作用的合同等合同法上的制度来解决专家对第三人责任问题。在认可专家对第三人责任的基础上，各国也面临着如何合理限制责任的问题。在英国，主要通过是否负有注意义务的认定来进行限制；在法国，主要通过损害是否现实、直接、确定来限制责任的承担；③ 在德国，因为其主要适用附保护第三人作用的合同制度，所以，第三人是否处于保护范围之内是其重要的限制责任的工具。

其三，专家对第三人责任案件中考虑的重要因素基本相同。专家对第三人责任案件体现了专家执业利益与社会公众利益之间的平衡，而且，此

---

① Gotthard, Landesbericht Frankreich, in: von Bar (Hg.), Deliktsrecht in Europa, Köln 1993, S. 23.

② Sprenger, Internationale Expertenhaftung: Die Dritthaftung von Experten im International Privat-und Zivilverfahrensrecht, Tübingen 2008, S. 11.

③ Gotthard, Landesbericht Frankreich, in: von Bar (Hg.), Deliktsrecht in Europa, Köln 1993, S. 23.

类案件也具有浓厚的政策考虑的色彩。在进行政策考虑时，法官也要考虑个案中的具体因素。从各国司法实践来看，专家对第三人责任案件中考虑的重要因素几乎相同，包括专家意见的目的、专家对第三人的认知、第三人信赖的合理性等。①

其四，重视制定法和判例的共同作用。虽然所考察的三个国家分别属于大陆法系和英美法系，制定法和判例的作用存在差异，但是，从专家对第三人责任制度来看，存在着发挥制定法和判例的共同作用的现象。德国虽然是成文法国家，诸多制度都通过法律规定予以确立，但是，在专家对第三人责任方面，很多规则都是通过法院判决的形式确立的，如通过附保护第三人作用的合同的适用解决专家对第三人责任问题。同时，专家对第三人责任的一些规则也有法律的明文规定，例如，第三人基于缔约过失责任制度而请求专家承担责任，就可以适用《德民》第 311 条第 3 款。② 针对特定类型专家的第三人责任，德国法上也有规定。例如，《德国商法典》第 323 条对于法定审计中的会计师对第三人责任作出了规定；再如，针对公证人对第三人责任问题，《德国联邦公证人条例》第 19 条作出了明确规定。法国作为大陆法系国家也重视制定法，但是，就专家对第三人责任而言，判例发挥了重要作用。例如，在适用过错侵权的大一般条款时，法院就发展出了损害是否现实、直接与确定的规则。作为英美法系典型代表的英国，其历来重视判例法，但是，随着社会的发展，针对专家对第三人责任问题，也在一定程度上通过制定法予以规范。例如，英国的《1985 年公司法案》第 727 条就规定，如果会计师仅仅因轻过失而导致他人损害，法院可以完全或部分地免除会计师的责任。③

二、比较法经验的借鉴意义

通过英国、法国和德国的经验考察，我们可以得到很多启示，从而对于我国专家对第三人责任制度的解释论和立法论都具有重要借鉴意义。

---

① Sprenger, Internationale Expertenhaftung: Die Dritthaftung von Experten im International Privat-und Zivilverfahrensrecht, Tübingen 2008, S. 80.

② Sprenger, Internationale Expertenhaftung: Die Dritthaftung von Experten im International Privat-und Zivilverfahrensrecht, Tübingen 2008, S. 27.

③ Richter, Die Dritthaftung der Abschlussprüfer, 1. Aufl., Baden-Baden 2007, S. 186.

从解释论的角度来看，比较法上经验的借鉴意义主要体现为，对于我国现行法上对于专家对第三人责任的规定，可以通过借鉴各国的经验，对其进行妥当的解释和适用。在我国法上，目前没有专家对第三人责任的一般规定，因此，除非特别法上有规定，[①] 专家对第三人责任案件都应当适用《侵权责任法》第6条第1款所确立的过错责任的一般条款。[②] 此时，如何将其中的构成要件和法律后果明确化、精确化，就可以借鉴比较法上的经验，尤其是其中比较难以处理的问题，如专家所负有的注意义务的认定、第三人范围的确定等，都可以借鉴比较法上的经验。另外，针对特定类型的专家，比较法上的经验也可以作为确定其责任的参考。例如，依据《德国联邦公证人条例》第19条第1款的规定，公证人对其负有职务上义务的人，公证人都要对其承担责任。按照德国目前的通说看法，只要第三人处于公证人所违反的具体职务上义务的保护范围之内，该第三人就对公证人享有损害赔偿请求权。[③] 这一做法对于明确我国法上公证人的义务，以及享有请求权的第三人范围，都具有重要的参考价值。

从立法论的层面考虑，比较法上的经验也可以对我国专家对第三人责任制度的构建发挥重要的借鉴价值，主要表现为：

其一，专家对第三人责任制度的构建应立基于我国既有的法律传统和制度体系。从我国来看，自清末变法以来，就已经成为大陆法系的重要一员，而且，主要受到德国法的影响。同时，我国又在一定程度上受到法国法的影响，例如，《侵权责任法》第6条第1款所确立的过错责任一般条款，就类似于法国法上的大一般条款，而与德国法上的三个小一般条款模式存在较大差异。因此，我国专家对第三人责任制度的构建，应当考虑长期形成的法律传统和现存的法律制度体系（尤其是债法制度）。

其二，专家对第三人责任问题的处理，既要发挥制定法的作用，同时也要发挥指导性案例的作用。我国属于制定法国家，一直以来都非常重视

---

① 例如，《最高人民法院关于审理证券市场因虚假陈述引发的民事赔偿案件的若干规定》（法释〔2003〕2号）第7条规定："虚假陈述证券民事赔偿案件的被告，应当是虚假陈述行为人，包括：……（五）会计师事务所、律师事务所、资产评估机构等专业中介服务机构；（六）上述（二）、（三）、（四）项所涉单位中负有责任的董事、监事和经理等高级管理人员以及（五）项中直接责任人……"此处所说的专业中介服务机构的"直接责任人"就包括会计师。

②《侵权责任法》第6条第1款规定："行为人因过错侵害他人民事权益，应当承担侵权责任。"

③ BGH DNotZ 1983，512；BGHZ 121，67；Arndt/Lerch/Sandkühler，§19 BNotO，Rn. 89ff.

制定法的作用，在专家对第三人责任问题的解决上也是如此。目前虽然没有专家对第三人责任的一般性规定，但是，《侵权责任法》上的过错侵权一般条款，以及特别法和司法解释中针对特殊类型专家对第三人责任的规定都是重要的法律渊源。另外，我国已经确立了案例指导制度，在此背景下，通过借鉴比较法上的经验，应当注重制定法与指导性案例的结合。

其三，在专家对第三人责任制度的构建方面，要注重比较法上具体规则的借鉴。比较法的重要意义之一在于，其具有工具箱和灵感来源的作用。通过英国、法国和德国的制度考察，可以在专家对第三人责任的具体规则设计方面获得较多的启示。在借鉴时，可以考虑的主要包括两个方面的规则：一是比较法上趋于一致的做法，如合理限制专家责任、已知第三人可以作为请求权人等。二是比较法上切合我国实际的做法。例如，通过侵权责任来解决专家对第三人责任问题，切合我国的实际。德国法上的附保护第三人作用合同的路径，则因为我国债法上没有认可这一制度而存在困难。

“外国法律体系越不同，从中获得启示就更危险”。① 在考虑借鉴比较法上的经验时，应当持十分谨慎的态度，学术观点的提出要附加充分的论证，避免因简单的拿来主义而导致“水土不服”。正如我国著名学者谢怀栻先生所指出的，“凡是继受外国法的国家都必须妥善地处理继受来的法律与本国国情的关系，在继受前必须要很好地研究将要继受的法律，在继受后更要很好地消化继受来的法律。”②

① ［德］瓦格纳主编：《比较法视野下的侵权法与责任保险》，魏磊杰等译，中国法制出版社 2012 年版，考茨欧序。

② 谢怀栻：《谢怀栻法学文选》，中国法制出版社 2002 年版，第 378 页。

第三章　专家对第三人责任的法理构造

第一节　专家对第三人责任的法理构造模式

一、专家对第三人责任的法理构造模式

专家对第三人责任并非天然地要求特定的法理构造模式，它可以被纳入不同的法律领域，借助不同的法律制度予以规范。也正是基于这一原因，理论界提出了不同的法理构造模式，大概分为三类：合同责任模式、侵权责任模式和独立责任模式。[①]

1. 合同责任模式

就专家对第三人责任的合同模式来说，包括如下几种：一是默示的咨询合同；二是附保护第三人作用的合同；三是权利外观的责任；四是担保责任。

（1）默示的咨询合同。德国学者 Musielak、Müller 等人倡导此种模式。[②]他们认为，如果专家认识到其意见对第三人具有重要意义，而且，作为第三人作出交易决定的基础，就可以认定双方之间通过默示的方式订立了咨

① Hirte, Berufshaftung: ein Beitrag zur Entwicklung eines einheitlichen Haftungsmodells für Dienstleitungen, München 1996, S. 386.

② Musielak, Haftung für Rat, Auskunft und Gutachten, Berlin / New York 1974, S. 44; Müller, Auskunftshaftung nach deutschem und englichen Recht, Berlin 1995, S. 192ff.

询合同。[①] 德国法院起初也通过默示的咨询合同来解决专家对第三人责任问题。早在1902年，帝国法院就提出，只要律师知道，某人需要可靠的咨询信息，而且，律师已经给予了咨询答复，他们之间就订立了一个咨询合同。[②] 德国帝国法院还提出了认定默示的咨询合同的公式，即如果按照市民社会的法秩序，当事人的关系可以作为合同关系对待，就认定存在默示的合同。[③] 实际上，认定是否存在默示的咨询合同时，应当考虑两个决定性的因素，即咨询对于当事人的意义和专家的专业知识。[④]

但是，也有不少学者批评这一观点，认为该合同纯属拟制。通过单纯的拟制，法院要实现的目标是，要被告承担法院所希望的责任。[⑤] 正如梅迪库斯所指出的，专家对第三人负责不是因为他“愿意”，而是因为他“应当”。[⑥]

（2）附保护第三人作用的合同。德国很多学者赞成此种模式。附保护第三人作用的合同使得合同当事人负有保护特定范围内的第三人的义务。[⑦] 就专家对第三人责任案件来说，第三人信赖专家的意见，并将其作为财产处置的依据。同时，专家也认真地考虑到，其意见会被可界定的、被认识到的第三人使用。[⑧] 另外，附保护第三人作用的合同制度的不断发展，也满足了专家对第三人责任案件的要求。该制度不要求委托人与第三人的“祸福与共”关系，[⑨] 可以为第三人遭受的纯经济损失的赔偿提供便利，[⑩] 还可以通过可预见性的标准来界定第三人的范围，从而限制专家的责任。[⑪] 这些

---

① Müller, Auskunftshaftung nach deutschem und englichen Recht, Berlin 1995, S. 197.

②③ RGZ 52, 365.

④ Stahl, Zur Dritthaftung von Rechtsanwälten, Steuerbaratern, Wirtschaftsprüfern und öffentlich bestellten und vereidigten Sachverständigen, Frankfurt a. M. 1989, S. 48.

⑤ Hirte, Berufshaftung: ein Beitrag zur Entwicklung eines einheitlichen Haftungsmodells für Dienstleitungen, München 1996, S. 19.

⑥ Medicus, Bürgerliches Recht, 16. Aufl., Köln/Berlin/Bonn/München 1993, S. 211.

⑦ 如果合同当事人违反了此种基于合同关系产生的保护义务，遭受损害的第三人就被赋予了合同法上的损害赔偿请求权，而且此种请求权可以直接对违反义务的合同当事人行使。参见 Larenz, Lehrbuch des Schuldrechts, Bd. 1., 14. Aufl., München1987, S. 224f。

⑧ Hirte, Berufshaftung: ein Beitrag zur Entwicklung eines einheitlichen Haftungsmodells für Dienstleitungen, München 1996, S. 389.

⑨ Musielak, Haftung für Rat, Auskunft und Gutachten, Berlin / New York 1974, S. 32ff.

⑩ Larenz, Lehrbuch des Schuldrechts, Bd. 1., 14. Aufl., München 1987, S. 229.

⑪ Hirte, Berufshaftung: ein Beitrag zur Entwicklung eines einheitlichen Haftungsmodells für Dienstleitungen, München 1996, S. 419.

都使得该制度可以适用于专家对第三人责任案件。德国的司法实务主要通过这一制度来救济第三人遭受的损害。

不过，也有学者认为，附保护第三人作用的合同模式存在一定的弊端，主要表现为：其一，它混淆了合同法和侵权法的界限。因为专家对第三人责任问题本质上属于侵权责任领域。① 其二，该模式的困难在于，合同当事人并不能控制第三人的范围，② 而且，清晰的第三人范围的界定几乎是不可能的。③ 其三，虽然附保护第三人作用的合同制度界定了第三人的范围，但是，第三人与债权人并不具有类似的地位，所以，该制度不是妥当地确立责任的工具。④ 其四，在此模式下，专家对第三人的责任最多只能部分投保，所以，它丧失了投保的可能。⑤

（3）权利外观的责任。德国学者 Stoll 教授最早研究了德国帝国法院的判决，并提出了权利外观的责任（Haftung aus Bescheinigung）理论。按照他的观点，帝国法院认定专家对第三人承担合同责任，基础是保证合同的思想、咨询合同的思想和权利外观的思想。他从英美法的禁反言理论中得到启发，提出，给他人以权利外观的专家，要按照合同的原理承担责任。只要他知道他的意见会在交易中运用，并且造成权利外观，就应当对第三人承担责任。⑥ 按照 Stoll 的看法，专家必须利用了第三人的信赖，而且，其意见就是为了受害人作出的，他才应当承担责任。这一标准实际上对可以请求赔偿的第三人范围作出了界定，而且，以专家的认知作为确定的标准。所以，它不是从受害人的角度出发，而是从专家的角度出发限定责任。⑦

（4）担保责任。德国学者 Rothoeft 教授和 Grunewald 教授主张，对第三人来说，专家就其意见承担担保责任（Garantiehaftung）。Rothoeft 教授认为，特定职业群体的成员受到社会公众的信赖，因此，他就与第三人之间产生了独立的担保合同关系。该担保合同的内容就是，专家要保证其意见的正确性。不过，他认为，专家仅仅与特定的第三人之间存在担保合同，换言

---

① 侵权责任是以不存在具体法律关系的市民相互间的一般社会生活关系为对象的。专家和第三人之间并不存在合同关系和类似关系，而属于一般的社会生活关系。

② Zeuner，Haftung für Gutachten und sachverständigen Rat，KF 1988，7.

③ Larenz，Lehrbuch des Schuldrechts，Bd. 1.，14. Aufl.，München1987，S. 228.

④ Köndgen，Selbstbindung ohne Vertrag，Tübingen 1981，S. 362ff.

⑤ Schindhelm/Grothe，Die Dritthaftung des Steuerberaters nach Vertragsgrundsätzen，DStR 1989，445ff.

⑥ Heinrich Stoll，Haftung aus Besheinigung，AcP135（1932），103ff.

⑦ Grunewald，Die Haftung des Experten für seine Expertise gegenüber Dritten，AcP187（1987），298.

之，他仅与其可预见的、有保护必要的第三人之间存在担保合同。[①] 后来，Grunewald 教授进一步发展了担保责任理论，认为第三人信赖专家意见，所以，专家要对第三人负担保责任。不过，他同时提出，专家对第三人承担责任的前提是其意见具有相当程度的严肃性。[②]

此外，Grunewald 教授还借鉴了 Hopt 教授的观点，[③] 认为专家要对第三人负担保责任就必须在专家意见中作出“职业上的责任承受”（berufliche Gewährübernahme）或“担保的声明”（Garantieerklärung）。[④] 这一点受到学者的反对，因为在通常情况下，专家都不会在意见中作出这一声明。

2. 侵权责任模式

在侵权责任模式下，主要包括如下观点：一是侵权法一般条款下的责任；二是违反保护他人一般财产的交往安全义务的责任。

（1）侵权法一般条款下的责任。德国学者 Brüggemeier 教授主张，专家对第三人责任属于侵权法一般条款之下的责任。Brüggemeier 教授重新解释了《德民》第 823 条第 1 款，将其理解为类似于法国法的大一般条款，从而实现这一法理构造。他认为，该条规定可以保护一般财产（即救济纯经济损失）。不过，为了界定该条的保护范围，他提出，只有违反了因职业活动而产生的特殊义务时，才能适用该条的规定。[⑤] 另外，专家对第三人责任的前提包括受害人认识到专家意见的意义、潜在的受保护的第三人范围是可确定的等。[⑥]

从比较法的角度来看，法国就是通过侵权法的一般条款救济第三人。不过，这一模式在德国法的背景下，不太容易受到认可。[⑦] 因为德国侵权法明确拒绝了法国式的大一般条款模式，以“权益区分”理论为基础构建了三个小一般条款。

（2）违反保护他人一般财产的交往安全义务的责任。德国学者美藤斯（Mertens）、胡伯尔（Huber）和冯·巴尔（von Bar）等都认为，可以借助

---

① Rothoeft, System der Irrtumslehre als Methodenfrage der Rechtsvergleichung, Tübingen 1968, S. 59f.

② Grunewald, Die Haftung des Experten für seine Expertise gegenüber Dritten, AcP187 (1987), 300.

③ Hopt, Die Haftung des Wirtschaftsprüfers, in: FS für Pleyer, Köln u. a. 1986, S. 359.

④ Grunewald, Die Haftung des Experten für seine Expertise gegenüber Dritten, AcP187 (1987), 299.

⑤ Brüggemeier, Deliktsrecht, Baden-Baden 1986, S. 291ff.

⑥ Brüggemeier, Deliktsrecht, Baden-Baden 1986, S. 292f.

⑦ Quiring, Die Dritthaftung von Sachverständigen, Frankfurt 2006, S. 90.

于保护他人一般财产的交往安全义务的模式来构造专家对第三人责任。专家对第三人责任，实际上是违反交往安全义务的责任。[①] 冯·巴尔教授认为，交往安全义务包括职业上的义务，也可以是专家对第三人的义务。[②] 交往安全义务的产生原因是开启或持续特定危险。就专家来说，考虑到他从自己的执业活动中获得的经济利益，他应当负有较高的注意义务。[③] 专家对第三人的义务，并非基于合同，而是基于其事实上的危险承担。[④] 如果某职业群体在社会公众之中获得了特别的信赖，作为职业群体一员的专家依据职业规则实施职业活动，利用了其职业权利，那么，专家就负有保护第三人一般财产的交往安全义务。[⑤] 换言之，专家因执业活动而产生的交往安全义务，具有救济纯经济损失的功能。专家的交往安全义务也可以扩展到非合同当事人（即专家对第三人负有的义务），因此，非合同当事人的纯经济损失也可以根据该理论得到保护。[⑥]

正如胡伯尔（Huber）教授和冯·巴尔（von Bar）教授所指出的，专家违反了保护他人一般财产的交往安全义务，所以，应当对第三人承担侵权责任。[⑦] 按照胡伯尔教授的看法，交往安全义务可以看作《德民》第823条第2款意义上的保护性法律。因为该条的保护性法律并不仅仅指国家制定的法律，更是《德国民法典施行法》（EGBGB）第2条中的广义上的法律。[⑧] 冯·巴尔教授也有类似的看法，他认为，交往安全义务之所以被置于

---

① Mertens, Deliktsrecht und Sonderprivatrecht-Zur Rechtsfortbildung des deliktischen Schutzes von vermögensinteressen, AcP 178 (1978), 228ff.

② von Bar, Verkehrspflichten: richterliche Gefahrsteuerungsgebote im deutschen Deliktsrecht, Köln/Berlin/Bonn/München 1980, S. 49ff.

③ von Bar, Verkehrspflichten: richterliche Gefahrsteuerungsgebote im deutschen Deliktsrecht, Köln/Berlin/Bonn/München 1980, S. 235.

④ von Bar, Verkehrspflichten: richterliche Gefahrsteuerungsgebote im deutschen Deliktsrecht, Köln/Berlin/Bonn/München 1980, S. 165ff.

⑤ vor Bar, Verkehrspflichten: richterliche Gefahrsteuerungsgebote im deutschen Deliktsrecht, Köln/Berlin/Bonn/München 1980, S. 233ff.

⑥ von Bar, Entwicklung und Entwicklungstendenz im Recht der Verkers (sicherungs) pflicht, JS 1988, S. 172.

⑦ von Bar, Verkehrspflichten: richterliche Gefahrsteuerungsgebote im deutschen Deliktsrecht, Köln/Berlin/Bonn/München 1980, S. 233f.

⑧ Huber, Verkehrspflichten zum Schutz fremden Vermögens, in: Festschrift für Ernst von Caemmerer, Tübingen 1978, S. 377ff.

《德民》第823条第2款，是因为交往安全义务往往是保护性法律的“预备”。①

不过，也有学者认为这一思路存在缺陷。如果将专家的义务归入保护性法律，那么，任何因专家的过错导致的纯经济损失都要赔偿。这一理论所导致的赔偿责任的扩大是明显的，也是几乎不受限制的。②

3. 独立责任模式

专家对第三人责任的独立责任模式，主要包括：一是无合同的自我约束；二是职业责任；三是信赖责任。

（1）无合同的自我约束。德国学者Köndgen教授提出，专家对第三人承担责任是因为存在无合同的自我约束（Selbstbindung）。他通过研究认为，英美普通法和德国法都借助“合同”的途径实现了较为严格的责任。③ 以此为基础，他认为，在合同责任和法定责任之间存在第三类型，合同法和侵权法之间的过渡是流动的。他提出，以“合法的期待”（legitime Erwartungen）的概念来取代“信赖”的概念。④ 在专家和第三人之间虽然不存在合同上的合意，但是，专家对外作出的自我陈述（Selbstdarstellung）引起了人们对陈述者的期待，从而导致专家的自我约束。因为法律要承认此种期待，所以，要通过专家承担责任的方式保护这一“合法的期待”。⑤ 自我约束构成了法律行为的预备阶段。人们的社会角色不同，其自我约束也不同。就专家来说，其职业决定了人们信赖其提供的最低限度质量的服务。⑥ 所以，专家要基于这一无合同的自我约束而承担责任。

这一理论以“无合同的自我约束”作为责任成立的基础，不过，也有不少学者表示反对。⑦ 例如，Canaris教授指出，责任或者是法律直接规定的（即法定责任），或者是通过法律允许当事人表示自我约束的意思而产生的，

① von Bar, Verkehrspflichten: richterliche Gefahrsteuerungsgebote im deutschen Deliktsrecht, Köln/Berlin/Bonn/München 1980, S. 165ff.

② Grunewald, Die Haftung des Experten für seine Expertise gegenüber Dritten, AcP187 (1987), 298.

③ Köndgen, Selbstbindung ohne Vertrag, Tübingen 1981, S. 17ff.

④ Köndgen, Selbstbindung ohne Vertrag, Tübingen 1981, S. 106f.

⑤ Köndgen, Selbstbindung ohne Vertrag, Tübingen 1981, S. 165ff.

⑥ Köndgen, Selbstbindung ohne Vertrag, Tübingen 1981, S. 192ff.

⑦ Herrmann, Die Sachwalterhaftung vermögenssorgender Berufe, JZ 1983, 427; Canaris, Schutzgesetze-Verkehrspflichten-Schutzpflichten, in: Festschrift für Karl Larenz zum 80. Geburtstag, München 1983, S. 93f; Quiring, Die Dritthaftung von Sachverständigen, Frankfurt 2006, S. 96.

并不存在“无合同的自我约束”。[①]

（2）职业责任。德国学者 Lorenz 教授提出，专家对第三人责任应为合同和侵权之间的第三种责任，即职业责任（Berufshaftung）。他以法国、瑞士、奥地利、英国等国家的比较法考察为基础，[②] 提出专家对不当意见的责任，源自专家职业的面向公众性和可信赖性的特点，而不是源自其（法律行为意义上的）承担义务的意思。[③] 在专家和第三人之间，应当形成类似于缔约过失的法定的债的关系，这种关系是基于双方之间的信赖而产生的。[④]

德国学者 Hopt 教授也持类似的看法，他认为，职业责任不是作为专家责任的近义词，而是用来指称特殊的责任类型。职业上的保护义务必然导致职业责任的承担。[⑤]

职业责任的观点准确地把握了专家承担责任的基础，即专家职业的面向公众性和可信赖性。而且，这一观点考虑到了专家职业的经济功能以及专家在面对第三人时的职业角色。不过，Lorenz 教授认为，专家承担责任的前提是在其与第三人之间存在“咨询方面的接触”（Auskunftskontakt），这使得专家对第三人责任受到过分严格的限制。[⑥]

（3）信赖责任。德国学者 Canaris 教授认为，专家对第三人责任属于信赖责任。合同法救济范围广泛的纯经济损失，而侵权法原则上不予救济。这个区别的基础在于，合同当事人之间基于法律行为而产生了特别结合关系（Sonderverbindung）。[⑦] 他认为，基于“职业”或“职业地位”构建专家

① Canaris, Schutzgesetze-Verkehrspflichten-Schutzpflichten, in: Festschrift für Karl Larenz zum 80. Geburtstag, München 1983, S. 93f.

② Lorenz, Das Problem der Haftung für primäre Vermögenschäden bei der Erteilung einer unrichtigen Auskunft, in: Festschrift für Karl Larenz zum 70. Geburtstag, München 1973, S. 594ff.

③ Lorenz, Das Problem der Haftung für primäre Vermögenschäden bei der Erteilung einer unrichtigen Auskunft, in: Festschrift für Karl Larenz zum 70. Geburtstag, München 1973, S. 591.

④ Lorenz, Das Problem der Haftung für primäre Vermögenschäden bei der Erteilung einer unrichtigen Auskunft, in: Festschrift für Karl Larenz zum 70. Geburtstag, München 1973, S. 618.

⑤ Hopt, Nichtvertragliche Haftung ausserhalb von Schaden-und Bereicherungsausgleich, AcP183 (1983), 710.

⑥ Quiring, Die Dritthaftung von Sachverständigen, Frankfurt 2006, S. 103.

⑦ Canaris, Schutzgesetze-Verkehrspflichten-Schutzpflichten, in: Festschrift für Karl Larenz zum 80. Geburtstag, München 1983, S. 33ff.

对第三人的侵权责任，这既没必要，也不充分。① 专家对第三人责任案件，可以通过不依赖于合同的独立的信赖责任来解决。责任的基础不是合同，而是法律行为意义上的接触。② 针对第三人，专家给予了其“个人的担保”(persönliche Gewähr)，或者说，专家执业需要第三人的特别程度的“个人信赖”(persönliches Vertrauen)。③ 在当事人之间，正是基于信赖产生了法定的债的关系（即缔约过失责任），在这个前合同领域，合同上的责任限制可以发挥作用。④ 而且，专家承担责任并不以其参与了当事人之间的交易为前提，也不以其与第三人之间存在接触为前提。⑤

从德国债法改革来看，其在民法典中增加了第311条第3款的规定，这可以理解为是信赖责任理论的成文化。不过，也有学者认为，以信赖责任的方式解决专家对第三人责任，会导致责任的扩张，因为信赖会被反复地给予。⑥

二、专家对第三人责任的法理构造模式评析

1. 合同责任模式评析

尽管各种合同责任模式存在差异，或者拟制当事人意思（如默示的咨询合同理论），或者突破合同相对性规则（如附保护第三人作用的合同理论），但是，它们也有着共同的优点或缺点。

具体来说，合同责任模式具有如下优点：其一，借助合同责任可以充分地救济纯经济损失，而没有理论障碍。合同法和侵权法的区别在于，前者可以便利地救济纯经济损失。因为在合同法上，一方当事人违反合同，另一方当事人就可以请求其承担合同责任，不必证明其权利或利益受到侵害。另外，合同当事人具有特别关系，从而可以减少责任范围的不确定性，

---

① Canaris, Schutzgesetze-Verkehrspflichten-Schutzpflichten, in: Festschrift für Karl Larenz zum 80. Geburtstag, München 1983, S. 83f.

② Canaris, Schutzgesetze-Verkehrspflichten-Schutzpflichten, in: Festschrift für Karl Larenz zum 80. Geburtstag, München 1983, S. 107f.

③ Canaris, Die Reichsweite der Expertenhaftung gegenüber Dritte, ZHR 163 (1999), S. 232f.

④ Canaris, Schutzgesetze-Verkehrspflichten-Schutzpflichten, in: Festschrift für Karl Larenz zum 80. Geburtstag, München 1983, S. 102ff.

⑤ Canaris, Die Reichsweite der Expertenhaftung gegenüber Dritte, ZHR 163 (1999), S. 234.

⑥ Grunewald, Die Haftung des Experten für seine Expertise gegenüber Dritten, AcP187 (1987), 299.

避免责任过分扩张。[①] 因此，在合同责任模式下，专家造成第三人的纯经济损失就可以毫无理论障碍地获得救济。其二，借助合同责任可以减轻受害人的举证负担。大陆法系各国民法一般规定，债权人请求违反合同的损害赔偿时，不需要证明债务人的故意或过失，仅需要证明合同的存在和损害的发生。如果债务人主张损害的发生是因不可归责于自己的事由（故意或过失）所致，则应由其承担举证责任。债务人不能举证证明，就不能免责。之所以合同责任采过错推定原则，是因为合同的不履行，债务人所违反的是他在合同关系上本应履行的具体义务。[②] 如果专家对第三人责任采取合同责任模式，作为受害人的第三人并不需要证明专家的过错，从而有利于增加受害人获得救济的机会。我国《合同法》第107条甚至明确了合同责任的一般归责原则是严格责任，[③] 在此背景下，如果专家对第三人责任属于合同责任，能够使受害人的救济更为便利。

不过，合同责任模式也有其缺陷，表现为：其一，合同责任模式违背了当事人的意思。合同责任模式有两个思路，要么拟制当事人的意思，要么扩张合同当事人的范围。不论何种思路，都是对当事人意思的违背。在拟制当事人意思的情况下（如默示的咨询合同），实际上并没有尊重当事人的意思，而是强行拟制合同的存在。在扩张合同当事人范围的情况下（如附保护第三人作用的合同），订立合同的当事人原本也没有将第三人作为合同当事人对待的意思，但是，该理论强行将第三人作为合同当事人来处理，这也违背了当事人的意思。因此，合同责任模式实际上违背了专家和第三人的意愿。其二，合同责任模式不完全符合专家和第三人的社会关系性质。从本质上看，侵权责任和合同责任的适用对象并不相同。侵权责任是以不存在具体法律关系的市民相互间的一般社会生活关系为对象的。侵权责任的基础是违反任何人在日常生活关系上均不得加损害于他人的一般安全义务。合同责任是以存在具体法律关系的市民相互间的特别社会生活关系为对象的，或者说以存在合同或其他与此相类似的关系为对象的。合同责任的基础是违反在特别结合关系上的具体社会安全义务和合同义务。[④] 就专家

---

① 参见王泽鉴：《民法学说与判例研究》（第8册），中国政法大学出版社1997年版，第275页。

② 参见刘春堂：《民商法论集》（一），三民书局1990年版，第18－19页。

③《合同法》第107条规定："当事人一方不履行合同义务或者履行合同义务不符合约定的，应当承担继续履行、采取补救措施或者赔偿损失等违约责任。"

④ 参见刘春堂：《民商法论集》（一），三民书局1990年版，第12页。

对第三人责任案件来说，其相互之间实际上是一般社会生活关系，与合同责任模式的适用对象并不相符。

2. 独立责任模式评析

独立责任模式实际上是考虑到合同责任和侵权责任的可能缺陷而独辟蹊径提出的解决方案。专家对第三人责任作为独立的责任类型，这实际上就是说，合同法或侵权法的规则不能完全满足该类案件的需要。①

诚然，独立责任模式具有其自身的优势，具体表现为：其一，独立责任模式具有灵活性，可以适应专家对第三人责任案件的特点。无论是合同责任模式，还是侵权责任模式，都是以既有的制度适用于专家对第三人责任案件。这两种模式是经过长期的历史演变而形成的，已经形成稳定的理论体系，包括归责原则、构成要件、举证责任、消灭时效、责任范围、责任形式、诉讼管辖等。独立责任模式跳出既有的理论框架，可以给予专家对第三人责任案件足够的法理构造空间，以更好地契合该类案件的特殊性。② 例如，可以专门针对专家对第三人责任案件设计独特的构成要件、免责事由等。其二，独立责任模式具有更强的解释力。合同责任模式和侵权责任模式都是以既有的理论来解释专家对第三人责任案件，因此，难免出现削足适履的情况。而独立责任模式则不受既有理论的局限，这可以避免解释上的困难，发挥其独特的解释力。例如，信赖责任模式就把握住了该类案件的核心，即第三人对专家的信赖；职业责任模式则阐明了专家对第三人负责的基础，即专家的特殊职业。

应当看到，独立责任模式也存在其自身的缺陷，主要包括：其一，独立责任模式难以解决与既有制度衔接上的困难。独立责任模式的优势本身也蕴含了其劣势，它跳出既有的理论框架，但与此同时，它也表现出不能很好地融入既有的制度体系的弊端。民事责任制度划分为侵权责任和合同责任两大支柱并相对各成体系的做法由来已久。在古罗马法十二铜表法上，“违约责任”规定于第三表“债务执行”中，“侵权行为”则规定于第八表“私犯”中。1804 年的《法民》将违约责任与侵权责任分别规定在第三章

① Sprenger, Internationale Expertenhaftung: Die Dritthaftung von Experten im International Privat-und Zivilverfahrensrecht, Tübingen 2008, S. 92.

② Sprenger, Internationale Expertenhaftung: Die Dritthaftung von Experten im International Privat-und Zivilverfahrensrecht, Tübingen 2008, S. 93.

和第四章。后世大陆法系各国民法典基本承袭了该二元体制。[①] 既有的制度体系已经形成，如果专家对第三人责任采取独立责任模式，就会产生如何融入既有的制度体系的问题。其二，它导致法的安定性受到影响。法的安定性是法治社会中重要的价值，其重要内容就是实现法律的可预期性。法律应当为人们提供行为的预期，而“只有在有序和规则的环境中，人们才可能对未来有一个大致确定的判断，才可能有自觉的、有意义的生活，也才有可能在社会生活中运用个人的知识采取有效的行动，作出种种安排，其努力才是有意义的”。[②] 在法律适用中，可预期性主要体现为平等原则，即类似问题类似处理，不同问题不同处理。但是，独立责任模式可能会影响到法律适用中平等原则的实现。因为独立责任模式难免会出现理论构造的漏洞，从而导致法官凭自己的理解适用法律，威胁到法律适用的统一。其三，独立责任模式会增加法律制度和理论的复杂性。正如 Troller 教授所指出的，我们应当避免不切实际的法学理论或方法的复杂化与精致化。[③] 法律是社会治理的工具，它不应当是越复杂越好，而应当保持适度的简明。这不仅有利于司法实务的操作，而且有利于法学知识的传播。但是，独立责任模式无异于在既有的理论体系之外，增加了新的理论，这就使得法律制度和理论趋于复杂。如果借助合同责任模式和侵权责任模式可以解决专家对第三人责任问题，就尽可能不采用独立责任模式。

3. *侵权责任模式评析*

侵权责任模式也是学界提出的解决专家对第三人责任的重要途径，此种模式的优点在于：其一，侵权责任模式符合专家和第三人之间的社会关系性质。已如前述，侵权责任是以不存在具体法律关系的市民相互间的一般社会生活关系为对象的。专家和第三人之间并不存在合同关系和类似关系，而属于一般的社会生活关系。正是基于这一原因，有学者认为，“专家对第三人责任在本质上属于侵权责任。”[④] 其二，侵权责任模式可以充分利用既有的制度资源。侵权责任制度最早可以追溯到罗马法，后来，经过法国、德国等大陆法系国家的发展，已经形成完善的理论体系和制度体系，

---

① 参见张双根：《缔约上过失责任论》，中国人民大学硕士学位论文，1995 年，第 4 页。

② 苏力：《道路通向城市：转型中国的法治》，法律出版社 2004 年版，第 4 页。

③ Troller, Haftungsprobleme aus Schweizer Sicht, Karlsruhe Forum 1959, S. 65.

④ André Tunc (ed.), *International Encyclopedia of Comparative Law*, Vol. XI, Torts, Part Ⅰ, Ch. 6, Tuebingen: J. C. B. Mohr, 1983, p. 4.

包括过错、因果关系、违法性、诉讼时效等。因此，侵权责任模式可以充分利用既有的制度资源，减少制度设计的烦琐，也可以避免制度设计的风险。其三，侵权责任模式之下，专家责任不必考虑他是否履行了对委托人的合同义务。另外，委托合同中的免责条款也不会影响到专家对第三人的责任。①

当然，侵权责任模式也存在一些弊端，具体表现在：其一，在救济因过失所致的纯经济损失方面存在困难。在以私法自治为基本原则建构的现代社会，侵权责任制度和合同责任制度一样，都承担了维护自由意志和社会秩序的功能。② 而且，侵权法更注重自由的维护，以保障社会的活力，促进社会的发展。与此相适应，就必须限制纯经济损失的救济。其二，在专家通过合意的方式来限制或免除对第三人责任方面比较困难。如果通过合同制度来构造专家对第三人责任制度，专家可以通过合意的方式来限制或免除对第三人的责任；而如果通过侵权制度来构造，就比较困难。③ 这一观点可以从法国法得到支持，因为其依据《法民》第1382条来确定专家的责任，所以，不可能通过专家与委托人合意的方式来限制或免除其责任。④

当然，就前述侵权责任模式来说，其是以德国法为基础的，是以德国既有的制度资源为基础的理论设计。例如，德国学者胡伯尔（Huber）教授和冯·巴尔（von Bar）教授提出的“保护他人一般财产的交往安全义务”理论，就是以德国法上的交往安全义务理论为基础的制度设计，而且结合了《德民》第823条第2款中的违反保护他人法律型侵权。但是，这些理论并没有考虑到我国的制度背景和社会背景。

三、我国应当采取侵权责任模式

上述分析表明，合同责任模式、侵权责任模式和独立责任模式都各有利弊，因此，采取何种模式不应简单考虑这些法理构造模式本身。诚如德国著名法学家萨维尼教授所言，“法律并无什么可得自我圆融自恰的存在，

---

① Grunewald, Die Haftung des Experten für seine Expertise gegenüber Dritten, AcP187 (1987), 296f.

② 苏永钦：《走入新世纪的私法自治》，中国政法大学出版社2002年版，第301页。

③ Kötz, Europäisches Vertragsrecht, Band 1, Tübingen 1996, S. 385.

④ Sprenger, Internationale Expertenhaftung: Die Dritthaftung von Experten im International Privat-und Zivilverfahrensrecht, Tübingen 2008, S. 84.

相反，其本质乃为人类生活本身。”[①] 法律制度和法学理论都是为社会生活实践服务的，只要能够妥当地规范社会生活，就是可以选择的，并不存在所谓天经地义的法理构造模式。另外，从比较法的角度来看，各国在专家对第三人责任案件的实质处理上趋于一致。例如，在积极承认专家对第三人责任的基础上，合理地限制专家对第三人责任的范围。[②] 再如，专家对第三人责任案件中考虑的重要因素几乎相同，包括专家意见的目的、专家对第三人的认知、第三人信赖的合理性等。[③] 同时，各国所采取的解决方案也存在差异，都受到其历史发展、理论缺陷和特殊需要的影响。例如，在英美法上，其合同中有特殊的约因理论，[④] 所以，其无法通过合同责任模式来解决。再如，在德国，因为其侵权法的特定缺陷，所以，第三人要获得救济就应当转向合同法。[⑤] 正如有学者所言，“解决专家第三人制度并没有固定的责任模型。所以，专家对第三人民事责任制度显然是无法脱离开本国的既有法律传统和制度体系的。”[⑥] 前述比较法考察的结果给我们以启示，即我国的法理构造必须考虑既有的制度背景和社会背景。笔者认为，基于如下因素考虑，在立法论上我国应当采取侵权责任的法理构造模式：

第一，我国侵权法对于过错责任采取大一般条款模式。所谓一般条款，就是指法律只对行为及裁判设定一些概括性的要求或标准，为判决指示一定方向的条款。[⑦] 一般条款是相对于决疑式而言的，[⑧] 它可以实现立法的简约。过错责任的一般条款是指规范普通的过错责任的一般条款。我国《侵权责任法》第6条第1款规定：“行为人因过错侵害他人民事权益，应当承担侵权责任。”该条是在《民法通则》第106条第2款的基础上修改完善而

---

① ［德］弗里德里希·卡尔·冯·萨维尼：《论立法与法学的当代使命》，许章润译，中国法制出版社2001年版。

② 蔡佳君：《专家对第三人民事责任研究》，华南理工大学硕士学位论文，2008年，第15页。

③ Sprenger，Internationale Expertenhaftung：Die Dritthaftung von Experten im International Privat-und Zivilverfahrensrecht，Tübingen 2008，S. 80.

④ André Tunc（ed.），*International Encyclopedia of Comparative Law*，Vol. XI，Torts，Part I，Ch. 6，Tuebingen：J. C. B. Mohr，1983，p. 4.

⑤ Lorenz，Die Einbeziehung Dritter in vertragliche Schuldverhältnisse，JZ 1960，108ff.

⑥ 仲伟珩：《专家对第三人民事责任制度研究》，中国政法大学博士学位论文，2007年，第18页。

⑦ 韩新华、金涛：《论概括条款及其具体化》，载郑永流主编：《法哲学与法社会学论丛》（五），中国政法大学出版社2002年版，第306页。

⑧ George A. Bermann，Etienne Picard（ed.），*Introduction to French Law*，Leiden：Kluwer Law International BV，2008，p. 238.

来，确立了过错责任的一般条款。将《侵权责任法》第6条第1款与《法民》第1382条、第1383条相比，就会发现，该条与法国法上过错责任的一般条款几乎毫无二致。这尤其表现为，它没有采纳德国法上的权利位阶理论。[①] 在法国模式之下，过错侵权责任对绝对权、法益和利益是一体保护的，并没有设计不同的构成要件。只要导致他人损害，就可能承担侵权责任。[②] 因此，无论是因故意还是过失导致他人纯经济损失，都可以适用该一般条款。就专家对第三人责任案件来说，无论专家导致第三人绝对权侵害还是纯经济损失，无论专家是故意还是过失导致第三人的纯经济损失，都可以适用我国过错侵权的一般条款。可见，在我国，侵权责任模式具有天然的优越性，可以避免对第三人救济不足的困境，也使得独立责任模式成为不必要。

第二，我国合同法上的合同相对性规则。我国理论界历来认可合同相对性规则。它是指合同在特定的当事人之间发生，只有合同当事人一方能向与其有合同关系的另一方提出请求，而不能向与其无合同关系的第三人提出合同上的请求，也不能擅自为第三人设定合同上的义务。[③] 我国立法上也一直坚持合同相对性规则。《民法通则》第116条和《合同法》第121条都明确地认可了这一规则。[④] 不仅如此，我国司法实务界和理论界对于合同相对性规则的突破一直持谨慎态度。例如，附保护第三人作用的合同制度一直没有被学界所接受，司法实务上也没有采纳这一制度。[⑤] 正是因为我们对合同相对性规则的坚守，使得通过合同责任模式解决专家对第三人责任案件存在理论障碍。

第三，我国既有的做法。法律制度应当保持其持续性，至少不应出现

---

① 全国人大常委会法制工作委员会民法室编：《〈中华人民共和国侵权责任法〉条文说明、立法理由及相关规定》，北京大学出版社2010年版，第7页。

② 不过，在法国法上，无过错责任仅仅适用于人身侵害和财产的物理侵害。参见 George A. Bermann, Etienne Picard (ed.), *Introduction to French Law*, Leiden: Kluwer Law International BV, 2008, p. 257.

③ 王利明、房绍坤、王轶：《合同法》，中国人民大学出版社2002年版，第15页。

④《民法通则》第116条规定："当事人一方由于上级机关的原因，不能履行合同义务的，应当按照合同约定向另一方赔偿损失或者采取其他补救措施，再由上级机关对它因此受到的损失负责处理。"《合同法》第121条中也明确规定："当事人一方因第三人的原因造成违约的，应当向对方承担违约责任。当事人一方和第三人之间的纠纷，依照法律规定或者按照约定解决。"

⑤ 参见王利明：《合同法研究》（第一卷），中国人民大学出版社2002年版，第106－108页。

不必要的重大变化，以维护法治的权威。另外，从法的可预期性上看，法律制度的变化也会破坏已有的制度预期，使得人们无所适从。因此，在设计我国专家对第三人责任的法理构造时，应当考虑既有的专家对第三人责任的处理模式。虽然我国相关法律没有明确专家对第三人责任案件的法律适用，但是，我国过错侵权的一般条款本身就意味着其具有“兜底性”的作用，如果法律没有特别规定，就应当适用过错侵权的一般条款。所以，该类案件长期以来都适用《民法通则》第106条第2款（相当于《侵权责任法》第6条第1款）。尤其是最高人民法院《关于会计师事务为企业出具验资证明应如何承担责任的批复》（法释〔1998〕13号）中明确指出，会计师事务所对第三人承担民事赔偿责任的法律依据是《民法通则》第106条第2款。从我国的司法实践来看，专家对第三人责任案件也基本上是适用《民法通则》第106条第2款。所以，从法的安定性角度来讲，应该尽可能继续维持现有的法理构造，以维持人们对既有制度的认同。①

四、我国的专家对第三人责任应当为职业责任

虽然我国专家对第三人责任应当采侵权责任模式，但是，我们不宜采纳上述德国学者的观点，即“保护他人一般财产的交往安全义务”理论。本书认为，可以借鉴职业责任理论来构建我国的专家对第三人责任制度。

事实上，专家对第三人负责的基础，可以有说服力地从两个角度来解释，一是第三人对专家的信赖；② 二是专家的职业特点。③ 比较而言，笔者更倾向于采取“职业责任”的观点，以“归属于特定的职业群体”作为专家对第三人承担责任的基础。④ 具体来说：

---

① 参见仲伟珩：《专家对第三人民事责任制度研究》，中国政法大学博士学位论文，2007年，第211页。

② Canaris, Schutzgesetze-Verkehrspflichten-Schutzpflichten, in: Festschrift für Karl Larenz zum 80. Geburtstag, München 1983, S. 102ff.

③ Lorenz, Das Problem der Haftung für primäre Vermögenschäden bei der Erteilung einer unrichtigen Auskunft, in: Festschrift für Karl Larenz zum 70. Geburtstag, München 1973, S. 591.

④ Sprenger, Internationale Expertenhaftung: Die Dritthaftung von Experten im International Privat-und Zivilverfahrensrecht, Tübingen 2008, S. 88.

第一，专家的职业特点是第三人对其产生信赖的基础。通过第三人对专家的信赖来解释专家负责的原因，并没有触及问题的实质。我们可以进一步追问，为什么第三人要信赖专家呢？这就要回归到专家的职业特点来解释。正是因为专家自身独特的职业特点，包括其得到国家的许可、特殊的专业知识、中立的职业角色等，使得第三人可以信赖专家的意见。

第二，专家的职业特点可以解释所有的案件。专家对第三人责任案件可以分为遗嘱案群、专家意见案件和专家咨询案群。就后两者来说，第三人之所以遭受损失是因为其信赖了专家的意见。但是，就遗嘱案群来说，第三人对专家并无信赖产生，其甚至不知道专家的存在。专家的给付（如律师提供法律服务）并不被第三人所利用，第三人只是间接地从专家的给付中受益。① 所以，在遗嘱案群中，借助于“信赖责任”理论来解释专家承担责任的原因，必然遭遇解释上的困境。而通过“职业责任”理论来解释，就可以圆满地解释所有专家对第三人责任案件。

第三，专家的职业特点导致其对第三人保护的需要。专家的职业具有面向公众性和可信赖性的特点。② 专家的特殊职业决定了，他应当保护第三人，而不仅仅服务于委托人的利益。另外，专家对第三人承担责任的前提还在于他拥有权威，这使得人们在交易中使用其意见。这一权威或者来自其属于特定的职业群体，或者来自其经过国家的认可。③ 因此，专家相对于第三人处于强势地位，第三人有保护的必要。④ 可以说，专家负有的职业上的保护义务必然导致职业责任的承担。⑤

五、通过安全保障义务来解释专家的作为义务

在专家对第三人责任案件中，有些属于不作为侵权案件。按照不作为

---

① Büttner, Umfang und Grenzen der Dritthaftung von Experten, Tübingen 2006, S. 34f.

② Lorenz, Das Problem der Haftung für primäre Vermögenschäden bei der Erteilung einer unrichtigen Auskunft, in: Festschrift für Karl Larenz zum 70. Geburtstag, München 1973, S. 591.

③ Sprenger, Internationale Expertenhaftung: Die Dritthaftung von Experten im International Privat-und Zivilverfahrensrecht, Tübingen 2008, S. 84.

④ Hirte, Berufshaftung: ein Beitrag zur Entwicklung eines einheitlichen Haftungsmodells für Dienstleitungen, München 1996, S. 416.

⑤ Hopt, Nichtvertragliche Haftung ausserhalb von Schaden-und Bereicherungsausgleich, AcP183 (1983), 710.

侵权的一般原理，因“作为”而侵害他人权利时，可以成立侵权行为；“不作为”原则上并不构成侵权行为，只有当不作为违反了作为义务时，才例外地认定其是侵权行为。[①] 所以，如何解释专家对第三人负有作为义务的原因，也成为理论上的重要问题。

1. 我国既有的作为义务产生原因

很多国家的侵权法，都采纳了“区分作为侵权和不作为侵权”的理论，[②] 即将过错侵权细分为作为侵权和不作为侵权。[③] 我国学界也普遍承认了此种区分。在我国既有理论中，作为义务的产生原因有三：法律规定、合同约定和先前行为。这一理论最早可以追溯到罗马法。依据罗马法，只有依据“法律规定、合同约定、先前危险行为”，当事人才负担作为义务。[④] 罗马法上的不作为责任理论，对于德国法影响至深，并成为《德民》中法律规范的基础。[⑤] 在我国清末变法以及以后的法律移植和学说继受过程中，德国的民事立法和判例学说对我国产生了压倒性的影响，因此，我国学界一般也承认，不作为侵权只有在违反了作为义务时才承担责任，而作为义务的产生仅基于上述三个原因。[⑥]

具体来说，作为义务的产生基于如下三个原因：其一，法律规定。这里所说的法律规定可以分为两类：一是私法上的规定，如监护人对于被监护人的照顾义务、配偶之间的扶助义务、道路施工人设置安全设施的义务等。二是公法上的规定，如公法上规定的警察的救助义务、消防人员的救助义务等。其二，合同约定。例如，保姆根据合同的约定负有照顾主人家孩子的义务，如果保姆没有尽到此种义务导致孩子被汽车撞伤，就应当承

① 参见王泽鉴：《侵权行为法》（第一册），中国政法大学出版社 2001 年版，第 92 页。

② Tony Honoré, *Responsibility and Fault*, Oxford: Hart Publishing, 1999, p. 42.

③ 笔者认为，在危险责任之下，并没有区分作为侵权和不作为侵权的必要，因为危险责任赖以产生的原因是法律特别规定的“行为”，没有必要先认定作为义务的存在与否从而确定责任。

④ Bengen, Die Systematik des §823 Ⅰ BGB im Deliktsrecht, Frankfurt am Main/Berlin/Bern/Brulles/New York/Oxford/Wien/Lang 2000, S. 282.

⑤ Bengen, Die Systematik des §823 Ⅰ BGB im Deliktsrecht, Frankfurt am Main/Berlin/Bern/Bruxelles/New York/Oxford/Wien/Lang 2000, S. 282. 这是通说见解，不过，也有学者持反对意见。

⑥ 不过，我国学者在承认此三种原因之外，也试图进行突破。参见佟柔主编：《中国民法》，法律出版社 1990 年版，第 560 页；杨立新：《人身权法论》，人民法院出版社 2002 年版，第 186 页；曾世雄：《损害赔偿法原理》，中国政法大学出版社 2001 年版，第 63 页以下；史尚宽：《债法总论》，中国政法大学出版社 2000 年版，第 124 页；郑玉波：《民法债编总论》，中国政法大学出版社 2003 年版，第 125 页。

担不作为侵权责任。其三，先前行为。例如，某成年人带着邻居的孩子去游泳，孩子遇险，该成年人却不予救助，此时，他就违反了因先前行为而产生的作为义务。此处所说的“先前行为”应当理解为“先前危险行为”，也就是因先前行为产生了特别大的危险的情形。

从我国既有的作为义务产生原因来看，专家对第三人的作为义务似乎难以产生。就法律规定来说，通常法律上没有规定专家对第三人的作为义务。当然，在例外情况下，法律也可能作出规定。就合同约定来说，委托人与专家之间的合同也通常不太可能约定专家对第三人的义务。就先前行为来说，专家并没有实施先前危险行为，也不应产生对第三人的作为义务。

2. 他山之石——德国法上的经验

罗马法上的不作为责任理论，是《德民》相关条款的理论基础。所以，在《德民》制定之初，德国学界通说站在维护人的行动自由的立场，普遍倾向认为，应当对不作为责任适当限制，进而以行为人依法律规定、合同约定、先前行为的要求负有作为义务时，应作为而不作为才承担不作为侵权责任。①

但是，随着社会的发展，既有的理论逐渐暴露了其不足。在德国经济和社会的变迁的背景下，德国的司法实务创造了交往安全义务。② 这样，交往安全义务就成为德国法上扩张作为义务的工具。总结德国判例学说，交往安全义务的产生原因主要有：开启公共交通、实施职业活动、社会性密切关系。

作为交往安全义务理论确立阶段的重要案件的“兽医案”，就明确认可了因专家的职业活动而负有对第三人的作为义务。③ 后来，德国法院也一直

---

① 参见林美惠：《侵权行为法上交易安全义务之研究》，台湾大学博士学位论文，2000 年，第 21 页。

② Jansen，Die Struktur des Haftungsrechts，Tübingen 2003，S. 400.

③ 在 1921 年的“兽医案”中，原告是一个屠夫，他被别人请来紧急屠宰得了炭疽病的牛。但是，原告的左手大拇指上还有一个带伤疤的伤口，因此，炭疽病毒就通过这个伤口传染给了他，从而导致他得了长年的重病。后来，原告就对当时在屠宰现场的一名兽医提起诉讼，认为该兽医没有就病毒传染的危险发出警告。帝国法院认为，虽然并不存在一般性的、针对他人的法律义务，即对威胁他人健康的危险的提醒、排除、控制等义务。但是，在本案中，兽医的职业活动导致了针对威胁他人健康的危险的特别义务的产生。在广泛的意义上，我们称这个义务为“交往安全义务”（Verkehrspflicht）。RGZ 102，372. 另参见 Christian v. Bar，Entwicklung und Entwicklungstendenz im Recht der Verkers（sicherungs）pflicht，JS 1988，S. 170。

都认为，如果某人（如律师、医生等）实施某种对公众产生影响的活动，且这种活动要求特别的专业知识或特别的预防措施，那么，该人就应当对因缺少特别的专业知识或未采取特别的预防措施而产生的损害负责。① 他们承担责任的根据就是违反了因实施职业活动而对社会公众负担的社会安全义务。实施职业活动者的专业性知识使得社会公众对他们产生了信赖，而且，他们还可以采取有效的方式、花费极小的成本来防免危险。② 因此，他们负有作为义务。因职业活动而负有社会安全义务的人主要包括医生、律师、会计师、建筑师等。可见，在德国法上，专家对第三人负有的作为义务是借助交往安全义务理论发展而来的。

3. 我国法上的安全保障义务应当成为专家的作为义务的依据

近年来我国侵权法上出现了“安全保障义务”的概念。提出该概念的学者认为，仅就经营者对服务场所的安全保障义务而言，它是指经营者在经营场所对消费者、潜在的消费者或者其他进入服务场所的人的人身、财产安全依法承担的安全保障义务。③ 这一理论研究成果也被我国《人身损害赔偿司法解释》所吸收。④ 按照《人身损害赔偿司法解释》起草者的说法，我国侵权法上的经营者的安全保障义务，其法理基础就是德国法上的交往安全义务理论。⑤ 我国

---

① Esser/Weyers, Schuldrecht Besonderer Teil, Teilband 2, 8. Aufl., Heidelberg 2000, S. 179.

② MünchKomm/Wagner, §823, Rn. 247. 需要指出的是，因实施职业活动而负有交往安全义务的主体是那些在职业活动或营业活动中具有独立地位的人。在职业活动或营业活动中不具有独立地位的人，如公职人员或工人，就不属于此处的交往安全义务人。

③ 张新宝、唐青林：《经营者对服务场所的安全保障义务》，《法学研究》2003 年第 3 期。

④ 该解释第六条规定：“从事住宿、餐饮、娱乐等经营活动或者其他社会活动的自然人、法人、其他组织，未尽合理限度范围内的安全保障义务致使他人遭受人身损害，赔偿权利人请求其承担相应赔偿责任的，人民法院应予支持。

因第三人侵权导致损害结果发生的，由实施侵权行为的第三人承担赔偿责任。安全保障义务人有过错的，应当在其能够防止或者制止损害的范围内承担相应的补充赔偿责任。安全保障义务人承担责任后，可以向第三人追偿。赔偿权利人起诉安全保障义务人的，应当将第三人作为共同被告，但第三人不能确定的除外。”

⑤ 参见陈现杰：《最高人民法院人身损害赔偿司法解释精髓诠释》（下），载王利明主编：《判解研究》2004 年第 4 期，第 20 页。需要注意的是，原文采用“社会活动安全注意义务或一般安全注意义务”的表述，本文因翻译原因将其称为“交往安全义务”。

《侵权责任法》第37条再次确认了违反安全保障义务的责任制度。①

笔者认为，就专家的作为义务来说，我们应当借鉴德国法的做法，以安全保障义务作为专家的作为义务，理由主要在于：

第一，我国既有的作为义务理论就是借鉴德国法而形成的。我国既有的不作为侵权理论，实际上是在清末变法之时从德国引入的。既然德国法和我国法是有亲缘关系的法律，因此，借鉴德国法的做法很容易与既有的制度保持兼容，并维持法的继承性。②

第二，借鉴德国法的经验，符合我国一贯的大陆法的思维。在大陆法上，法律思维所追求的是，在应受法律调整的领域内，最大限度地布满事先确定的、在任何情况下都能适用的规范。③ 与此相反，普通法的思想方法却是注重个案思考，注重从“个别到个别”。我国自清末变法以来，主要继受大陆法的法律思维，借鉴德国法经验符合我国的法律思维习惯。

第三，我国立法实际上已经开始了对德国法经验的借鉴。近年来，在我国侵权法上出现了安全保障义务制度，而且被《侵权责任法》第37条所认可。该制度的确立实际上可以理解为我国借鉴德国法经验的良好开端。

第四，我国学者对德国法上交往安全义务理论的介绍和引入已经比较丰富。我国已有不少学者开始介绍、评析德国法上的交往安全义务理论。④ 这些比较法研究和相应的中国化思考实际上为借鉴德国法的经验奠定了智识基础。

第五，司法实践已经接受了安全保障义务的观念。这就为我国引入德国法的经验提供了司法支持。虽然《侵权责任法》第37条将义务主体限于“宾馆、商场、银行、车站、娱乐场所等公共场所的管理人或者群众性活动的组织者”，但是，在解释上予以突破并非不可能。

因此，我们可以借鉴德国法上的经验，扩大安全保障义务的产生原因，

---

① 《侵权责任法》第37条第1款规定：“宾馆、商场、银行、车站、娱乐场所等公共场所的管理人或者群众性活动的组织者，未尽到安全保障义务，造成他人损害的，应当承担侵权责任。”同条第2款规定：“因第三人的行为造成他人损害的，由第三人承担侵权责任；管理人或者组织者未尽到安全保障义务的，承担相应的补充责任。”

② 类似观点参见［日］大木雅夫：《比较法》，范愉译，法律出版社1999年版，第76页。

③ ［日］大木雅夫：《比较法》，范愉译，法律出版社1999年版，第124页。

④ 目前专门研究这一问题的论文主要有：张新宝、唐青林：《经营者对服务场所的安全保障义务》，《法学研究》2003年第3期；林美惠：《侵权行为法上交易安全义务之研究》，台湾大学博士学位论文，2000年。研究这一问题的专著主要有：李昊：《交易安全义务论》，北京大学出版社2008年版；周友军：《交往安全义务理论研究》，中国人民大学出版社2008年版。

使其包括实施职业活动。具体来说，实施职业活动者可以导致社会公众的信赖，同时，专业的知识技能也使得他们可以比较容易地避免损害的发生。不过，出于降低职业风险的考虑，笔者认为，因实施职业活动而负担作为义务者应当仅限于专家，如律师、注册会计师、医师等。从法律适用的角度来说，我国《侵权责任法》第 37 条将义务主体限于“公共场所的管理人或者群众性活动的组织者”，如果要确认专家的安全保障义务，则应当采取类推适用或目的性扩张的方式。

第二节　专家对第三人责任的归责原则

一、专家对第三人责任归责原则的解释论

我国《侵权责任法》第 6 条第 1 款规定：“行为人因过错侵害他人民事权益，应当承担侵权责任。”这是我国过错侵权的一般条款。这一规定实际上是对过错责任原则的宣示。过错责任原则是从私法自治原则中派生出来的。按照该原则，个人只有依其意思活动，即因其故意或过失行为，才要承担责任。对于因自己的无意识所实施的行为，行为人并不承担任何责任。①

过错侵权的一般条款本身就意味着，除非法律有特别规定，否则，就适用该一般条款。就专家对第三人责任案件来说，如果法律上没有特别规定，就要适用《侵权责任法》第 6 条第 1 款的规定。我国法律针对专家对第三人责任往往没有作出特别规定，所以，从解释论或者说从法教义学（Rechtsdogmatik）的角度来看，专家对第三人责任原则上采过错责任原则。②

当然，在例外情况下，专家对第三人责任案件则是采过错推定责任原则，法律和司法解释可以就具体类型的专家确立的过错推定责任原则。例

① 参见刘得宽：《民法诸问题与新展望》，中国政法大学出版社 2001 年版，第 93 页。

② 法教义学研究的前提是对一国法秩序的总体性确信。按照德国学者埃塞尔（Esser）教授的看法，法教义学是原则上以制定法和判决等的权威性为基础的方法。参见 Esser，Möglichkeiten und Grenzen dogmatischen Denkens im Zivilsrecht，AcP 172（1972），97。

如，《最高人民法院关于审理证券市场因虚假陈述引发的民事赔偿案件的若干规定》（法释〔2003〕2号，以下简称“《证券虚假陈述赔偿的规定》”）第24条规定，专业中介服务机构及其直接责任人违反《证券法》的规定虚假陈述，给投资人造成损失的，就其负有责任的部分承担赔偿责任。但有证据证明无过错的，应予免责。

二、专家对第三人责任归责原则的立法论

1. 专家对第三人责任案件不宜适用危险责任原则

理论上，有学者提出，我国专家对第三人责任应当采用危险责任原则（或称无过错责任原则、严格责任原则）。其主要理论依据是，我国法上的产品责任是商品责任，专家责任是服务责任，但是，专家提供的服务也可以定性为信息产品，与产品责任具有类似之处。既然产品责任是危险责任，专家责任（包括专家对第三人责任）也应当采用危险责任原则。[①] 在比较法上，也有类似的观点。例如，针对会计师对第三人责任，美国学者 Siliciano 就提出，会计师出具的不实审计报告类似于有瑕疵的产品，应适用产品责任下的严格责任或无过错责任。[②] 1978年，欧盟委员会在起草统一欧盟国家公司法的第5号指令时，就曾在草案中规定，会计师在公司法定审计下所承担的民事责任为无过错责任。[③] 不过，上述专家对第三人责任应采用危险责任原则的观点，并不被我国多数学者认同，[④] 笔者也与多数学者持同样见解，即专家对第三人责任不宜采用危险责任原则。理由主要在于：

第一，产品与服务之间存在重大区别，不能简单地类比。就服务与产品的区别来看，主要表现为：一是产品的生产者对于产品的质量几乎有着完全

---

① 参见蒋尧明：《上市公司会计信息产品民事赔偿责任研究》，《会计研究》2003年第4期。

② John A. Siliciano, “Negligence Accounting and the Limits of Instrumental Tort Reform”, 86Mich. L. Rev. 1929（1988）, p. 1969. 转引自刘燕：《会计师民事责任研究：公众利益与职业利益的平衡》，北京大学出版社2004年版，第159页。

③ 刘燕：《会计师民事责任研究：公众利益与职业利益的平衡》，北京大学出版社2004年版，第158页。

④ 参见邹海林：《专家责任的构造机理与适用》，http://www.privatelaw.net.cn/new2004/shtml/20061102-094258.htm，2013年12月20日；唐先峰、赵春兰、王洪宇：《我国专家民事责任制度研究》，法律出版社2005年版，第80页；杨硕：《律师第三人责任研究》，西南财经大学硕士学位论文，2007年，第29页。

的控制权，而服务的质量要受到很多客观因素的影响，因此，产品可以有统一的标准，而服务却很难用统一的标准来衡量。[①] 二是产品只被特定的人使用，其瑕疵造成的损害在范围上是有限的。而专家意见具有无限传播的可能性，其致损范围可以无限扩展。[②] 正是因为上述原因，专家对第三人责任采用危险责任原则，会导致专家无法控制的风险，而且是累积的巨大风险。

第二，危险责任原则会严重威胁专家的职业生存。如果专家对第三人责任采用危险责任原则，就可能导致针对专家的诉讼泛滥。在此情况下，专家就很可能采取各种防御性措施，如出具最为保守的专业意见、不涉及任何具有争议的事项等，以至于阅读该专业意见的人不得不去注意意见中所没有涉及的内容，结果使专家服务失去创造性、建设性和前瞻性，[③] 甚至使得专家意见自身的价值大打折扣。另外，专家对第三人负有过重的责任，还可能导致人们远离这一行业，从而使得专家的职业生存受到严重威胁。[④] 专家的职业生存受到威胁，这反过来也会使社会公众难以获得专家的服务，最终使整个社会遭受损失。

第三，危险责任不符合我国专家职业的发展现状。从我国专家职业的现状来看，其仍然属于新兴职业群体，产生及发展时间不长。在当前阶段，我国专家职业存在如下特点：一是专家的社会地位并不高。专家的社会地位的高低取决于历史传统、民众心理、国家政策等各种因素。但遗憾的是，在我国，因为各种复杂原因，专家的社会地位并不高，只不过是“三百六十行”中的一种而已。二是专家的报酬并不高。在我国，专家并不因为其专业知识和特殊技能而获得非常高的报酬，总体上专家的收费水平并不很高。[⑤]

第四，从比较法来看，专家对第三人责任基本上都是采过错责任原则。在专家责任领域，过错责任仍然是主导性的。因为在所有国家，法院都倾向于允许专家出错。对专家来说，职业过失对其声誉的影响，甚于法院作

---

① 参见杨硕：《律师第三人责任研究》，西南财经大学硕士学位论文，2007 年，第 33 页。

② 参见杨硕：《律师第三人责任研究》，西南财经大学硕士学位论文，2007 年，第 29 页。

③⑤ 唐先峰、赵春兰、王洪宇：《我国专家民事责任制度研究》，法律出版社 2005 年版，第 80 页。

④ 参见仲伟珩：《专家对第三人民事责任制度研究》，中国政法大学博士学位论文，2007 年，第 189 页。

出赔偿判决的影响。[①]

2. 我国专家对第三人责任原则上应实行过错责任原则，并实行过错推定

就专家对第三人责任案件来说，其应当实行过错责任原则，理由在于：其一，这是过错责任原则的要求。自近代以来，侵权法上就实行过错责任原则。按照康德的意志自由理论，基于个人的自由意思可以自动自发地创造新的社会。因此，对于行为的结果只有在可受指责的意思（故意或过失）下，人们才应承担责任。[②] 过错责任原则既然是原则，它就当然可以适用于各种案件。除非有充分的理由，否则，就应当适用“原则”而不是“例外”。就专家对第三人责任来说，笔者认为，并不存在充足的理由可以排斥过错责任原则的适用。其二，这是保障专家执业自由的需要。侵权法存在二元的价值目标，即权益保护和自由保障。[③] 过错责任原则的适用可以保障专家的执业自由。因为只要专家尽到其注意义务，没有故意或过失，即便造成他人损害，也不必承担责任。这就可以使专家的执业自由得到保障，以免其动辄得咎。

只不过，考虑到专家对第三人责任案件中的具体情况，应当对专家过错实行举证责任倒置，理由主要在于：其一，就专业知识来说，专家具有其知识和技术上的优势地位。专家的执业过错涉及本领域的专业问题，具有高度的专业性和复杂性，因此，专家具有举证上的优势。[④] 作为受害人的第三人并不具备特定领域的专业知识，很难就专家的执业过错举证，要求第三人来证明专家的过失未免不太公平。[⑤] 其二，就双方距离证据的远近来说，专家具有接近证据的优势。因为专家更接近证据，所以，要求其就自己没有过失举证，更能够体现公平合理的要求。换言之，专家与第三人之间存在比较严重的信息不对称。专家掌握了其执业活动中的信息，而这些信息很难为第三人所控制。以会计师为例，与第三人（主要是公众投资者）相比，会计师在信息披露中处于优势地位，第三人只是被动地了解、接纳

---

① André Tunc（ed.），*International Encyclopedia of Comparative Law*，Vol. XI，Torts，Part I，Ch. 6，Tuebingen：J. C. B. Mohr，1983，p. 5.

② 参见刘得宽：《民法诸问题与新展望》，中国政法大学出版社 2001 年，第 92 页。

③ 正如日本学者望月礼二郎所言：“侵权行为法的历史，以调整两种对立的基本个人利益为轴心而展开。这就是生命、财产安全的利益和行动自由的利益。”参见［日］望月礼二郎：《英美法》，郭建、王仲涛译，商务印书馆 2005 年版，第 126 页。

④ 参见季为玉：《专家对第三人侵权责任研究》，南京师范大学硕士学位论文，2008 年，第 26 页。

⑤ 参见朱慈蕴、陈彦晶：《评会计师对第三人的民事责任》，《法学评论》2007 年第 4 期。

被公开的信息，所以，第三人对于会计师是否有过错难以充分举证。[①] 所以，从我国学界的情况来看，不少学者也认为，应当实行举证责任倒置。例如，梁慧星教授所主持的《中国民法典草案建议稿·侵权行为编》第1586条规定："因专家的执业活动引起的侵权诉讼，由专家就其职业活动与损害结果之间不存在因果关系及不存在过错承担举证责任。"[②] 这一建议条文就坚持专家对第三人承担过错推定责任。

不过，专家对第三人责任采过错推定责任，这仅仅是原则，应当允许存在例外。就具体的专家类型，特别法可以基于特殊的政策考虑等确立其归责原则。例如，就医师的责任，《侵权责任法》第54条原则上采过错责任，并不实行过错推定。[③] 虽然《侵权责任法》没有明确规定医师对第三人的责任问题，但是，医师对第三人责任应当与医师对委托人的责任相同，都属于过错责任，以保持法秩序的统一。

第三节　专家对第三人责任的构成要件

一、侵权责任的构成要件概述

已如前述，专家对第三人责任的法理构造应当采侵权责任模式，而且，其归责原则应当原则上是过错责任原则，并实行过错推定。以此理论前提为基础，我们探讨专家对第三人责任的构成要件。

在罗马法上，就存在一项基本原则，即"所有权人自负其责"（casus sentit dominus）。这项原则的背景是一个千百年来根深蒂固的法律观念，其

---

① 参见缪静：《论会计师对第三人的民事责任》，《法学》2002年第8期。

② 梁慧星主编：《中国民法典草案建议稿附理由·侵权行为编、继承编》，法律出版社2004年版，第63页。

③《侵权责任法》第54条规定："患者在诊疗活动中受到损害，医疗机构及其医务人员有过错的，由医疗机构承担赔偿责任。"同法第58条规定："患者有损害，因下列情形之一的，推定医疗机构有过错：（一）违反法律、行政法规、规章以及其他有关诊疗规范的规定；（二）隐匿或者拒绝提供与纠纷有关的病历资料；（三）伪造、篡改或者销毁病历资料。"可见，该法仅在第58条规定的三种特殊情形实行过错推定。

出发点在于，反对由法律来阻碍偶然事件的发生，并反对由法律补偿因命运所造成的不平等。[①] 这一基本原则成为侵权法的起点。按照这一原则，除非存在将损害移转给他人的法律基础，否则，任何人都必须承受其遭受的损害。[②] 诚如美国法学家霍姆斯（Holmes）所言，“良好的政策应让损失停留于其所发生之处，除非有特别干预的理由存在。”[③] 因此，除非符合了侵权责任的构成要件，否则，受害人不能要求他人承担侵权责任，只能自己承受损失。

我国多数学者认为，过错责任的构成要件包括过错、因果关系、损害等，这些要件处于同一层面。也有少数学者主张借鉴德国等的经验，采三阶层理论，这就是说，在过错侵权领域，只有具备符合性（即符合客观构成要件）、违法性和有责性时，行为人才应对受害人遭受的损害负赔偿责任。[④] 笔者认为，三阶层理论值得赞同，理由在于：

第一，从逻辑的角度来看，它有利于明晰各个构成要件之间的逻辑联系。在过错侵权责任中，各个构成要件之间是存在逻辑联系的。但是，多数学者所主张的不区分阶层的做法割裂了其相互联系，导致构成要件的简单堆砌。例如，因果关系应当是加害人的行为与权益损害之间引起与被引起的关系，但是，如果各个构成要件并列，就无法清晰地体现它们之间的内在联系。再如，侵权责任能力是过错判断的前提，而如果将其作为与过错、违法性等并列的要件，则无法体现其与过错的联系。三阶层结构就可以充分反映各个构成要件之间的相互联系，体现出高度的逻辑合理性。

第二，从理论体系的角度来看，它有利于形成妥当的理论体系。理论体系，是指按照一定的原则，按照理论诸要素的关系，把理论诸要素组成统一的整体。[⑤] 各个构成要件之间实际上存在着逻辑联系，可以通过该逻辑

---

① ［德］福克斯：《侵权行为法》，齐晓琨译，法律出版社 2006 年版，第 2 页。

② European Group on Tort Law, *Principles of European Tort Law: Text and Commentary*, Vienna/New York: Springer, 2005, p. 19.

③ O. W. Holmes, The Common Law, 1891, p. 50. “Sound policy lets losses lie where they fall except where a special reason can be shown for interference.” 转引自王泽鉴：《侵权行为法》（第一册），中国政法大学出版社 2001 年版，第 11－12 页。

④ Harry Westermann/Harm Peter Westermann, Grundbegriffe des BGB, 16. Aufl., Stuttgart 2004, S. 139.

⑤ 于超主编：《哲学相近概念比较研究》，山东大学出版社 1988 年版，第 17 页。

联系形成理论体系。例如，被告的抗辩事由可以区分为违法阻却事由（如正当防卫）、过错不存在的事由（如意外事件）等，从而分别在不同的要件中体现。但是，多数学者所主张的不区分阶层的理论，就仅仅形成构成要件的简单组合，没有能够形成理论体系。法学研究就是要探寻制度之间的意义关联。三阶层理论充分发掘了各个制度之间的意义关联，进而可以形成规范的、严密的理论体系。

第三，从司法的角度来看，它有利于法官的实务操作。各个构成要件组成的有机体系是符合自然逻辑思考的体系，也可以使其变得易于理解和掌握。另外，三阶层的体系也是严谨的、条理化的。法官依据该理论进行推理，就非常便捷，而且，可以形成相对一致的推理顺序。因此，从司法实务的角度来看，三阶层的理论有助于便利实务操作。

基于上述原因，笔者认为，我国过错责任的构成要件应当采三阶层结构。下面，将以此理论预设为基础来构建专家对第三人责任的构成要件。

二、符合性

符合性，也称为该当性，是指客观构成要件的符合性，或者说满足了客观构成要件。就专家对第三人责任案件来说，其客观构成要件仅包括：专家的行为、第三人的权益损害和两者之间的因果关系。

1. 专家的行为

专家的行为是专家对第三人责任的构成要件之一。就实际来看，专家可能因其活动而致第三人损害，也可能因其意见而致第三人损害，前者如专家因遗嘱案件中的过失行为而导致可能的受益人遭受损失，后者如专家出具的意见被银行作为发放贷款的依据并最终导致银行无法收回欠款。但是，从侵权责任的构成要件来看，专家的活动或专家的意见，都可以纳入专家行为的要件。因为即使因专家意见而导致第三人损害，也可以理解为专家出具意见的行为导致第三人损害。

将专家的行为作为独立的要件，主要是考虑到“行为”与单纯的思想是不同的。在法律上，人们一般坚持这样的原则，即“外部行为受法律规定约束，内部行为受道德规定约束”，这个原则也首先是从作为人类共同生活规范总和的法律观中必然得出的，因为共同生活只涉及一个个体与其他个体间的行为方面。[①] 另外，将其作为独立的要件，还因为“专家的行为”是构成要件符合性、违法性和有责性的连接点。在构成要件该当性层面，专家的行为是其要素之一；在违法性层面，专家的行为是违法性判断的对象；而在有责性层面，专家的行为则是过错判断的依据。

专家的行为可以区分为作为和不作为两种类型。就专家对第三人责任案件来说，专家的行为可能是作为，也可能是不作为。例如，会计师为公司出具了虚假的验资报告，第三人信赖该报告与该公司发生交易，后来，该公司无力偿还债务，该会计师就要对第三人的损失负责。在该案中，会计师的行为就是作为。再如，律师受遗嘱人的委托为其起草遗嘱，但是，因律师的延误导致该遗嘱迟迟没有能够起草，后来，遗嘱人死亡，可能的受益人遭受损失。在该案中，律师的行为就是不作为。已如前述，如果专家的不作为要被认定为侵权行为，就必须认定作为义务的存在，尤其是要借助于安全保障义务制度来扩张其作为义务。

专家作为社会的一员，既可以以社会普通人的身份出现，也可以以专家的身份出现。此处所说的“专家的行为”是指其以专家身份出现时的行为，可以称为执业行为。在认定专家的行为是否属于执业行为时要考虑如下因素：①专家的行为应当是其运用专业知识或特殊技能的活动。专家的重要特征在于，其具备专业知识或特殊技能，也只有其运用这一知识和技能时才属于执业活动。②专家认识到其是以专家的方式来实施行为。正如在1971年的 Mutual Life and Citizens Assurance Co. v. Evatt 案中法官所指出的，只有当原告明确他是在寻求谨慎、周密的建议并有意按专业的方式去做时，才会导致注意义务的产生。它排除了专家在非正式场合下作出建议时的责任。例如，对于在社交场合作出的建议，“专家”是不必承担责任的。[②] 需要注意的是，在认定专家的执业行为时，专家是否获得报酬并不重要。[③] 通常来说，专家执业活动都获得报酬，但是，报酬的获取与否并不是专家执业活动认定中的决定性因素。

---

① 参见［德］拉德布鲁赫：《法哲学》，王朴译，法律出版社2005年版，第38－39页。

② 田韶华、杨清：《专家民事责任制度研究》，中国检察出版社2005年版，第93页。

③ BGH NJW 1982，2431.

2. 第三人的权益损害

损害，是指受害人受法律保护领域内的不利变化。[①]“无损害即无赔偿”，这是侵权法上的重要原则。侵权法上可以救济的损害应当是特定民事主体所遭受的损害。如果是集体损害（如生态损害），则无法通过侵权法来救济。[②] 而且，损害必须是现实的损害。现实的损害大致等同于确定的损害，学者称其为损害的事实方面。[③] 有学者认为，侵权法上的损害包括现实的损害和可能的损害。[④] 这是对侵权法的错误认识，也混淆了侵权责任与绝对权请求权。就专家对第三人责任案件来说，第三人也必须证明损害的存在，才能向专家请求赔偿。

从整个侵权法来看，不同的侵权类型对于权益损害的规定并不相同。在有些侵权类型中，权益损害限于侵害绝对权而遭受的损害，例如，在德国法上，宠物致害责任就限于救济对人身和有体物的侵害。有些侵权类型中，权益损害可以是侵害任何权利和利益的损害。就专家对第三人责任案件来说，其不应当也不可能要求限于侵害绝对权。从实务来看，专家往往没有侵害第三人的绝对权，而多数情形是仅仅造成了第三人的纯经济损失。例如，因会计师的虚假验资，导致被验资公司的债权人无法实现其债权，就属于纯经济损失。

第三人所遭受的损害不限于财产损害，也可能是精神损害。例如，在公证人虚假地公证他人死亡的案件中，受害人就会遭受精神损害。无论如何，受害人所遭受的是可以以金钱衡量的财产损害，还是无法以金钱衡量的精神损害，都必须是可补救的损害。这就是说，损害是侵害法律保护的利益的结果。否则，即使在日常生活中被认为是损害，也是不可补救的。[⑤]

---

① ［德］马格努斯主编：《侵权法的统一：损害与损害赔偿》，谢鸿飞译，法律出版社 2009 年版，第 277 页。

② 在比较法上，似乎只有法国承认集体损害。集体损害有两种：一是很多人都受到微小损害；二是集体（不特定的组织）遭受的损害。参见［德］马格努斯主编：《侵权法的统一：损害与损害赔偿》，谢鸿飞译，法律出版社 2009 年版，第 292 页。

③ 张新宝：《侵权责任构成要件研究》，法律出版社 2007 年版，第 121 页。

④《侵权责任法》第 15 条规定的侵权责任形式似乎也可以支持这一观点，因为停止侵害、排除妨碍、消除危险对应的是可能的损害。但是，笔者认为，如此解释会对整个侵权法的体系构成重大的负面影响。

⑤ European Group on Tort Law, *Principles of European Tort Law*: *Text and Commentary*, Vienna/New York: Springer, 2005, p. 27.

在认定可补救的损害时，主要排除两类损害：一是微小损害。从法律的救济可能性考虑，微小损害是不应获得赔偿的，这也是考虑到司法资源的有限性和“法律不管细事”的原理。二是非法损害，即与非法行为密切联系的损害。可赔偿的损害必须是合法的，不能是与违法行为密切相连的损害。[①] 如果作为收益或利润来源的行为是非法的或者法律不认可的，受害人的损害就不是可救济的损害。作为收益来源的行为究竟是否非法，这取决于法律的规定、社会价值和公共判断是否允许。[②] 非法损害不能获得法律的保护，是因为法律秩序作为一个整体必须被尊重。侵权法的保护不能覆盖法律秩序禁止获得的利益。[③] 例如，会计师出具了虚假的审计报告，第三人信赖该审计报告而放了高利贷，后来，第三人遭受了损失，其超过法定利率 4 倍的部分利息损失，就不得请求赔偿。

从举证责任的角度来看，第三人就其遭受的损害要负举证责任。有时，考虑到损害的特殊性，损害的证明需要借助于专家证据或其他证据。不过，在某些案件中，即使使用专家证据，也很难确定损害的确切程度。在某些案件中，专家证据或其他证据的成本过高，甚至与损害本身相当或者超过损害。[④] 此时，就应当考虑由法官依据职权来判断损害的数额。[⑤]

3. 因果关系

（1）专家对第三人责任中的因果关系概述。专家对第三人负责还必须满足因果关系要件，即专家的行为与第三人的权益损害之间存在因果关系。因果关系要件的设计主要是为了避免有人无端地提起诉讼，伤及无辜，进而确保承担责任的人都是对损害的发生应该负责的人。只有行为人有责任地、有因果关系地开启了该因果链条时，行为人才对损害承担责任。这就

① Gotthard, Landesbericht Frankreich, in: von Bar (Hg.), Deliktsrecht in Europa, Köln 1993, S. 24f.

② European Group on Tort Law, *Principles of European Tort Law: Text and Commentary*, Vienna/New York: Springer, 2005, p. 35.

③ European Group on Tort Law, *Principles of European Tort Law: Text and Commentary*, Vienna/New York: Springer, 2005, p. 35. 我国《民法通则》第 5 条规定“公民、法人的合法的民事权益受法律保护”，据此似乎也可以解释出上述规则。

④ European Group on Tort Law, *Principles of European Tort Law: Text and Commentary*, Vienna/New York: Springer, 2005, p. 40.

⑤《欧洲侵权法原则》第 2：105 条规定：“损害的证明必须依据通常的程序标准进行。在无法举证损害的确切数额或举证费用过高时，法院有权判定损害数额。”

使得归责具有了正当性，而非纯粹偶然地被归责。[1]

在德国法上，因果关系被区分为责任成立的因果关系和责任范围的因果关系。责任成立的因果关系，是指侵害行为与权益侵害之间的因果关系；责任范围的因果关系，是指权益侵害与损害之间的因果关系。但是，在我国，学者一般都不进行此种区分，因果关系被概括地指称为加害行为与权益损害之间的因果关系。

就专家对第三人责任案件来说，其因果关系是指专家的行为与第三人的权益损害之间的引起与被引起的关系。在理论上，因果关系的认定有多种理论，包括条件说、原因说、相当因果关系说、规范目的说等。我国学界的通说认为，应当采相当因果关系说，即从社会一般人的角度出发，有此行为通常有此结果，就认定因果关系的存在。“相当”与否的判断，关键在于该原因是否表现为通常形态，而不是特殊性质的、不可能的、依据事情正常发展不予考虑的。[2] 考察此种相当因果关系并不是从具体侵害人的角度进行观察，而应当从处在行为人地位的社会一般人的角度进行观察。[3] 另外，因果关系相当性的判断是以客观根据为基础的可能性假定。它不能借助于此种权衡来修正，即并不涉及危险的大小而是涉及社会伦理性的评价的权衡。[4]

此外，如果依据相当因果关系说认定了因果关系的存在，还应当再适用法规目的说，即考虑法规所要保护的人的范围、法规所要保护的权益范围和法规所要避免和防止的损害发生方式。[5] 如果受害人不属于其要保护的人的范围，所侵害的权益不属于其所要保护的权益范围，或者侵害的方式不属于其所要避免的损害发生方式，就不能认定因果关系的存在。

在理论上，有学者认为，专家对第三人负责的要件之一是第三人对专家意见的信赖，或者说，第三人因信赖专家意见而对其财产进行了处分。如果第三人处分其财产并非因信赖专家的意见，则不能请求专家赔偿。[6] 笔

---

① Bengen, Die Systematik des §823 Ⅰ BGB im Deliktsrecht, Frankfurt am Main/Berlin/Bern/Bruxelles/New York/Oxford/Wien/Lang 2000, S. 287.

② 朱岩：《当代德国侵权法上因果关系理论和实务中的主要问题》，《法学家》2004 年第 6 期。

③ 早期的学者认为，应当从一个处在行为人地位的最优的观察者（ein optimaler Beobachter）所可能认识到的情况出发。参见朱岩：《当代德国侵权法上因果关系理论和实务中的主要问题》，《法学家》2004 年第 6 期。

④ Stoll, Unrechtstypen bei Verletzung absoluter Rechte, AcP162（1963），233.

⑤ 参见曾世雄：《损害赔偿法原理》，中国政法大学出版社 2001 年版，第 112 页以下。

⑥ Büttner, Umfang und Grenzen der Dritthaftung von Experten, Tübingen 2006, S. 101f.

者认为，第三人的信赖不应作为独立的责任构成要件，其对专家意见的信赖应当纳入因果关系要件之中。因为第三人不信赖专家的意见，就不会依据专家的意见实施行为，专家意见与其损害之间就不存在因果关系。另外，第三人的信赖也并非存在于所有的案件类型，它只存在于"专家意见案群"和"专家咨询案群"，而在遗嘱案群中，责任的承担并不以第三人对专家的信赖为前提。

（2）因果关系的举证负担。按照"谁主张谁举证"的一般规则，受害人原则上应负举证责任。但是，有一些学者认为，就专家对第三人责任案件来说，应当实行举证责任倒置。如果专家不能举证排除因果关系的存在，则应当对第三人承担责任。[①] 其理由主要在于：因果关系通常涉及专业知识，致损原因的判断需要有高度的科学知识，而受害人缺乏相应的专业知识，往往难以证明复杂的因果关系。[②]

这一观点不无道理，但也值得商榷，笔者认为，应当借鉴德国法上的表见证明（Anscheinsbeweis）理论，而不必实行因果关系推定。在此理论下，受害人可以陈述一系列的事实，而根据一般的生活经验，从这些事实中能推导出一个确定而典型的事物发展的过程。当整个事实明显地具有通常和一般的事物的特点，以至于个别的例外情况已经失去了其典型意义时，就能够设想一个事物的典型发展过程，从而推导出确定的因果关系或者过错。[③] 表见证明不同于举证责任倒置，因为它并不能改变举证责任的分配。[④] 它可以理解为举证责任倒置的弱化形式，在效果上经常与举证责任倒置差不多，因为比较低的证明程度就可以让法官确信事实的存在。[⑤]

我国应借鉴德国法上的表见证明理论的主要理由在于：其一，专家的举证负担不宜过重。虽然考虑到因果关系证明需要专业知识，而且因果历程处于专家的控制领域，专家的举证负担应当适当加重，但也不必过分加

---

① 参见邹海林：《专家责任的构造机理与适用》，http：//www. privatelaw. net. cn/new2004/shtml/20061102－094258. htm，2013 年 12 月 20 日；季为玉：《专家对第三人侵权责任研究》，南京师范大学硕士学位论文，2008 年，第 26 页；张彩云：《专家责任研究》，中国文史出版社 2005 年版，第 88 页。

② 季为玉：《专家对第三人侵权责任研究》，南京师范大学硕士学位论文，2008 年，第 26 页。

③［德］福克斯：《侵权行为法》，齐晓琨译，法律出版社 2006 年版，第 112 页。

④ BGHZ 2，1，5.

⑤ Christian von Bar，Verkehrspflichten：richterliche Gefahrsteuerungsgebote im deutschen Deliktsrecht，Köln/Berlin/Bonn/München 1980，S. 279.

重其举证负担。这不仅是为了保障专家的执业自由，而且是为了维护社会公众的利益。如果专家的举证负担过重，他必然采取各种措施来保存证据，甚至采取各种措施来避免承担责任。这就会反过来损害社会公众的利益。表见证明理论也可以适当减轻受害人的举证责任，但不会导致举证责任的倒置，所以，不会过分加重专家的举证负担。其二，专家的举证责任要结合过错推定予以考虑。在专家对第三人责任案件中，各个构成要件的设计是相互关联的，应当整体性地考虑。已如前述，笔者认为，专家应当就其不存在过失承担举证责任，所以，在因果关系的证明方面就不宜过分加重专家的负担。

表见证明理论是为了增加受害人获得救济的机会而提出的。因为在很多案件中，因果历程处于行为人控制的领域。受害人不太可能了解，难以证明因果关系的存在，此时就非常有必要采纳表见证明的方法。就专家对第三人责任案件来说，第三人就处于此种境地。例如，会计师出具审计报告的过程完全处于会计师的控制领域，第三人不太可能了解。另外，表见证明的前提是，按照经验原则，可以认定，义务违反和损害后果之间具有因果关系。[①] 也就是说，按照一般的生活经验，损害后果应当是已经被确定的责任原因的典型后果。[②] 这里的“典型”并不意味着，加害事实必然总是导致损害的发生。[③] 而且，经验原则必须如此强大，以至于法官可以确信事实的真实性。[④] 不过，此种推定也是可以通过反证来推翻的。具体来说，相对方必须证明，在本案中具有出现非典型的事物发展过程的重大可能性。也就是说，相对人必须举证证明，在本案中与典型情况不同的特别的事实存在，而且这一特别事实很可能导致不同的结果发生。单纯的推测损害事实也可能由其他原因所致，并不足以推翻推定；仅仅提示有其他可能性也不足以驳倒推定。[⑤] 不难看出，表见证明是举证责任倒置的弱化形式，它在效果上经常与举证责任倒置差不多。

在具体的案件中，通过表明证明的运用，第三人仍然负担因果关系方面的举证责任，只不过举证责任被适当减轻。第三人只需要证明，按照一般的经验专家的行为会导致损害后果，该证明程度也比较低。专家要否定

---

① BGHZ 17，191，196.

② BGH NJW 1982，432.

③④ Staudinger/J Hager（1999），§823，Rn. I49.

⑤ Staudinger/J Hager（1999），§823，Rn. I50.

因果关系的存在，就必须证明在该案中存在与典型情况不同的特别事实，该事实会导致不同的结果发生。

三、违法性

1. 过错和违法性的区分

在比较法上，违法性要件是否独立有不同的做法。在德国法上，过错和违法性是不同的构成要件；在法国法上，其仅认可过错（faute）要件，其过错包含了客观因素和主观因素，两者可以大致对应于德国法上的违法性和过错。① 或许正是因为比较法上存在不同的立法例，我国理论界对违法性要件是否独立长期存在争议。这一争议也影响到法律和司法解释。《民法通则》第106条第2款在规定过错责任一般条款时没有明确使用“违法”、“不法”等字样，但是，一些司法解释却又明确认可违法性要件。②《侵权责任法》第6条第1款也没有采取明确的立场。所以，学者在解释时仍旧存在分歧。一种观点认为，过错吸收了违法性，因为《侵权责任法》第6条第1款并没有规定违法性要件。③ 另一种观点认为，过错和违法性要件是独立的。④ 这两种解释都有所据，但是，笔者更倾向于违法性要件独立的观点，理由主要在于：其一，违法性和过错的区分与法律上不同的价值判断相对应。⑤“违法性”的功能在于，它是法律秩序对行为本身的否定，而不是对行为人的评价。⑥ 过错虽也是一种无价值判断，但它是指行为人的主观可非难性。⑦ 其二，违法性和过错的区分是法律对违法但无过错行为进行规范的

① Gotthard, Landesbericht Frankreich, in: von Bar (Hg.), Deliktsrecht in Europa, Köln 1993, S. 17.

② 参见《最高人民法院关于审理名誉权案件若干问题的解答》、《最高人民法院关于确定民事侵权精神损害赔偿责任若干问题的解释》。

③ 参见王利明：《我国〈侵权责任法〉采纳了违法性要件吗?》，《中外法学》2012年第1期。

④ 参见杨立新：《〈中华人民共和国侵权责任法〉条文释解与司法适用》，人民法院出版社2010年版，第28页以下。

⑤ Michael Stathopoulos, Bemerkungen zum Verhältnis zwischen Fahrlässigkeit und Rechtswidrigkeit im Zivilrecht, in: Canaris/Diederichsen (hrsg.), Festschrift für Karl Larenz zum 80. Geburtstag am 23. April 1983, München 1983, S. 644.

⑥ Michael Stathopoulos, Bemerkungen zum Verhältnis zwischen Fahrlässigkeit und Rechtswidrigkeit im Zivilrecht, in: Canaris/Diederichsen (hrsg.), Festschrift für Karl Larenz zum 80. Geburtstag am 23. April 1983, München 1983, S. 645.

⑦ H. C. Nipperdey, Rechtswidrigkeit und Schuld im Zivilrecht, in: Karlsruhe Forum 1959, S. 3.

前提。对于违法的但无过错的行为，立法者可为其设定损害赔偿以外的法律后果，如绝对权请求权、正当防卫的权利等。[①] 如果不区分违法性和过错，那么，法律对这些行为的调整就会遇到较大的困难。[②]

不过，有人可能提出这样的反驳意见，即《侵权责任法》第6条第1款并没有出现“违法”字样。笔者认为，这种反驳虽不无道理，但其对法律条文的理解未免过于僵化。正如胡长清教授所言，“凡属权利，均有不可侵性，侵害权利，即属违法，法律纵不明定违法为侵权行为之要件，解释上盖属当然。”[③]

2. 违法性认定

在理论上，存在3种违法性认定理论：

其一，结果不法说（Erfolgsunrecht）。此种观点认为，在侵害绝对权的情况下，不需要对违法性进行验证，构成要件的符合性就征引了违法性。[④] 加害人应当证明违法阻却事由的存在。[⑤]

其二，行为不法说（Handlungsunrecht）。行为不法说要区分故意和过失的侵权行为，从而分别认定其违法性。在故意侵权的情况下，违法性仍然通过权益侵害来征引，[⑥] 即除非有违法阻却事由，皆为不法。[⑦] 对于过失侵权行为，人们要考虑实施侵害行为时的具体情事，从而认定其违法性。[⑧] 具体而言，只要行为人违反了一个具体的法律上的行为规则，或者违反了一般的注意命令，就应当认定其行为的违法性。[⑨]因为人们不能被要求尽到超出“社会生活中必要的注意”以外的义务。[⑨]

---

① 参见《德民》第12条、第227条、第858条、第1004条。

② 除此之外，还有两个理由可以支持过错与违法性的区分：其一，违法性和过错的区分有助于实现法律的行为指引功能。违法性要件具有教育性的、预防性的特征，它告诉人们，什么是法律允许做的，什么是法律不允许做的。其二，违法性和过错的区分有利于妥当地设计特殊侵权行为的构成要件，以实现特定的法政策目标。例如，在监护人责任案件中，被监护人因其不具有责任能力而无法被认定为具有过错，但是，还必须要求其行为的违法性。如果否认过错和违法性的区分，这些制度的设计就不可想象。

③ 胡长清：《中国民法债编总论》，商务印书馆1946年版，第142页。

④ BGHZ 43，178ff.；24，21ff. Vgl. StudienKomm/Jan Kropholler，§823，Rn. 24.

⑤ BGHZ 24，21ff.

⑥⑨ StudienKomm/Jan Kropholler，§823，Rn. 25.

⑦ Esser/Weyers，Schuldrecht Besonderer Teil，Teilband 2，8. Aufl.，Heidelberg 2000，S. 170.

⑧ Kupisch/ Krüger，Deliktsrecht，München 1983，S. 34.

⑨ Staudinger/J Hager（1999），§823，Rn. H15.

其三，折中说。此种观点认为，应当区分直接侵权和不作为侵权、间接侵权分别认定其违法性。[①] 在直接侵权的情况下，要依结果不法说来认定违法性。直接侵害行为的违法性是通过权益侵害被征引的。[②] 对于不作为侵权和间接侵权，要依据行为不法说来判断其违法性。

结合专家对第三人责任案件，笔者认为，其违法性的认定应当区分不同的情形分别探讨：

其一，就侵害绝对权来说，应当采结果不法说。在少数案件中，专家的行为会导致第三人的绝对权侵害，例如，因医师的过失导致患者的家属感染传染性疾病。此时，应当采结果不法说，因为绝对权本身的绝对性以及其社会典型公开性就表明，任何人不得侵害。如果出现了侵害绝对权的情形，就可以征引违法性。

其二，就侵害利益来说，应当采行为不法说。在多数案件中，专家的行为仅侵害了第三人的利益，导致了纯经济损失。例如，因律师的过失而导致遗嘱无效，进而使得可能的受益人遭受了经济上的损失。因为利益本身并不具有社会典型公开性，如果采结果不法说，则过分限制了人们的行为自由。此时，应当采行为不法说，区分故意和过失而分别认定违法性。在故意侵权的情况下，违法性仍然通过权益侵害来征引，即除非有违法阻却事由，都认定为违法。对于过失侵权行为，只有行为人违反了具体的法律上的行为规则，或者违反了一般的注意命令，才应当认定其行为的违法性。就侵害利益来说，行为不法说的运用也要考虑保护性法律和善良风俗，将其作为认定违法性的重要因素。

四、有责性

就专家对第三人责任案件来说，有责性认定包括两个方面：一是专家具有责任能力，二是专家具有过错。

1. 责任能力

责任能力，又称过责能力（Verschuldensfähigkeit）、归责能力（Zurechnungsfähigkeit）等，是指因自己的过错而承担责任的资格。责任能力以意思能力为基础，

---

① Brüggemeier, Deliktsrecht, Baden-Baden 1986, S. 89.

② Brüggemeier, Deliktsrecht, Baden-Baden 1986, S. 89.

也就是说，以行为人能够理智地形成意志并实施行为为前提。[①] 责任能力的缺乏并不排除行为客观的违法性，而是排除了行为人的过错。[②]

在比较法上，侵权责任能力是否认可，存在不同的做法：一是德国模式。在德国法上，侵权责任能力是重要的制度，也是过错认定的前提。责任能力的缺乏就排除了行为人的过错。[③] 二是法国模式。在法国法上，并不认可责任能力。[④] 目前法国法院的见解是，无论是未成年人还是精神病人，其都可能承担过错责任。心智不健全的人或非常年幼的未成年人都可能“存在过错”。[⑤]

在我国，立法上没有出现“侵权责任能力”的概念，立法者似乎要否认该制度。[⑥] 不过，法律本身没有明确这一点，这也为解释留下了空间。[⑦] 在解释论上，笔者认为，应当承认侵权责任能力制度，理由在于：第一，它符合我国长期继受德国法的传统。自清末变法以来，我国主要继受德国法。借鉴德国模式很容易与既有的制度保持兼容，维持法的继承性，并节约学习法律和适用法律的成本。第二，它符合意志自由理论。过错责任原则被认为是以意志自由理论为基础的，过错是对意志自由的滥用。[⑧] 如果行为人没有侵权责任能力，其就不能认识到其行为的危险性，进而在行为上有所选择或控制。要求其承担责任是与意志自由理论相违背的。第三，它是与我国侵权法上相关制度配合适用的需要。在我国侵权法上，不少制度

① Deutsch，Allgemeines Haftungsrecht，2. Aufl.，Köln/Berlin/Bonn/München 1996，S. 287.

② von Tuhr，Der allgemeine Teil des deutschen bürgerlichen Rechts，Band Ⅱ. 2. Hälfte，München/Leipzig 1918，S. 454.

③ Andreas von Tuhr，Der allgemeine Teil des deutschen bürgerlichen Rechts，Band Ⅱ. 2. Hälfte，München/Leipzig 1918，S. 454.

④ 在法国，马濡教授率先提出并阐释了“客观性过错”概念，认为侵权责任能力或者识别能力并不是过错认定的前提。受这一理论的影响，法国 1968 年 1 月 3 日的法律明确规定：“在精神障碍状态下给他人造成损害者，同样负有赔偿责任。”这一条文后来被纳入《法民》，即其第 414 条第 3 款。参见罗瑶：《法国法中的侵权过错概念及其对我国立法的借鉴意义》，《比较法研究》2010 年第 1 期。

⑤ 参见［荷］施皮尔主编：《侵权法的统一：对他人造成的损害的责任》，梅夏英、高圣平译，法律出版社 2009 年版，第 124 页。

⑥ 全国人大常委会法制工作委员会民法室编：《〈中华人民共和国侵权责任法〉条文说明、立法理由及相关规定》，北京大学出版社 2010 年版，第 125 页。

⑦ 这里涉及法律解释的目标是立法者的原意，还是法律的规范意旨，笔者认为，原则上应当遵从立法者原意，但如果有足够充分且正当的理由，也可以违背立法者的原意，以法律的规范意旨作为解释的目标。

⑧ 参见王利明：《侵权行为法归责原则研究》，中国政法大学出版社 2003 年版，第 184 页。

都需要侵权责任能力的配合适用，否则，就会陷入解释的困境，包括过错的认定、过失相抵规则的适用、共同侵权中共同过错的认定、暂时无意识者的责任等。第四，它符合预防侵权行为的立法目的。侵权责任能力制度的认可就意味着，凡是可以识别自己行为的人，都要对自己的过错行为负责，从而实现预防侵权行为的目的。如果无法识别自己行为的人也要对自己的行为负责，这也无法实现预防侵权行为的目的。正如法国学者维内教授（Viney）所指出的，主张无识别能力者也应承担民事责任的立法导向，是错误地将民事责任的功能局限于补偿。①

另外，从解释论的角度可以认为，② 未成年人和精神病人没有责任能力，侵权责任能力与民事行为能力的判断标准同一，即没有完全民事行为能力就没有侵权责任能力。③

在专家侵害第三人的情形下，专家的责任能力是具有过错的前提。如果专家不具有责任能力，就不再判断其是否具有过错，从而其也就不再承担过错责任。而且，原则上，专家责任能力的判断以其行为时为准，即使其在行为之前或行为之后不具有责任能力，也不影响其责任的承担。例如，会计师因过失而出具了虚假审计报告，事后其患了严重的精神病，这也不影响其损害赔偿责任的承担。

从举证责任的角度来看，专家的责任能力并不是受害人必须予以证明的、损害赔偿请求权成立的前提。责任能力是专家的抗辩事由，专家必须

---

① Geneviève Viney, La réparation des dommages causés sous l' empire d' un état d' inconscience: un transfert nécessaire de la responsabilité vers l' assurance. V. La construction de la responsabilité civil, PUF, 1éd, 2001, p. 230. 转引自罗瑶：《法国法中的侵权过错概念及其对我国立法的借鉴意义》，《比较法研究》2010 年第 1 期。

② 从立法论的角度考虑，笔者比较倾向于借鉴德国法上侵权责任能力的认定标准。

③ 这一论断的理由主要在于：第一，这符合法律解释的规则。按照“明示其一、排斥其他”的解释规则，我国法上就完全民事行为能力人的责任作出了规定，但对无行为能力和限制行为能力人的责任没有规定，似乎可以解释为，后者不承担侵权责任。第二，这符合对未成年人和精神病人进行特殊保护的思想。考虑到未成年人的人格自由发展和精神病人的康复和融入社会，不宜要求其承担责任。尤其是我国法上的监护人责任采无过错责任原则，这已经足以保护受害人，不必再要求被监护人自身承担责任。第三，这并非不利于预防侵权行为。未成年人和精神病人自身不具有侵权责任能力，就不必承担过错责任，这也并非不利于预防侵权行为。我国监护人责任的无过错责任，监护人履行其监护责任，就可以实现预防侵权的目的。另外，在我国法上，有财产的被监护人从其财产中支付赔偿费用，这也可以在一定程度上发挥预防侵权行为的作用。

证明其不具有责任能力。[①] 当然，就专家对第三人责任案件来说，专家通常都具有责任能力，因为专家身份的取得要经过国家的许可，而国家许可的前提中常常对年龄和精神健康状况有较高的要求。例如，依据《注册会计师法》第10条的规定，在向省、自治区、直辖市注册会计师协会申请注册时，如果申请人“不具有完全民事行为能力”，受理申请的注册会计师协会不予注册。只是在例外情况下，专家也可能丧失了责任能力（如专家患精神疾病），甚至出现暂时处于无责任能力状态的情形。

2. 过错

专家对第三人承担责任的前提是其具有过错。这是基于行为自由保障的考虑。如果行为人即使不具有可谴责性（即没有过错），他也要对行为后果承担责任，那么，个人的行为自由就被不可忍受地妨碍了。[②]

过错包括故意和过失。故意，是指行为人明知侵害后果的发生，而追求或放任该后果的出现。过失，是指行为人应当能够预见损害，并能够避免损害，但没有预见或已经预见却轻信其能够避免。[③] 故意分为直接故意和间接故意。直接故意是指行为人明知侵害后果并意欲实现它。间接故意是指行为人认真考虑了侵害的可能性但容忍损害的发生。[④] 民法上的故意必须包含对违法性的认识。但是，即使未认识到违法性，如果行为人应当认识到被违反的义务，那么，行为人也要因过失而承担责任。[⑤] 从实践来看，专家执业中也可能因直接故意或者间接故意而导致第三人损害。例如，公证人与公证申请人恶意串通进行虚假公证，从而导致第三人的损害，此时，公证人具有直接故意。

过失就意味着，行为人应当能够预见到行为会导致他人的损害，并通过相应的行为来避免损害。[⑥] 它可以分为疏忽大意的过失和过于自信的过失。疏忽大意的过失是指行为人未认识到行为的违法性，也没有尽到社会生活中必要的注意义务。过于自信的过失是指已经认识到行为的违法性，

---

① Schellhammer, Schuldrecht nach Anspruchsgrundlagen samt BGB Allgemeiner Teil, 4. Aufl., Heidelberg 2002, S. 455.

② von Caemmerer, Die absoluten Rechte in §823 Abs. 1 BGB, in: Karlsruhe Forum 1961, S. 25.

③④ Kupisch/ Krüger, Deliktsrecht, München, 1983, S. 43.

⑤ Medicus, Schuldrecht Ⅰ, Allgemeiner Teil, 14. Aufl., München 2003, S. 155.

⑥ Kupisch/ Krüger, Deliktsrecht, München, 1983, S. 43. 关于过失认定中的可预见性问题的详细论述，参见刘文杰：《论侵权法上过失认定中的“可预见性”》，《环球法律评论》2013年第3期。

但轻信它不会导致损害。[①] 从司法实务来看，专家往往是基于过失而造成第三人的损害，其过失可能是疏忽大意的过失，也可能是过于自信的过失。例如，会计师在进行审计时，因为疏忽没有发现财务报表中的问题，导致出具了不准确的审计报告，并最终导致第三人的损害，这就属于疏忽大意的过失的情形。

从解释论的角度来看，在不少情况下，第三人都要证明专家具有过失。从立法论的角度来看，专家具有的过失是被推定的，专家要免于承担责任，就应当证明其不具有过失。如果专家不能证明其没有过失，则应当对第三人承担损害赔偿责任。[②] 法院在认定专家是否具有过失时，应当主要采客观标准并适当兼顾专家的主观状况。这里所说的客观标准是指该领域中普通专家的注意义务标准。

第四节　专家过失的认定

一、专家过失的认定概述

在专家对第三人责任案件中，专家的过错可能是故意，也可能是过失。不过，这里我们仅探讨专家过失的认定，而不涉及专家故意的认定。原因在于：其一，故意和过失的认定标准不同。目前，我国学界通说认为，过失认定采客观标准。而对于故意的认定，则采主观标准。因为故意与过失不同，故意的认定不可能采客观标准。其二，就专家对第三人责任案件的常态来说，专家通常具有过失，而不具有故意。所以，探讨专家过失的认定更具有现实意义。

通常来说，法律都没有对专家过失的认定标准作出规定，此处对专家过失认定的探讨，就是以法律没有特别规定为前提的。如果法律对专家的

---

① Kupisch/ Krüger, Deliktsrecht, München, 1983, S. 43.

② 参见邹海林：《专家责任的构造机理与适用》，http：//www. privatelaw. net. cn/new2004/shtml/20061102 -094258. htm，2013 年 12 月 20 日。

注意义务作出了特别规定，就应当依据其特别规定。例如，在英国，1844年的《英国公司法》（The Companies Act of 1844）对审计师的注意义务作出了规定；[①] 1972年的《英国不动产缺陷法》（Defective Premises Act 1972）对建筑师的注意义务作出了规定。[②] 这些制定法上的规定可以作为确定专家注意义务的依据。[③]在我国，也有不少规范性法律文件对特定类型专家的注意义务作出了规定，例如，司法部于2000年3月24日颁布的《遗嘱公证细则》，就对公证人的注意义务作出了规定，这些规定可以作为认定公证人过失的依据。

已如前述，从立法论的角度来说，我国专家对第三人责任应当属于过错推定责任，专家应当就其没有尽到注意义务提出反证。这是否意味着，专家过失认定的探讨没有意义呢？答案是否定的。即使就专家过失实行举证责任倒置，专家过失认定的探讨仍然具有价值，理由主要在于：其一，举证责任倒置是从举证责任的角度或者说从诉讼的角度来考虑的。过失的认定标准是从实体法的角度考虑的。即使实行举证责任倒置，法院仍然要依据一定的标准来判断专家是否存在过失。所以，即使实行举证责任倒置，也仍然需要借助一定的标准来判断专家的过失。其二，从立法论的角度来看，我国专家对第三人责任也可能在例外情况下采普通的过错责任原则。此时，专家过失的认定标准对于受害人举证具有意义。

二、专家过失的标准：善良管理人的注意义务

1. 专家过失的标准是善良管理人的注意义务

在民法上，过失可以分为重大过失和轻过失。轻过失又分为具体轻过失和抽象轻过失。抽象轻过失是指没有尽到善良管理人的注意义务。具体轻过失是指没有尽到与处理自己事务相同的注意义务。自罗马法以来，过失就被区分为这三种类型，后世各国基本上予以继受。《侵权责任法》第72条、第78条等条文中使用了“重大过失”的概念，可见其采纳了重大过失和轻过失的区分。在侵权法上，原则上采抽象轻过失标准。因为以重

---

①③ Dugdale, Parkinson, Stanton, Cox, Swinson, *Professional Negligence in Accountancy*, London: Longman Group Ltd., 1986, p. 3.

② Harrop-Griffiths, Bennington, *Underwood and Holt's Professional Negligence*, London: Fourmat Publishing, 1985, p. 2.

大过失为标准，则行为人的责任失之过轻，不足以维护社会生活的安定；以具体轻过失为标准，则注意义务标准因人而异，而且，被害人对于加害人的注意状态举证比较困难。[①] 笔者认为，就专家对第三人责任案件来说也应当如此，即专家承担责任的前提是，其具有抽象轻过失。这就是说，只要专家没有尽到善良管理人的注意义务就认定其具有过失。

值得探讨的是，也有学者提出，专家负有高度注意义务，而不是善良管理人的注意义务。[②] 他们试图表达的观念是，专家负有的注意义务要高于普通人，因此，不宜纳入善良管理人的注意义务。但是，笔者认为，此种观点值得商榷，专家负有的就是善良管理人的注意义务，而不是所谓“高度注意义务”，理由在于：其一，要求专家负有善良管理人的注意义务，并不会导致专家注意义务标准的降低。虽然专家过失的认定采善良管理人标准，但这并不意味着专家就负有与普通人相同的注意义务。考虑到专家的专业知识和特殊技能，其注意义务的认定应当以具有该知识和技能的人为准，而不能以社会一般人为准。所以，专家所负有的善良管理人的注意义务，与社会一般人所负有的善良管理人的注意义务不同。在我国司法实践中，法院也经常表达这一看法。[③] 其二，要求专家负有善良管理人的注意义务，这可以融入既有的理论体系。已如前述，按照既有的理论体系，过失分为重大过失和轻过失。轻过失又分为具体轻过失和抽象轻过失。如果专家负有“高度的注意义务”，其如何纳入既有的理论体系就成为理论上的难题。专家负有善良管理人的注意义务的观点，可以便利地融入既有的理论体系，保持理论体系的稳定性和持续性。

在实践中，第三人获得专家意见并不支付报酬。第三人使用专家意见的无偿性是否影响专家对第三人的注意义务？从理论上说，在无偿行为中，行为人往往只对具体轻过失负责，以免给行为人强加过重的负担。在我国

---

① 参见郑玉波：《民法债编总论》，中国政法大学出版社 2004 年版，第 139 页。

② 参见［日］能见善久：《论专家的民事责任》，梁慧星译，载梁慧星主编：《民商法论丛》（第 5 卷），法律出版社 1996 年版，第 506－507 页。

③ 例如，在北京皓德电子设备有限责任公司诉上海王红娅律师事务所一案中，一审法院所指出的，“上海王红娅律师事务所作为具有法律专业水准的服务单位，其对法律的认知程度应比其他的公民要强……”参见上海市闵行区人民法院（2008）闵民二（商）初字第 2105 号判决。

法上，甚至屡屡规定，在无偿行为中，行为人只对故意和重大过失负责。[①] 问题是，就专家对第三人责任案件来说，第三人不可能支付报酬，专家的注意义务是否因此而减轻？笔者认为，专家职业的特殊性决定了，即使对于无偿使用其意见的第三人，他也应当负有善良管理人的注意义务，这主要考虑到如下因素：第一，专家的特殊身份和特殊职业决定了，他应当尽到善良管理人的注意义务。第二，专家的执业活动通常都涉及他人的重大人身或财产利益，这就需要对受害人的利益提供更严格的保护。[②] 第三，专家以特殊的职业形象出现，社会也就要求他们具有该职业中通常的专家的谨慎和知识技能，这是社会对专家的合理期待。[③]

2. 专家过失的客观化与主观因素的考虑

在理论上，究竟应当采用主观过失标准还是采用客观过失标准，存在争论。从比较法的角度来看，现在世界各国基本都采用了客观的过失标准。在英美法上，过失的认定采用“合理人标准”，这就是客观标准。[④] 在德国，通说也认为，过失认定标准应当是客观化的。[⑤] 可见，过失的客观标准是各国侵权法发展的共同趋势。因为在现代社会，最重要的是社会交往中的便宜和安全，这就要求注意义务的典型化。举例而言，在道路交通中，人们都应相信，其他的交通参与人也已掌握了交通规则。第一天拿到驾照的司机，也不能因为其没有经验而免责。[⑥] 这些都是为了保障社会交往中的信赖和安全。

就专家过失的认定来说，笔者认为，也应当采取客观过失标准。事实上，各国法院的主流观点也认为，专家要遵守客观的、规范的标准，从而

---

① 例如，《合同法》第 189 条规定：“因赠与人故意或者重大过失致使赠与的财产毁损、灭失的，赠与人应当承担损害赔偿责任。”同法第 191 条第 2 款规定：“赠与人故意不告知瑕疵或者保证无瑕疵，造成受赠人损失的，应当承担损害赔偿责任。”同法第 406 条第 1 款后句规定：“无偿的委托合同，因受托人的故意或者重大过失给委托人造成损失的，委托人可以要求赔偿损失。”

② 参见张新宝：《侵权责任构成要件研究》，法律出版社 2007 年版，第 459 页。

③ Harrop-Griffiths，Bennington，*Underwood and Holt's Professional Negligence*，London：Fourmat Publishing，1985，p. 2.

④ Lorenz，Fortschritte der Schuldrechtsdogmatik，JZ 1961，437.

⑤ Stathopoulos，Bemerkungen zum Verhältnis zwischen Fahrlässigkeit und Rechtswidrigkeit im Zivilrecht，in：Canaris/Diederichsen（hrsg.），Festschrift für Karl Larenz zum 80. Geburtstag am 23. April 1983，München 1983，S. 631.

⑥ Medicus，Schuldrecht Ⅰ，Allgemeiner Teil，14. Aufl.，München 2003，S. 156.

保护社会公众免于遭受专家带来的危险。① 就我国来说，在专家对第三人责任案件中，过失的认定应当采善良管理人的标准，这个善良管理人就是该专家群体中的普通一员。他不需要达到该专家群体中最高超的专业技巧，只需要拥有从事某一特殊职业的胜任之人的通常技巧就足够了。② 正如法官在 Wimpey Construction UK v. Poole 案中所指出的，即使专家提出，他自己具有较之于一般专家更高的专业水平，他将保持这个水平，在认定其是否具有过失时，也应当以该领域的平均水平为准，而不是以他自己的专业水平为准。③ 在我国，《最高人民法院关于审理涉及会计师事务所在审计业务活动中民事侵权赔偿案件的若干规定》（法释〔2007〕12 号，以下简称"《会计师事务所侵权赔偿的规定》"）第 6 条第 2 款规定，"负责审计的注册会计师以低于行业一般成员应具备的专业水准执业"就认定其具有过错。这实际上就是上述观点的运用。

在确定专家的过失时，我们可以借鉴英国法上专家过失的认定 Bolam 检验法。它是法官 McNair 在 Bolam v. Friern Hospital Management Committee 案中提出的，④ 该案是医疗过失案件，法官在判决中提出，"在要求运用特殊的技能和能力的情况下，检验的标准是该领域中的普通的专业人士的标准。如果他符合了该领域中普通专家的通常技能，他就没有过错。如果他的行为符合负责任的医生的适当行为，他就没有过错。"后来，这个标准在很多医疗过失案件中被英国上议院认可，也在律师责任案件中被很多法院认可。⑤ 总体来说，Bolam 检验法包括两个部分：一是通常的专家的标准，二是按照负责任的职业人的观点来行为。⑥

---

① André Tunc（ed.），*International Encyclopedia of Comparative Law*，Vol. XI，Torts，Part Ⅰ，Ch. 6，Tuebingen：J. C. B. Mohr，1983，p. 19.

② 参见［德］克雷斯蒂安·冯·巴尔：《欧洲比较侵权行为法》（下册），焦美华译，法律出版社 2004 年版，第 355 页。

③ Harrop-Griffiths，Bennington，*Underwood and Holt's Professional Negligence*，London：Fourmat Publishing，1985，p. 3.

④ Bolam v. Friern Hospital Management Committee［1957］1W. L. R. 582.

⑤ Hugh Evans，*Lawyers' Liabilities*，London：Sweet & Maxwell，1996，p. 4. 例如，英国 1979 年的 Midland Bank v. Hett，Stubbs & Kemp 案是典型的律师责任案件，在该案中法官就采纳了 Balom 检验法。法官 Oliver 提出，"毫无疑问，律师对其委托人的义务是比较高的，该义务应当是他作为专家应当负有的义务。在义务认定中，Bolam 检验就是要确定合理的、胜任的职业者的标准，这个标准是该领域中通常被接受的标准。"参见 Midland Bank v. Hett，Stubbs & Kemp［1979］Ch. 384。

⑥ Hugh Evans，*Lawyers' Liabilities*，London：Sweet & Maxwell，1996，p. 4.

当然，考虑到各个专家群体的大小不同，专家注意义务的认定也出现难易的不同。如果在特定行业中专家的数量是有限的，确定普通专家的注意义务就比较容易。如果专家的数量较大，确定普通专家的注意义务就比较困难。①

三、专家过失认定中的若干具体问题

1. 专家过失认定与行业准则

行业准则是与行业自律相伴而生的。例如，英国自 1962 年以来，尤其是 1970 年以来，会计师的行业共同体才开始制定会计标准等。② 在我国也是如此。例如，就资产评估行业而言，为了实现行业自律，中国资产评估协会制定了一些行业准则，包括《资产评估准则——无形资产》、《资产评估准则——基本准则》、《资产评估职业道德准则——基本准则》等。③ 行业准则可以规范专家的执业行为，保持甚至提高专家的执业水平。同时，行业准则也可以作为专家过失认定中的重要参考，有时甚至与专家过失标准直接等同。例如，我国《会计师事务所侵权赔偿的规定》第 6 条第 2 款规定，会计师的行为“未依据执业准则、规则执行必要的审计程序”、“未能合理地运用执业准则和规则所要求的重要性原则”，或者实施了“其他违反执业准则、规则确定的工作程序的行为”，都可以认定为具有过失。这就是将行业准则与过失标准直接等同。

虽然行业准则可以作为认定专家过失的重要参考，但是，它不能作为决定性的依据。④ 这就是说，违反了行业准则可以认定专家具有过失，但遵守了行业准则并不必然意味着其没有过失。理由主要在于：其一，行业准则的制定可能受到行业利益的不当影响。行业准则的制定者一般都是本领域的人士，如某行业协会的成员等。例如，《中国注册会计师独立审计准

---

① Jeffrey C Brown, *Professional Negligence and Insurance Law*, Lodnon: Lloyd's of London Press Ltd., 1994, p. 32.

② Dugdale, Parkinson, Stanton, Cox, Swinson, Professional Negligence in Accountancy, Longman Group Ltd., 1986, p. 3.

③ 参见屈茂辉：《注册资产评估师的专家义务与专家过失》，《法学杂志》2007 年第 3 期。

④ Jeffrey C. Brown, *Professional Negligence and Insurance Law*, London: London: Lloyd's of London Press Ltd., 1994, p. 32.

则》就是由中国注册会计师协会负责拟订，报财政部批准后施行的。[1] 因此，行业准则的形成很可能会受到职业群体利益的影响，而不能保证其公正性。其二，行业准则可能具有滞后性。行业准则制定出来以后，就很可能滞后于社会的发展和科学技术的发展，这就使得其不能适应不断发展的社会需要。其三，社会公众的安全要求客观的、规范的标准。在专家责任方面，应当确立客观的、规范的标准，避免特定的职业群体为其自己设定不可控制的标准，进而威胁到公众的安全。[2]

2. 专家过失认定与委托合同的约定

专家违背了其与委托人之间的约定，是否是认定其对第三人过失的依据？对此存在不同的看法。一是肯定说。此种观点认为，专家违反对委托人的合同义务，也可以作为认定其违反对第三人义务的依据。因为就特定的交易来说，专家意见是所有交易当事人决定的基础，而专家与其中哪一个交易当事人订立合同，这是偶然的事情。[3] 法国法采肯定说的观点，专家违反其与委托人之间的合同义务，可以作为认定专家在侵权法上过错的依据。[4] 二是否定说。此种观点认为，基于合同责任和侵权责任的相互独立性，专家违反了与委托人之间约定的合同义务，不宜作为认定专家对第三人过失的依据。

笔者认为，否定说更值得赞同，理由在于：其一，这是合同法和侵权法保持各自相对独立性的要求。各个法律应当保持其相对独立性，如果合同法上的义务可以运用到侵权法之中，就会破坏各个法律的独立性。其二，这是合同相对性规则的要求。按照合同相对性规则，合同当事人以外的人不得主张合同上的权利，合同当事人也不能为第三人设定合同上的义务。我国理论上一直坚持合同相对性规则，而上述肯定说的观点违反了这一规则。

3. 专家过失的认定与其专业领域

在实践中，专家也经常应委托人的要求，对其专业领域以外的事务提

---

① 《注册会计师法》第 35 条规定："中国注册会计师协会依法拟订注册会计师执业准则、规则，报国务院财政部门批准后施行。"

② André Tunc（ed.），*International Encyclopedia of Comparative Law*，Vol. XI，Torts，Part Ⅰ，Ch. 6，Tuebingen：J. C. B. Mohr，1983，p. 19.

③ Büttner，Umfang und Grenzen der Dritthaftung von Experten，Tübingen 2006，S. 31.

④ Sprenger，Internationale Expertenhaftung：Die Dritthaftung von Experten im International Privat-und Zivilverfahrensrecht，Tübingen 2008，S. 89.

出建议。例如，委托人可能要求保险经纪人就特定的法律问题提出建议。问题是，如果专家给出了不当的意见，是否认定其存在过失？笔者认为，如果专家超出了其专业领域，就不再是以专家的身份出现，而是以社会一般人的身份出现。因此，即便要追究“专家”的责任，也不应适用专家责任制度，而应适用侵权法的一般规则。

问题是，如果专家没有超出其专业领域，但是，超出了其擅长的领域，专家的过失如何认定？例如，在医疗领域，医生都有其专业（如心脑血管、肝胆等），医生都是按照其专业来确定注意义务的。[①] 如果医生超出其擅长的专业，如何认定过失？笔者认为，如果专家可以通过各种方式（如专家意见中的声明等）对外表明了其擅长的专业，就应当考虑其对特定领域不擅长，从而适当降低其注意义务标准。例如，律师在执业时提醒当事人注意其擅长的领域是公司并购，而并非草拟遗嘱，则可以适当降低其注意义务。但是，如果从社会一般人的角度来看，无法确认专家所擅长的领域（如律师的专业往往不太容易区分），[②] 此时，专家的注意义务标准不应被降低。

4. 专家过失的认定与地域因素

在专家对第三人责任案件中，是否考虑地域因素？例如，河南省的律师和北京市的律师，其注意义务标准是否相同？对此，存在不同的观点：一种观点认为，专家的注意义务应当采取统一标准，因为随着交通的便利和人口的流动，各地专家的注意义务应当是一致的。另一种观点认为，专家的注意义务应当考虑地域因素，因为就实际情况来说，专家的执业水平高低还是受地域因素影响的。

笔者认为，就我国目前的情况来说，专家过失的认定应当考虑地域因素，理由在于：其一，从实际的执业水平来看，不同地域的专家其执业水平确实存在差异。在确定专家过失的认定标准时，不应忽视这一客观事实。虽然交通便利等因素存在，这一客观事实也没有得到根本改变。其二，从社会一般人的期待来看，其选择不同地域的专家，本身包含了对其不同的期待。如果不考虑地域因素，也不符合社会一般人的期待。其三，采取统一标准也与专家收费差异不一致。在不同的地域，专家的收费标准通常存在差异。如果采取统一的注意标准，也不符合权利义务相一致的观念。

---

①② Hugh Evans, *Lawyers' Liabilities*, London: Sweet & Maxwell, 1996, p. 6.

5. 专家过失与鉴定

专家垄断性地掌握着某一领域中对于一般人而言无法涉及的宝贵而稀缺的知识和技能。因此，对于每位专家的工作评价，没有经过其他专家的审查就未必恰当。① 在专家的过失认定中，鉴定具有非常重要的意义，因为法官往往难以掌握特定领域的专业知识，很难认定特定类型的专家是否具有过失。当然，如果法官凭借自己的专业知识足以认定专家的过失，则不必进行鉴定。这应当是指律师对第三人责任的情形，因为法官和律师同属法律人共同体，法官凭借其所掌握的法律知识足以认定律师的过失，而不必借助于鉴定制度。

在英美法上，专家的鉴定采取专家证人的形式，专家的意见仅仅具有证据效力。专家证人完全是受当事人委托，为当事人服务的，其鉴定结论的客观性、科学性等需要对方当事人的质证。② 在大陆法上，通常由法院委托专家进行鉴定，专家不是以证人的形式出现。在我国诉讼法上，鉴定结论是证据的一种。从实践来看，我国有司法鉴定机构，其可以对专家的过错进行鉴定。我国相关的法律和司法解释也对司法鉴定问题进行了规范。③ 从我国以往专家鉴定的经验来看，在进行鉴定时应当避免同行之间相互偏袒的情况出现，保证鉴定结论本身的中立性和公正性。例如，就会计师过错的认定，学者建议不应由财政行政管理部门或注册会计师协会设置，应当由社会设置专门的鉴定所。④ 这一建议就是为了保障鉴定结论的中立性。

---

① 参见［日］六本佳平：《日本法与日本社会》，刘银良译，中国政法大学出版社 2006 年版，第 97 页。

② 姜柏生：《医疗事故责任研究》，南京大学出版社 2006 年版，第 57 页。

③ 参见《全国人民代表大会常务委员会关于司法鉴定管理问题的决定》、《人民法院对外委托司法鉴定管理规定》等。

④ 于定明、朱锦余：《注册会计师法律制度研究》，法律出版社 2009 年版，第 160 页。

第四章　专家对第三人责任的承担

第一节　作为请求权人的第三人

一、专家应当对一定范围内的第三人负责

1. 专家不应仅对其委托人负责

在专家实施执业活动以后，尤其是在出具专家意见以后，他不应仅对委托人负责。这是研究专家对第三人责任制度的前提。之所以如此，理由主要在于：

第一，如果专家仅对其委托人负责，他在出具意见时，就仅考虑他与委托人的关系。这就会导致专家意见丧失其在法律交往中的意义。① 因为专家仅对委托人的损害负责，他就没有动力进行客观的判断。而且，委托人和第三人之间往往存在利益的冲突，② 如果专家仅对委托人承担责任，委托人以外的人就不会信赖专家意见的质量。③

第二，如果专家仅对其委托人负责，就会导致不必要的浪费。从经济的角度来看，专家的意见能够为所有人使用，才是有效率的。否则，每个交易当事人都要自己委托专家，从而造成不必要的资源浪费。④

---

①③ Büttner, Umfang und Grenzen der Dritthaftung von Experten, Tübingen 2006, S. 81.

② Sprenger, Internationale Expertenhaftung: Die Dritthaftung von Experten im International Privat-und Zivilverfahrensrecht, Tübingen 2008, S. 11f.

④ Büttner, Umfang und Grenzen der Dritthaftung von Experten, Tübingen 2006, S. 81.

第三，如果专家仅对其委托人负责，专家职业存在的必要性就会受到怀疑。专家应当以中立性的立场来出具专家意见，[①] 否则，每个交易当事人都要自己委托专家，专家意见的意义就会大打折扣，从而也会导致社会公众对于专家职业存在的必要产生质疑。[②]

2. 专家不应对所有的第三人负责

因为信息的易传播性和可复制性，专家意见的传播范围可能很广，如果专家提供的意见不实，其所导致损失的范围可能无法估量。[③] 因此，专家的意见可能导致范围广泛的第三人的损害。问题是，专家是否要对所有的第三人负责？笔者认为，答案是否定的，专家只应对一定范围内的第三人负责，理由在于：

第一，专家对所有的第三人负责违反了权利义务对等的原则。专家作为信息的发布者不可能向使用人收取费用。如果专家要对所有的第三人承担责任，他就要自己承受所有的社会成本，同时并不能得到相应的经济回报，因为并不是所有的信息使用者都支付了报酬。专家经常并不知道哪些人使用其信息，也无法预先确定信息“生产”的社会成本。[④] 所以，专家对所有的第三人负责，就违反了权利义务对等的原则。

第二，专家对所有的第三人负责会过分提高专家的注意义务。可以请求赔偿的第三人的范围越大，专家为了避免可能的赔偿责任所要预先付出的成本就越高。因为作为专家意见的制作者，专家必须尽力保证其意见的可靠性，以免第三人因该意见的利用而遭受损害。如此，专家的注意义务标准就要提高很多。[⑤] 而过分提高专家的注意义务会影响到专家的执业自由，不利于专家职业的发展。

第三，专家对所有的第三人负责不利于避免损害的发生。从法律经济分析的角度考虑，“赔偿义务具有威慑作用，能够针对发生损害的情况产生

① 参见仲伟珩：《专家对第三人民事责任制度研究》，中国政法大学博士学位论文，2007 年，第 249 页。

② Schäfer, Haftung für fehlerhafte Wertgutachten aus wirtschaftswissenschaftlicher Perspektive, AcP 202 (2002), 830.

③ 季为玉：《专家对第三人侵权责任研究》，南京师范大学硕士学位论文，2008 年，第 8 页。

④ Büttner, Umfang und Grenzen der Dritthaftung von Experten, Tübingen 2006, S. 80.

⑤ Büttner, Umfang und Grenzen der Dritthaftung von Experten, Tübingen 2006, S. 82.

防止损害发生的激励机制。"[①] 这也就要求，应当尽可能地让能够以较小成本避免损害发生的人承受损失。如果专家要对所有的第三人负责，对第三人来说，他就没有动力去保障其交易中的安全，而第三人处理此事要比专家更为方便和简单。[②] 所以，从避免损害发生的角度考虑，也不必要求专家对所有的第三人负责。

第四，专家对所有的第三人负责与两大法系的普遍做法不符。从比较法来看，各国基本的立场是，专家对第三人责任应当被认可，但要受到限制。限制的表现之一就是，有权请求赔偿的人应当是范围有限的。[③] 其深层次的根源在于，寻求专家职业利益和公众利益的平衡。这就是说，既要保护体现为第三人利益的公众利益，又不能让专家承担过重的赔偿责任，以避免阻碍专家职业群体的健康发展，毕竟专家职业群体的壮大是现代社会良性运转的必要条件。[④]

二、作为请求权人的第三人的认定

在专家对第三人责任案件中，享有请求权的第三人如何认定值得探讨。笔者认为，首先，必须将遗嘱案群独立出来。因为在遗嘱案群中，第三人的范围是特定的，而且，是专家在其实施执业活动时已经认识到的人，所以，在遗嘱案群中，第三人范围的认定比较容易，就是因专家的执业活动而间接受益的人。例如，因律师的过错导致遗嘱无效，可以请求赔偿的第三人就是如果该遗嘱有效而受益的人。

对于专家意见案群和专家咨询案群来说，第三人的范围认定则比较困难。从理想的角度考虑，作为请求权人的第三人，应当是专家意见的实际利用人。如果受法律保护的第三人范围大大小于专家意见的实际利用人，专家意见就要经常被重新作出，以满足保障交易安全的需要。而如果受法律保护的第三人的范围大大超过了专家意见的实际利用人，就意味着专家

---

① ［奥］海尔穆特·库奇奥：《损害赔偿法的重新建构：欧洲经验与欧洲趋势》，朱岩译，《法学家》2009 年第 3 期。

② Büttner，Umfang und Grenzen der Dritthaftung von Experten，Tübingen 2006，S. 83.

③ Hirte，Berufshaftung：ein Beitrag zur Entwicklung eines einheitlichen Haftungsmodells für Dienstleitungen，München 1996，S. 416f.

④ 季为玉：《专家对第三人侵权责任研究》，南京师范大学硕士学位论文，2008 年，第 18 页。

意见的作出中花费了较多的成本。因此，专家意见的实际利用与专家意见的制作成本之间要保持平衡。受法律保护的第三人范围和实际利用专家意见的人之间保持一致，才能避免资源的浪费。[①] 不过，从法律规则设计的角度来看，作为请求权人的第三人的认定应当依据一定的标准。

从比较法来看，对于第三人范围的确定，各国采取了不同的方法。在英美法上，第三人范围的确定与注意义务密切相连，第三人就是专家对其负有注意义务的人。而且，英美法的判例法特点决定了，其具有针对个案的灵活性。[②] 在大陆法上，第三人范围的界定与各国特定的法制背景相联系，而且，都依据一般性的标准。例如，在德国法上，如果采附保护第三人作用的合同制度，第三人的范围通过专家的预见可能性来确定，所以，第三人应当是债务人对其有认识可能性，且具有责任扩张的期待可能性的人。不过，通过比较法的考察，我们发现，各国法上对第三人的认定还是存在一定程度的一致性。尤其是比较英国法和德国法，可以发现，两国在责任成立上，主要考虑如下因素：专家意见的目的、专家对第三人的认知、第三人信赖的合理性。[③] 因此，笔者认为，可以借鉴两国的经验，在确定第三人的范围上，综合考虑这三项因素。

1. 专家意见的目的

专家意见的目的是确定第三人范围的重要考虑因素。只要在专家意见的目的范围内使用该意见的第三人原则上都应当获得赔偿。例如，我国司法实践中，基本上都认为，在虚假验资的情况下，公司的债权人可以要求会计师事务所承担责任。这也体现了以专家意见的目的确定第三人范围的规则。

以专家意见的目的作为确定第三人范围的重要考虑因素的主要理由在于：其一，专家出具意见是为了特定的交易，所以，专家在与委托人签订合同时，就已经考虑到了相应的责任风险，并要求委托人支付了相应的费用。[④] 其二，专家意见通常被用于委托人和专家所约定的目的，而且，被第

---

① Büttner, Umfang und Grenzen der Dritthaftung von Experten, Tübingen 2006, S. 83.

② 参见仲伟珩：《专家对第三人民事责任制度研究》，中国政法大学博士学位论文，2007 年，第 207 页。

③ Sprenger, Internationale Expertenhaftung: Die Dritthaftung von Experten im International Privat-und Zivilverfahrensrecht, Tübingen 2008, S. 80.

④ Büttner, Umfang und Grenzen der Dritthaftung von Experten, Tübingen 2006, S. 95.

三人作为作出交易决定的基础。例如，为了公司并购的目的而委托会计师进行了财务审计，审计报告就往往成为第三人作出交易决定的基础。其三，通过专家意见的目的来确定第三人的范围，有利于专家限定其责任范围。如果专家要限定其责任的范围，他可以与委托人达成协议，该意见用于特定目的，并且在专家意见中作出声明。① 例如，会计师在出具审计报告时，可能会标明"本报告仅供年检使用"、"本报告仅供工商登记使用"。笔者认为，这可以作为专家限定其责任的重要手段。② 其四，从比较法的角度来看，不少国家都以专家意见的目的来认定第三人的范围。德国和英国的司法实践都表明，法院将专家意见的"目的"作为决定性的角色。③ 例如，在英国的 Candler v. Crane 案中，Denning 法官提出，"会计师负责的交易限于他知道他的审计要适用的交易。""如果医生受保险公司的委托进行体检，则他只对该目的范围内的损失负责。""专家出版著作并不因其过失的陈述而对其读者负责。因为他出版著作仅仅是为了提供信息，而不是为了特定的交易。"④

在比较法上，通过专家意见的目的来确定可请求赔偿的第三人的典型案例之一是英国的 Caparo Industries v. Dickman 案。在该案中提出的问题是，⑤ 如果会计师在每个会计年度履行审计公司财务的法定职责时所提供的报告存在不实内容，他是否应对信赖这些财务报告而向公司投资并遭受了损失的股东负责？上议院的法官拒绝了对会计师追究赔偿责任的请求，他们认为，法定审计的目的是使公司股东能够约束公司的董事会，而不是促使股东和一般投资人对此产生信赖而向公司投资。⑥

通过专家意见的目的来界定可以请求赔偿的第三人，还必须注意如下几个问题：①专家不仅要对其出具意见的基础性交易负责，而且要对因该基础性交易进行的相关交易负责。专家之所以要对所有参与"共同交易"（Gesamttransaktion）的人负责，是因为所有参与项目的人都是以专家的意见

---

① Büttner, Umfang und Grenzen der Dritthaftung von Experten, Tübingen 2006, S. 91.

② 不过，我国《会计师事务所侵权赔偿的规定》第 9 条明确规定，这些免责声明"不能作为其免责的事由"。笔者认为，这一规定的合理性值得怀疑。

③ Büttner, Umfang und Grenzen der Dritthaftung von Experten, Tübingen 2006, S. 84.

④ Candler v. Crane [1951] 2 K. B. 164, 182.

⑤ Caparo Industries v. Dickman [1990] 2 A. C. 605.

⑥ 李昊：《交易安全义务论》，北京大学出版社 2008 年版，第 501 页。

作为其作出决定的基础的。[①] ②如果专家的意见要服务于特定的交易，那么，具体什么人进行该交易是次要的。因为专家承担的责任风险并不取决于什么人进行该交易，而取决于该交易的方式和规模。[②] ③如果专家不知道委托人所从事的项目，那么，专家就要对每个人的每个任意的项目承担责任，因为他必须考虑到任何人在任何一个项目中使用专家意见。[③] ④如果专家在其意见中没有表明其目的，也应当对该目的范围内的损害负责，这可以避免专家通过在其意见中不表明目的从而逃避责任。[④]

2. 专家对第三人的认知

专家对第三人的认知也是确定第三人范围的重要因素。例如，在河南省安阳市大拇指制衣有限责任公司诉安阳新兴联合会计师事务所侵权纠纷案中，被告会计师事务所明确知道其利息计算报告中的第三人就是原告大拇指制衣有限责任公司，因此，其应当对该第三人负责。[⑤]

从比较法来看，各国也基本上采这一立场。在英国法上，专家已经认识到或者应当认识到其目的是其负责的原因。[⑥] 在德国，法院也提出，专家必须考虑到其意见要出示给第三人，并成为第三人作出决定的基础。[⑦] 在德国的一个案例中，专家被委托评估一块土地的交易价值，当时被告知是私人的目的。实际上，委托人隐瞒了其真正的目的。后来，法院作出判决，专家对第三人不承担责任，理由是，专家没有认识到也不应认识到其意见

① Büttner, Umfang und Grenzen der Dritthaftung von Experten, Tübingen 2006, S. 87.

② Büttner, Umfang und Grenzen der Dritthaftung von Experten, Tübingen 2006, S. 86.

③ Canaris, Die Reichsweite der Expertenhaftung gegenüber Dritte, ZHR 163 (1999), S. 238.

④ Büttner, Umfang und Grenzen der Dritthaftung von Experten, Tübingen 2006, S. 95.

⑤ 在该案中，大拇指公司在与案外人安阳市百货大楼代销服装拖欠货款纠纷一案，法院判决百货大楼在判决生效后5日内给付大拇指公司货款157658.50元及利息27590.15元，逾期履行加倍支付迟延履行期间的利息。因安阳市百货大楼未履行判决，1996年9月20日，大拇指公司向原审法院申请强制执行，经过抽签确定，原审法院委托被告新兴事务所对安阳市百货大楼欠大拇指公司本息数额进行计算。被告新兴事务所于2006年4月17日作出新兴事验字［2006］第Y13号利息计算报告，计算结果为利息总额258521.86元，本息合计399689.51元，原告大拇指公司对该报告提出异议。被告新兴事务所于2006年4月26日作出复议决定，计算结果为利息总额188832.74元，本息合计374081.39元。被告新兴事务所出具的复议决定是按照中国人民银行规定的金融机构法定贷款利率计算的。原告大拇指公司认为被告新兴事务所为其少算利息，给其造成了损失，要求被告新兴事务所赔偿为其少算的利息计248457.78元。参见河南省安阳市中级人民法院（2009）安民二终字第484号判决。

⑥ Büttner, Umfang und Grenzen der Dritthaftung von Experten, Tübingen 2006, S. 93.

⑦ BGHZ 159, 1.

被运用于其他目的。[①]

从某种意义上说，通过专家意见的目的来认定第三人，也就是通过专家对第三人的认知来认定第三人。因为专家意见的目的表明，专家认识到参与目的项目的第三人会使用该专家意见。但是，专家对第三人的认识仍然应当是独立于专家意见目的以外的另一个重要的确定第三人范围的标准，该标准存在的理由主要在于：其一，它是有效限定专家责任的工具。专家仅仅对其认识到的第三人负责，这就可以将专家的责任限定在合理的预期之中，避免专家承担超出其预期的责任。其二，它具有避免损害的作用。专家认识到第三人的存在，他就会采取措施来避免第三人的损害，从而最终节省社会成本，避免不必要的财富浪费。其三，它与两大法系所采用的可预见性标准是一致的。在英国法和德国法上，可预见性标准都是重要的标准，尽管它没有提供确定的、清晰的答案。[②]

在比较法上，运用专家对第三人的认知标准的典型案例之一是美国1922年的Glanzer v. Shepard案。在该案中，卖方出售一批豆子给买方，委托鉴定人将豆子过秤，并声明是为了买方，要求鉴定人将鉴定的副本交给买方。但鉴定人因过失高估了重量，导致买方多支付了价金。法院认为，鉴定人明知受害人的存在，而且也知道其提供信息的目的就是便利买方进行预定的交易，因此，买方是合同的主要受益人，鉴定人应对买方负有注意义务。[③]

具体来说，专家对第三人的认知包括如下几个方面的内容：①专家应当能够认识到信息被用于何种目的；②专家应当进一步认识到，信息将被传达到具体的个人或者有限的群体；③专家还必须认识到，第三人将以该信息为依据来实施行为。[④] 例如，在会计师虚假验资的情况下，会计师应当认识到，公司的债权人将会查阅公司的出资和验资情况，并作为认定公司偿付能力的基础，因此，会计师对第三人的这一认识应当成为其对虚假验资负责的基础。再如，资产评估人知道第三人要购买特定的资产，这一认知应当成为确定第三人范围的重要依据。

---

① BGH WM 1966, 1148.

② 参见仲伟珩：《专家对第三人民事责任制度研究》，中国政法大学博士学位论文，2007年，第246页。

③ Glanzer v. Shepard, 135 N. E. 275, 277 (N. Y. 1922).

④ Caparo Industries Plc. v. Dickman and Others [1990] 1 ALL ER 568.

一般来说，专家已经认识到第三人的存在，这往往是其承担责任的依据。例如，在美国的 Credit Alliance Corp. v. Arthur Andersen & Co. 案中，法官提出，专家必须已经明确认识到其意见的目的和第三人。① 问题在于，专家是否对其应当预见的第三人负责？对此，理论上存在争议。有学者表示赞成，认为专家要对其应当预见的第三人负责。也有学者表示反对，认为如果专家要对所有可预见的利用人负责，他就负担了信息获取的所有社会成本，而专家不可能将所有这些成本都转嫁给其委托人。② 笔者认为，如果专家应当预见而因重大过失没有预见到第三人的存在，则应当对该第三人负责。要求专家具有重大过失，有助于实现专家执业利益和社会公共利益的平衡。

3. 第三人信赖的合理性

已如前述，第三人对专家的合理信赖可以纳入因果关系要件之中予以考虑。但这并不意味着，合理信赖的因素不能用于第三人范围的确定。

第三人信赖的合理性也应当作为确定第三人的重要因素，理由在于：其一，从因果关系的角度考虑，第三人合理信赖了专家的意见，才能认定其损害与专家行为之间的因果关系。如果第三人进行交易，并非因信赖专家的意见，则不能要求专家赔偿。③ 其二，从自甘冒险的角度考虑，如果第三人基于不合理的信赖进行了交易，其属于自甘冒险，并没有保护的必要。例如，审计报告中明确表明，该报告所依据的材料是不完整的，则第三人的信赖就是不合理的。其三，从比较法来看，合理信赖往往被作为专家对第三人责任的要件。④

当然，第三人的信赖是否合理，要综合考虑各种因素来认定，主要包括：①专家意见的出具时间。某些专家意见有时间性；如果项目结束后，专家还要为其意见负责，可能对其过于苛刻。⑤ ②专家意见的保护范围。在确定专家责任的时候，需要判断第三人是否处于目的项目的保护范围之内。而一旦他们处于目的项目的保护范围之外，显然他们就需要自己去聘请专

① Credit Alliance Corp. v. Arthur Andersen & Co. 65 N. Y. 2d 536, 551.

② Büttner, Umfang und Grenzen der Dritthaftung von Experten, Tübingen 2006, S. 82.

③ Büttner, Umfang und Grenzen der Dritthaftung von Experten, Tübingen 2006, S. 101f.

④ Sprenger, Internationale Expertenhaftung: Die Dritthaftung von Experten im International Privat-und Zivilverfahrensrecht, Tübingen 2008, S. 83.

⑤ Canaris, Die Reichweite der Expertenhaftung gegenüber Dritten, ZHR 163 (1999), S. 206.

家进行新的判断，否则，专家就不能够对他们承担责任。[①] ③专家意见是否是最终版本。例如，会计师的报告不是最终的版本，第三人对该初稿的信赖也很少是合理的。[②]

第三人的信赖有时还要与专家意见的目的结合起来运用。如果专家意见本身就允许人们对其使用目的作出推定，此时，专家也应当在该被推定的目的范围内承担责任。[③] 人们通常可以借助于专家意见的表述和内容来判断其目的。专家也应当明了其出具意见的目的，并通过其内容来避免他人对该目的的误解。例如，会计师在其审计报告中，本审计报告仅用于公司的年检，这就可以避免第三人对审计目的的误读。另外，专家意见的目的也应当从第三人的角度客观地予以确定。如此有利于激励专家在意见中明确表明意见的使用目的，避免该意见被滥用。[④]

第二节　专家对第三人的侵权损害赔偿

一、专家对第三人的侵权责任形式——损害赔偿

1. 我国法上侵权责任形式的解释论

侵权责任形式，也称侵权责任方式，是指赔偿义务人依法应当对侵权损害承担的不利法律后果的形式和类别。[⑤]

自近代以来，大陆法系各国几乎都将侵权损害赔偿作为债的一种类型，

---

① 仲伟珩：《专家对第三人民事责任制度研究》，中国政法大学博士学位论文，2007 年，第 255 页。

② Dugdale, Parkinson, Stanton, Cox, Swinson, *Professional Negligence in Accountancy*, London: Longman Group Ltd., 1986, pp. 63 – 64.

③ Büttner, Umfang und Grenzen der Dritthaftung von Experten, Tübingen 2006, S. 97.

④ Büttner, Umfang und Grenzen der Dritthaftung von Experten, Tübingen 2006, S. 96f.

⑤ 参见张新宝：《侵权责任法》，中国人民大学出版社 2006 年版，第 332 页。

而损害赔偿的方法又被分为金钱赔偿和回复原状两种。[①] 用我国学者的语言来表述，即侵权责任的形式包括两种：金钱赔偿和回复原状。回复原状，又称恢复原状（德 Naturalrestitution，英 Restoration in Kind），是指重建赔偿权利人受侵害权益的原貌，如同损害事故没有发生。金钱赔偿（德 Geldersatz，英 Damages），是指给付金钱以填补赔偿权利人权益所蒙受的损害，如同损害事故没有发生。[②]

回复原状是直接的赔偿方法，金钱赔偿是间接的赔偿方法。[③] 回复原状关注受害人的具体权益所遭受的事实上的破坏，关注受害人的完整利益。金钱赔偿关注受害人的总体财产的减少。因此，回复原状意味着回复到与权益相应的状态，如返还被盗窃的物品、收回诽谤性言论、排除不可量物的侵害等。而金钱赔偿意味着增加受害人的一般财产。[④]

从表面上看，我国《侵权责任法》第 15 条所规定的侵权责任形式中包括了排除妨碍、消除危险、返还财产，[⑤] 似乎是采取了“侵权责任吸收绝对权请求权说”的观点。[⑥] 但是，从解释论的角度来看，笔者认为，它们应当被排除在侵权责任形式之外，理由主要在于，绝对权请求权是以强化绝对权的保护为目的的，并不能扩张适用于所有的民事权益，否则就可能导致

① George A. Bermann，Etienne Picard（ed.），*Introduction to French Law*，Leiden：Kluwer Law International BV，2008，pp. 259 - 260；Erwin Deutsch，Allgemeines Haftungsrecht，2. Aufl.，Köln/Berlin/Bonn/München 1996，S. 496ff.

② 参见曾世雄：《损害赔偿法原理》，中国政法大学出版社 2001 年版，第 148 页以下。为了避免与我国《侵权责任法》第 15 条中的“恢复原状”混淆，此后仅使用“回复原状”。

③ 参见郑玉波：《法学绪论》，三民书局股份有限公司 2008 年版，第 118 页。

④ Erwin Deutsch，Allgemeines Haftungsrecht，2. Aufl.，Köln/Berlin/Bonn/München 1996，S. 496.

⑤ 返还财产可以基于绝对权请求权和侵权损害赔偿请求权而请求，在前者称为“返还原物”，在后者是回复原状的具体形式。

⑥《侵权责任法》第 15 条第 1 款规定：“承担侵权责任的方式主要有：（一）停止侵害；（二）排除妨碍；（三）消除危险；（四）返还财产；（五）恢复原状；（六）赔偿损失；（七）赔礼道歉；（八）消除影响、恢复名誉。”对于“侵权责任吸收绝对权请求权说”的详细论述，可参见魏振瀛：《论请求权的性质与体系》，《中外法学》2003 年第 4 期。反对的观点“侵权责任与绝对权请求权区分说”的详细论述，可参见崔建远：《绝对权请求权或侵权责任方式》，《法学》2002 年第 11 期。

实质意义上的无过错责任的泛滥，严重妨碍人们的行为自由。[①]

笔者认为，排除妨碍、消除危险、返还财产这三种责任形式应当被归入绝对权请求权的范畴，而《侵权责任法》规定的其他侵权责任形式（即停止侵害、恢复原状、赔偿损失、赔礼道歉、消除影响、恢复名誉），可以进行归类整理，分别纳入传统上的“回复原状”和“金钱赔偿”之下。传统上的“回复原状”和“金钱赔偿”，其内涵非常丰富，完全可以涵盖《侵权责任法》第15条中诸多类型的侵权责任形式。就金钱赔偿而言，它相当于该法第15条中的“赔偿损失”。[②] 就回复原状而言，它关注受害人的具体权益所遭受的事实上的破坏，关注受害人的完整利益，这就决定了，它的具体内容非常丰富。这种事实上的破坏有多少种表现形态，就有多少种回复原状。[③] 因此，《侵权责任法》第15条中所规定的停止侵害、恢复原状、赔礼道歉、消除影响、恢复名誉，都可以理解为是为了恢复财产权益或人身权益的完整状态而进行的回复原状。[④]

2. 专家对第三人的侵权责任形式

基于上述结论，在专家对第三人责任案件中，专家承担责任的形式也就是侵权损害赔偿，包括回复原状和金钱赔偿。在多数情况下，专家给第三人造成的损失是纯经济损失，因此，专家承担责任的形式只能是金钱赔偿。例如，在前述王保富诉三信律师事务所案中，因律师的过错导致王保富无法按照被继承人设想的方案进行继承，王保富遭受了纯经济损失，此时，就应采取金钱赔偿的方式。在少数情况下，专家也可能侵害第三人的

---

① 除此之外，笔者认为，“侵权责任吸收绝对权请求权说”的不合理之处还在于：第一，绝对权请求权的行使既不以损害为要件，也不以过错为要件，而侵权责任则要求这两个要件。强行整合这二者会导致难以估量的困难。第二，侵权责任吸收绝对权请求权会导致侵权责任法归责原则的混乱，即一方面坚持既有的归责原则，另一方面又按照侵权责任形式（如消除危险还是赔偿损失）来确定归责原则。第三，侵权责任吸收绝对权请求权的做法会给我国侵权责任法的体系乃至整个民法的体系带来无法估量的不利影响。

② 全国人大常委会法制工作委员会民法室编：《〈中华人民共和国侵权责任法〉条文说明、立法理由及相关规定》，北京大学出版社2010年版，第55页。

③ Lange/Hagen，Wandlungen des Schadensersatzrechts，Heidelberg 1987，S. 65ff. 转引自李承亮：《损害赔偿与民事责任》，《法学研究》2009年第3期。

④ 全国人大常委会法制工作委员会民法室认为，广义的恢复原状则还包括赔礼道歉、消除影响、恢复名誉等。这似乎也赞同了笔者的观点。参见全国人大常委会法制工作委员会民法室编：《〈中华人民共和国侵权责任法〉条文说明、立法理由及相关规定》，北京大学出版社2010年版，第55页。

绝对权。例如，因律师的过失导致发布了错误的律师声明，侵害了第三人的名誉权。此时，不仅可能有回复原状（即恢复名誉）的运用，也可能有金钱赔偿的运用。这里所说的金钱赔偿，既包括财产损害中的金钱赔偿，也包括精神损害中的金钱赔偿（即慰抚金）。[①]

二、专家对第三人的侵权损害赔偿的规则

1. 完全赔偿规则

完全赔偿原则（das Prinzip der Totalreparation），也称为“全有或全无”原则（das Alles-oder-Nichts-Prinzip），它是指只要满足了侵权责任的构成要件，加害人就要赔偿受害人的全部损害，而不考虑加害人的过错程度、当事人双方的经济状况，以及其他归责的具体情况。[②] 从比较法的角度来看，在几乎所有欧洲国家，其侵权法都遵循完全赔偿原则。[③] 但是，自奥地利学者威尔伯格（Wilburg）于 1941 年出版其著作《损害赔偿法的要素》首倡动态系统论以来，[④] 这一思想便被支持的学者运用到民法的诸多领域。奥地利学者库奇奥（Koziol）教授就鲜明地提出，应当采纳动态系统论，而放弃完全赔偿原则。[⑤] 这就使得完全赔偿原则的地位受到挑战。在我国，无论是在《侵权责任法》颁布之前还是在其后，学界基本上都坚持完全赔偿原则。[⑥]

---

① 参见王泽鉴：《民法学说与判例研究》（第 2 册），中国政法大学出版社 1998 年版，第 252 页。

② Haack，Schuldrecht BT 4，5. Aufl.，Münster 2005，S. 164. 另外，有学者在界定完全赔偿原则时，认为它是指加害人就要赔偿全部损害，而不考虑加害人的过错程度，也不考虑双方的财产状况。参见 Jauernig/Teichmann，Vor § 249 – 253，Rn. 2。这与本书所采纳的界定略有区别，笔者认为，本书所采的观点更具有包容性。另外，完全赔偿原则是损害赔偿法的重要原则，但本书仅在侵权法领域讨论该问题。

③ 参见［德］马格努斯主编：《侵权法的统一：损害与损害赔偿》，谢鸿飞译，法律出版社 2009 年版，第 271 – 272 页。

④ Wilburg，Die Elemente des Schadensrechts，Marburg 1941. 威尔伯格教授提出了在损害赔偿法中的 5 个决定性的要素：第一，对他人的财产或其面临的危险的利用；第二，就瑕疵而进行的责难，该瑕疵接近于违法性，也包括不同程度的过错；第三，原因力的强度；第四，财产状况的衡量；第五，在企业中利益和危险集中在一起的理念。参见 Wilburg，Zusammenspiel der Kräfte im Aufbau des Schuldrechts，AcP163（1964），346。

⑤ Koziol，Grundfragen des Schadensersatzrechs，Wien 2010，S. 12ff.

⑥《侵权责任法》颁布之前学界的观点，参见王利明、杨立新：《侵权行为法》，法律出版社 1996 年版，第 325 页；魏振瀛主编：《民法》，北京大学出版社 2000 年版，第 722 页。而该法颁布之后的代表性观点，参见王军：《侵权损害赔偿制度比较研究》，法律出版社 2011 年版，第 312 页。

但是，最近也有学者提出，就我国法上侵权损害赔偿范围的认定，应当借鉴动态系统论，在受害人遭受的事实上损害的基础上，根据行为的因果关系贡献度、过错程度、利益受保护力度、行为正当化程度以及受害人自身的归责程度等，弹性地认定损害赔偿的范围。甚至认为，从法教义学以及法律解释（或称法律适用）的角度来看，也应当运用这一理论。[①] 这一观点如果被认可，则其将在所有侵权责任领域（包括专家对第三人责任）都产生重大影响，所以，必须对其作出回应。

动态系统论的基本构想是，“特定在一定的法律领域发挥作用的诸‘要素’，通过‘与要素的数量和强度相对应的协动作用’来说明、正当化法律规范或者法律效果”。在动态系统中，按这些要素的组合，进而按它们的满足度的总量，不仅可以相应地决定法律效果的发生与不发生，还可以决定其——在多大程度上发生的——范围。所以，这些要素具有跨越要件和效果两个侧面的“动态性格特征”。[②] 应当看到，动态系统论是一种重要的法学思想，其产生的原因是要试图克服概念法学的机能欠缺。该理论瞄准了原理的内在体系，直接触及评价问题。而且，在对待评价问题时，其不是预先确定评价的内容，而是试图给评价的方法提供一个框架。[③]另外，“动态性”意味着，决定性的正义标准在原则上具有同位阶性和可互换性，同时，也放弃了封闭性的要件构成。[④] 与动态系统论相对应的理念就是固定的构成要件理念，比较而言，两者的区别主要在于：其一，是否预先确定了评价的内容。动态系统论仅仅提出评价的方法，提供了合理评价的框架；固定的构成要件的理念，则要给出明确的评价内容。其二，是更倾向于法的安定性还是更倾向于法的妥当性。“动态”的体系更着重于法的妥当性，避免法的僵化。固定的构成要件则更着重于法的安定性。所以，有学者认为，动态系统论危害法的安定性，因为其放弃了固定的构成要件，也没有明确各个要素的分量。其三，是否给予法官更大的自由裁量空间。显然，动态系统论给予了法官更大的自由裁量空间，它对于具体问题只局限于揭示应当如何考虑、考虑什么来做评价的框架，而把最终的评价交给了判断者。[⑤]

我国学者提出，动态系统论可以在法教义学层面和法律解释（即法律

---

① 参见叶金强：《论侵权损害赔偿范围的确定》，《中外法学》2012 年第 1 期。

②③⑤ 参见［日］山本敬三：《民法中的动态系统论》，解亘译，《民商法论丛》（第 23 卷），金桥文化出版（香港）有限公司 2002 年版。

④ Canaris，Systemdenken und Systembegriff in der Jurispendenz，2 Aufl.，Berlin 1983，S. 75.

适用）层面予以适用，这一观点似乎可以商榷。不容否认，就我国《侵权责任法》及其相关法律而言，在非常狭小的范围内，该理论也有一定的借鉴价值（如过失相抵规则中受害人具有过失的情形、法律规定了“相应的责任”的情形）。[①] 但是，从总体来看，动态系统论是无法适用的。无论是法教义学还是法律解释，都以尊重现行法的权威性为前提，而从我国现行侵权法来看，基本上都贯彻了固定构成要件的理念。在此情况下，适用动态系统论就会导致与现行法的冲突。例如，《侵权责任法》第 27 条规定：“损害是因受害人故意造成的，行为人不承担责任。”如果适用动态系统论，综合考虑原因力、违法性等因素从而作出行为人应部分赔偿或完全赔偿的判决，就违背了现行法的规则。

完全赔偿原则的具体体现主要包括如下三个方面：第一，受害人所遭受的所有与致害事件之间存在因果关系的、现实的、可赔偿的损害都应当获得赔偿。第二，在确定损害赔偿的范围时，不考虑加害人的过错程度，也不考虑当事人的经济状况和其他因素，如是否投保、加害人的获利、受害人如何使用赔偿金、社会公平等。第三，受害人不能因致害事件获得额外的利益。因此，按照完全赔偿规则，可以获得赔偿的损害包括所受损害和所失利益。所受损害，也称积极的损害，是指因损害原因事实的发生，致使现存财产的减少。[②] 所失利益，也称消极的损害，是指因损害原因事实的发生，致使应增加而没有增加的利益。[③] 所失利益包括两类：一是依据通常情形可以预期的利益；二是依据特别的情况而可以预期的利益。[④] 不过，所受损害和所失利益，都必须与侵权行为之间存在因果关系才能获得赔偿，因果关系具有划定赔偿范围的作用。

在专家对第三人责任案件中，专家对第三人的赔偿，不仅包括所受损害的赔偿，而且包括所失利益的赔偿。例如，因律师的过错而导致遗嘱无效，进而导致第三人不能继承遗产，律师应当赔偿第三人可能获得的遗产，这属于对所失利益的赔偿。比较有争议的是，第三人为了实现其侵权损害赔偿请求权而付出的成本（如律师费等）是否可以作为其所受损害加以赔

---

① 德国学者卡纳里斯教授认为，在过失相抵规则的适用中可以借鉴动态系统论的思想。参见 Canaris, Systemdenken und Systembegriff in der Jurispendenz, 2 Aufl., Berlin 1983, S. 78f。

② 参见林诚二：《民法理论与问题研究》，中国政法大学出版社 2000 年版，第 286 页。

③ 参见王泽鉴：《民法学说与判例研究》（第 5 册），中国政法大学出版社 1998 年版，第 231 页。

④ 参见我国台湾地区“民法”第 216 条第 2 款。

偿？笔者认为，从因果关系的角度考虑，第三人为了实现其请求权而付出的成本应当作为所受损害。

当然，完全赔偿原则也存在例外，在我国《侵权责任法》及相关法律和司法解释之中，完全赔偿原则也被设置了一些例外，包括过失相抵规则、最高赔偿限额、相应的责任、侵权获利剥夺和惩罚性赔偿。从比较法来看，我国法上的例外规则相对较多。① 从解释论的角度来看，在适用这些例外规则时应当尽可能地顾及其立法目的。无论是扩张解释、限缩解释，还是目的性限缩等，都应当以立法目的为指导。以其立法目的为基础进行适用，可以间接地有助于完全赔偿原则的贯彻。就专家对第三人责任而言，我国一些法律和司法解释规定了相应的责任。例如，我国《公证法》第 43 条规定："公证机构及其公证员因过错给当事人、公证事项的利害关系人造成损失的，由公证机构承担相应的赔偿责任……" 笔者认为，可以借鉴瑞士法的做法，将"相应的赔偿责任"理解为，根据过错程度来确定赔偿范围，但只有在责任人有轻过失时，才能减轻责任。在具体个案中，即使责任人仅具有轻过失，但要求其承担完全赔偿责任，也可能是合理的，因为受害人可能并没有承受部分损失的原因。此时，法官并不负有减轻责任的义务。② 而且，法官在减少赔偿额时应当尽可能地谨慎操作，并且要尽到充分说理的义务。从实践来看，有些法院在审理公证赔偿案件时也站在同样立场。③

2. 过失相抵规则

所谓过失相抵规则，是指受害人对损害的发生和扩大有过错，可以减轻或免除损害赔偿的金额。④ 这里所说的"相抵"，并非指以意思表示所进行的抵销，而是法院裁判时依其职权减轻或免除赔偿金额。⑤ 过失相抵是基

① 在德国法上，完全赔偿原则的例外限于：过失相抵规则（如《德民》第 254 条、《德国道路交通法》第 9 条、《德国环境责任法》第 11 条等）、危险责任的最高赔偿限额（如《德国产品责任法》第 10 条、《德国环境责任法》第 15 条等）以及法律的其他特别规定（如《德国专利法》第 139 条第 2 款）。

② Rey，Ausservertragliches Haftpflichtrecht，3. Aufl.，Zürich 2003，S. 90.

③ 在上海市恒通典当有限公司与上海市虹口公证处财产损害赔偿纠纷案中，一审法院就认为，公证处应当依据过错程度大小承担补充性质的赔偿责任。参见上海市第二中级人民法院（2011）沪二中民四（商）终字第 1208 号判决。

④ 参见梅仲协：《民法要义》，中国政法大学出版社 1998 年版，第 221 页。

⑤ 参见郑玉波：《民法债编总论》，三民书局 1996 年版，第 252 页。

于公平原则和诚实信用原则而确立的。① 在比较法上，如果因第三人的过失导致损害的发生或扩大，专家责任的承担也应当适用过失相抵规则。例如，在英国的会计师责任中，如果第三人具有特殊的专业知识，或者其没有运用可以获得的信息，就属于具有过错。此时，就应当适用过失相抵规则。②

我国《侵权责任法》在总结既有规定的基础上，确立了过失相抵的一般规则。③ 该法第 26 条规定："被侵权人对损害的发生也有过错的，可以减轻侵权人的责任。"同法第 27 条规定："损害是因受害人故意造成的，行为人不承担责任。"④ 就专家对第三人责任来说，因为法律没有作出特别规定，因此，其应当适用过失相抵的一般规则。

在过失相抵规则中，"受害人"是指实际遭受了损害，并享有损害赔偿请求权的人。⑤ 除了受害人以外，各国立法和学说一般认为，在特殊情况下，第三人的过错也可以被视为受害人自己的过错。⑥ 被视为受害人过错的第三人的过错，也称为受害方的过错。我国《侵权责任法》对此并没有作出规定，法官必须通过漏洞填补的方式予以认可。借鉴各国的立法、判例和学说，如下三类人的过错应当视为受害人的过错，即直接受害人、雇员和监护人。

就专家对第三人责任案件来说，如果直接受害人对于损害的发生或扩大也有过错，法官也应当依据职权减轻或免除专家的责任。例如，因律师

---

① 赔偿义务人之所以应负赔偿责任，是因为其对于损害的发生或扩大有过错，如果赔偿权利人对于损害的发生或扩大也有过错，自然不应当使赔偿义务人负赔偿全部损害的责任，否则，就等于将基于自己的过错引发的损害转嫁给了赔偿义务人。参见曾世雄：《损害赔偿法原理》，中国政法大学出版社 2001 年版，第 259 页。

② Richter，Die Dritthaftung der Abschlussprüfer，1. Aufl.，Baden-Baden 2007，S. 192.

③《民法通则》第 131 条规定："受害人对于损害的发生也有过错的，可以减轻侵害人的民事责任。"《最高人民法院关于审理人身损害赔偿案件适用法律若干问题的解释》第 2 条第 1 款规定："受害人对同一损害的发生或者扩大有故意、过失的，依照民法通则第一百三十一条的规定，可以减轻或者免除赔偿义务人的赔偿责任。但侵权人因故意或者重大过失致人损害，受害人只有一般过失的，不减轻赔偿义务人的赔偿责任。"同条第 2 款规定："适用民法通则第一百零六条第三款规定确定赔偿义务人的赔偿责任时，受害人有重大过失的，可以减轻赔偿义务人的赔偿责任。"

④ 另外，《侵权责任法》针对特定情形还规定了特殊的过失相抵规则。例如，该法第 78 条规定："饲养的动物造成他人损害的，动物饲养人或者管理人应当承担侵权责任，但能够证明损害是因被侵权人故意或者重大过失造成的，可以不承担或者减轻责任。"

⑤ 参见刘得宽：《民法诸问题与新展望》，中国政法大学出版社 2002 年版，第 229 页。

⑥ 梅仲协：《民法要义》，中国政法大学出版社 1998 年版，第 222 页。

的过错导致遗嘱无效，但是，遗嘱人自身对于该遗嘱无效也存在过错，此时，遗嘱人作为直接受害人，其过错也视为可能的受益人的过错，从而进行过失相抵。另外，如果作为受害人的公司的雇员存在过错，在公司向专家主张侵权责任时，也应当将雇员的过错视为受害人的过错。

问题是，如果委托人存在过错，是否视为第三人的过错进行过失相抵？例如，会计师出具审计报告时，委托人故意隐瞒某一交易过程，或者委托人存在记账错误，后来导致投资人的损失。笔者认为，委托人与第三人之间并非直接受害人和间接受害人的关系，所以，不能将委托人的过错视为受害人的过错。

3. 损益相抵规则

所谓损益相抵规则，是指赔偿权利人基于与受损害的同一赔偿原因获得利益时，由其损害中扣除利益，确定实际的损害赔偿。① 关于损益相抵的法理依据有两种学说：一为损害差额说，一为禁止得利说。② 但笔者认为，禁止得利说更为恰当。正如郑玉波教授所指出的，“损益相抵之目的系在乎使被害人于损害已被填补之外，不得更因之而受利益……”③ 我国《侵权责任法》没有明确规定损益相抵规则，从损害赔偿的目的出发，应当认可这一规则。因为损害赔偿的目的在于使受害人获得完全赔偿，这意味着，受害人遭受的实际损害都应得到赔偿，但受害人也不能因此得到利益。④

就专家对第三人责任案件来说，如果第三人因为专家的行为也获得了利益，该利益应当从损害之中扣除，从而准确地认定第三人所遭受的损害。例如，在王保富诉三信律师事务所案中，王保富因遗嘱无效而无法继承其父亲的房屋，但是，其也因此通过法定继承获得了部分遗产，这些利益应当从损害中扣除。当然，并非第三人所获得的一切利益都要扣除。一般认为，可以扣除的利益应当是与损害基于同一法律关系所得。如果是基于不同的法律关系获得的利益，就不可以扣除。⑤ 例如，第三人为了避免损失而投了保险，其获得的保险金就不得扣除，因为保险金的获得是基于

① 参见史尚宽：《债法总论》，中国政法大学出版社 2000 年版，第 310 页。
② 曾世雄：《损害赔偿法原理》，中国政法大学出版社 2001 年版，第 189 页以下。
③ 郑玉波：《民商法问题研究》（二），台北 1984 年自版，第 17 页。
④ 参见欧洲侵权法小组：《欧洲侵权法原则：文本与评注》，于敏、谢鸿飞译，法律出版社 2009 年版，第 215 页。
⑤ 参见郑玉波：《民法债编总论》，中国政法大学出版社 2004 年版，第 231 页。

另一个保险法律关系。另外，所得利益的扣除还应当与获得利益的目的相协调。[①] 例如，第三人遭受损失后，获得他人的赠与也不得扣除，因为赠与的目的是他人为其提供经济帮助，而不是减轻侵权人的责任。

三、专家对第三人的侵权损害赔偿的辅助性

在专家对第三人责任案件中，如果存在直接债务人，专家是否承担补充责任？例如，在虚假验资案件中，公司不能清偿到期债务。注册会计师是否只有在债权人通过强制执行仍然无法获得清偿时才承担责任？对此，学界存在不同的看法。一是非补充责任说。此种观点认为，专家与直接债务人都对受害人负责，形成不真正连带责任，但并非补充性的责任。[②] 二是补充责任说。此种观点认为，专家应承担补充责任，即在有直接债务人存在时，应先追究直接债务人的责任，在直接债务人无法清偿时，专家才承担补充责任。[③] 从比较法来看，基本上没有针对所有类型的专家确立补充责任的立法例。但是，针对特定类型的专家，也有要求其仅承担补充责任的做法。例如，德国法就确立了公证人对第三人责任的辅助性（Subsidiarität）规则，而律师、会计师、税务咨询师等则不享有类似的抗辩。[④] 依据《德国联邦公证人条例》第 19 条第 1 款第 2 句的规定，“如果公证人仅仅具有过失，则只有在受害人不能通过其他途径获得赔偿时，公证人才能被请求承担责任；但前述规定不适用于以本法第 23 条、第 24 条指明的方式形成的公证人和申请人之间关系中的职务事项。”从德国公证人责任诉讼的实践来看，这一免责事由发挥了重要作用。[⑤]

笔者认为，补充责任说更值得赞同，理由主要在于：其一，从损害的角度来看，专家的执业过失并非一定导致第三人的损害。例如，在虚假验资的案件中，会计师的过失导致验资不实，如果债权人可以及时实现其债

① 参见欧洲侵权法小组：《欧洲侵权法原则：文本与评注》，于敏、谢鸿飞译，法律出版社 2009 年版，第 216－217 页。

② 笔者认为，补充责任也是不真正连带责任，类似观点参见杨立新：《论侵权责任的补充责任》，《法律适用》2003 年第 6 期。

③ Büttner, Umfang und Grenzen der Dritthaftung von Experten, Tübingen 2006, S. 169.

④ Godl, Notarhaftung im Vergleich, Tübingen 2001, S. 64.

⑤ Godl, Notarhaftung im Vergleich, Tübingen 2001, S. 63.

权，会计师的过失行为就没有造成第三人的损害。因此，在专家对第三人责任案件中，其损害具有特殊性，即往往是直接债务人不能履行债务时，才造成第三人的损害。所以，补充责任说可以从损害的特殊性角度得到合理解释。从这个意义上说，专家对第三人的侵权损害赔偿具有辅助性。其二，从适当限制专家责任的角度考虑，通过补充责任的制度设计，有助于实现社会公众利益与专家执业利益之间的平衡。尤其是在我国，专家的社会地位不高，专家执业的收费水平也明显低于国际上的一般水平，在此背景下，更有必要适当限制专家的责任。其三，从我国的实践来看，已有针对特定类型的专家实行补充责任的做法。最高人民法院的数个司法解释都确认了，会计师事务所虚假验资的，应当承担补充责任。[①] 因此，在所有专家对第三人责任案件中确立这一规则也易于为司法界和社会公众所接受。

借鉴德国法的经验，专家承担补充责任的前提条件包括：其一，存在其他的赔偿可能性。在适用责任辅助性规则时，确定存在其他赔偿可能性的时间点是重要的问题。早些时候，德国联邦法院认为，它是受害人提起责任诉讼之时。[②] 最新的观点认为，如果在口头辩论结束前，被告可以证明存在其他可能性，则必须被考虑。[③] 另外，按照德国通说见解，受害人因自己的过错而错过了其他的赔偿可能性，也应当与存在其他赔偿可能性同等视之。[④] 这就是说，如果受害人可责难地怠于运用其他赔偿的可能性，或者自愿地放弃了其他的赔偿请求权，则其针对专家的责任因没有满足构成要件，而在实体法上被排除。[⑤] 其二，具有期待可能性（Zumutbarkeit）。只有受害人行使其他的赔偿请求权存在期待可能性时，才能适用辅助性规则。[⑥]

---

① 参见《最高人民法院关于会计师事务所为企业出具虚假验资证明应如何处理的复函》、《最高人民法院关于会计师事务所为企业出具虚假验资证明应如何承担责任问题的批复》以及《会计师事务所侵权赔偿的规定》第10条。

② BGHZ 120，130ff.

③ Arndt/Lerch/Sandkühler，§19 BNotO，Rn. 175.

④ BGHZ 37，380；BGH NJW 1995，2713；BGH NJW 1999，2038；Arndt/Lerch/Sandkühler，§19 BNotO，Rn. 173；Schippel，§19 BNotO，Rn. 97.

⑤ Godl，Notarhaftung im Vergleich，Tübingen 2001，S. 118.

⑥ RGZ 158，280；BGH WM 1960，1013；BGH NJW 1977，199；BGHZ 120，130；BGH NJW 1995，2713.

德国法院对于期待可能性的认定非常多样，而且绝大多数具有个案认定的特点。[①] 从司法实践来看，只有很有可能从其他人处实际获得赔偿时，提出其他的赔偿请求才是具有期待可能性的。[②] 例如，针对其他人的强制执行，甚至在国外提起的诉讼和强制执行，都被认为是具有期待可能性的。[③] 我国持补充责任说的学者一般认为，专家责任的辅助性体现为，第三人对直接债务人提出请求，且无法通过强制执行获得救济时，专家才承担责任。[④] 笔者认为，这一观点虽有一定道理，但也值得商榷。从便利第三人救济的角度考虑，不宜要求第三人对直接债务人提起诉讼且通过强制执行仍无法获得救济。借鉴德国法上前述"期待可能性"的理论只要从一般的社会观念出发，足以认定第三人无法实现其对直接债务人的请求权（如直接债务人逃匿而无法找到、直接债务人已经破产等），就可以直接请求专家承担责任。其三，专家并非故意违反其职务上义务。《德国联邦公证人条例》第 19 条第 1 款第 2 句明确地使用了"公证人仅仅具有过失"的表述，这就意味着，在公证人具有故意时，其并不能主张辅助性抗辩。这一规定的合理性是显而易见的，无论是考虑到专家具有故意时的主观可非难性程度较高，还是考虑到预防侵权行为的必要性，都应当认可这一规则。

当然，在专家承担补充责任的情形，在补充责任的范围内，专家与直接债务人之间形成不真正连带的关系。按照不真正连带债务的一般原理，债务人原则上不可以向其他人追偿，但是，在存在终局责任人的情况下，可以向终局责任人追偿。[⑤] 在专家承担了其对第三人的侵权损害赔偿责任之后，直接债务人往往是终局的责任人，所以，专家应当享有向直接债务人追偿的权利。例如，在虚假验资的情况下，会计师对被验资公司的债权人承担了责任之后，就可以对该公司享有追偿的权利。

---

① Godl, Notarhaftung im Vergleich, Tübingen 2001, S. 114.

② BGHZ 120, 124; BGH NJW 1999, 2049; BGH WM 2000, 1811.

③ Godl, Notarhaftung im Vergleich, Tübingen 2001, S. 115.

④ 参见唐先峰、赵春兰、王洪宇：《我国专家民事责任制度研究》，法律出版社 2005 年版，第 82 页。

⑤ 参见郑玉波：《民法债编总论》，中国政法大学出版社 2004 年版，第 427－428 页。

第三节　专家对第三人的抗辩

一、专家对第三人的抗辩概述

专家对第三人的抗辩取决于专家对第三人责任的法理构造模式。在合同责任模式之下，可以适用抗辩不切断的规则，即专家对委托人可以主张的抗辩，也可以对第三人主张。在侵权责任模式之下，并不适用抗辩不切断的规则，专家对委托人的抗辩，原则上不能对第三人主张。例外情况下，在遗嘱案群中，专家可以对第三人主张其对委托人的抗辩。因为在遗嘱案群中，第三人是因遗嘱人和专家之间的合同而间接受益的。因此，专家可以对遗嘱人主张的抗辩，也应当可以对第三人主张。例如，过失相抵的抗辩、责任不成立的抗辩等。① 从比较法观察，这也是不少国家比较一致的做法。在英国，对于遗嘱案群，法院几乎是意见一致地认为，专家可以对第三人主张其对委托人的抗辩。② 例如，在 White v. Jones 案中，Goff 法官提出，被告作为一名律师，其与遗嘱人之间约定的排除或限制责任的条款，也可以适用于第三人。③ 在德国，对于遗嘱案群，法院也认可专家可以对第三人主张其对委托人的抗辩。例如，在德国的一个案件中，被告是一名公证员，他因过失没有将遗嘱人最后的意愿写成文件。不过，遗嘱人也没有提醒被告。最后，法院驳回了原告（即可能的受益人）的请求。法院认为，第三人所处的地位不能优越于委托人。虽然《德国联邦公证人条例》第 19 条第 1 款可以适用于第三人，但是，按照《德国联邦公证人条例》第 19 条第 1 款和《德民》第 839 条第 3 款，委托人（即遗嘱人）也不享有对公证员的请求权。因此，第三人也不能对该公证人提出请求。④

如前所述，笔者认为，我国专家对第三人责任应当采侵权责任模式。

① Büttner, Umfang und Grenzen der Dritthaftung von Experten, Tübingen 2006, S. 129f.

② Büttner, Umfang und Grenzen der Dritthaftung von Experten, Tübingen 2006, S. 130.

③ White v. Jones [1995] 2 A. C. 207, 268.

④ BGH NJW 1997, 2327.

因此，除了遗嘱案群以外，其他情况下，专家都不能对第三人主张对其委托人的抗辩。不过，专家也可以享有其自身对第三人的抗辩权。总体上说，专家可以对第三人主张的抗辩很多，这里仅对主要的几种抗辩进行探讨。

二、专家的免责条款与免责声明

1. 专家的免责条款

基于合同自由考虑，专家与委托人之间约定免责条款，是可以产生法律效力的。问题是，专家与委托人之间的免责条款，是否可以对第三人产生效力？从比较法来看，不少国家都认为，只要专家在其意见中指明了免责条款，就可以对第三人产生效力。在英国法上，按照普通法上的规则，专家在其意见中表述的免责条款，原则上可以对第三人产生效力。[①] 在法国法上，如果专家在其意见中作出了保留，而且，任何阅读该意见的人都可以知晓，专家也可能免责。[②] 在德国，法院有时也认可这一做法。例如，在1997年的一份判决中，德国联邦法院就认可了专家的主张。[③]

不过，专家的免责条款要受到内容方面的控制。例如，在英国，专家的免责条款必须受到1977年的《英国不公平合同条款法案》的限制。[④] 在德国，专家与委托人之间的免责条款，也要进行内容控制，控制的方式是适用《德民》第305条以下关于一般交易条件（即格式条款）的规定。[⑤] 之所以强调专家的免责条款受到法律的控制，是为了保护第三人的利益，避免专家单方面作出不公平、不合理的免责条款。就我国来看，法律并没有就专家的免责条款的内容控制作出规定，但是，可以借鉴英国和德国的经验，运用格式条款内容控制的规则。例如，我国《合同法》第40条规定："格式条款具有本法第五十二条和第五十三条规定情形的，或者提供格式条

① Sprenger, Internationale Expertenhaftung: Die Dritthaftung von Experten im International Privat-und Zivilverfahrensrecht, Tübingen 2008, S. 77.

② Sprenger, Internationale Expertenhaftung: Die Dritthaftung von Experten im International Privat-und Zivilverfahrensrecht, Tübingen 2008, S. 64.

③ BGH NJW 1998, 1061.

④ Dugdale, Parkinson, Stanton, Cox, Swinson, *Professional Negligence in Accountancy*, London: Longman Group Ltd, 1986, p. 64.

⑤ Sprenger, Internationale Expertenhaftung: Die Dritthaftung von Experten im International Privat-und Zivilverfahrensrecht, Tübingen 2008, S. 45.

款一方免除其责任、加重对方责任、排除对方主要权利的，该条款无效。”这一规定就可以适用于专家的免责条款。

2. 专家的免责声明

从实务来看，专家有时会在其意见中作出免责声明。例如，会计师在出具审计报告时标明“本报告仅供年检使用”、“本报告仅供工商登记使用”。免责声明与免责条款不完全相同，如果专家和委托人之间约定了免责条款（如仅对特定的交易负责），但是，该免责条款没有在专家意见中表明，则不属于免责声明。而且，基于合同相对性规则，没有在专家意见中表明的免责条款应当不能对第三人产生效力。

我国《会计师事务所侵权赔偿的规定》第 9 条明确规定，免责声明“不能作为其免责的事由”。笔者认为，这一规定可能过分倾向于受害人的保护。另外，专家的责任属于基于信赖而产生的责任，在存在免责声明的情形下，很难认定第三人存在合理的信赖。所以，认可此种免责声明效力的做法似乎更值得赞同。当然，如同免责条款一样，免责声明也应当参照适用法律关于格式条款的规定，如我国《合同法》第 40 条和第 41 条。

三、专家的合法替代行为抗辩

在专家对第三人责任诉讼中，专家也可能提出合法替代行为抗辩（der Einwand rechtmäβigen Alternativverhaltens）。所谓合法替代行为抗辩，是指被告主张，即使其合法地行为仍然会导致同样的损害，从而不应当承担损害赔偿责任。① 例如，会计师违反了法律规定的审计程序导致第三人损害，但该会计师主张其即便没有违反程序，也无法查出被审计公司的财务造假行为。在比较法上，曾经出现了一些专家主张此种抗辩的案件。德国 1985 年的一个“公证人案”就属于此类案件。在该案所涉及的土地买卖合同中，作为公证人的被告签发了错误的债务到期证明，原告因此提前支付了买卖合同的价款。原告请求其赔偿因此导致的融资成本损失。但是，被告提出，即使其作出了正确的债务到期证明，原告也会在同样的时间支付买卖合同

① Deutsch/Ahrens, Deliktsrecht, 5. Aufl., Köln 2009, S. 33; Staudinger/Schiemann, BGB § 249, Rn. 102; von Caemmerer, Das Problem der überholenden Kausalität im Schadensersatzrecht, Karlsruhe 1962, S. 3; Brox/Walker, Allgemeines Schuldrecht, 34Aufl., München 2010, S. 352.

的价款。①

合法替代行为抗辩究竟如何归属在各国法上存在不同的做法，英美法系主要将其作为因果关系问题来处理；② 德国法系主要将其作为损害归责或者责任范围的因果关系问题来处理。③ 从各国的司法实践来看，很多国家（如美国、英国、德国、瑞士、奥地利等）的法院都在一定程度上认可合法替代行为抗辩。④ 例如，在英国，法院将其置于因果关系的范畴之中，通过个案式处理的方式，认可这一抗辩。⑤ 再如，德国联邦法院在不少案件中都认可这一抗辩，认可的标准是规范目的。⑥ 例如，在前述“公证人案”中，德国法院就没有认可作为被告的公证人的抗辩，法院的理由是，“被违反的规范的保护目的决定了，在个案中合法替代行为抗辩是否以及在多大程度上被认可。”⑦笔者认为，在理论上，可以将合法替代行为抗辩归入违法性关联（Rechtswidrigkeitszusammenhang）的范畴。⑧ 违法性关联就是指责任法上有意义的行为与损害之间的关系，⑨ 它属于损害归责的问题，或者说是责任范围的因果关系问题。违法性关联与规范目的的含义基本相同。⑩ 违法性关联只是强调了被违反的规范在责任法上的重要性，它仍属于规范目的说的

---

①⑦ BGHZ 96，157.

② 例如，在英国，合法替代行为抗辩主要是作为因果关系的问题来处理的。参见 J. Spier（ed.），*Unification of Tort Law*：*Causation*，The Hague：Kluwer Law International，2000，pp. 39－42。

③ 例如，在奥地利，合法替代行为的问题属于违法性关联的问题或者规范目的的问题，这就是将其作为损害归责的问题。参见 Wesler，Der OGH und der Rechtswidrigkeitszusammenhang，ÖJZ 1975，44。

④ 关于美国法的介绍，参见 W. Keeton/Dobbs/R. Keeton/Owen，*Prosser and Keeton on The Law of Torts*，5th ed.，St. Paul：West Publishing Company，1984，pp. 263－270。关于瑞士法的介绍，参见 Roberto，Schweizerisches Haftpflichtrecht，Zürich 2002，S. 49 f。关于奥地利法的介绍参见 Koziol/Welser，Grundriss des bürgerlichen Rechts，Band II，Wien 2001，S. 298 f。

⑤ J. Spier（ed.），*Unification of Tort Law*：*Causation*，The Hague：Kluwer Law International，2000，pp. 39－41.

⑥ Palandt/ Heinrichs，Vorb. BGB § 249，Rn. 105ff.

⑧ 在理论上，合法替代行为抗辩的归属有不同的观点，包括责任成立的因果关系说、假想因果关系说和违法性关联说。详细的介绍参见周友军：《论民法上的合法替代行为抗辩》，《法律科学》2013 年第 1 期。

⑨ Larenz，Lehrbuch des Schuldrechts，Bd. 1，Allgemeiner Teil，14. Aufl.，München 1987，S. 446.

⑩ Larenz，Lehrbuch des Schuldrechts，Bd. 1，Allgemeiner Teil，14. Aufl.，München 1987，S. 447；Palandt/Heinrichs，vor § 249，Rn. 62；Felix Hütter/Marlena Hütter，Schuldrecht Allgemeiner Teil，7. Aufl.，Bremen 2012，S. 343.

问题，[①] 而且，违法性关联在内容上无法与规范目的相区分。[②] 在承认合法替代行为抗辩归入违法性关联的范畴的基础上，应当进而以规范目的为标准，确定是否认可这一抗辩。此处所说的规范目的既包括法定义务的目的，也包括合同义务的目的。具体来说，是否认可合法替代行为抗辩，主要考虑如下规则：其一，应当区分规范的目的是要避免损害，还是避免特定方式的侵害。如果被告违反的法律规范仅仅是要防止特定的侵害方式，而不是要防止侵害后果，则可以认可合法替代行为的抗辩。[③] 其二，应当考虑规范所要保护的权益。如果被违反的规范不仅限于保护受侵害的权益，而且还要保护其他利益时（如为了实现程序保障），就不应认可这一抗辩。[④] 其三，应当考虑程序保障。如果要实现重要的程序保障，即便是仅仅要避免以一定的方式导致损害，被告也不能免责。[⑤] 如果认可这一抗辩，就意味着，法律规定所确立的安全保障被规避了。[⑥] 其四，应当考虑被告主观上是故意还是过失。如果被告完全是有意违反法秩序，则不应认可合法替代行为抗辩。[⑦] 因为如果行为人认识到其可以采取合法行为，却有意识地选择了违法行为，此时认可这一抗辩，会影响法律的预防功能的实现。[⑧]

在专家对第三人责任案件中，也应当适用此一般原理，考虑专家所违反的规范目的，包括专家所负有的法定义务的目的和其所负有的合同义务的目的。例如，律师故意在法庭上陈述虚假事实导致了第三人的损害，后来，律师主张即便其不陈述该虚假事实第三人也同样败诉，考虑到法律的预防功能，不应当认可律师对第三人主张的合法替代行为抗辩。再如，会计师进行审计时违反了法律上对于审计程序的规定，会计师主张其即便按照这一程序进行审计，也无法查明被审计公司做假账的事实，此时考虑到程序保障的意义，应当不认可会计师的抗辩。

---

① Larenz, Lehrbuch des Schuldrechts, Bd. 1, Allgemeiner Teil, 14. Aufl., München 1987, S. 447.

② Felix Hütter/Marlena Hütter, Schuldrecht Allgemeiner Teil, 7. Aufl., Bremen 2012, S. 343.

③ Staudinger/Schiemann, BGB § 249, Rn. 105.

④ Jauernig/Teichmann, vor BGB §§ 249 - 253, Rn. 48.

⑤ Medicus/Lorenz, Schuldrecht Ⅰ, Allgemeiner Teil, 19. Aufl., München 2010, S. 312.

⑥ Griss/Kathrein/Koziol (Hrsg.), Entwurf eines neuen österreichischen Schadenersatzrechts, Wien/New York 2006, S. 74f.

⑦ 反对的观点，参见 Theiβen, Neuere Entwicklungen im Berreich des Rechtmäβigen Alternativverhaltens, Diss. Köln 2001, S. 111。

⑧ Koziol, Rechtmäβiges Alternativverhalten, in: FS für Deutsch, Köln u. a., 1999, S. 187.

四、专家的保密条款

如果专家与委托人之间约定了保密条款，即约定专家的意见只能用于委托人，委托人不能向第三人披露，或者约定专家的意见不能转交给第三人。但是，专家并没有在其意见中表明这一点，后来，委托人违反了保密协议，专家是否要对第三人负责？例如，会计师与被审计公司达成协议，其审计报告不应被披露给第三人，但该公司违反协议将其交给了第三人。笔者认为，专家应当对第三人负责，理由主要在于：其一，较之于第三人，专家能够更好地控制该风险，他可以在专家意见中作出提示。① 其二，考虑到第三人并不知道保密协议的存在，不应导致专家的免责，从而保护无辜的第三人。其三，如果专家承担了责任，其可以按照保密协议要求委托人承担违约责任。这也可以使专家的利益得到一定程度的保障。

另外，如果专家与委托人之间约定了上述保密条款，专家还在其意见中说明了这一点，专家是否免于承担对第三人的责任？对此，存在不同的看法。赞成说认为，专家既然作出了意见，就要承受第三人因信赖该意见而遭受的损失。只不过，专家可以依据保密协议要求委托人承担违约责任。反对说认为，专家既然在其意见中说明，这是保密文件。它就只能用于委托人，不能向第三人披露，专家也不应当对第三人负责。② 笔者认为，反对说更值得赞同，因为专家在其意见中载明是保密文件，就表明其不愿意承担对第三人的责任。另外，第三人既然已经知晓保密条款的存在，其就不应信赖专家的意见，所以，其也没有被保护的必要。

五、专家责任的限额

按照完全赔偿原则，只要专家的侵权行为与第三人的损害之间存在因果关系，专家就要对所有的损害负责。但是，在特殊情况下，法律上也会对专家责任的限额作出规定。我国法也对此作出了有益的尝试。从实际规

① Canaris，Die Reichsweite der Expertenhaftung gegenüber Dritte，ZHR 163（1999），239f.

② Dugdale，Parkinson，Stanton，Cox，Swinson，*Professional Negligence in Accountancy*，London：Longman Group Ltd.，1986，p. 64.

定来看，我国法对专家责任限额的规定主要是《公司法》第208条第3款的规定。根据该条规定，“承担资产评估、验资或者验证的机构因其出具的评估结果、验资或者验证证明不实，给公司债权人造成损失的，除能够证明自己没有过错的外，在其评估或者证明不实的金额范围内承担赔偿责任。”在最高人民法院的司法解释中，也有类似的规定。例如，在《最高人民法院关于会计师事务所为企业出具虚假验资证明应如何处理的复函》中指出，会计师事务所要在“其证明金额内承担赔偿责任”。这里的“证明金额”是指会计师事务所虚假验资的金额。问题是，如果公司债权人有数人，承担资产评估、验资或者验证的机构应当如何承担责任？笔者认为，考虑本条的立法目的，该机构应当按照债权人的债权总额与评估或证明不实的金额的比例，对公司债权人承担责任。另外，从诉讼的角度出发，应当设计发现公司债权人的程序，以免部分债权人因不知晓情况而遭受损失。

六、专家的时效抗辩

诉讼时效，也称消灭时效（德 Verjährung，英 Prescription），是指请求权在一定期间内不行使，就减损其效力的制度。① 就诉讼时效期间来说，可以分为普通诉讼时效期间和特别诉讼时效期间。《民法通则》第135条规定：“向人民法院请求保护民事权利的诉讼时效期间为二年，法律另有规定的除外。”这就是我国民法规定的普通诉讼时效期间。② 另外，针对若干特殊情形，我国法上还规定了特别诉讼时效期间。③

在诉讼时效的起算点方面，我国《民法通则》第137条规定，“从知道或者应当知道权利被侵害时起计算。”在理解该条规定时，应注意如下三点：①权利人的知道包括知道权利受侵害，且知道具体的侵害人。②所谓应当知道，是指按照一个合理的人的标准来判断，权利人作为一个合理的

---

① 参见梅仲协：《民法要义》，中国政法大学出版社1998年版，第154页。与多数大陆法系国家不同，我国民法采用“诉讼时效”的概念，而不是“消灭时效”，有学者认为，这极易遮蔽消灭时效的实体法性质。参见朱岩：《消灭时效制度中的基本问题》，《中外法学》2005年第2期。

② 从比较法的角度来看，我国民法上的普通诉讼时效期间比较短，这显然对权利人的保护不利。

③ 特别诉讼时效期间或者长于普通诉讼时效期间，或者短于普通诉讼时效期间。按照“特别规范优先于一般规范”的规则，就应当适用其特别规定。例如，《民法通则》第136条规定，身体受到伤害要求赔偿的，适用1年的特别诉讼时效期间。

人在当时的情况下应当知道其权利受到侵害的事实。[①] ③未成年人、精神病人权利受侵害的，应自监护人知道或应当知道时起算。[②]

在专家对第三人责任案件中，其通常应适用普通诉讼时效期间，即两年的期限。在例外情况下，也有可能适用特别诉讼时效期间。例如，专家导致第三人的身体受到伤害，依据《民法通则》第 136 条的规定，第三人就应当在 1 年之内请求。诉讼时效期间的起算，应当从第三人知道或者应当知道权利被侵害时开始。这里所说的知道，不仅包括其知道权益受到侵害，而且包括其知道具体的专家。另外，如果存在直接债务人，受害人知道其权利受侵害之时，应当以其知道自己无法从直接债务人处获得救济时为准。这是专家承担补充责任的必然要求。

① 王利明:《民法总则研究》，中国人民大学出版社 2003 年版，第 728 – 729 页。

② 参见杨与龄主编:《民法总则争议问题研究》，五南图书出版有限公司 1998 年版，第 363 页。

下篇　专家对第三人责任的具体类型

第五章　会计师对第三人责任

第一节　会计师对第三人责任概述

一、会计师制度的起源和发展

注册会计师（Certified Public Accountant），简称会计师，是指“依法取得注册会计师证书并接受委托从事审计和会计咨询、会计服务业务的执业人员”。①

会计师制度是商品经济发展到一定阶段的产物，是基于经济监督的需要而产生的。学界一般认为，民间审计起源于十字军东征时期。这一时期东西方海商贸易空前繁荣，并在地中海沿岸产生了佛罗伦萨、热那亚、威尼斯等商业城市。在这里，商人们经常聘请民间查账员，详细检查每批货物，并对负责贸易的船长的账簿进行检查。② 在中世纪，庄园的管家要向庄园主提交“义务履行报告书”，将各种收入和支出记入账簿。作为庄园主的代理人的审计人会定期查账，并发给管家“履行证”。③ 这些都是会计师的雏形。

近现代意义上的会计师制度产生于世界工业革命的发源地英国。早在

① 参见《注册会计师法》第 2 条。

② 周学峰：《公司审计与专家责任》，人民法院出版社 2007 年版，第 34 页。

③ 参见［美］查特菲尔德：《会计思想史》，文硕译，中国商业出版社 1989 年版，第 32 页以下。

18 世纪初，英国就出现了查账员（Bücherrevisor）职业和财产受托管理人（Treuhänder）职业，这比其他工业化国家都要早。① 1721 年的英国“南海公司事件”则正式宣告了会计师职业的诞生。②

在现代社会，会计师的业务范围包括审计、会计咨询和会计服务，尤其以审计为主要业务。会计师的审计对于规范企业的经营活动、完善公司治理、促进资本市场的发展等都具有重要意义。③ 在企业年度财务审计的框架内，会计师是公司治理中的要素之一，而企业破产和资产负债表丑闻（如安然事件）的出现，使会计师的这一作用更加清晰地得到彰显。④ 另外，审计有助于保证公司资产负债表的正确性，从而确立资本市场运作的基本前提，即对于公司遵守账目公开的法律规定的信赖。⑤美国资本市场发展的历史典型地说明了这一点。⑥ 正是因为会计师在现代社会具有如此重要的作用，因此，在安然事件等出现之后，引发了人们的信任危机，进而导致在世界范围内各国都纷纷采取措施以改善企业年度财务审计的质量。⑦例如，在美国，2002 年通过了《萨班斯—奥克斯利法案》（Sarbanes-Oxley Act），设立了一个独立的监督职位，即公众公司会计监督委员会（PCAOB）以确保审计的质量。⑧ 德国则于 2004 年 12 月 4 日通过了《会计法的改革法》（BilReG），以实现会计法的国际化，并强化会计师的独立性。⑨ 德国 2004 年 12 月 15 日的《财务会计控制法》（BiKoG）设立了一个监督企业财务公

---

① Richter, Die Dritthaftung der Abschlussprüfer, 1. Aufl., Baden-Baden 2007, S. 32.

② 彭真明：《注册会计师不实财务报告民事责任研究》，华中师范大学出版社 2010 年版，第 12 页。

③ 会计师所进行的审计确切地说应当成为社会审计。审计主要可以分为国家审计和社会审计。国家审计，也称为政府审计，是指由国家审计机关代表国家所实施的审计。社会审计，是指会计师事务所、审计师事务所等社会中介机构受国家机关或企事业单位委托对被审计单位进行财务审查、监督和咨询服务的活动。参见胡智强、王艳丽、胡贵安：《审计法学》，中国财政经济出版社 2012 年版，第 9－10 页。

④⑤⑦ Richter, Die Dritthaftung der Abschlussprüfer, 1. Aufl., Baden-Baden 2007, S. 25.

⑥ 自 20 世纪 30 年代美国通过证券法以来，注册会计师业，特别是借助独立审计，扮演了相当关键的角色。通过该行业的努力，披露上市公司财务报表的相关程序得以强化，而这是美国资本市场能够有效运作的保证。参见金勇军：《会计师第三人责任》，高等教育出版社 2006 年版，第 1 页。

⑧ 美国公众公司会计监督委员会是一家私营的非营利机构，根据 2002 年的《萨班斯—奥克斯利法案》创立，目的是监督公众公司的审计师编制信息量大、公允和独立的审计报告，以保护投资者利益并增进公众利益。该委员会的主要资金来源于公众公司。处理和复核会计师事务所的注册申请的成本由此类事务所缴纳的申请费用来支付。参见 Richter, Die Dritthaftung der Abschlussprüfer, 1. Aufl., Baden-Baden 2007, S. 25。

⑨ Groβfeld, Immer langsam voran-aber doch weiter-Bilanzrechtsreformgesetz, NZG 2004, 393ff.

开的机构，即德国财务报告执法委员会（DPR），而且，该法将德国联邦金融监管局（BaFin）的权力扩张到上市的股份公司的财务审计。[①]

为了发挥会计师的作用，会计师执行业务（尤其是审计业务）必须坚持独立原则。它要求会计师保持客观公正、不偏不倚的独立姿态，并在工作上、地位上及利害关系上独立于当事人。[②] 我国《注册会计师法》第 6 条第 2 款规定："注册会计师和会计师事务所依法独立、公正执行业务，受法律保护。"这就是对独立原则的认可。独立原则是法律对会计师的最基本要求。会计师没有独立性，就不可能有客观性和公正性，社会公众就难以依赖于其工作成果，会计师也就失去了存在的必要性和生存的土壤。[③] 独立原则包含两方面的内容：[④] 一是形式上的独立。它是指会计师或会计师事务所与被审计主体没有利益上的关联关系。二是实质上的独立性。它是指会计师完全依赖于自己的内心确信来完成工作，不屈从于其他因素影响，要求注册会计师在执业过程中保持高度的超然性。[⑤]

二、我国会计师制度的产生与发展

1. 新中国成立前的会计师制度

会计师行业是近代中国经济发展到一定阶段的产物，也是从海外移植过来的社会中介行业。[⑥] 1918 年，著名会计学家谢霖先生首次呈文北洋政府，建议设立职业会计师制度。同年，北洋政府农商部颁布《会计师暂行章程》，并按章程授予谢霖第一号会计师证书。这标志着我国会计师制度的产生。[⑦]

1928 年，南京国民政府财政部颁布了《注册会计师注册章程》和《会计师复验章程》。1929 年，南京国民政府工商部颁布了《会计师章程》。

---

① Groβfeld, Bilanzkontrollgesetz-offene Fragen und etwas Optimismus, NZG 2004, 105ff.

② 缪静：《论注册会计师对第三人的民事责任》，《法学》2002 年第 8 期。

③ 于定明、朱锦余：《注册会计师法律制度研究》，法律出版社 2009 年版，第 67 页。

④《中国注册会计师职业道德基本准则》第 5 条规定："注册会计师执行审计或其他鉴证业务，应当保持形式上和实质上的独立。"

⑤ 于定明、朱锦余：《注册会计师法律制度研究》，法律出版社 2009 年版，第 32 页。

⑥ 我国近代注册会计师的详细介绍，参见杜恂诚：《近代中国的注册会计师》，《史林》2008 年第 2 期。

⑦ 参见项俊波等：《审计史》，中国审计出版社 2001 年版，第 228 页。

1930年1月25日，中华民国立法院制定了《会计师条例》。[①] 1945年6月30日，中华民国正式颁布了《会计师法》，形成了比较完善的注册会计师法律制度。

2. 新中国成立后的会计师制度

新中国成立之初，还存在私营企业，需要会计师的服务，并且，当时的政务院还制定了管理会计师的相关法规，会计师所进行的审计在新中国成立初期的经济恢复工作中发挥了积极作用。但后来由于推行前苏联高度集中的计划经济模式，社会主义改造完成之后，会计师不再有用武之地，会计师制度也就失去了存在的土壤。[②]

随着改革开放政策的推行，尤其是外资企业的产生与发展，我国逐渐出现了对会计师的社会需求。1980年12月14日，财政部颁布了《中外合资经营企业所得税法实施细则》，规定外资企业会计报表要由会计师进行审计，这为恢复会计师制度提供了法律依据。1980年12月23日，财政部发布《关于成立会计顾问处的暂行规定》，标志着我国会计师行业开始复苏。[③] 不过，由于当时的经济体制等特殊历史原因，我国的会计师事务所最初都是由国家机关或国有单位出资设立的。[④]

1986年，国务院颁布了新中国第一部会计师方面的行政法规，即《注册会计师条例》。该条例将会计师界定为“经国家批准执行会计查账验证业务和会计咨询业务的人员”，同时规定，会计师必须加入会计师事务所才能接受委托。[⑤] 该条例为会计师行业的规范和发展奠定了初步的制度基础。也正是在此背景下，中国注册会计师协会于1988年11月成立。

此后，我国证券市场逐步恢复和发展，这对会计师业务提出了新的需求，也推进了我国会计师制度的完善。1993年10月31日，第八届全国

---

① 《会计师条例》第1条规定：“会计师受公务机关之命令或当事人之委托办理关于会计之组织、管理、稽核、调查、整理、清算、证明及鉴定各项事务；会计师得充任检查员、清算人、破产管理人、遗嘱执行人及其他信托人；会计师得代办纳税及登记事务，并得代撰关于会计及商事各种文件。”

② 于定明、朱锦余：《注册会计师法律制度研究》，法律出版社2009年版，第3页。

③ 1981年1月1日，上海会计顾问处成立，这是我国注册会计师制度恢复后的第一家会计师事务所。

④ 周学峰：《公司审计与专家责任》，人民法院出版社2007年版，第187页。

⑤ 于定明、朱锦余：《注册会计师法律制度研究》，法律出版社2009年版，第5页。

人民代表大会常务委员会第四次会议通过《注册会计师法》，并于1994年1月1日起施行。与《注册会计师条例》相比，《注册会计师法》有以下几个方面的改变：它提高了会计师的门槛，规定了统一考试制度、会计师事务所的组织形式、会计师的自律组织（即会计师协会）的职责；法律责任规定得更加详细，并规定了会计师事务所的民事赔偿责任。①

自1981年我国恢复会计师行业制度以来，我国会计师行业已有20多年的发展历史。会计师从最初规定为外商投资企业进行年度会计报表及资本投入的审验，发展到为上市公司、集团公司等社会各方面提供审计、验资、资产评估、管理咨询等多种服务，表明会计师行业在市场经济运行中已发挥了其不可替代的作用。②

三、会计师个人对第三人责任的认可

从世界范围来看，会计师或会计师事务所对第三人的责任都是专家对第三人责任的重要类型。因为受会计师执业活动影响的第三人范围可能非常广泛，会计师对第三人承担的责任可能是非常重的。③ 而且，会计师的执业活动与资本市场这个财富中心牵连在一起，很自然地成为利益冲突的焦点，④ 也成为法律上规范的重要内容。在安然公司的丑闻出现之后，会计师对第三人责任的问题，进入了公众关注的中心。这使得人们认为，有必要提供完善的规范框架，以提供保护第三人的激励，使第三人免于因过失的虚假陈述或欺诈性的虚假陈述而遭受损失，最终保障全球资本市场的透明性和可信任性。⑤

在我国，1996年的德阳验资案开创了出具虚假验资报告的事务所要对第三人负责的先例，对于整个会计师行业来说，具有里程碑的意义，也引起了学界对于会计师第三人责任问题的广泛关注。随着我国证券市场

---

① 于定明、朱锦余：《注册会计师法律制度研究》，法律出版社2009年版，第6页。

② 陈静：《注册会计师对第三人的侵权责任研究》，江西财经大学硕士学位论文，2003年，第1页。

③ Sommerschuh, Berufshaftung und Berufsaufsicht, 1Aufl., Baden-Baden 2003, S. 247.

④ 刘燕：《会计师民事责任研究：公众利益与职业利益的平衡》，北京大学出版社2004年版，第2页。

⑤ Richter, Die Dritthaftung der Abschlussprüfer, 1. Aufl., Baden-Baden 2007, S. 9.

的迅速发展，上市公司财务报表造假行为也越来越多地被曝光，因此，对这些虚假报表进行审计并签发了无保留意见的会计师所扮演的角色以及应承担的责任也越来越为人们所关注。① 与此相应，我国的法律法规和司法解释也对会计师事务所对第三人责任问题作出了比较详细的规范。我国《注册会计师法》第 42 条规定："会计师事务所违反本法规定，给委托人、其他利害关系人造成损失的，应当依法承担赔偿责任。"该条明确了，会计师事务所要对第三人承担责任。尤其是 2007 年 6 月 11 日发布的《会计师事务所侵权赔偿的规定》更是全面、细致地规范了会计师事务所对第三人责任问题。

不过，从我国法律法规和司法解释的规定来看，几乎都没有明确会计师个人是否对第三人承担责任。1996 年 4 月 4 日发布的《最高人民法院关于会计师事务所为企业出具虚假验资证明应如何处理的复函》（法函〔1996〕56 号）、1997 年 12 月 31 日发布的《最高人民法院关于验资单位对多个案件债权人损失应如何承担责任的批复》（法释〔1997〕10 号）、1998 年 6 月 26 日发布的《最高人民法院关于会计师事务所为企业出具虚假验资证明应如何承担责任问题的批复》（法释〔1998〕13 号）、2002 年 2 月 9 日发布的《最高人民法院关于金融机构为企业出具不实或者虚假验资报告资金证明如何承担民事责任问题的通知》（法〔2002〕21 号）、2007 年 6 月 11 日发布的《会计师事务所侵权赔偿的规定》都认可了会计师事务所对于第三人的责任，但是，对于会计师个人对第三人是否承担责任，这些司法解释并没有明确规定。

迄今为止，唯一明确认可会计师对第三人责任的司法解释是 2003 年 1 月 9 日发布的《证券虚假陈述赔偿的规定》。该司法解释第 7 条规定："虚假陈述证券民事赔偿案件的被告，应当是虚假陈述行为人，包括：……（五）会计师事务所、律师事务所、资产评估机构等专业中介服务机构；（六）上述（二）、（三）、（四）项所涉单位中负有责任的董事、监事和经理等高级管理人员以及（五）项中直接责任人……"此处所说的专业中介服务机构的"直接责任人"就包括会计师。

问题在于，在解释论上，除了《证券虚假陈述赔偿的规定》规定的情

① 刘燕：《会计师民事责任研究：公众利益与职业利益的平衡》，北京大学出版社 2004 年版，第 3 页。

形外，会计师本人是否要对第三人承担责任？对此，理论上存在不同的看法：

一是否定说。此种观点认为，应由会计师事务所承担对第三人的赔偿责任，会计师本人无须承担责任。这是考虑到我国会计师职业还处于起步阶段，过早地让会计师承担风险巨大的责任，不利于保护投资者和债权人，也不利于会计师职业的快速发展。①

二是肯定说。此种观点认为，会计师出具虚假的财务报告给第三人造成损失，第三人可以以会计师事务所和会计师（直接负责人）作为被告，主张其对全部损失承担连带赔偿责任。这有利于对第三人的周全保护，也符合会计师民事责任的国际惯例与发展趋势。②

笔者认为，肯定说更值得赞同，除了会计师事务所之外，会计师本人也应当对第三人负责，理由主要在于：

第一，这是督促会计师谨慎执业的需要。专家责任的功能在于，填补受害人所遭受的损失和避免专家的疏忽、欺诈等行为。③ 作为专家的一种类型，会计师在经济社会生活中有巨大作用，被称为“经济警察”，要求会计师个人承担责任可以督促其在执业过程中尽到必要的谨慎。虽然会计师事务所承担责任后可以向会计师追偿，从而间接地督促会计师谨慎执业。但是，要求会计师直接对受害人负责，更能够督促其尽到注意义务。尤其是考虑到中国证券市场的实际，要求会计师个人负责更具有现实意义。在我国证券市场上，公司财务审计丑闻接连不断地发生，从早期的“原野”事件，到后来的“红光”事件、“郑百文”事件，乃至令人震惊的“银广夏”事件、“麦科特”事件。在这些事件中，会计师无一例外全部失守。④ 在此背景下，要求会计师个人承担责任，有助于督促其谨慎执业，发挥其证券市场“看门人”的作用。

第二，这是保护社会公众的需要。西方会计界谚语云：“社会公众是注

---

① 参见于守华、穆荣平：《论我国注册会计师的法律责任》，知识产权出版社 2010 年版，第 301 页。

② 彭真明：《论注册会计师职务侵权民事责任的承担主体》，《河北法学》2005 年第 10 期。

③ 参见周学峰：《公司审计与专家责任》，人民法院出版社 2007 年版，第 90 页。

④ 参见周学峰：《公司审计与专家责任》，人民法院出版社 2007 年版，第 1 页。

册会计师的唯一委托人。”会计师依法出具的报告具有法定的证明效力,[①]它存在的主要目的就是改变企业和社会公众之间信息不对称的状况。因为会计师是以中立、超然的第三人身份出具报告，社会公众会对其产生高度的信赖。一旦注册会计师故意出具了虚假意见，社会公众很可能依此进行决策而蒙受损失，成为经济上的受害者。[②] 为了保护社会公众的利益，就有必要强化法律责任，而会计师个人责任的承担就是重要途径之一。

第三，这是我国地方立法经验的总结。从我国地方立法的经验来看，部分省市通过立法认可了会计师个人对第三人的责任。例如，《深圳经济特区注册会计师管理条例》第 55 条规定：“注册会计师、会计师事务所或其他有关人员违反本条例的规定，给他人造成损害的，应负赔偿责任。”《海南省注册会计师条例》第 50 条第 3 款也有类似规定。[③]

第四，这是借鉴比较法上经验的结果。在比较法上，很多国家和地区都认可会计师对第三人的责任。在英国，会计师对第三人责任属于过失侵权的一种，在不少案件中，法官都认为，会计师对第三人负有注意义务。[④]在德国，其法院也通过解释法律认可了会计师对第三人的责任。在 1998 年之前，《德国商法典》第 323 条被认为是会计师对第三人责任的障碍。但是，在 1998 年的一起案件中,[⑤] 德国联邦最高法院对《德国商法典》第 323 条提出了新的解释。其认为，该条的立法意图在于限制会计师的责任，但并未将会计师对第三人的责任完全排除，也不妨碍基于当事人在合同中的意图给会计师施加责任。[⑥] 在我国台湾地区，其“会计师法”第 18 条更是

---

① 《海南省注册会计师条例》第 8 条规定：“注册会计师依法出具的报告具有法定证明效力。委托人和有关部门不得拒绝接受注册会计师依法出具的报告。”《深圳经济特区注册会计师管理条例》第 2 款规定：“注册会计师依法出具的上述报告，具有法律证明效力。”

② 参见缪静：《论注册会计师对第三人的民事责任》，《法学》2002 年第 8 期。

③ 《海南省注册会计师条例》第 50 条第 3 款规定：“注册会计师、会计师事务所违反本条例第七条、第三十二条、第三十三条、第三十四条规定，给有关单位、个人造成损失的，应承担赔偿责任；故意出具虚假报告，构成犯罪的，依法追究刑事责任。”

④ Fasteners v. Marks, Bloom and Co. ［1981］3 All ER 289,［1983］1 All ER 583.

⑤ BGH 245. 96. 在该案中，被告接受 SIN 公司的委托执行《德国商法典》所要求的法定审计，原告基于对经审计的财务报告的信赖收购了 SIN 公司，后来发现 SIN 公司经审计的财务报告虚假。原告称，如果他知道 SIN 公司的真实财务状况，他就不会收购该公司。

⑥ 参见周学峰：《公司审计与专家责任》，人民法院出版社 2007 年版，第 112 页。

明确规定了会计师对第三人的责任。①

第二节　会计师对第三人责任的比较法考察

一、英国法上的会计师对第三人责任

在英国，法律要求年度财务的强制审计，最早开始于1844年到1856年间。在一段时间的中断之后，自1879年的《合股公司法》（Joint Stock Companies Act 1989）开始，法律要求所有的银行都必须进行年度财务的审计；自1900年的《公司法案》（Companies Act of 1900）开始，所有的股份公司都被要求强制进行年度财务审计。② 今天，英国关于企业年度财务审计的规定主要是1985年《公司法案》（Companies Act of 1985）和1989年《公司法案》（Companies Act of 1989）。1985年的《公司法案》整合了此前关于自合公司的所有规则；1989年的《公司法案》则转化了欧盟康采恩财务指令和会计师指令的内容。③

在英美法系，英国法上的会计师对第三人责任制度具有典型意义。④ 总体上，会计师对第三人责任案件因为约因理论和合同相对性理论而不可能通过合同责任制度来解决。⑤ 这与英国专家对第三人责任的一般规则具有一致性。⑥ 因为通常来说，会计师不可能与第三人存在直接的接触，而且，在所有情况下，会计师与第三人之间都缺少对待给付。另外，审计合同对第三人的保护作用的思想（类似于德国法上的附保护第三人作用的合同），也

---

① 我国台湾地区“会计师法”第18条规定：“会计师有前条情事致指定人、委托人或利害关系人受有损害时，应负赔偿责任。”

②③ Richter, Die Dritthaftung der Abschlussprüfer, 1. Aufl., Baden-Baden 2007, S. 31.

④ 事实上，美国法上的会计师对第三人责任也是非常重要的，而且与英国法存在一定的区别。但考虑到本书的体系和篇幅，笔者并非专门对其进行考察。关于美国法上会计师对第三人责任的详细介绍，可参见金勇军：《会计师第三人责任》，高等教育出版社2006年版，第78页以下。

⑤ Richter, Die Dritthaftung der Abschlussprüfer, 1. Aufl., Baden-Baden 2007, S. 42.

⑥ Sprenger, Internationale Expertenhaftung: Die Dritthaftung von Experten im International Privat-und Zivilverfahrensrecht, Tübingen 2008, S. 67ff.

因为英国法上合同相对性的要求而不可能被认可。[①] 在极其例外的情况下，如果在审计合同中明确地作出约定或者合同中存在利益第三人条款时，第三人才可能据此主张合同责任。这在会计师对第三人责任案件中极少存在。[②]

在英国，会计师对第三人责任是以侵权法上的过失侵权作为核心的请求权基础。[③] 在少数情形下，如果会计师具有故意，第三人也可能以“欺诈侵权”作为请求权基础。[④] 但构成欺诈侵权必须满足如下要件：其一，会计师必须以书面或口头的形式作出了错误的事实方面的陈述。其二，会计师必须明知第三人信赖该陈述，而且，有目的地实施了该行为。其三，第三人信赖了该陈述，并且因此遭受了损害。从英国的诉讼实践来看，在会计师对第三人责任案件中，上述要件通常不能满足，而且，几乎不可能得到证明。[⑤]

正是因为“欺诈侵权”的构成要件严格，所以，过失侵权成为了解决会计师对第三人责任的主要路径。而且，在过失侵权责任的基础上产生的过失不实陈述责任成为了会计师对第三人责任的核心部分。[⑥] 具体来说，过失不实陈述责任的构成要件包括：其一，基于当事人之间的特别关系，产生了对于他人的注意义务。其二，被告因不真实的、不精确的或误导性的陈述而违反了前述注意义务。其三，被告具有过失。其四，受害人必须证明其事实上信赖了被告的不实陈述（合理信赖）。其五，受害人因信赖而遭受了损害。[⑦]

在英国，会计师对第三人责任制度的发展过程中，第一个里程碑意义的案例是 1951 年的 Candler v. Crane，Christmas & Co. 案。[⑧] 该案以会计师对

① Richter，Die Dritthaftung der Abschlussprüfer，1. Aufl.，Baden-Baden 2007，S. 42.

② Richter，Die Dritthaftung der Abschlussprüfer，1. Aufl.，Baden-Baden 2007，S. 43.

③ Hirte，Berufshaftung：ein Beitrag zur Entwicklung eines einheitlichen Haftungsmodells für Dienstleitungen，München 1996，S. 283.

④ Decku，Zwischen Vertrag und Delikt，Frankfurt 1997，S. 30. 在英国，欺诈侵权最早由 Palsey v. Freeman 案确立，参见 Palsey v. Freeman，（1789）3 Term Rep. 51。后来的 Derry v. Peek 案进一步加以确认和发展。参见 Derry v. Peek，［1889］14 App. Cas. 337。

⑤ Richter，Die Dritthaftung der Abschlussprüfer，1. Aufl.，Baden-Baden 2007，S. 44.

⑥ Richter，Die Dritthaftung der Abschlussprüfer，1. Aufl.，Baden-Baden 2007，S. 9.

⑦ Richter，Die Dritthaftung der Abschlussprüfer，1. Aufl.，Baden-Baden 2007，S. 63. 关于过失不实陈述责任的构成要件，也可参见 Caparo Industries v. Dickmann，［1990］2 A. C. 605。

⑧ Candler v. Crane，Christmas Co. ［1951］1 KB 164. 该案的具体案情可参见本书第一章第二节的第二部分。

第三人责任为其核心。上议院采纳了丹宁（Denning）法官的意见，认为既然会计师知道原告的身份，并且知道原告所进行的交易依赖于专家意见，会计师就应当对原告负有注意义务。① 不过，会计师所负有的注意义务仅仅针对特定范围的人，或者说为了确定注意义务而必需的密切关系仅仅针对这些人存在，即审计报告是为了其而出具的，而且，会计师知道存在的人。另外，丹宁法官还进一步限制了所涉及的交易的类型，即只有会计师知道其审计报告对于其是需要的交易才能适用该责任。② 因为丹宁法官在该案中的论证，其为会计师对第三人责任在英国的继续发展奠定了基础，甚至可以说在整个英美法域都是如此。③

1963 年的 Hedley Byrne & Co. Ltd. v. Heller & Partners Ltd. 案在会计师责任领域更具有决定性意义，直到今天它仍然是主要的先例判决，④ 该案也成为英国法上扩张会计师对第三人责任的开端。该案的法官认为，除了合同关系和信义关系（Fiduciary Relationships）之外，被告也可能因为不实陈述而对他人遭受的纯经济损失负责，即使被告仅有过失也是如此。⑤ 不过，前提条件是当事人之间存在“特别的关系”，而且，作出陈述的人就其陈述的内容“自愿地承担了责任”（Voluntary Assumption of Responsibility）。⑥ 不过，就“特别的关系”和“自愿地承担了责任”的具体认定，法院并没有给出准确而统一的标准。⑦ 至今，该案仍然是一般过失导致的咨询责任领域的最重要案例。法官通过模糊的表达所阐述的对于“注意义务”的要求，开启了“注意义务”界定标准的讨论，以及对于可以请求赔偿的第三人范围的讨论。⑧

Hedley Byrne 案的判决是英国法上扩张会计师对第三人责任的新阶段的

---

① 该案中，一审法院认为，会计师所在的事务所没有责任。一方面，被告的欺诈不能被确定；另一方面，过失侵权因缺少“注意义务”而不能被认定。在上诉法院，原告认为，其主张的基础是过失不实陈述。但是，上诉法院认为，Donoghue 案发展出来的“注意义务”概念，不能适用于纯经济损失的救济，从而驳回了原告的请求。参见 Dugdale，Parkinson，Stanton，Cox，Swinson，Professional Negligence in Accountancy，Longman Group Ltd.，1986，p. 14。

② Candler v. Crane，Christmas Co.［1951］1 KB 164，185（C. A.）.

③ Jackson，Power，Professional Negligence，5th. Edition.，London，2002，p. 1099.

④ Ebke，Wirtschaftsprüfer und Dritthaftung，Diss. Bielefeld 1983，S. 167f.

⑤ Hedley Byrne & Co. Ltd. v. Heller & Partners Ltd.［1964］A. C. 465.

⑥ 参见［日］望月礼二郎：《英美法》，郭建、王仲涛译，商务印书馆 2005 年版，第 144 页。

⑦ Richter，Die Dritthaftung der Abschlussprüfer，1. Aufl.，Baden-Baden 2007，S. 77.

⑧ Richter，Die Dritthaftung der Abschlussprüfer，1. Aufl.，Baden-Baden 2007，S. 79.

开始。在20世纪70年代和80年代，整个英美法系的会计师对第三人责任都开始扩张，可以享有赔偿请求权的第三人的范围不断扩大。而且，在Hedley案之后，进入了责任要件精确化的阶段。① 就责任要件精确化而言，出现了一个重要的案例，即Anns v. London Borough of Merton案，② 在该案中，Wilberforce法官尝试以“合理预见”（Reasonable Foreseeability）为基础，发展出可以适用于纯经济损失的一般概念。③ 而且，Wilberforce法官在此案中发展出来了认定注意义务的两步认定法。④ 虽然这个案件并不涉及会计师对第三人责任，但是，这一案件的判决对会计师对第三人责任案件产生了深远的影响。⑤

该案中提出的两步认定法，对于纯经济损失案件的责任要件提出了统一标准。这一标准导致了“注意义务”的明显扩张，因为按照这一标准，可以自“合理的预见”之中推导出必要的密切关系。⑥ 而且，“合理的预见”作为决定性标准，其限定仅仅通过政策考虑。⑦ 在JEB Fasteners Ltd. 案中，Anns案发展出来的两步认定法首次被运用于会计师对第三人责任。这一判决表明，Wilberforce提出的两步认定法运用于其他案件类型时意味着巨大的责任扩张。⑧

1983年的JEB Fasteners Ltd. 案判决和同年的Twomax Ltd. v. Dickson Mc-Farlane & Robinson案的判决，是英国法上会计师对第三人责任扩张的顶峰。在这两个案件中，“注意义务”认定的核心标准以及过失不实陈述责任的核心标准都是对第三人信赖的可预见性；没有采用已经知道第三人信赖的标准。⑨

此后，因为社会上对于过于宽泛的责任基础的批评，法官首先在会计师第三人责任领域作出回应。在1990年的Caparo Industries Plc v. Dickman

---

① Richter, Die Dritthaftung der Abschlussprüfer, 1. Aufl., Baden-Baden 2007, S. 80ff.

② Anns v. Merton LBC［1978］A. C. 728.

③ Jackson & Powell, On Professional Negligence, 5th Edition, London: Sweet & Maxwell UK, 2002, p. 622.

④ 对于两步认定法的详细论述，可参见本书第二章第一节的第三部分。

⑤ Richter, Die Dritthaftung der Abschlussprüfer, 1. Aufl., Baden-Baden 2007, S. 90.

⑥ Richter, Die Dritthaftung der Abschlussprüfer, 1. Aufl., Baden-Baden 2007, S. 91.

⑦ Ivankovich, Accountants and Third-Party Liability, 23 Ottawa L. Rev., 505, 511（1991）.

⑧ Richter, Die Dritthaftung der Abschlussprüfer, 1. Aufl., Baden-Baden 2007, S. 92.

⑨ Richter, Die Dritthaftung der Abschlussprüfer, 1. Aufl., Baden-Baden 2007, S. 96.

案中，英国上议院明确放弃了在 Anns 案中发展起来的确定责任的一般原则。[①] 在该案中，法院否认了会计师对于被审计公司的债权人以及对于被审计公司的（现在的或未来的）个别股东的损害赔偿义务。法院认为，会计师仅仅对于被审计公司本身及其股东的全体负责。[②] 这一判决意味着，在会计师对第三人责任方面，法院的立场开始转向。因为该案的判决认为，代之以 Anns 案中的一般原则，应当从先前判例确认的情形出发具体认定是否承担损害赔偿责任。[③]

二、法国法上的会计师对第三人责任

法国会计制度属于拉丁会计体系，与以英美为代表的盎格鲁—萨克逊模式有着本质的不同。[④] 法国会计制度常常被学者归纳为“统一会计模式”，还具有以税务为导向的特征等。[⑤]

按照法国会计制度的要求，符合特定条件的公司必须接受审计，因此，负有法定的接受审计义务的公司，包括资合公司和人合公司。依《法国商法典》第 L823－9 条的规定，公司审计的对象是年度财务报表（包括资产负债表、盈亏账目以及附件）、簿记（Buchführung）以及经营情况报告。该法典第 L823－10 条则规定，审计人应当确认，公司的年度财务报表是按照要求制作的，是真实的，而且，反映了公司的财务状况。审计人还应当确认，公司的年度财务报表以及簿记，符合法律的规定，以及经营情况报告中所作陈述的正确性。[⑥] 如果会计师在其审计的框架内确定，企业的经营存

---

①② Hirte，Berufshaftung：ein Beitrag zur Entwicklung eines einheitlichen Haftungsmodells für Dienstleitungen，München 1996，S. 283.

③ 参见周学峰：《公司审计与专家责任》，人民法院出版社 2007 年版，第 98 页。

④ 庄刚琴、唐有瑜：《独树一帜的法国会计制度》，《法国研究》2001 年第 1 期。

⑤ 所谓“统一会计模式”，即政府把会计作为管理和控制企业的一种手段，以促使中央计划和管理的实施。具体体现就是，法国拥有一个管理机构——会计国民理事会（CNC）和它所制定的统一会计方案。而会计制度具有以税务为导向的特征，就意味着，会计的原则和方法必须遵守国家的税法，因此税法的任何变动都将影响公司财务报表的内容和形式。参见周红：《法国会计制度改革的现状》，《会计研究》1998 年第 3 期；梁敏：《法国会计制度特征及借鉴》，《湘潮》2009 年第 5 期。

⑥《法国商法典》的规定与 1966 年 7 月 24 日的《法国商业公司法》（Loi sur les Sociétés Commerciales）第 228 条的规定基本相同。参见 Quick/Renault，Die zivilrechtliche Haftung des französischen Abschlußprüfers，RIW 1993，305。

在问题或者企业的经济状况受到严重影响，而被审计公司是股份公司，则可能启动三级程序（警示程序）。①

在法国，进行审计的主体是会计师，而为了控制会计师的执业风险，执业责任保险是常用的方法。依据《法国商法典》第 R822 – 70 条的规定，会计师要成为地区会计师协会（CRCC）的会员，必须投保足以覆盖《法国商法典》第 L822 – 17 条规定的会计师责任。法国全国会计师协会（CNCC）则为其所有会员购买了团体保险（Gruppenversicherung），为所有会员提供“一揽子”的保险保障。②

如果会计师违反了其法律规定的义务或者违反了职业规范，则可能要承担民事责任。从总体上看，会计师面临的民事诉讼数量呈上升趋势。③ 虽然《法民》第 1382 条和第 1383 条确立了其过错责任的一般条款，但会计师违反其义务的责任属于责任法的特别情形。依据《法国商法典》第 L822 – 17 条第 1 款的规定，就审计中的义务违反和过错，会计师不仅要对被审计的企业负责，而且要对第三人负责。④

依据《法国商法典》第 L822 – 17 条的规定，会计师对第三人承担责任的前提包括：义务的违反、损害、义务违反与损害之间的因果关系。在认定会计师对第三人的注意义务时，应当抽象地进行判断，也就是说并不考虑特别的情况，因为人们期待会计师如同一个通常的、谨慎的审计人一样行为。⑤ 而且，会计师的义务是方式性义务（obligation de moyens），而不是结果性义务。⑥ 从实践来看，会计师的过错有多种表现，如没有遵守回避的

① 在第一级程序中，会计师可以请求公司的领导机构告知公司目前的状况以及公司已经计划的应对措施；如果会计师对于前述答复并不满意，则可以立即启动第二级程序，他可以要求在董事会或监事会的层面，决定采取一定的战略，以保证公司的继续存在，同时向企业的工会告知该事项。如果威胁公司存在的情况仍然存在，或者危险非常严重，则会计师必须进入第三级程序，即会计师必须向下一次的股东大会提交特别报告，并给予企业的工会一份副本。在紧急情况下，会计师甚至可以自行召集股东大会。参见 Storp，Prävention wirtschaftlicher Schwierigkeiten in Frankreich，RIW 1984，943。

② Quick/Renault，Die zivilrechtliche Haftung des französischen Abschlußprüfers，RIW 1993，309.

③ Quick/Renault，Die zivilrechtliche Haftung des französischen Abschlußprüfers，RIW 1993，306.

④《法国商法典》的规定与此前的 1966 年 7 月 24 日的《法国商业公司法》第 234 条第 1 款的规定相同。参见 Hirte，Berufshaftung：ein Beitrag zur Entwicklung eines einheitlichen Haftungsmodells für Dienstleitungen，München 1996，S. 258f。

⑤ Quick/Renault，Die zivilrechtliche Haftung des französischen Abschlußprüfers，RIW 1993，306.

⑥ Quick/Leimgruber，Die zivilrechtliche Verantwortung des Abschlußprüfers in Frankreich，WPK-Mitt. 1995，20.

规定、没有履行其任务、有瑕疵地履行其义务、没有启动警示程序等。[①]

就责任的范围而言，会计师有可能仅仅赔偿因其未尽到义务而导致的机会丧失。例如，会计师违反了其义务，没有揭露他人的侵吞行为，此时，会计师并非要对因侵吞导致的所有损害负责，因为如果会计师正确地揭露，是否可以避免损害以及在多大程度上可以避免损害，这并不清楚。[②]

三、德国法上的会计师对第三人责任

在德国，会计师可以进行法律强制的财务审计，也可以进行自愿的财务审计，即因被审计公司的股东、债权人、股权收购人或其他人的委托而进行的审计。[③] 会计师进行审计之后，所发布的信息主要包括：审查报告（Prüfungsbericht）、认许的记载（Bestätigungsvermerk）、监事会财务会议上的报告，以及其他与审计相关的陈述。[④] 第三人获取会计师所发布的审计报告的途径包括五种：其一，依据《德国商法典》第 325 条以下诸条规定的公开；其二，以广告（Prospekt）或类似形式，公开了会计师的审计结论；其三，委托人向第三人转交了会计师的审计结论；其四，通过其他的第三人转交了会计师的审计结论（此时会计师应当同意此种转交）；其五，会计师自己向第三人转交了其审计结论。[⑤] 无论是强制的审计还是自愿的审计，都会导致第三人的损害，这一问题是司法界和学术界面临的重要问题。[⑥]

如果会计师故意违反其义务，则可以适用《德民》第 826 条的规定为第三人提供救济。按照德国司法实践的看法，在适用本条时，间接故意就已经足够了。[⑦] 甚至德国的司法实践也朝着要件更为宽松化的方向发展，即

---

① Quick/Renault, Die zivilrechtliche Haftung des französischen Abschlußprüfers, RIW 1993, 306.

② Hirte, Berufshaftung: ein Beitrag zur Entwicklung eines einheitlichen Haftungsmodells für Dienstleitungen, München 1996, S. 259.

③ J. Mirtschink, Die Haftung des Wirtschaftsprüfer gegenüber Dritten, Berlin 2006, S. 2.

④ J. Mirtschink, Die Haftung des Wirtschaftsprüfer gegenüber Dritten, Berlin 2006, S. 16.

⑤ J. Mirtschink, Die Haftung des Wirtschaftsprüfer gegenüber Dritten, Berlin 2006, S. 28f.

⑥ 在德国，自 20 世纪 60 年代的后期开始，就开始对会计师对第三人的民事责任问题进行深入的学术探讨。早期的作品包括：Völschau, Die Verantwortlichkeit des aktienrechtlichen Abschlussprüfer, Diss. Hamburg 1966; Gloeckner, Die zivilrechtliche Haftung des Wirtschaftsprüfer, Düsseldorf 1967; Czech, Die Haftung des Wirtschaftsprüfers und des C. P. A. gegenüber Dritten, Diss. Hamburg 1977.

⑦ BGH NJW 1986, 181ff.; OLG Karlsruhe WPK-Mitt. 1999, 233; LG Hamburg WM 1999, 141.

重大过失也可以适用。[①] 如果满足了《德民》第826条的规定，则会计师要对第三人负责，而且，不应当适用《德国商法典》第323条第2款规定的最高责任限额。[②] 尤其是按照《德国保险合同法》（VVG）第152条的规定，此时会计师因违反义务而承担的责任，不能得到保险赔付，会计师要自己承担赔偿责任。[③]

不过，从实践来看，会计师往往都是因过失而导致第三人的损害。在会计师进行强制审计的情形下，如果会计师因过失导致第三人的损害，则应当适用《德国商法典》第323条第1款第3句的规定。这使得会计师对第三人责任不同于其他类型专家所承担的责任，其他专家对第三人责任都没有特别的法律规则。[④] 依据《德国商法典》第323条第1款第3句的规定："故意或过失而违反其义务的人，对资合公司，并在关联企业受到损害时，也对关联企业负有赔偿由此而发生的损害的义务。"此处所说的"违反其义务的人"包括进行强制审计的会计师。依据这一规定，在资合公司委托会计师进行强制审计时，该资合公司的关联企业作为第三人也可以请求赔偿。另外，《德国商法典》第323条第2款还针对会计师在强制审计过程中因过失而造成损害的赔偿责任，规定最高限额为每次审计100万欧元。如果被审计的对象是股份公司，则最高赔偿限额为每次审计400万欧元。[⑤] 按照德国学界一致的观点，《德国商法典》第323条第2款规定的责任限额，在第三人以侵权为由请求赔偿时，并不能适用。[⑥] 然而德国联邦法院的司法实践认为，在第三人以合同责任制度或准合同责任制度为基础而请求赔偿时，则可以适用责任限额。[⑦]

虽然《德国商法典》第323条第1款第3句明确了，在强制审计的情形下，作为委托人的资合公司的关联企业可以请求会计师给予赔偿，但是，这一规定的适用范围十分有限。就一般情形而言，会计师对其负责的第三人主要是指贷款发放人、其他债权人和股权购买人。因此，对于强制的财

① Lang, Zur Dritthaftung der Wirtschatsprüfer, Karlsruhe 1991, S. 7.

② Richter, Die Dritthaftung der Abschlussprüfer, 1. Aufl., Baden-Baden 2007, S. 273.

③ Grunewald, Die Haftung des Abschlussprüfer gegenüber Dritten, ZGR 1999, 591.

④ J. Mirtschink, Die Haftung des Wirtschaftsprüfer gegenüber Dritten, Berlin 2006, S. 2.

⑤ Richter, Die Dritthaftung der Abschlussprüfer, 1. Aufl., Baden-Baden 2007, S. 243.

⑥ Ebke, Wirtschaftsprüfer und Dritthaftung, Diss. Bielefeld 1983, S. 44; Adler/Düring/Schmaltz, § 323 HGB, Rn. 179.

⑦ BGH NJW 1998, 1950.

务审计中的会计师对第三人责任案件而言，《德国商法典》第 323 条第 1 款第 3 句的规定作为请求权基础几乎没有意义。[①] 除了《德国商法典》第 323 条第 1 款第 3 句的规定以外，在德国法上，会计师对第三人责任的请求权基础主要有如下三个：[②]

一是默示的咨询合同。在会计师对第三人责任案件中，如果会计师因咨询意见而应对第三人负责，德国法院也可能认定，会计师与第三人默示地订立了咨询合同，并据此认定会计师的责任。[③] 但是，认定存在咨询合同的前提是，必须在双方的、对外的表示中表明了其都受拘束和承担责任的意思。不过，即使会计师作出的与审计相关的意见表达被个别地传递给了第三人，前述咨询合同也很难被认定。另外，在会计师基于合同而担保承担不以过错为要件的责任时，也适用前述规则。[④]

二是附保护第三人作用的合同。自 20 世纪 60 年代末开始，附保护第三人作用的合同制度就被德国联邦法院发展成为专家责任领域的核心责任基础。近些年，德国联邦法院也将该制度运用于会计师对第三人责任，包括会计师因强制财务审计而对第三人承担的责任。[⑤] 例如，在一些案例中，德国联邦法院认为，提供贷款的第三人也在审计合同的保护范围之内。[⑥] 在认定第三人是否属于合同的保护范围时，尤其应当考虑会计师所出具的认许记载（Bestätigungsvermerk）的表达。[⑦] 在适用附保护第三人作用的合同的情形下，会计师对第三人责任也可以通过会计师与被审计企业的约定予以限制。不过，这一约定应当直接指明受保护的第三人。[⑧]

三是缔约过失责任。在 2002 年的德国债法改革之后，其明确规定了缔约过失责任，并可以对第三人提供保护。《德民》第 311 条第 3 款第 2 句的规定引入了一种新的会计师对第三人责任的请求权基础，第三人可以

① J. Mirtschink, Die Haftung des Wirtschaftsprüfer gegenüber Dritten, Berlin 2006, S. 239.

② 在德国法上还存在所谓的“第三人损害清算”（Drittschadensliquidation）制度。但就会计师对第三人责任而言，该制度无法适用，因为第三人的损害并非被审计企业的典型损害，而且，并不存在偶然的损害移转。参见 J. Mirtschink, Die Haftung des Wirtschaftsprüfer gegenüber Dritten, Berlin 2006, S. 241。

③ BGH WM 1962, 933; BGH NJW 1973, 3223.

④⑤ J. Mirtschink, Die Haftung des Wirtschaftsprüfer gegenüber Dritten, Berlin 2006, S. 240.

⑥ BGH WM 1986, 711; BGH WM 1987, 259; BGH WM 1993, 897.

⑦ OLG Hamburg WPK-Mitt. 1991, 86.

⑧ J. Mirtschink, Die Haftung des Wirtschaftsprüfer gegenüber Dritten, Berlin 2006, S. 243.

请求会计师承担缔约过失责任,[①] 只是其具体的责任构成要件仍然不甚明确。[②]

从实践来看，会计师对第三人责任，不仅可以通过个别的合同约定的方式予以限制，而且，可以通过一般交易条件（即格式条款）予以限制。[③] 如果在会计师与第三人的关系中运用了一般交易条件，则《德民》第 307 条以下诸条应当适用于规制该一般交易条件。[④]

另外，就会计师对第三人责任的诉讼时效而言，无论是《德国商法典》第 323 条第 1 款第 3 句规定的责任，还是合同责任、准合同责任以及侵权责任，都应当适用诉讼时效的一般规则。[⑤] 这就是说，应当适用《德民》第 195 条规定的 3 年的诉讼时效期间，其起算点为请求权产生之年的结束。

第三节　会计师对第三人责任的构成要件

一、概述

1. 会计师对第三人责任的归责原则

针对证券市场上的虚假陈述行为，《证券虚假陈述赔偿的规定》第 24 条特别规定："专业中介服务机构及其直接责任人违反证券法第一百六十一条和第二百零二条的规定虚假陈述，给投资人造成损失的，就其负有责任的部分承担赔偿责任。但有证据证明无过错的，应予免责。"这就意味着，就证券市场上的虚假陈述行为而言，会计师应当对第三人承担过错推定责

① 第 311 条第 3 款规定："本法第 241 条所规定的负有义务的债之关系也可针对非合同当事人存在。特殊范围内的第三人享有别人对其的信赖并因此严重影响合同磋商或合同缔结的，尤其存在此种关系。"会计师也可以被认定为本款所规定的"特殊范围内的第三人"。

② Canaris, Die Reform des Rechts der Leistungsstörungen, JZ 2001, 521.

③ J. Mirtschink, Die Haftung des Wirtschaftsprüfer gegenüber Dritten, Berlin 2006, S. 243.

④ J. Mirtschink, Die Haftung des Wirtschaftsprüfer gegenüber Dritten, Berlin 2006, S. 244.

⑤ Richter, Die Dritthaftung der Abschlussprüfer, 1. Aufl., Baden-Baden 2007, S. 245.

任。而且，与我国《证券法》第173条规定的会计师事务所承担的过错推定责任存在内在的一致性。[①] 在比较法上，很多国家和地区都将证券市场上的会计师责任设计为过错推定责任。例如，美国1933年《证券法》第11条、日本《证券交易法》第21条、中国台湾地区“证券交易法”第32条都采取这一立场。[②]《证券虚假陈述赔偿的规定》借鉴比较法上的经验，作出上述规定，对于公众投资者的利益保护具有重要意义。

另外，《会计师事务所侵权赔偿的规定》第4条第1款规定：“会计师事务所因在审计业务活动中对外出具不实报告给利害关系人造成损失的，应当承担侵权赔偿责任，但其能够证明自己没有过错的除外。”该条是针对会计师事务所对第三人的赔偿责任作出的规定，将会计师事务所的责任设计为过错推定责任。至于会计师个人是否承担责任，属于何种责任，并没有明确。但是，在解释上应当认为，会计师对第三人承担的责任也应当属于过错推定责任，理由主要在于：其一，会计师承担普通的过错责任而会计师事务所承担过错推定责任，难免使得社会公众对法律的公正性产生怀疑。其二，会计师作为专家，其所从事的活动具有很强的专业性，由不熟悉会计业务的第三人来证明会计师自己活动领域的过失，非常不公平。[③] 其三，与第三人（主要是公众投资者）相比，会计师在信息披露中处于优势地位，第三人只是被动地了解、接纳公开信息，对于会计师是否有过错难以充分举证。[④] 其四，从比较法上来看，在美国1933年的《证券法》和1934年的《证券交易法》、《日本证券交易法》及我国台湾地区“证券交易法”上，会计师的侵权责任都属于过错推定责任。这一立法经验值得借鉴。[⑤]

在理论上也有学者提出会计师应当对第三人承担严格责任（或称危险

---

① 2005年修订的《证券法》第173条规定：“证券服务机构为证券的发行、上市、交易等证券业务活动制作、出具审计报告、资产评估报告、财务顾问报告、资信评级报告或者法律意见书等文件，应当勤勉尽责，对所依据的文件资料内容的真实性、准确性、完整性进行核查和验证。其制作、出具的文件有虚假记载、误导性陈述或者重大遗漏，给他人造成损失的，应当与发行人、上市公司承担连带赔偿责任，但是能够证明自己没有过错的除外。”

②④ 缪静：《论注册会计师对第三人的民事责任》，《法学》2002年第8期。

③ 朱慈蕴、陈彦晶：《评注册会计师对第三人的民事责任》，《法学评论》2007年第4期。

⑤ 类似观点参见彭真明：《论会计师职务侵权责任的归责原则》，《法商研究》2004年第6期。

责任、无过错责任)。[①] 笔者认为，这一观点虽有一定道理，但也值得商榷，理由主要在于：其一，会计师往往要在短时间内查验和审核大量的合同、会计凭证、会计账册、会计报表、会计报表附注、财务情况说明书以及其他会计资料，根本不可能一一核对。[②] 其二，严格责任意味着，要求会计师对其出具意见的真实性作绝对的担保。考虑到受会计师执业活动影响的第三人可能为数众多，严格责任的设计将会使会计师承担过重的责任，面临巨大的执业风险，从而严重威胁独立审计行业和会计师职业的生存与发展。

2. 会计师对第三人责任的构成要件

既然会计师对第三人责任属于过错推定责任，其责任构成要件就应当包括：会计师的侵权行为、第三人的损害、会计师的侵权行为与损害之间存在因果关系、会计师的行为具有违法性、会计师被推定为具有过错。

正所谓“无损害则无赔偿”，会计师对第三人承担责任的前提是，第三人因为会计师的义务违反而遭受了可赔偿的损害。在德国法上，认定第三人的损害往往采取差额说（Differenzmethode)。[③] 这就是说，损害就是假想的状况（即如果没有遭受侵害受害人所处的状况）与实际的状况（即受害人目前的真实状况）的差别。这一做法值得借鉴。

从实践来看，第三人所遭受的损害通常都是纯经济损失。例如，买卖合同中的卖方或者投资关系中的出资人因利用会计师出具的虚假验资报告而遭受的经济损失；股票购买者因利用注册会计师出具的虚假审计报告而遭受的经济损失等。[④] 不过，在证券市场上，受害人因虚假陈述而遭受的损害往往难以确定。对此，各国都发展出特殊的方法，以妥当确定受害人的损失。例如，在美国，其主要发展出了如下四种方法：①直接损失法（Out-of-pocket Measure)。它是指以原告实际买卖证券的价格与该证券的真实价值之差作为损害范围。②赔偿协议利益（Benefit of the Bargain）法。它是指原告有权得到被告承诺的证券价值。③交易撤销法（Rescission Measure)。它

---

① 参见刘正峰：《会计师虚假验资证明民事赔偿责任研究》，《现代法学》1999 年第 4 期；谢荣：《中国注册会计师职业发展战略》，中信出版社 2002 年版，第 10 页。

② 参见彭真明：《论会计师职务侵权责任的归责原则》，《法商研究》2004 年第 6 期。

③ J. Mirtschink, Die Haftung des Wirtschaftsprüfer gegenüber Dritten, Berlin 2006, S. 187f.

④ 陈静：《注册会计师对第三人的侵权责任研究》，江西财经大学硕士学位论文，2003 年，第 11 页。

是指原告诉请撤销相关的证券交易，提交证券（对价）而获取相应的对价（证券），从而与被告共同回复至交易进行前的原有状况。④退交不法所得（Disgorgement of Ill-gotten Gains）法。它是指被告退回转卖证券的不法所得。显而易见，上述计算方法的不同是根源于具体案件中的诉因和事实。[①] 为了解决我国司法实践中的困难，《证券虚假陈述赔偿的规定》对投资人的损害确定作出规定。依据该规定，损害的确定区分两种情形：一是因虚假陈述而导致证券被停止发行。此时，投资人的损失就是所缴股款及银行同期活期存款利率的利息。二是虚假陈述并没有导致证券被停止发行。此时，投资人的损失包括两项：①投资差额损失；②投资差额损失部分的佣金和印花税。[②]

二、会计师侵害第三人的行为

从《注册会计师法》的规定来看，会计师可以承办的业务包括审计、会计咨询和会计服务。就审计业务而言，又包括：审查企业会计报表，出具审计报告；验证企业资本，出具验资报告；办理企业合并、分立、清算事宜中的审计业务，出具有关的报告；法律、行政法规规定的其他审计业务。[③] 在开展以上诸项业务中，会计师都有可能侵害第三人的权益。例如，在河南省安阳市大拇指制衣有限责任公司诉安阳新兴联合会计师事务所侵权纠纷案中，法院委托被告会计师事务所计算原告因案外人的迟延履行所导致的利息损失，而原告大拇指公司认为被告新兴事务所为其少算利息，给其造成了损失。这一案件属于因审计以外的其他业务而导致侵权的案

---

① 汤欣：《证券市场上虚假陈述的民事责任——兼论证券法上的一般性反欺诈条款》，《证券法学评论》2003 年第 3 卷。

②《最高人民法院关于审理证券市场因虚假陈述引发的民事赔偿案件的若干规定》第 29 条规定："虚假陈述行为人在证券发行市场虚假陈述，导致投资人损失的，投资人有权要求虚假陈述行为人按本规定第三十条赔偿损失；导致证券被停止发行的，投资人有权要求返还和赔偿所缴股款及银行同期活期存款利率的利息。"第 30 条第 1 款规定："虚假陈述行为人在证券交易市场承担民事赔偿责任的范围，以投资人因虚假陈述而实际发生的损失为限。投资人实际损失包括：（一）投资差额损失；（二）投资差额损失部分的佣金和印花税。"第 2 款规定："前款所涉资金利息，自买入至卖出证券日或者基准日，按银行同期活期存款利率计算。"

③ 参见《注册会计师法》第 14 条第 1 款和第 15 条。

件。[1] 从实践来看，会计师侵害第三人的行为主要表现为两种类型：

一是出具虚假的验资证明。验资，是指注册会计师依法接受委托，对被审验单位的实收资本（股本）及其相关的资产、负债的真实性、合法性进行的审验。[2] 注册会计师验资的范围包括实收资本（股本），形成实收资本（股本）的货币资金、实物资产和无形资产，以及相关的负债等。[3] 在我国公司法等法律上，曾要求申请公司设立，应当提供由依法设立的验资机构出具的验资证明。[4] 会计师所出具的验资报告就属于具有法定证明效力的证明。注册会计师执行验资业务，应当恪守独立、客观、公正的原则，并对验资报告的真实性、合法性负责。所谓验资报告的真实性，是指验资报告应如实反映会计师的验资范围、验资依据、已实施的主要验资程序和应发表的验资意见。所谓验资报告的合法性，是指验资报告的编制和出具必须符合《注册会计师法》和《独立审计实务公告第1号——验资》的规定。[5] 会计师应当在实施了必要的验资程序，取得充分、适当的验资证据，分析、评价验资结论后，形成验资意见，出具验资报告。[6] 从实践来看，会计师和会计师事务所有可能出具了虚假的验资证明，并导致第三人（尤其是债权人）的损失。例如，在山西太原南郊化工厂诉德阳市东方企业贸易公司购销合同货款纠纷案中，德阳市会计师事务所为德阳市东方企业贸易公司出具虚假验资证明，并在证明中明确承诺“以上货币资金及固定资产业经逐项验证属实，如有虚假，由我单位负责承担证明金额内的赔偿责任”。但后来的事实证明，会计师事务所的验资报告不实。于是，山西太原南郊化工厂申请追加德阳市会计师事务所为诉讼当事人，并要求其承担赔偿责任。[7]

二是出具不实的审计报告。审计业务是会计师的主要业务，从实践来看，会计师主要针对会计报表进行审计。会计报表审计就是指注册会计师依法接受委托，按照独立审计准则的要求，对被审计单位的会计报表实施

① 参见河南省安阳市中级人民法院（2009）安民二终字第484号判决。

② 参见《独立审计实务公告第1号——验资》第2条第1款。

③ 参见《独立审计实务公告第1号——验资》第10条。

④ 例如，2005年的《公司法》第29条规定：“股东缴纳出资后，必须经依法设立的验资机构验资并出具证明。”但2013年修改《公司法》已删除该条。

⑤ 参见《独立审计实务公告第1号——验资》第4条。

⑥ 参见《独立审计实务公告第1号——验资》第15条第1款。

⑦ 参见1996年4月4日发布的《最高人民法院关于会计师事务所为企业出具虚假验资证明应如何处理的复函》（法函〔1996〕56号）。

必要的审计，获取充分、适当的审计证据，并对会计报表发表审计意见。①审计的目的是确认财务报表的编制是否符合公认的会计原则（GAAP）。② 我国《公司法》、《证券法》等法律都对公司的会计报表审计提出了要求。会计师在实施审计过程中，应当采用恰当的方法，包括检查、监盘、观察、查询及函证、计算、分析性复核等，以获取充分、适当的审计证据。③ 例如，在青海省劳动人事厅杂志社印刷厂、任喜民诉青海江源会计师事务所有限公司财会服务合同案中，法院认定，被告违背审计原则及有关财务制度的规定，将本属印刷厂投资设立并实行财务内部统一核算的两个分支机构的固定资产、相关成本费用和税金，从企业内部统一核算的相关科目中剥离出来，挂入“其他应收款”中，此种挂账并不符合我国《企业会计制度》中有关“其他应收款”规定的相关科目内容，导致所出具的审计报告中该部分错误。④ 这就是典型的审计错误的案件。

在我国，审计报告分为四种，即无保留意见、保留意见、否定意见和无法表示意见审计报告。⑤ 在审计报告中，会计师应当说明被审计单位会计报表的编制是否符合《企业会计准则》及国家其他有关财务会计法规的规定，在所有重大方面是否公允地反映了其财务状况、经营成果和资金变动情况，以及所采用的会计处理方法是否遵循了一贯性原则。⑥ 在会计师进行审计时，如果出现失误，就可能导致第三人的损害。例如，法国曾发生一起案件，会计师审查资产负债表中出现失误，而这一意见被该企业作为增加资本金的基础。法国最高法院作出了会计师要承担责任的判决。⑦ 在我国，也有很多因会计师出具了错误的审计报告而对第三人负责的案件。

---

① 参见《独立审计具体准则第 1 号——会计报表审计》第 2 条。

② 例如，需经注册会计师审计的年度会计报表，包括资产负债表、损益表（或利润表）、财务状况变动表（或现金流量表）、会计报表附注及相关附表。参见《独立审计具体准则第 1 号——会计报表审计》第 3 条。

③ 参见《独立审计具体准则第 1 号——会计报表审计》第 16 条。

④ 参见青海省西宁市城中区人民法院（2002）中民初字第 631 号判决。

⑤ 参见《独立审计具体准则第 7 号——审计报告》第 16 条。如果会计师认为符合公认的会计原则，则会计师事务所出具标准无保留意见审计意见（Standard Unqualified Opinion）。该种意见通常包含类似以下的语句：“我们的意见认为，依照公认的会计原则，财务报表在所有重大方面，公允地反映了……”参见金勇军：《会计师第三人责任》，高等教育出版社 2006 年版，第 1 页。

⑥ 参见《独立审计具体准则第 1 号——会计报表审计》第 24 条。

⑦ Sprenger, Internationale Expertenhaftung: Die Dritthaftung von Experten im International Privat-und Zivilverfahrensrecht, Tübingen 2008, S. 48.

就证券市场而言，会计师侵害第三人权益的行为主要表现为虚假陈述。虚假陈述，是指证券市场上“重大的”或“实质性的”虚假记载、误导性陈述或信息遗漏行为。虚假陈述依托于信息流对市场上价格形成机制的影响，是典型的证券市场违法行为形态。在崇尚信息公开、透明的证券市场上，具有敏感性的信息对于证券价格的形成和变化具有重大影响，证券法要保障证券信息真实、准确、完整、及时地传达给投资者，同时，也要禁止一切编造、传播虚假信息，误导投资者的行为。[①] 因此，《证券虚假陈述赔偿的规定》专门针对会计师的虚假陈述作出了规定。例如，该司法解释第 27 条规定：“证券承销商、证券上市推荐人或者专业中介服务机构，知道或者应当知道发行人或者上市公司虚假陈述，而不予纠正或者不出具保留意见的，构成共同侵权，对投资人的损失承担连带责任。”从我国证券市场的情况来看，虚假陈述案件频发，银广夏案件就是其典型。在该案中，广夏（银川）实业股份有限公司（简称“银广夏”）的股票于 1994 年在深交所上市交易。自银广夏上市时起，深圳中天勤会计事务所一直负责银广夏的审计工作，自 1998 年到 2000 年，该所连续为银广夏出具无保留意见的审计报告。但后来，证监会调查表明，银广夏存在年度财务报告披露虚假利润和隐瞒重大事项，以及披露虚假资讯行为。例如，自 1998 年至 2001 年，银广夏连续在其年度财务报告中披露虚假利润，累计虚构销售收入 104962.60 万元，少计费用 4845.34 万元，导致虚增利润 77156.70 万元。在该案中，负责 1999 年和 2000 年审计的会计师均为刘某某和徐某某。[②] 可以说，会计师刘某某和徐某某实施了侵害广大投资者权益的虚假陈述行为。

三、因果关系

在侵权法上，实行因果关系规则，如果没有因果关系，就没有侵权责任的承担。在会计师对第三人责任案件中，因果关系是必要的前提。也就是说，第三人的损害与会计师的义务违反之间必须具有因果关系。[③] 例如，

---

① 汤欣：《证券市场上虚假陈述的民事责任——兼论证券法上的一般性反欺诈条款》，《证券法学评论》2003 年第 3 卷。

② 参见 2002 年 4 月 23 日证监会《关于广夏（银川）实业股份有限公司违反证券法规行为的处罚决定》（证监罚字〔2002〕10 号）。

③ J. Mirtschink, Die Haftung des Wirtschaftsprüfer gegenüber Dritten, Berlin 2006, S. 188.

在英国1981年的Fasteners v. Marks, Bloom and Co.案中,[①] 法院就以因果关系的缺乏判决原告败诉。[②] 再如，在北京高翔航空皮件厂诉北京华龙会计师事务所侵权赔偿纠纷案中，法院认为，被告出具虚假验资证明的行为，损害了原告的合法权益，两者之间存在因果关系，因此，被告应承担相应的民事责任。[③] 就因果关系认定，我国理论界一般认为，应采相当因果关系说，即有此行为通常有此结果，就认定因果关系的存在。在责任范围的因果关系方面，还存在所谓合法替代行为抗辩的问题。在德国法上，就会计师对第三人责任，往往要探讨这一问题。这就是说，会计师虽然因义务违反而造成了第三人的损害，但如果会计师即便没有违反其义务，仍然会导致损害，会计师就可以提出合法替代行为抗辩。[④] 例如，会计师作出的审计结论对投资者的投资决定产生了影响，但是，即便没有会计师的错误审计结论，投资者仍然会作出该投资决定。[⑤] 在德国，其通说认为，合法替代行为抗辩是否予以认可，应当取决于被违反规范的目的。笔者认为，这一经验值得借鉴，而且，此处所说的规范目的包括合同约定的规范目的和法律规定的规范目的。

就证券市场上的虚假陈述与损害之间的因果关系认定来说，确实比较困难。在美国法上，其发展出了欺诈市场理论和信赖推定原则。欺诈市场理论的主要内容是，当被告有虚假陈述或其他证券欺诈行为而原告遭受了损失时，只要原告能够证明他有权信赖自己买进或卖出的证券的市场价格的真实性，就满足了证明自己是受到欺骗而实施了交易行为，其所受损害与被告虚假信息披露之间存在法律上因果关系的举证责任。[⑥] 信赖推定原则则区分证券发行时的信息公开和证券发行后持续性的信息公开。投资者对于证券发行时的信息公开材料（尤其是招股说明书）的信赖可以直接由法律推定，但可由被告举证推翻。对于持续性信息公开材料（如年报、半年报、季报）中的重大遗漏（消极的虚假陈述），通过认定所遗漏信息的“重

---

① Fasteners v. Marks, Bloom and Co. ［1981］3 All ER 289,［1983］1 All ER 583.

② Dugdale, Parkinson, Stanton, Cox, Swinson, *Professional Negligence in Accountancy*, London: Longman Group Ltd., 1986, p. 15.

③ 参见王晓川主编：《新公司法典型案例评析》，中国工商出版社2006年版，第275页以下。

④ J. Mirtschink, Die Haftung des Wirtschaftsprüfer gegenüber Dritten, Berlin 2006, S. 188f.

⑤ Ebke, Wirtschaftsprüfer und Dritthaftung, Diss. Bielefeld 1983, S. 75.

⑥ 参见焦津洪：《“欺诈市场理论”研究》，《中国法学》2003年第2期。

大性”即可推定信赖存在，原因是对并未作出的“披露”（即遗漏）从逻辑上难以证明“信赖”，需要通过其他途径保障投资者的诉权；对于持续性信息公开材料中的虚假记载和误导性陈述（积极的虚假陈述），信赖则可以通过“欺诈市场理论”加以推定。上述两种推定都可以由被告举证推翻。①《证券虚假陈述赔偿的规定》第 18 条和第 19 条，吸收了市场欺诈理论和信赖推定原则。②

四、会计师的过错

1. 会计师的过错认定概述

会计师承担对第三人的责任，必须以其具有过错为前提。在比较法上，会计师对第三人责任也往往以过错为要件。例如，在德国，会计师的故意或过失都可以认定为具有可归责性。③ 通常来说，第三人所遭受的损害都是会计师因过失而造成的，会计师具有故意的情形是极少的例外。④ 如前所述，会计师的过错是被推定的，其要证明自己没有过错。

从实践来看，会计师过错的具体表现很多，《会计师事务所侵权赔偿的规定》对此作出了列举性规定。根据该司法解释第 6 条第 2 款的规定：“注册会计师在审计过程中未保持必要的职业谨慎，存在下列情形之一，并导致报告不实的，人民法院应当认定会计师事务所存在过失：（一）违反注册会计师法第二十条第（二）、（三）项的规定；（二）负责审计的注册会计师以低于行业一般成员应具备的专业水准执业；（三）制定的审计计划存在

---

① 汤欣：《证券市场上虚假陈述的民事责任——兼论证券法上的一般性反欺诈条款》，《证券法学评论》2003 年第 3 卷。

② 参见李国光、贾纬：《证券市场虚假陈述民事赔偿制度》，法律出版社 2003 年版，第 302 页。该司法解释第 18 条规定：“投资人具有以下情形的，人民法院应当认定虚假陈述与损害结果之间存在因果关系：（一）投资人所投资的是与虚假陈述直接关联的证券；（二）投资人在虚假陈述实施日及以后，至揭露日或者更正日之前买入该证券；（三）投资人在虚假陈述揭露日或者更正日及以后，因卖出该证券发生亏损，或者因持续持有该证券而产生亏损。”第 19 条规定：“被告举证证明原告具有以下情形的，人民法院应当认定虚假陈述与损害结果之间不存在因果关系：（一）在虚假陈述揭露日或者更正日之前已经卖出证券；（二）在虚假陈述揭露日或者更正日及以后进行的投资；（三）明知虚假陈述存在而进行的投资；（四）损失或者部分损失是由证券市场系统风险等其他因素所导致；（五）属于恶意投资、操纵证券价格的。”

③ J. Mirtschink, Die Haftung des Wirtschaftsprüfer gegenüber Dritten, Berlin 2006, S. 189.

④ J. Mirtschink, Die Haftung des Wirtschaftsprüfer gegenüber Dritten, Berlin 2006, S. 1.

明显疏漏；（四）未依据执业准则、规则执行必要的审计程序；（五）在发现可能存在错误和舞弊的迹象时，未能追加必要的审计程序予以证实或者排除；（六）未能合理地运用执业准则和规则所要求的重要性原则；（七）未根据审计的要求采用必要的调查方法获取充分的审计证据；（八）明知对总体结论有重大影响的特定审计对象缺少判断能力，未能寻求专家意见而直接形成审计结论；（九）错误判断和评价审计证据；（十）其他违反执业准则、规则确定的工作程序的行为。”例如，在杨淑霞诉新疆公正会计师事务所侵权赔偿案中，二审法院认为，公正会计师事务所接受维强公司委托，根据维强公司提供的资产负债表及总账科目和余额科目明细表为维强公司注册资金为1400万元进行验资，验资过程中未对其中的货币资本审核银行对账单及收款凭证、未对固定资产进行清点验证，也未对无形资产进行评估作价，并于接受委托当日出具了确认维强公司注册资本为1400万元的验资报告，该验资报告并未真实反映维强公司当时的资产状况，内容虚假。[①]这就是典型的没有尽到必要的职业谨慎的行为。

在比较法上，会计师过失的认定一般采与职业相关的客观注意义务标准。例如，在德国，就会计师的过失而言，应当依据《德民》第276条第2款予以认定，这就是说，会计师没有尽到社会交往中必要的注意义务，就属于有过失。在认定过失时，不考虑特定会计师的能力和知识。[②] 在我国，学者一般也认为，会计师过失的认定应当采专家过失认定的一般规则，即以会计师的普通一员为标准认定其注意义务。一些学者提出，会计师作为专家应当尽到高度注意义务，但这里所说的“高度注意义务”是与普通市民相比在职务上被要求高度注意的义务，如果他尽到了所属专家集团平均水平的注意，则不应被追究责任。[③]《会计师事务所侵权赔偿的规定》明确地采纳这一标准，该司法解释第6条第2款规定，“注册会计师以低于行业一般成员应具备的专业水准执业”就属于有过失。据此，会计师在执业活动中应充分运用其个人的执业判断力，在进行执业判断时，必须保持应有的职业谨慎。如果会计师未保持应有的职业谨慎，均为过失的表现，对第三人造成损害的，应由其个人承担相应的民事责任。在认定会计师的过错

① 参见新疆维吾尔自治区高级人民法院（2000）新民再字第39号判决。

② J. Mirtschink, Die Haftung des Wirtschaftsprüfer gegenüber Dritten, Berlin 2006, S. 189.

③ 颜延：《从注册会计师的注意义务看独立审计准则的法律地位》，《会计研究》2003年第6期。

时，不考虑会计师个人的特点，如执业经验是否丰富、个人专业水平的高低等。例如，即使被告取得会计师资格不久，也不能以自己执业经验不丰富为由而主张降低注意义务标准。这是过失客观标准在专家责任领域的具体运用，也是为了保障社会公众对专家的信任。另外，会计师应当掌握本领域的最新知识，为此，其应当持续地参与职业后续教育。此处所说的职业后续教育，是指注册会计师为保持和提高其专业胜任能力与执业水平，掌握和运用相关新知识、新技能、新法规所进行的学习与研究。① 需要探讨的是，会计师的收费水平是否应当成为认定会计师注意义务的因素。从我国目前的实际来看，会计师的收费水平存在较大差异。例如，国际上的五大会计师事务所，其收费水平通常是国内会计师事务所的5倍以上。笔者认为，在认定会计师的过错标准时，可以适当考虑收费水平，妥当确定其注意义务，以符合权利义务对等的原则。

会计师的过错认定需要专业性知识，法官也可能因专业知识的缺乏而难以认定会计师的过错。在解释论上，《最高人民法院关于民事诉讼证据的若干规定》第61条确立了专家辅助人制度。② 根据该规定，诉讼当事人可以申请专家出庭就案件的专门性问题进行说明，并对鉴定人进行询问。当事人各自申请的专家还可以就案件中的问题进行对质。在立法论上，有学者建议，可以设立会计师过错的鉴定制度。③ 笔者认为，此种观点值得赞同，但是，应当通过制度设计保证该鉴定的独立性和公正性。例如，不应由财政行政管理部门或注册会计师协会设置，应当由社会设置专门的鉴定所。④

① 参见《中国注册会计师职业后续教育基本准则》第2条。另外，根据《中国注册会计师职业后续教育基本准则》第8条第1款的规定："职业后续教育的内容主要包括：（一）会计准则及国家其他有关财务会计法规；（二）独立审计准则及其他职业规范；（三）与执业相关的其他法规；（四）执业所需的其他知识与技能。"

②《最高人民法院关于民事诉讼证据的若干规定》第61条第1款规定："当事人可以向人民法院申请由一至二名具有专门知识的人员出庭就案件的专门性问题进行说明。人民法院准许其申请的，有关费用由提出申请的当事人负担。"第2款规定："审判人员和当事人可以对出庭的具有专门知识的人员进行询问。"第3款规定："经人民法院准许，可以由当事人各自申请的具有专门知识的人员就有案件中的问题进行对质。"第4款规定："具有专门知识的人员可以对鉴定人进行询问。"

③ 参见彭真明：《注册会计师对第三人民事责任研究》，中国社会科学出版社2006年版，第119页。

④ 于定明、朱锦余：《注册会计师法律制度研究》，法律出版社2009年版，第160页。

2. 会计师的过错与执业准则

在会计师行业，存在规范其执业的行业自律规则，即执业准则。在我国，会计师的执业准则主要是指《中国注册会计师独立审计准则》。它由中国注册会计师协会负责拟订，报财政部批准后施行。[①] 根据《中国注册会计师独立审计准则序言》第2条的规定，独立审计准则体系由以下3个层次组成：其一，独立审计基本准则；[②] 其二，独立审计具体准则与独立审计实务公告；[③] 其三，执业规范指南。[④] 目前，我国已经出台了三批《中国注册会计师独立审计准则》。1995年12月25日，第一批《中国注册会计师独立审计准则》批准发布，从1996年1月1日起执行。[⑤] 1996年12月26日，第二批《中国注册会计师独立审计准则》批准发布，从1997年1月1日起施行。[⑥] 1999年2月4日，第三批《中国注册会计师独立审计准则》批准发

---

① 《中国注册会计师独立审计准则序言》第5条第1款规定："根据《中华人民共和国注册会计师法》第三十五条规定，注册会计师执业准则由中国注册会计师协会负责拟订，报财政部批准后施行。"

② 独立审计基本准则是独立审计准则的总纲，是对注册会计师专业胜任能力的基本要求和执业行为的基本规范，是制定独立审计具体准则、实务公告和执业规范指南的基本依据。

③ 独立审计具体准则是依据独立审计基本准则制定的，是对注册会计师执行一般审计业务、出具审计报告的具体规范。独立审计实务公告是依据独立审计基本准则制定的，是对注册会计师执行特殊行业、特殊目的、特殊性质的审计业务、出具审计报告的具体规范。

④ 执业规范指南是依据独立审计基本准则、具体准则与实务公告制定的，为注册会计师执行独立审计具体准则、实务公告提供可操作的指导意见。

⑤ 第一批《中国注册会计师独立审计准则》包括《中国注册会计师独立审计准则序言》、《独立审计基本准则》、《独立审计具体准则第1号——会计报表审计》、《独立审计具体准则第2号——审计业务约定书》、《独立审计具体准则第3号——审计计划》、《独立审计具体准则第4号——审计抽样》、《独立审计具体准则第5号——审计证据》、《独立审计具体准则第6号——审计工作底稿》、《独立审计具体准则第7号——审计报告》、《独立审计实务公告第1号——验资》。

⑥ 第二批《中国注册会计师独立审计准则》包括《独立审计具体准则第8号——错误与舞弊》、《独立审计具体准则第9号——内部控制与审计风险》、《独立审计具体准则第10号——审计重要性》、《独立审计具体准则第11号——分析性复核》、《独立审计具体准则第12号——利用专家的工作》、《独立审计具体准则第13号——利用其他注册会计师的工作》、《独立审计具体准则第14号——期初余额》、《独立审计具体准则第15号——期后事项》、《独立审计实务公告第2号——管理建议书》、《独立审计实务公告第3号——小规模企业审计的特殊考虑》、《独立审计实务公告第4号——盈利预测审核》。

布，并于1999年7月1日开始施行。①

应当看到，独立审计准则对于会计师执业具有重要意义，主要表现在：其一，规范会计师的执业行为，促使会计师恪守独立、客观、公正的基本原则，有效地发挥会计师的鉴证和服务作用。其二，促使各会计师事务所和会计师按照统一的执业准则独立审计业务，提高审计工作质量，提高业务素质和执业水平。其三，建立与国际审计准则相衔接的中国会计师执业准则。②

问题在于，在认定会计师的过错时，其遵守了执业准则是否可以作为尽到注意义务的抗辩？在很多案件中，会计师和会计师事务所都以其已经遵循审计准则为由提出免于承担责任的抗辩。例如，在“东方电子”案中，从事审计业务的山东干聚会计师事务所就认为，其已遵循公认的审计准则不应承担责任。③ 对此问题，我国现行立法并没有予以明确。《注册会计师法》第21条第1款规定：“注册会计师执行审计业务，必须按照执业准则、规则确定的工作程序出具报告。”但是，其并没有明确遵循了执业准则是否可以免责。《会计师事务所侵权赔偿的规定》也没有明确地予以规定。该司法解释第4条第2款规定：“会计师事务所在证明自己没有过错时，可以向人民法院提交与该案件相关的执业准则、规则以及审计工作底稿等。”其并没有明确遵循了执业准则、规则的会计师是否免责。该司法解释第7条规定：“会计师事务所能够证明存在以下情形之一的，不承担民事赔偿责任：（一）已经遵守执业准则、规则确定的工作程序并保持必要的职业谨慎，但仍未能发现被审计的会计资料错误……”这一规定使用“已经遵守执业准则、规则确定的工作程序并保持必要的职业谨慎”的表述，同样回避了上述问题。

---

① 第三批《中国注册会计师独立审计准则》包括《独立审计具体准则第16号——关联方及其交易》、《独立审计具体准则第17号——持续经营》、《独立审计具体准则第18号——违反法规行为》、《独立审计具体准则第19号——与已审计会计报表一同披露的其他信息》、《独立审计具体准则第20号——计算机信息系统环境下的审计》、《独立审计具体准则第21号——了解被审计单位情况》、《独立审计具体准则第22号——考虑内部审计工作》、《独立审计具体准则第23号——管理当局声明》、《独立审计具体准则第24号——与管理当局的沟通》、《独立审计实务公告第5号——合并会计报表审计的特殊考虑》、《独立审计实务公告第6号——特殊目的业务审计报告》。

② 参见《中国注册会计师独立审计准则序言》第1条。

③ 参见李卫玲：《东方电子再触〈独立审计准则〉》，《国际金融报》2002年5月21日。

在理论上，会计师已经遵守了执业准则是否可以免责，存在不同的看法：一是肯定说。此种观点认为，会计师遵循了执业准则就尽到了其注意义务。因为独立审计准则就是会计专业团体所公认的一般标准，因而也就成为注册会计师注意义务的基础。另外，在我国，独立审计准则由注册会计师协会拟订，报国务院财政部门批准后执行，其并非单纯的团体内部的自律性规则，已经上升为国家意志，具有了法律地位。会计师遵循了执业准则，就视同已经尽到了法定注意义务，不存在过错。[①] 二是否定说。此种观点认为，会计师遵循了执业准则并不能作为其尽到注意义务的抗辩。因为执业准则是行业协会制定的内部自律性规则，不能够调整会计师与财务信息使用人之间的民事关系。[②]

笔者认为，否定说的观点更值得赞同，理由主要在于：其一，执业准则属于行业自律规则，其难免具有行业保护的色彩。从《中国注册会计师独立审计准则》的制定过程来看，虽然其经过了财政部的批准，并且征求了专家意见，毕竟是由行业协会拟订的，难免具有行业保护的倾向。其二，执业准则制定之后，难免具有滞后性。执业准则的制定要经过一个过程，一旦制定之后就固定下来，难免会滞后于社会的发展。以其作为认定会计师注意义务的标准，可能无法满足社会的需要。其三，遵循执业准则作为免责的抗辩，不利于督促会计师尽到其注意义务。会计师要尽到本领域平均水平的谨慎和注意，不能仅仅以遵循执业准则为标准。如果会计师遵循了执业准则就可以免责，则无法督促其尽到应有的注意。

当然，会计师的执业准则应当作为认定其是否尽到注意义务、是否具有过错的重要参考。尤其是当会计师违反执业准则时，应当直接认定其具有过错。《会计师事务所侵权赔偿的规定》第 6 条第 2 款规定："注册会计师在审计过程中未保持必要的职业谨慎，存在下列情形之一，并导致报告不实的，人民法院应当认定会计师事务所存在过失：……（四）未依据执业准则、规则执行必要的审计程序；……（六）未能合理地运用执业准则和规则所要求的重要性原则；……（十）其他违反执业准则、规则确定的工作程序的行为。"可见，该规定也认为，违反了执业准则就可以认定会计师的过失。例如，根据《独立审计具体准则第 8 号——错误与舞弊》第 12

---

① 参见颜延：《从会计师的注意义务看独立审计准则的法律地位》，《会计研究》2003 年第 6 期。

② 刘正峰：《独立审计准则的法律地位研究》，《中国法学》2002 年第 4 期。

条规定："注册会计师在实施审计计划时，应当保持应有的职业谨慎，充分关注错误与舞弊可能存在的迹象。"① 如果被审计单位有伪造、变造记录或凭证、隐瞒或删除交易或事项、记录虚假的交易或事项等情况，而会计师没有充分关注该舞弊行为可能存在的迹象，就应认定其具有过失。

第四节 会计师对第三人责任的承担

一、概述

在满足了会计师对第三人责任的构成要件以后，会计师就要对第三人承担责任。也就是说，责任主体是实施侵权行为的会计师。不过，针对证券市场上的虚假陈述行为，《证券虚假陈述赔偿的规定》第 7 条第 6 项采用"直接负责人"的概念，这实际上是对责任主体的特殊规定。从实践来看，在进行审计业务时，涉及签字会计师、复核会计师、参与执行业务的会计师以及参与执行业务的非会计师助理人员等。签字会计师要在审计报告上签名，其他人员虽然不在报告上签名，但有可能在工作底稿上签名。那么，究竟是以签名还是以影响报告最终意见，或者以该项目经理抑或其他什么标准来确定"直接负责人"呢？上述规定第 7 条第 6 项并没有明确规定，而此问题却是会计师对第三人责任承担中的重要问题。笔者赞成此种观点，即将"直接责任人"界定为在审计报告中签字的会计师。因为签字会计师是财务会计报告的主要完成人员，其他人员只是辅助人员，没有实质性参与财务会计报告的制作。② 另外，在审计报告上签名，也形成了第三人对会计师信赖的基础，所以，签字的会计师应当对产生了合理信赖的第三人负责。

---

① 《独立审计具体准则第 8 号——错误与舞弊》第 9 条第 2 款规定："错误主要包括：（一）原始记录和会计数据的计算、抄写错误；（二）对事实的疏忽和误解；（三）对会计政策的误用。"第 3 款规定："舞弊主要包括：（一）伪造、变造记录或凭证；（二）侵占资产；（三）隐瞒或删除交易或事项；（四）记录虚假的交易或事项；（五）蓄意使用不当的会计政策。"

② 彭真明：《论注册会计师职务侵权民事责任的承担主体》，《河北法学》2005 年第 10 期。

如果数个会计师共同进行审计，并且都在审计报告上签字，此时如何承担责任值得探讨。从比较法的做法来看，基本上都是要求会计师连带地承担责任。例如，在德国，数个会计师共同进行审计时，所有会计师都要对审计结论承担责任。信赖审计结论的第三人，应当有权对所有的会计师提出损害赔偿请求。[①] 因为从《德民》第421条的规定中可以认定，数个会计师要承担连带责任。至于数个会计师之间的内部求偿，则应当适用《德民》第426条第1款第1句的规定。[②] 再如，在法国，法律规定对于特定财务报表的审计（如合并的财务报表的审计以及资产负债表的总额超过特定数额的信贷机构的审计）应当委托两个会计师，并且两者要共同出具审计报告。对于共同出具的审计报告，两个会计师要连带地承担责任。此种连带责任只有在两个会计师之间存在较大的观点分歧时才会受到影响，而且，会计师必须就其意见分歧清晰而明确地进行表达。[③] 笔者认为，德国、法国等国家的做法是值得借鉴的，只要会计师共同出具了审计报告，就应当连带地承担责任。

会计师对第三人责任应当适用侵权责任的一般规则。在一般情况下，侵权责任的承担适用完全赔偿原则，即不考虑被告的过错程度及其他归责的具体情况，只要满足了责任构成要件，其原则上应当对所有具有因果关系的损害给予赔偿。但是，《会计师事务所侵权赔偿的规定》第6条第1款规定："会计师事务所在审计业务活动中因过失出具不实报告，并给利害关系人造成损失的，人民法院应当根据其过失大小确定其赔偿责任。"这一规定实际上构成了完全赔偿原则的例外，即考虑过错程度确定赔偿责任。虽然该规定是针对会计师事务所的责任，但是，考虑到会计师事务的责任与会计师自身责任的内在关联性，会计师对第三人承担责任时，也应当考虑其过失大小确定赔偿责任。

从实务来看，会计师在出具审计报告时，可能在其中作出了免责声明，如标明"本报告仅供年检使用"、"本报告仅供工商登记使用"。如果第三人信赖该审计报告的内容，与被审计单位进行交易，其是否可以请求会计师赔偿？这涉及法律是否认可免责声明的效力。《会计师事务所侵权赔偿的规

---

① J. Mirtschink, Die Haftung des Wirtschaftsprüfer gegenüber Dritten, Berlin 2006, S. 193.

② J. Mirtschink, Die Haftung des Wirtschaftsprüfer gegenüber Dritten, Berlin 2006, S. 194.

③ Quick/Renault, Die zivilrechtliche Haftung des französischen Abschlußprüfers, RIW 1993, 308.

定》第9条规定："会计师事务所在报告中注明'本报告仅供年检使用'、'本报告仅供工商登记使用'等类似内容的，不能作为其免责的事由。"从立法目的上考虑，其似乎是要强化会计师事务所的责任，以救济第三人。这一规定也应当可以适用于会计师个人对第三人承担责任的案件。不过，从立法论的角度来看，这一做法似乎不利于会计师责任的合理限制。毕竟会计师指明了其审计报告的使用人和用途，第三人仍然利用这一报告，应当解释为第三人并非具有合理信赖的人。笔者认为，应当认可免责声明的效力，允许会计师在审计报告中对审计报告的使用人和用途作出限定，即会计师明确声明哪些人可以使用审计报告或对审计报告产生合理的信赖，以及审计意见可被用于哪些用途。①

二、会计师对第三人责任的诉讼限制

从民事诉讼的角度来看，会计师对第三人责任案件中的受害人有可能较多。此时，可能适用《民事诉讼法》第54条关于"人数确定的代表人诉讼"的规定，② 也可能适用该法第55条关于"人数不确定的代表人诉讼"的规定。③ 但是，或许是基于某种特殊的考虑，《最高人民法院关于受理证券市场因虚假陈述引发的民事侵权纠纷案件有关问题的通知》第4条规定，"对于虚假民事赔偿案件，人民法院应当采取单独或者共同诉讼的形式予以受理，不宜以集团诉讼的形式受理。"此处所说的集团诉讼，大概相当于《民事诉讼法》第54条和第55条规定的两种代表人诉讼。事实上，这一做法不仅使当事人必须分别向法院起诉，增加了司法的成本；而且，可能因

---

① 参见周学峰：《公司审计与专家责任》，人民法院出版社2007年版，第121页。

② 该法第54条规定："当事人一方人数众多的共同诉讼，可以由当事人推选代表人进行诉讼。代表人的诉讼行为对其所代表的当事人发生效力，但代表人变更、放弃诉讼请求或者承认对方当事人的诉讼请求，进行和解，必须经被代表的当事人同意。"

③《民事诉讼法》第55条第1款规定："诉讼标的是同一种类、当事人一方人数众多在起诉时人数尚未确定的，人民法院可以发出公告，说明案件情况和诉讼请求，通知权利人在一定期间向人民法院登记。"第2款规定："向人民法院登记的权利人可以推选代表人进行诉讼；推选不出代表人的，人民法院可以与参加登记的权利人商定代表人。"第3款规定："代表人的诉讼行为对其所代表的当事人发生效力，但代表人变更、放弃诉讼请求或者承认对方当事人的诉讼请求，进行和解，必须经被代表的当事人同意。"第4款规定："人民法院作出的判决、裁定，对参加登记的全体权利人发生效力。未参加登记的权利人在诉讼时效期间提起诉讼的，适用该判决、裁定。"

不同的法院进行审判，导致类似问题不能类似处理，影响司法的统一。

另外，就证券市场上的虚假陈述来说，会计师对第三人责任的承担，还有程序上的限制，即第三人要对会计师提起赔偿诉讼，必须以获得了有关机关（主要是证券监管机构）的行政处罚决定或者人民法院的刑事裁判文书为前提。《证券虚假陈述赔偿的规定》第6条对此有明确规定。① 如此规定的合理解释是：以证券监管机构（即中国证券监督管理委员会及其派出机构）作出生效处罚决定为受理虚假陈述民事赔偿案件的前提，可以解决原告在起诉阶段难以证明违法事实的存在及取得相应证据的困难。同时，证券监管机构是代表国家对证券市场行使监管的专职机关，由其对专业性较强的市场行为作出是否违法的判断并决定处罚与否，具有法院不可比拟的技术优势。② 刑事裁判文书确定了当事人构成犯罪，这也可以表明当事人存在虚假陈述行为，毕竟刑事诉讼中的证明采“排除合理怀疑”标准。但是，笔者认为，这一做法的合理性值得怀疑，理由主要在于：其一，受害人的诉权限制没有充分的理由。诉权是人民的重要权利，甚至可以说是宪法意义上的权利。③ 诉权的限制应当十分谨慎，没有足够且充分的理由不应加以限制。其二，这与行政处罚决定书和刑事裁判文书的性质存在冲突。证券监管机构的行政处罚决定固然是确定虚假陈述行为存在的有力证据，甚至可以说是最佳的证据，但不宜由此认定其具有排他的效力。④刑事裁判文书可以表明当事人要承担刑事责任，但并非意味着，凡是不需要承担刑事责任的虚假陈述，都不必承担民事责任。因为刑事责任的构成要件更为严格，尤其是证明标准更高。在民事诉讼中采“优势证据”规则，而在刑事诉讼中采“排除合理怀疑”规则。总之，合理的制度设计应当是，只要受害人有充足的证据证明被告实施了虚假陈述行为，就应当允许其提起民事赔偿诉讼，不应对其诉权作出特别的限制。

---

①《证券虚假陈述赔偿的规定》第6条规定：“投资人以自己受到虚假陈述侵害为由，依据有关机关的行政处罚决定或者人民法院的刑事裁判文书，对虚假陈述行为人提起的民事赔偿诉讼，符合民事诉讼法第一百零八条规定的，人民法院应当受理。投资人提起虚假陈述证券民事赔偿诉讼，除提交行政处罚决定或者公告，或者人民法院的刑事裁判文书以外，还须提交以下证据：（一）自然人、法人或者其他组织的身份证明文件，不能提供原件的，应当提交经公证证明的复印件；（二）进行交易的凭证等投资损失证据材料。”

②④ 汤欣：《证券市场上虚假陈述的民事责任——兼论证券法上的一般性反欺诈条款》，《证券法学评论》2003年第3卷。

③ 参见臧其榕：《论诉权的宪政保护》，《云南行政学院学报》2004年第5期。

三、第三人的范围界定

1. 第三人范围界定的比较法考察

在比较法上，会计师要对其承担责任的第三人范围界定是一个比较困难的问题。各国以其特有的法制背景为基础，确立了不同的规则。

在英国法上，针对会计师要对其承担责任的第三人的范围，存在不同的判例。在 JEB Fasteners Ltd. v. Marks，Bloom & Co. 案中，[①] 法官认为，确定会计师对第三人的注意义务是否存在的标准应该是可预见性原则和合理信赖原则，即会计师在审计时是否知道或可预见到有人会合理信赖其审计报告，并依此作出是否投资的决定。[②] 在 Caparo Industries Plc. v. Dickman 案中，[③] 上议院在最终判决指出，对上市公司进行法定审计的会计师事务所对于信赖公司财务审计报告而购买股票的“投资者”并不负有注意义务，会计师与社会公众之间并不存在近邻关系。[④]

在美国法上，其通过区分会计师的过错程度来界定第三人的范围。在普通法上，会计师如果实施了欺诈（Actual Fraud）行为或具有重大过失（Gross Negligence）的行为，则应对所有可能使用报表的第三人负责；如果会计师仅具有普通过失，则第三人范围要受到限制。1931 年的 Ultramares 案确立了一项原则，即只有报表的主要受益人（Primary Beneficiary），或者说，会计师在审计前已确知其姓名的报表主要使用者，才有权请求会计师赔偿。在该案之后，随着专家责任意识的增强、消费者保护运动的兴起、职业责任保险的推广和会计师事务所资力的增强，第三人范围得到扩展。1977 年

---

① JEB Fasteners Ltd. v. Marks，Bloom & Co. ［1981］3All E. R. 289.

② 在该案中，原告称其信赖被告会计师事务所提供的财务审计报告而收购一家公司，后来发现公司财务报告虚假，因此向被告索赔。该案的主审法官判决原告败诉，其理由是原告损失与被告的行为之间没有因果关系。参见周学峰：《公司审计与专家责任》，人民法院出版社 2007 年版，第 97 –98 页。

③ Caparo Industries Plc. v. Dickman ［1989］ Q. B. 653，658，696.

④ 在该案中，一家上市公司的财务报告显示，其利润远远低于盈利预测，该公司的股票价格因此而下跌，原告拥有该公司的股票，并在收到公司的审计报告后继续买进，最终成功地收购了该公司。收购结束后，原告向公司的审计师——被告会计师事务所提起诉讼，称公司的财务审计报告失实和误导。公司财务报告显示 120 万英镑的税前利润，实际上公司的亏损额已超过 40 万英镑。参见周学峰：《公司审计与专家责任》，人民法院出版社 2007 年版，第 98 –99 页。

的《美国侵权法重述》（第二版）第552条规定，会计师必须对其虽然没有确切知道，但已经预知的特定群体承担过失责任。例如，如果会计师在审计前已经知悉报表将用于申请贷款，则所有银行即为已经预知的特定群体。①

在大陆法上，其一般采取比较概括性的规定。例如，我国台湾地区“证券交易法”第32条第1款第4项规定：“对于善意之相对人因而所受之损害……负赔偿责任”。再如，日本法则将第三人的范围界定为所有“因信赖不实财务报告而受损的善意第三人”。②

2. 我国法上第三人的范围

在我国，会计师要对其承担责任的第三人范围如何？法律和司法解释并没有明确规定。《会计师事务所侵权赔偿的规定》第2条第1款规定：“因合理信赖或者使用会计师事务所出具的不实报告，与被审计单位进行交易或者从事与被审计单位的股票、债券等有关的交易活动而遭受损失的自然人、法人或者其他组织，应认定为注册会计师法规定的利害关系人。”这一规定是针对会计师事务所的，但是，也应当可以类推适用于会计师的责任承担。

从上述规定来看，其采合理信赖标准，而且，没有借鉴英美法上可预见性标准。也就是说，无论会计师是否已经预见或者可以预见，其都要对合理信赖审计报告的第三人承担责任。第三人包括发放贷款的人、投资人、被审计企业在商业上的合伙伙伴等。③ 不过，笔者认为，应当结合专家意见的目的、专家对第三人的认知以及合理信赖等因素，综合地予以认定。如此不仅符合专家对第三人责任制度的一般理论，而且，更加具有弹性，可以适用于各种复杂案件中第三人的认定。归根结底，第三人范围的认定问题，仍然属于法政策考虑的问题。对此，我国也可以借鉴比较法上的经验。在1997年澳大利亚的Esanda Finance Corp. Ltd. v. Peat Marwick Hungerfords案中，法官列举了10个政策性因素作为最终选择已知第三人标准的理由，包括：会计师承担风险的能力、会计师在因果关系链中的位置、会计师不是投资风险的担保人、对审计质量的潜在不利影响、对审计服务的影响、第

---

① 参见邱永红：《证券欺诈中注册会计师的民事侵权责任研究》，《律师世界》2002年第8期。

② 彭真明、陆剑：《论注册会计师不实财务报告的民事责任》，《海南大学学报》2008年第3期。

③ J. Mirtschink, Die Haftung des Wirtschaftsprüfer gegenüber Dritten, Berlin 2006, S. 1.

三人自我保护的能力、第三人承担风险和损失的能力、第三人拥有的间接补偿手段、第三人举证“依赖”的难度和司法成本。[①] 在该案中，法官所提出的观点值得借鉴。

四、过失相抵规则的适用

在会计师对第三人责任案件中，作为受害人的第三人也可能具有过错。[②] 例如，基于个案的特殊情事，第三人应当会对会计师所出具报告的正确性产生怀疑的，此时，可以认定第三人存在过失。[③] 在有些情况下，因为受害人具有过错，其可能被排除在享有请求权的第三人的范围之外。但是，如果其被认定为有权对会计师主张责任，则其过错也可能成为过失相抵的基础。从比较法来看，会计师对第三人承担责任时，往往都认可了过失相抵规则适用的可能。例如，在德国，第三人的过错就可以依据《德民》第254条确立的过失相抵规则而被考虑。[④]再如，在英国，依据1945年的《法律改革法》[Law Reform (contributory negligence) Act 1945] 第1条的规定，在会计师对第三人责任案件中，如果受害人对于损害的产生也产生了作用，法院可以考虑受害人过错的严重程度，以减轻会计师的责任。通常来说，第三人不应对会计师的报告合理地信赖，则第三人就具有过错。

在我国，《侵权责任法》第26条、第27条也确立了过失相抵规则，这一规则也应当可以适用于会计师对第三人责任，从而减轻或免除会计师的责任。《会计师事务所侵权赔偿的规定》第8条规定：“利害关系人明知会计师事务所出具的报告为不实报告而仍然使用的，人民法院应当酌情减轻会计师事务所的赔偿责任。”这一规定也可以类推适用于会计师个人对第三人责任的案件。不过，既然利害利害关系人明知会计师事务所出具的报告为不实报告，则其可能因为不符合“合理信赖”的要求，而不属于有权请求赔偿的第三人的范围，而且，会计师的侵权行为与其损害之间是否存在因果关系，也值得怀疑。

---

① Esanda Finance Corp. Ltd. v. Peat Marwick Hungerfords, (1997) 71 ALJR 448, at 469 - 474. 转引自刘燕：《会计师民事责任研究：公众利益与职业利益的平衡》，北京大学出版社2004年版，第150 - 151页。

②④ Richter, Die Dritthaftung der Abschlussprüfer, 1. Aufl., Baden-Baden 2007, S. 245.

③ BGH ZIP 1982, 171f.

在因第三人的过错而适用过失相抵规则时，必须明确的问题是第三人是否负有积极调查义务。对此，我国法上并没有明确规定。笔者认为，考虑到财务审计所具有的确认和担保功能，第三人不应当负有一般性的积极调查义务。正如德国学者 Richter 所指出的，如果在个案中不存在使第三人对会计师所出具报告的正确性产生怀疑的情况，则不应当要求第三人进行调查以确认该报告是否正确。①

另外，从实践来看，会计师审计结论的错误，往往都是由被审计企业提供的材料存在伪造、涂改等原因造成的。被审计企业的工作人员或其法定代表人的过错可以是故意，也可以是过失。例如，企业存在记账的错误，或者其隐瞒某一交易过程。在第三人向会计师主张赔偿时，会计师是否可以依据被审计企业的工作人员或其法定代表人的过错而主张过失相抵？在德国法上，会计师对第三人责任的承担依据主要是咨询合同责任和附保护第三人作用的合同。不过，无论基于何种责任基础，被审计企业的工作人员或其法定代表人的过错，都不能成为会计师对第三人主张过失相抵抗辩的依据。在第三人与会计师之间存在咨询合同的情形，被审计企业的工作人员或其法定代表人不是第三人的法定代理人或者履行辅助人，所以，会计师不能据此主张过失相抵。② 在基于附保护第三人作用的合同而请求赔偿的情形，考虑到被审计企业和第三人之间的利益的对立性，《德民》第 334 条的规定无法适用，③ 所以，会计师也不能主张过失相抵。④ 在我国法上的过失相抵规则中，“受害人”是指实际遭受了损害，并享有损害赔偿请求权的人。⑤ 除了受害人以外，在特殊情况下，第三人的过错是否也可以被视为受害人自己的过错，我国《侵权责任法》及相关法律和司法解释并没有作出规定。我国学界一般认为，如下三类的过错应当视为受害人的过错，即直接受害人、受害人的雇员和受害人的监护人。但是，在被审计企业的工作人员或其法定代表人的过错导致会计师审计结论错误的情形，并不应当将他们的过错视为受害人的过错，所以，不应当适用过失相抵规则。

---

① Richter, Die Dritthaftung der Abschlussprüfer, 1. Aufl., Baden-Baden 2007, S. 245.

② J. Mirtschink, Die Haftung des Wirtschaftsprüfer gegenüber Dritten, Berlin 2006, S. 199.

③《德民》第 334 条规定：“立约人也可以用基于合同而发生的抗辩来对抗第三人。”

④ J. Mirtschink, Die Haftung des Wirtschaftsprüfer gegenüber Dritten, Berlin 2006, S. 202.

⑤ 参见刘得宽：《民法诸问题与新展望》，中国政法大学出版社 2002 年版，第 229 页。

五、会计师的补充责任

在侵权法上，原则上满足了责任构成要件就要承担责任，责任人无法主张其他人先承担责任，自己补充性地承担责任。但是，在特殊情况下，基于法政策考虑也可能设计补充责任。在补充责任中，有类似的先诉抗辩权的设置，补充责任人享有顺序利益。①

在最高人民法院的数个司法解释中都确认了，会计师事务所虚假验资的，应当承担补充责任。这就是说，应当先由被审计的企业负责清偿，不足部分再由会计师事务所在其证明金额的范围内承担赔偿责任。例如，《最高人民法院关于会计师事务所为企业出具虚假验资证明应如何处理的复函》指出，“经审理判定德阳市东方企业贸易公司承担债务后，所清偿债务的不足部分由德阳市会计师事务所在其证明金额内承担赔偿责任。”《最高人民法院关于会计师事务所为企业出具虚假验资证明应如何承担责任问题的批复》和《会计师事务所侵权赔偿的规定》第 10 条也有类似规定。②

我国现行法基本上没有明确会计师个人对第三人的责任，仅有《证券虚假陈述赔偿的规定》规定了会计师对第三人的责任。不过，该司法解释也没有明确会计师是否对第三人承担补充责任。在解释上，笔者认为，在所有的情形（不限于《证券虚假陈述赔偿的规定》的情形）下，会计师都要对第三人承担责任。以此作为前提，会计师对第三人所承担的责任，是否是补充责任则有待探讨。笔者认为，肯定会计师对第三人的补充责任，理由主要在于：其一，这有助于在一定程度上适当限制会计师的执业风险。因为会计师的行为可能影响众多的第三人，如果不适当限制其责任，

① 参见张新宝：《侵权责任法立法研究》，中国人民大学出版社 2009 年版，第 243 页。

②《最高人民法院关于会计师事务所为企业出具虚假验资证明应如何承担责任问题的批复》（法释〔1998〕13 号）指出，“会计师事务所与案件的合同当事人虽然没有直接的法律关系，但鉴于其出具虚假验资证明的行为，损害了当事人的合法权益，因此，在民事责任的承担上，应当先由债务人负责清偿，不足部分，再由会计师事务所在其证明金额的范围内承担赔偿责任。”《会计师事务所侵权赔偿的规定》第 10 条第 1 项规定：“人民法院根据本规定第六条确定会计师事务所承担与其过失程度相应的赔偿责任时，应按照下列情形处理：（一）应先由被审计单位赔偿利害关系人的损失。被审计单位的出资人虚假出资、不实出资或者抽逃出资，事后未补足，且依法强制执行被审计单位财产后仍不足以赔偿损失的，出资人应在虚假出资、不实出资或者抽逃出资数额范围内向利害关系人承担补充赔偿责任……”

可能过分加重会计师的执业风险。其二，这有助于保持与会计师事务所责任的一致性。如前所述，我国司法解释要求会计师事务所承担补充责任，会计师事务所的责任是以会计师的过错为基础的，如果会计师不承担补充责任，而会计师事务所承担补充责任，就可能使法律体系的内在一致性受到质疑。其三，这有助于实现受害人和会计师之间的利益平衡。会计师对第三人责任要体现利益平衡，兼顾会计师和受害人双方的利益。如果受害人可以向其他人请求赔偿，通过补充责任的设计，可以避免会计师承担过重的责任。

就会计师的补充责任来说，会计师享有类似于先诉抗辩权的权利，可以主张直接责任人先承担责任，或者在存在其他赔偿可能性时，主张受害人先通过其他途径获得救济。例如，会计师虚假验资，债权人应当首先要求被审计的企业承担责任。不过，会计师的补充责任应当仅限于其具有过失时才能适用，在其具有故意时不应适用，以发挥法律的预防功能。问题在于，会计师以补充责任抗辩，是否必须以直接责任人被依法强制执行而无法救济受害人为前提？从《会计师事务所侵权赔偿的规定》第 10 条来看，被审计单位被“依法强制执行后仍不足以赔偿损失”的，会计师事务所才承担责任。解释上，会计师对第三人的补充责任，也应当采取同一立场，即依法强制执行被审计单位后仍不足以赔偿损失的，才由会计师承担责任。不过，从立法论的角度来看，则应当结合前述专家责任辅助性的一般规则认定，即存在其他赔偿可能性，而且，就实现其他的赔偿可能性而言，受害人具有期待可能性，会计师就可以主张补充责任的抗辩。

六、会计师的责任限额

从侵权法的角度来看，应当贯彻完全赔偿原则，凡是有因果关系的损害都应当获得赔偿。因为侵权法的首要功能是补偿，这就决定了损害赔偿请求权以损害的存在为前提，而且，损害赔偿的最高数额以损害的范围来确定。[①] 但是，在例外情况下，基于法政策考虑也可能突破这一原则，责任限额就是完全赔偿原则的例外。

从我国目前的法律规定来看，针对会计师事务所的责任，法律明确认

① Helmut Koziol, Grundfragen des Schadenersatzrechts, Wien 2010, S. 109.

可了责任限额制度。《公司法》第208条第3款明确规定了资产评估、验资及验证机构仅在其评估或证明不实的金额范围内承担赔偿责任。针对会计师事务所的虚假验资行为，《最高人民法院关于会计师事务所为企业出具虚假验资证明应如何处理的复函》也明确指出，会计师事务所应当在“其证明金额内承担赔偿责任”。[①]《会计师事务所侵权赔偿的规定》第10条再次确认了这一规则。[②] 我国司法实践也长期适用这一规则。例如，在海南玉龙虚假验资赔偿案中，海南省海口市中级人民法院二审就判决被告中华会计师事务所在其验资不实的40万元范围内，对债权人承担赔偿责任。[③]

就会计师对第三人责任来说，其也应当贯彻完全赔偿原则，即第三人因会计师的侵权行为所遭受的有因果关系的损害，都应当获得赔偿。但是，其责任是否要受到责任限额的限制，值得考虑。在比较法上，对此存在不同的做法。一是德国的做法。《德国商法典》第323条第2款规定，会计师对于其在强制审计过程中因过失而造成损害的赔偿责任应有最高限额。按照德国学界一致的观点，《德国商法典》第323条第2款规定的责任限额，

① 《最高人民法院关于会计师事务所为企业出具虚假验资证明应如何处理的复函》指出，“在山西太原南郊化工厂诉德阳市东方企业贸易公司购销合同货款纠纷案中，山西太原南郊化工厂申请追加德阳市会计师事务所为诉讼当事人，并要求其承担赔偿责任，符合法律规定。经审理判定德阳市东方企业贸易公司承担债务后，所清偿债务的不足部分由德阳市会计师事务所在其证明金额内承担赔偿责任。”

② 该司法解释第10条规定：“人民法院根据本规定第六条确定会计师事务所承担与其过失程度相应的赔偿责任时，应按照下列情形处理：（一）应先由被审计单位赔偿利害关系人的损失。被审计单位的出资人虚假出资、不实出资或者抽逃出资，事后未补足，且依法强制执行被审计单位财产后仍不足以赔偿损失的，出资人应在虚假出资、不实出资或者抽逃出资数额范围内向利害关系人承担补充赔偿责任。（二）对被审计单位、出资人的财产依法强制执行后仍不足以赔偿损失的，由会计师事务所在其不实审计金额范围内承担相应的赔偿责任。（三）会计师事务所对一个或者多个利害关系人承担的赔偿责任应以不实审计金额为限。”

③ 1994年，原告某旅游公司与被告玉龙旅行社签订了关于机票销售代理业务的合同，后来，玉龙旅行社欠旅游公司票款52万余元未付。在1993年设立时，玉龙旅行社的注册资本应为50万元；在验资过程中，玉龙旅行社在被告建设银行海府支行的实际存款仅为500余元，但该银行为玉龙旅行社出具的存款证明书，却证明其当日在该行的存款余额为10万元。玉龙旅行社进而将该金额涂改为50万元。而被告海南中华会计师事务所对该存款证明书未经核实，就轻率出具了验资报告书，证明玉龙旅行社已经投入现金50万元。现玉龙旅行社已经无力偿还债务。海南省海口市中级人民法院二审依照最高人民法院《关于会计师事务所为企业出具虚假验资证明应如何承担责任问题的批复》，判决建设银行海府支行在虚假存款证明的金额9.94万余元范围内、中华会计师事务所在其验资不实的40万元范围内，对债权人承担连带赔偿责任。参见《最高人民法院公报》2000年第2期。

在第三人以侵权为由请求赔偿时，并不能适用。而且，该条规定既不能适用于法律规定的强制财务审计中的会计师对第三人的侵权责任，也不能适用于自愿的财务审计中的会计师对第三人责任。① 另外，按照德国联邦法院的看法，在第三人以合同责任制度或准合同责任制度为基础而请求赔偿时，则可以适用责任限额。其提出的理由是，相对于合同法上的规定，《德国商法典》第323条的规定属于特别规范，应当优先适用。② 二是英国的做法。在英国法上，针对会计师对第三人责任的法定最高赔偿限额，并不存在。虽然会计师们希望有这样一个最高限额，但直到现在，这一要求仍然是被拒绝的。③ 理由主要是，最高赔偿限额违反了侵权法的基本原则，即加害人要对其所导致的损害承担责任。而且，最高赔偿限额会弱化对受害人的保护。④

我国目前没有规定会计师对第三人责任的最高赔偿限额。笔者认为，会计师的责任，尤其是对第三人责任，应当有责任限额的适用，这是适当控制会计师执业风险的需要。会计师的审计报告等可能为众多的第三人所使用，如果众多的受害人都要求会计师赔偿，而且其责任没有限制，则可能过分加重其负担，影响其执业活动的进行。另外，我国《公司法》和相关司法解释都确立了会计师事务所的责任限额制度，如果会计师个人的责任没有限额，则法律体系内在一致性就会受到质疑。

必须注意的是，适用会计师的责任限额时，应当注意如下几点：其一，从目前的法律规定来看，会计师的责任限额应当限于其验资行为。至于会计师实施其他执业活动的责任限额，还有待于未来的立法作出规定。其二，会计师的责任限额，应当区分故意和过失。在故意的情形下，会计师的责任没有限额的限制，这反映了对其故意行为的制裁。在过失的情形下，会计师应当在其不实审计的金额范围内承担赔偿责任。其三，第三人应当按比例获得赔偿。因为会计师的责任有限制，如果数个受害人都要求赔偿，

---

① J. Mirtschink, Die Haftung des Wirtschaftsprüfer gegenüber Dritten, Berlin 2006, S. 243.

② BGH NJW 1998, 1950.

③ Richter, Die Dritthaftung der Abschlussprüfer, 1. Aufl., Baden-Baden 2007, S. 185.

④ 1996年，英国贸易和工业部委托的一项研究明确拒绝了最高责任限额的要求。参见 Department of Trade and Industry, *Feasibility Investigation on Joint and Several Liability*, London: HMSO, 1996, p. 49。不久前的英国公平贸易办公室（OFT）的一项研究再次确认了原来的拒绝立场。参见 Richter, Die Dritthaftung der Abschlussprüfer, 1. Aufl., Baden-Baden 2007, S. 185。

应当按比例获得赔偿。从诉讼的角度来看，对于已知的第三人应当通知，对于未知的第三人可以通过公告的方式通知其参加诉讼。

七、会计师对其辅助人行为的责任

从会计师执业的实践来看，会计师也可能使用了辅助人员，因此，法律上也会产生会计师对其辅助人行为负责的问题。从比较法上看，会计师对其辅助人行为负责问题的解决，与雇主责任制度等相关制度密切相关。下面以本书所考察的英国、法国和德国为例进行阐述。

一是英国法。在英国法上，对于审计辅助人员的行为，会计师要依据“替代责任”的原理承担责任，责任前提是，审计辅助人员违反义务的行为与其所执行的任务之间存在关联性。① 判断此种关联性的决定性标准是，义务违反与所所执行的任务之间是否足够紧密。② 另外，除了会计师之外，审计辅助人员自己也要对第三人承担责任，受害人可以选择究竟是起诉审计辅助人员、会计师（或会计师事务所），或者起诉这两者。③

二是法国法。依据《法国商法典》第 L823－13 条第 2 款的规定，会计师在履行其审计任务时可以使用辅助人，而且，会计师必须向要被审计的公司告知其所使用的辅助人的姓名。会计师要依据《法民》第 1384 条的规定对其所使用的辅助人的行为负责。④ 受害人也可以在会计师之外，独立地起诉其所使用的辅助人，但辅助人要承担责任应当满足《法民》第 1382 条和第 1383 条规定的要件。⑤

三是德国法。依据《德民》第 831 条的规定，会计师应当作为雇主对其所使用的辅助人的行为负责，此种责任属于过错推定责任，会计师可以通过举证证明其不存在选任和监督过失而免责。另外，如果会计师的辅助人也要承担责任，则会计师与其辅助人都要对第三人承担责任。结合《德

---

①③ Richter，Die Dritthaftung der Abschlussprüfer，1. Aufl.，Baden-Baden 2007，S. 191.

② Lister v. Hesley Hall Ltd. ［2001］UKHL，22.

④《法国商法典》第 L823－13 条第 2 款的规定是将原 1966 年的《法国商业公司法》第 229 条第 2 款纳入商法典的结果。参见 Quick/Renault，Die zivilrechtliche Haftung des französischen Abschlußprüfers，RIW 1993，307。

⑤ Quick/Renault，Die zivilrechtliche Haftung des französischen Abschlußprüfers，RIW 1993，308.

民》第421条可以认定，数个赔偿义务人（即会计师与其辅助人）之间要承担连带责任。数个赔偿义务人之间的内部求偿，则适用《德民》第426条第1款第1句。①

在我国，会计师如果使用了辅助人，则双方之间形成雇主与雇员的关系，应当结合雇主责任制度确定责任。也就是说，依据《侵权责任法》第35条前句关于雇主责任的一般规定认定其责任。② 依据这一规定，会计师是雇主，如果其雇员（即其使用的辅助人）的行为符合过错责任的构成要件，则不考虑会计师是否具有过错，都要对受害人承担责任。在认定会计师的雇主责任时，重要的要件之一是辅助人的行为属于执行职务。③ 至于会计师所使用的辅助人自身是否应当对受害人负责，《侵权责任法》的规定并不明确。笔者认为，应当适用《人身损害赔偿司法解释》第9条第1款的规定，认定其使用的辅助人在有故意或重大过失时，与会计师一起承担连带责任。④

八、会计师责任的社会化分散

会计师可能对受害人承担较重的责任，尤其是第三人的范围可能较大，此时会计师要对众多的受害人负责。但是，即便受害人获得了法院的胜诉判决，其也可能因为会计师自身没有支付能力而难以实现其请求权。另外，通过法院诉讼的方式求偿，受害人要经过诉讼和执行程序，难以便捷地获得赔偿。因此，会计师责任的社会化分散对于保障受害人实际获得赔偿具有重要意义。同时，它也可以分散会计师的执业风险，避免因执业过失而

---

① J. Mirtschink, Die Haftung des Wirtschaftsprüfer gegenüber Dritten, Berlin 2006, S. 193f.

②《侵权责任法》第35条前句规定："个人之间形成劳务关系，提供劳务一方因劳务造成他人损害的，由接受劳务一方承担侵权责任。"

③《人身损害赔偿司法解释》第9条第2款对于执行职务作出了界定，其采用了"从事雇佣活动"的表述。依据该条规定："前款所称'从事雇佣活动'，是指从事雇主授权或者指示范围内的生产经营活动或者其他劳务活动。雇员的行为超出授权范围，但其表现形式是履行职务或者与履行职务有内在联系的，应当认定为'从事雇佣活动'。"

④《人身损害赔偿司法解释》第9条第1款规定："雇员在从事雇佣活动中致人损害的，雇主应当承担赔偿责任；雇员因故意或者重大过失致人损害的，应当与雇主承担连带赔偿责任。雇主承担连带赔偿责任的，可以向雇员追偿。"不过，《侵权责任法》对此并没有明确规定，是否可以认为，《侵权责任法》已经废止了《人身损害赔偿司法解释》第9条的相关规则，也不清楚。

对其执业活动造成严重影响。

从我国目前法律规定来看，其要求会计师事务所采取责任的社会化分散措施。《注册会计师法》第28条第2款规定："会计师事务所按照国务院财政部门的规定建立职业风险基金，办理职业保险。"此处所说的职业风险基金，是指会计师事务所提取的专门用于赔偿对委托人和第三人的专项基金。此处所说的职业保险，就是指会计师事务所购买的、以分散风险为目的的职业责任保险。为了贯彻《注册会计师法》的规定，2007年3月1日，财政部颁布了《会计师事务所职业风险基金管理办法》。依据该办法，会计师事务所应当于每年年末，以本年度审计业务收入为基数，按照不低于5%的比例提取职业风险基金。[①] 职业风险基金只能用于两项支出：一是因职业责任引起的民事赔偿；二是与民事赔偿相关的律师费、诉讼费等法律费用。[②] 在会计师事务所存续期间，不得分配职业风险基金。[③] 另外，事务所还可以通过购买职业保险方式提高抵御职业责任风险的能力。事务所购买职业责任保险的，可以减少其职业风险基金的提取数额。[④]

问题在于，会计师自身是否要购买责任保险或者缴纳职业风险基金？《注册会计师法》对此没有规定，大概是考虑到，会计师自身是否承担责任并不明确。笔者认为，如果认可会计师自身的责任，尤其是对第三人的责任，也应当设立相应的责任社会化分散制度。从实际来看，设立会计师的强制责任保险是可行的办法。具体来说，该制度的设计应包含如下方面：其一，会计师自身应当投保强制性的第三者责任保险，而且，投保应作为其执业的前提条件。其二，会计师投保的保险金额应当妥当确定。在确定会计师投保的保险金额时，应当根据实际情况来确定，尤其是应当考虑会计师所从事的业务范围等来确定。例如，就验资活动来说，保险金额应当

---

① 参见《会计师事务所职业风险基金管理办法》第3条。

② 参见《会计师事务所职业风险基金管理办法》第6条。

③ 参见《会计师事务所职业风险基金管理办法》第9条。

④《会计师事务所职业风险基金管理办法》第4条规定："事务所可以通过购买职业保险方式提高抵御职业责任风险的能力。事务所购买职业保险的，实际缴纳的保险费可以按以下公式计算抵扣保险受益年度的应提职业风险基金金额：可抵扣金额=当年度负担的保险费×15。可抵扣金额大于或者等于当年度应提职业风险基金金额的，当年度可以不提取职业风险基金。可抵扣金额小于当年度应提职业风险基金金额的，应当按其差额提取职业风险基金。事务所以保险费抵扣应提职业风险基金金额的，应当于每年5月31日前，将保单（含保险条款）复印件报所在地的省级财政部门、省级注册会计师协会备案。"

就是其所验证的资金数额。再如，对于上市公司进行审计时，保险金额应当考虑众多的受害人，从而确定较高的数额。其三，第三人应当享有直接请求权。这就是说，受害人可以直接请求承保责任保险的保险公司向其作出保险给付。

第六章　律师对第三人责任

第一节　律师对第三人责任概述

一、律师的产生与职业特点

律师，是指依法取得律师执业证书，接受委托或者指定，为当事人提供法律服务的执业人员。[①] 律师与法官、检察官同属法律职业者，但是，律师存在于民间，其通过为委托人提供法律服务获得报酬。[②]

律师职业最早可以追溯到古罗马时期，当时称为“advocatus”，是辩护人的意思。[③] 公元3世纪，古罗马皇帝以诏令形式确认了法学家从事供平民咨询法律事项的职业，同时允许当事人委托法学家作为代理人参加诉讼。[④] 于是，罗马法学家中逐渐分化出专门从事解答法律咨询、代写法律文书、代理参加诉讼的群体，他们被称为“代言人”。这属于律师的雏形。然而，到了中世纪，律师却失去了其存在的社会土壤。因为在中世纪，大多数欧

---

① 《律师法》第2条第1款。

② 参见［日］六本佳平：《日本法与日本社会》，刘银良译，中国政法大学出版社2006年版，第100页。

③ 据学者考证，在古罗马法上，辩护人的出现源自诉讼当事人认为有困难时，自己寻找聪明才智之士，为其辩护，以保护其利益。这些辩护人就是“律师”（advocatus）。参见李鉮澄：《法国律师制度概述》，《法学丛刊》第186期。

④ 司莉：《律师职业属性论》，中国政法大学出版社2006年版，第28页。

洲国家废除了辩论式诉讼，代之以纠问式诉讼。同时，因为宗教势力膨胀，律师职业实际上由僧侣阶层控制。在这种社会背景下，辩护和代理制度失去了作用，律师制度也不可避免地走向了衰落。真正意义上的律师职业是近代形成的，它伴随着资产阶级革命的成功而产生，并随着现代民主法治社会的形成而不断发展。

律师属于专家的一种，其提供法律服务必须要拥有丰富的法律知识。所以，各国基本上都规定，要获得执业资格，律师必须经过专门的知识教育。例如，在德国，律师要获得其执业能力，必须经过法学知识教育，并顺利毕业。[①] 在我国《律师法》上也有类似的规定。

律师是自由职业者。自由职业者，也称为自由业者，根据 1995 年 6 月 12 日德国自由业者联邦协会会员大会的决议，自由业者被定义为“一个基于特殊职业资格，个人自己负责，且为专业独立精神的思想性给付，并兼顾委托人与公众的利益，其执业受到国家立法制定或职业自治团体制定的职业法规的拘束，这些职业法规是为了确保与继续发展专业性品质与自由业者与委托人之间的信赖关系而制定的”。[②] 很多国家的法律都将律师作为自由职业者。例如，《德国联邦律师法》第 2 条第 1 款规定：“律师从事自由职业。”法国关于改革若干司法职业和法律职业的第 71－1130 号法律第 7 条也规定，律师职业属于自由职业。我国理论界也普遍认可律师属于自由职业者。[③]

作为自由职业者的律师，其重要特点就在于独立性，例如，《德国联邦律师法》第 1 条明确规定：“律师是独立的司法单元。”[④] 律师的独立性具体包括如下三个方面：其一，国家独立性。它是指律师独立于国家，且不受国家指令的拘束。律师自国家权力中解放是法治国家权力界限的重要因素。其二，当事人独立性。它是指律师应当进行专业判断，与当事人利益维持一定的距离。其三，社会独立性。它是指律师应独立于政治、经济、意识形态及宗教性质的社会力量。[⑤]

---

① Gert Brüggemeier, Deliktsrecht, 1Aufl., Baden-Baden 1986, S. 296.

② 参见姜世明：《律师民事责任论》，元照出版有限公司 2004 年版，第 32 页。

③ 陈卫东、刘计划：《论我国律师的性质》，载陈光中主编：《诉讼法学新探》，中国法制出版社 2000 年版。

④ 法条原文为：“Der Rechtsanwalt is ein unabhängiges Organ der Rechtspflege.”

⑤ 参见姜世明：《德国律师民事责任初探》，《法学丛刊》第 43 卷第 1 期。

在法治社会中，律师的使命如何？对此，很多国家和地区都在立法中予以明确。例如，《日本律师法》第1条规定："律师以维护基本人权，实现社会正义为使命。"我国台湾地区"律师法"也有类似规定。[①] 我国《律师法》第2条第2款也明确规定："律师应当维护当事人合法权益，维护法律正确实施，维护社会公平和正义。"这就明确了，在我国法秩序背景下律师的三个重要使命。

二、我国律师制度的产生与发展

1. 新中国成立前的律师制度

在我国古代社会，"讼师"是一类特殊的群体，他们以替人诉讼为业，在咨询代书等活动方面与现代律师类似。不过，我国古代盛行"无讼"的理念，正如孔子所言："听讼，吾犹人也，必也使无讼乎！"（《论语·颜渊》）所以，在中国古代社会，统治者从未承认过讼师的合法地位，讼师也从来没能在法庭上进行过辩护和代理活动。

自清末变法以来，我国学习西方国家逐渐建立了律师制度。在1906年3月完成的《大清刑事民事诉讼法（草案）》中，第一次出现律师制度的内容。[②] 北洋政府于1912年9月16日公布实施的《律师暂行章程》是中国近代第一部关于律师的单行法规。[③] 它共8章38条，对律师资格、律师证书、律师名簿、律师职务、律师义务、律师公会、惩戒等方面作了规定。[④] 这标志着西方律师制度在我国完成"移植"，也是我国律师制度正式确立的标志。

1941年1月11日，中华民国颁布了《律师法》。之后，又陆续颁布和修改了《律师法施行细则》、《律师检核办法》、《律师登录规则》等法律，在律师资格和执业要件、回避与惩戒、公费与谢金及律师义务等方面均作了规定，其内容非常全面、详尽。[⑤] 直至1949年，这些法规构成近代中国

---

① 我国台湾地区"律师法"第1条第1款规定："律师以保障人权、实现社会正义及促进民主法治为使命。"

② 该草案共分5章，第四章"刑事、民事通用规则"的第一节的节目名称即为"律师"。

③ 参见田文昌主编：《律师制度》，中国政法大学出版社2007年版，第25页。

④ 参见何悦主编：《律师法学》，法律出版社2010年版，第46页以下。

⑤ 参见谭世贵主编：《律师法学》，法律出版社2008年版，第20页。

完整的律师制度体系。

2. 新中国成立后的律师制度

新中国成立以后，废除了旧的律师制度，并着手建设社会主义制度下的新型律师制度。[①] 1954 年《宪法》中明确规定了被告人的辩护权，《人民法院组织法》也规定了被告人委托律师进行辩护的权利。在此背景下，司法部于 1956 年 1 月向国务院提交《关于建立律师制度的请示报告》，建议立法正式规定律师制度。自此，新中国的律师制度开始建立。到 1957 年 6 月，全国已有 19 个省、市成立了律师协会筹备会，全国共有 800 多个法律顾问处，专职律师 2500 多人，兼职律师 300 多人。[②] 但是，1957 年，“反右”斗争的扩大化使初步建立的律师制度受到严重破坏，大多数律师被错划成右派，法律顾问处也名存实亡。“文化大革命”期间，律师制度更是荡然无存。[③]

十一届三中全会后，我国开始了律师制度的恢复重建工作。1980 年 8 月 26 日，《律师暂行条例》颁布施行。该条例的颁行对于我国律师制度的恢复重建起到重要作用。条例第 1 条规定：“律师是国家的法律工作者。”这一职业定位赋予了律师与公安司法人员同等的社会政治地位，有利于律师队伍的重建，也有利于律师工作的顺利开展。[④] 条例还确立了司法行政机关单一管理的律师管理体制。

但是，随着经济社会的发展，《律师暂行条例》越来越不能适应社会的需要。1993 年，国务院批准了司法部提出的《关于进一步深化律师工作改革的方案》。1996 年 5 月 15 日，《律师法》颁布施行。这是我国民主法制建设中的一件大事，也标志着我国律师制度发展到了一个新的阶段。该法将律师定性为“为社会提供法律服务的执业人员”。[⑤] 这就使得律师职业脱离了“国家法律工作者”体制，在国家与社会之间归属于社会，在权力与权利之间服务于权利。[⑥] 另外，该法也明确了，司法行政机关的行政管理与律

① 1950 年 12 月，中央人民政府司法部颁布《关于取缔黑律师及讼棍事件的通知》，明令取消旧的律师制度，解散旧的律师组织，停止黑律师的活动。

② 参见徐静村：《律师学》，四川人民出版社 1988 年版，第 19 页。

③ 宋朝武、张力：《律师与公证》，高等教育出版社 2007 年版，第 14 页。

④ 陶髦、宋英辉、肖胜喜：《律师制度比较研究》，中国政法大学出版社 1995 年版，第 32 页。

⑤ 1996 年《律师法》第 2 条规定：“本法所称的律师，是指依法取得律师执业证书，为社会提供法律服务的执业人员。”

⑥ 参见郑戈：《律师最大的政治是服务于法治》，《新世纪》2011 年第 16 期。

师协会的行业自治相结合的管理体制。①

到了2007年，为了适应社会的发展需要，《律师法》进行了一次比较大的修改，主要包括如下方面：重新定位律师职业、增加律师使命的规定、丰富了律师事务所的组织形式、强化了对律师和律师事务所的监管、加强了律师执业的权利保障。

三、律师个人对第三人责任的认可

随着现代社会生活的复杂化，律师执业活动的内容也日趋复杂与多元，律师活动所影响到的人群不限于其委托人，也包括没有委托关系的第三人。例如，因律师的过失导致委托人所立的遗嘱无效，就使得可能的受益人遭受损害。在此背景下，律师或律师事务所对第三人责任的问题也就被提上了日程。在我国当前的社会背景下，律师或律师事务所对第三人责任的凸显，还因为律师介入证券市场。按照我国《证券法》等法律的要求，拟上市公司必须通过律师事务所等专业服务机构确认其经营业绩和资产状况，保证其符合法定的上市条件要求。与我国社会经济发展水平相适应，在一段时间内，我国公司上市业务主要限于主板市场（即上海证券交易所上市的A股）。在主板上市的企业大多是经营业绩较好、资信情况不错的大型企业。律师在审查这些企业的信息时相对比较容易。然而，随着我国经济的快速发展，各类中小企业不断出现，并形成了庞大的融资需求。在上市业务方面，我国也先后推出了中小板市场和创业板交易市场。② 在此背景下，律师难以进行完全而准确的审查，律师的执业风险增加，社会公众利益遭受侵害的概率也在增加。因此，有必要通过制度的设计，保障社会公众的合法权益。最近，中国的律师事务所因上市业务在海外被投资人起诉的案件增多，索赔金额可能高达数亿美元。③ 这也反映了律师因证券业务而对第三人承担责任的制度存在的重要意义。

---

① 参见陈卫东、刘计划：《论我国律师的性质》，载陈光中主编：《诉讼法学新探》，中国法制出版社2000年版。

② 参见周院生：《论律师对第三人的侵权责任》，博士学位论文，中国人民大学，2014年，第6页。

③ 最近，投资人在加拿大向安大略省高等法院提起诉讼，指控中国通商律师事务所和竞天公诚律师事务所在参与加拿大公司上市的过程中，存在疏忽和失职的行为，因此要求被告赔偿数亿美元的损失。参见戴蕾蕾：《中国律所的海外劫》，《法治周末》2013年10月30日。

在比较法上，律师对第三人责任是被普遍认可的。在英国，很多判例都认可了律师对第三人的责任。[①] 例如，在 White v. Jones 案中，法官就指出，律师对遗嘱继承人负有注意义务，应当赔偿原告预期利益的损失。[②] 在德国，律师对第三人责任，适用专家责任的一般原理。[③] 例如，在 1902 年的一个案例中，[④] 律师对于其委托人提供的错误资讯没有审查，就在其函件中对委托人的相对人通知了不真实的抵押权额度，导致相对人的损失。德国帝国法院认为，提供这一资讯是律师业务的范围，而且律师也知道相对人需要这一具有可靠性的资讯，因此，认定咨询合同的存在。因此，律师应当以拟制的咨询合同为基础承担责任。[⑤]

我国《律师法》第 54 条规定："律师违法执业或者因过错给当事人造成损失的，由其所在的律师事务所承担赔偿责任。律师事务所赔偿后，可以向有故意或者重大过失行为的律师追偿。"该条只是规定了律师事务所对委托人的侵权责任，至于律师个人对委托人的侵权责任以及律师个人对第三人的侵权责任都没有规定。另外，依据《证券法》第 173 条的规定，作为证券服务机构的律师事务所，因为出具法律意见书中的过错，也要对第三人承担过错推定责任。[⑥] 在理论上，是否认可律师个人对第三人责任，值得探讨。笔者认为，律师个人对第三人责任应当认可，其可以从《侵权责任法》第 6 条第 1 款中解释出来。根据该条规定："行为人因过错侵害他人民事权益，应当承担侵权责任。"此处所说的行为人是一个比较宽泛的概念，律师也可以包含在其中。从实质上看，律师对第三人承担责任，也有坚实的理由，主要包括：

第一，这是自己责任原则的要求。自己责任原则，也称个人责任原则，它是指个人仅就自己行为所造成的损害负责，就他人行为所造成的损

---

① Hugh Evans, *Lawyers' Liabilities*, London: Sweet & Maxwell, 1996, pp. 21 – 22.

② White v. Jones [1980] Ch. 297.

③ Gert Brüggemeier, Deliktsrecht, 1Aufl. , Baden-Baden 1986, S. 297.

④ RGZ 52, 365.

⑤ 参见姜世明：《律师民事责任论》，元照出版有限公司 2004 年版，第 172 页。

⑥《证券法》第 173 条规定："证券服务机构为证券的发行、上市、交易等证券业务活动制作、出具审计报告、资产评估报告、财务顾问报告、资信评级报告或者法律意见书等文件，应当勤勉尽责，对所依据的文件资料内容的真实性、准确性、完整性进行核查和验证。其制作、出具的文件有虚假记载、误导性陈述或者重大遗漏，给他人造成损失的，应当与发行人、上市公司承担连带赔偿责任，但是能够证明自己没有过错的除外。"

害不负责任。[1] 这里所说的自己责任原则上限于过错责任。如果律师的过错行为导致了第三人的损害，律师就应当承担责任，这符合自己责任原则的要求。

第二，这是律师对第三人的注意义务的要求。侵权法上的注意义务的负担，并不以当事人之间存在合同关系为前提。[2] 律师虽然不是委托合同的主体，其仍然应当对委托人和第三人负有注意义务。而律师违反注意义务，就应当对第三人承担责任。

第三，这是避免外部性的要求。经济学上所说的外部性，就是行为本身对自己以外的第三人造成的影响。如果是有利的影响，增加了他人的收益就是正的外部性。如果是不利的影响，造成了他人的损失，就是负的外部性。[3] 如果律师不对第三人负责，其执业行为就可能导致负的外部性，而且无法得到矫正。例如，在公司上市的情形下，发行人的经营业绩和资产状况直接影响到潜在股票购买人的经济利益，如果律师不对广大的投资者负责，则律师的不当执业行为就无法得到矫正。

第四，这是救济受害人的要求。在司法实务中，受害人因律师的执业过失遭受损害，需要得到法律救济。尤其是在证券市场上，律师是中介机构的雇员，如果其作出虚假陈述，就可能导致众多的受害人遭受损失。

另外，我国《律师法》虽然没有明确规定律师个人对第三人的责任，但是，2003 年发布的《证券虚假陈述赔偿的规定》第 7 条中，既认可了作为专业中介服务机构的律师事务所对第三人的责任，也认可了作为直接责任人的律师本身对第三人的责任。[4] 这就明确了特定领域中的律师个人对第三人的责任。

---

① 郑玉波：《民商法问题研究》（二），台湾 1984 年自版，第 245 页。

② 基于特殊的法政策考虑，我国《律师法》要求，当事人必须与律师事务所订立委托合同。该法第 25 条第 1 款规定：“律师承办业务，由律师事务所统一接受委托，与委托人签订书面委托合同，按照国家规定统一收取费用并如实入账。”

③ 参见王文宇：《民商法理论与经济分析》，中国政法大学出版社 2002 年版，第 342 页。

④《证券虚假陈述赔偿的规定》第 7 条规定：“虚假陈述证券民事赔偿案件的被告，应当是虚假陈述行为人，包括：（一）发起人、控股股东等实际控制人；（二）发行人或者上市公司；（三）证券承销商；（四）证券上市推荐人；（五）会计师事务所、律师事务所、资产评估机构等专业中介服务机构；（六）上述（二）、（三）、（四）项所涉单位中负有责任的董事、监事和经理等高级管理人员以及（五）项中直接责任人；（七）其他作出虚假陈述的机构或者自然人。”

第二节　律师对第三人责任的比较法考察

一、英国法上的律师对第三人责任

1. 英国律师制度概说

律师制度在英国有着悠久的传统，最早可以追溯到公元12世纪。1066年的诺曼征服以后，伴随着英国封建王权的确立、普通法的形成和发展、法院系统的形成、当时社会部分人士的需求以及法院的主导和推动，英国的律师制度逐渐形成。①

在英国，律师分为出庭律师（Barrister，也称大律师）和事务律师（Solicitor，也称小律师）。两类律师在执业资格的取得、业务范围、行业组织与管理等方面均不同，形成独特的二元化律师制度。② 出庭律师实际上垄断了在高等法院（High Court）、刑事法院（Crown Court）以及在这之上的各种法院的辩论权。不过，委托出庭律师承办案件的是事务律师，案件当事人不能直接委托出庭律师，出庭律师也不得拒绝事务律师的委托。③ 出庭律师办理的事务一般分为两部分：一是衡平法方面的事务，二是普通法方面的事务。前者包括信托、转移迁户、遗嘱、公司财产移收等事务；后者包括合同法、侵权行为法、刑法、亲属法等方面的事务。近年来，英国出庭律师的专门化倾向越来越明确，出现了商事律师、专利律师、税务律师等专业律师。④ 出庭律师还被定位为“法庭人员”（Officer of the Court），因为出庭律师对法院的义务应置于对当事人的利益之前。也就是说，出庭律师执行职务应独立且无偏私，而以如同司法机关般的角色开展工作。⑤

---

① 参见郭义贵：《论英国早期的律师制度》，《法学评论》2008年第1期。

② 参见［日］望月礼二郎：《英美法》，郭建、王仲涛译，商务印书馆2005年版，第67－68页。

③ ［日］望月礼二郎：《英美法》，郭建、王仲涛译，商务印书馆2005年版，第67页。

④ 参见车雷、薛波：《英国二元律师制度的近期发展与融合之争》，《现代法学》2005年第4期。

⑤ 姜世明：《律师民事责任论》，元照出版有限公司2004年版，第7页。

事务律师与当事人间存在合同关系，其工作任务除不动产转让、设定负担、合同与遗嘱的拟定外，还包括在初级法院（如治安法院或郡法院）的诉讼代理和诉讼的准备。① 而且，事务律师的活动范围，远较出庭律师广泛。他们可以担任政府、公司、银行、商店、公私团体的法律顾问。② 在英国，过去几乎不承认事务律师在上级法院的辩论权，但是 1990 年的《法院及法律职业业务法》（Courts and Legal Services Act）将事务律师与出庭律师并列，允许其在郡法院及治安法院出庭辩论。事务律师可以直接给予委托人法律上的帮助，为委托人与案件的对方进行裁判外的交涉，制作合同书等。③

2. 英国法上律师对第三人责任的具体规则

在英国法上，律师对第三人责任首先归属于侵权法上的过失侵权责任，原因是英国合同法上的约因理论。④ 因此，律师对第三人责任的决定性问题就是，是否存在注意义务。⑤ 最初，英国法上因违反义务而产生的损害赔偿请求权，只能基于合同相对性而由合同当事人享有。直到 1932 年的 Donoghue v. Stevenson 案，⑥ 才认可了在不存在合同关系的当事人之间，也存在注意义务，并可以承担过失侵权的责任。但是，在 Donoghue v. Stevenson 案中，此种责任仅适用于侵害身体的情形。直到 1963 年的 Hedley Byrne & Co. Ltd. v. Heller & Partners Ltd. 案，这一责任才又扩张到因过失而造成的财产损失。⑦

作为认定律师对第三人负有注意义务的基础是律师与第三人之间存在特别关系，所以，“特别关系”是律师对第三人承担责任时必需的也是发挥责任界定功能的概念。⑧ 按照 Hedley Byrne 案中法官的看法，“特别关系”

---

① 姜世明：《律师民事责任论》，元照出版有限公司 2004 年版，第 7 页。

② 参见车雷、薛波：《英国二元律师制度的近期发展与融合之争》，《现代法学》2005 年第 4 期。

③ ［日］望月礼二郎：《英美法》，郭建、王仲涛译，商务印书馆 2005 年版，第 67 页。

④ Sprenger, Internationale Expertenhaftung: Die Dritthaftung von Experten im International Privat-und Zivilverfahrensrecht, Tübingen 2008, S. 67.

⑤ Hirte, Berufshaftung: ein Beitrag zur Entwicklung eines einheitlichen Haftungsmodells für Dienstleitungen, München 1996, S. 280.

⑥ Donoghue v. Stevenson ［1932］ A. C. 562.

⑦ Hedley Byrne & Co. Ltd. v. Heller & Partners Ltd. ［1964］ A. C. 465.

⑧ Hirte, Berufshaftung: ein Beitrag zur Entwicklung eines einheitlichen Haftungsmodells für Dienstleitungen, München 1996, S. 281.

构成了“相当于合同的关系”，而且，在“特别关系”的认定中并不适用有偿性原则，也不要求存在约因。[①] “特别关系”可以因律师实施职业活动（包括主动提供咨询）而被认可。在律师对第三人责任案件中，就律师与第三人之间是否存在特别关系的认定，最初法院采用 Hedley Byrne 案所确立的信赖标准，但是，到了 Ross v. Caunters 案，法院改采用“合理预见”标准，以确定律师是否对第三人负有注意义务。[②] 这一发展也与英国法上整个专家对第三人责任的发展趋势存在一致性。正如在 Anns v. London Borough of Merton 案中，上议院所指出的，如果损害是可预见的，则在加害人和受害人之间就存在“邻人”关系。[③] 这就意味着，注意义务的认定要以“可预见性”为标准，从而为责任的扩张提供了基础。但是，责任的扩张也引发了诸多问题，如诉讼的增加、专家执业风险的增加等，这又使得英国法院开始限制责任。

在 Caparo Industries Plc. v. Dickman 案判决作出之后中，[④] 英国社会出现了批评的声音，所以，在 Murphy v. Brentwood District Council 案中，法院屈服于此种批评的压力，取消了 Anns v. London Borough of Merton 案中所确立的“预见可能性”原则（即以被告的预见可能性认定注意义务），从而回归到 Hedley Byrne 案中比较严格的标准。所以，现在，对于可预见的受害人的责任，已经不再是原则，而是例外，要确认此种责任必须通过政策考量的方式予以正当化。[⑤] 在律师对第三人责任案件中，这一趋势同样存在。

另外，律师对第三人责任的构成也存在一些限制性规则，主要有两个：一是律师的委托人自身也不能有效主张此种因注意义务违反而产生的请求权。例如，Clarke v. Bruce Lance & Co. 案是一件遗嘱案件，在该案中，上诉法院驳回了受害人的请求权，理由是，即便被继承人仍然生存，被继承人自身也不能有效主张此种请求权。[⑥] 二是律师的委托人自身可以向律师提出有效的请求。例如，在 Hemmens v. Wilson Browne 案中，被告

---

① Hedley Byrne v. Heller ［1963］ 2 All E. R. 575，Devlin，L. J.，at 610.

② Ross v. Caunters ［1979］ 3 All E. R. 580（Ch.）.

③ Anns v. London Borough of Merton ［1977］ 2 All E. R. 492（H. L.）.

④ Caparo Industries Plc. v. Dickman ［1989］ Q. B. 653.

⑤ Hirte，Berufshaftung：ein Beitrag zur Entwicklung eines einheitlichen Haftungsmodells für Dienstleitungen，München 1996，S. 282f.

⑥ Clarke v. Bruce Lance & Co. ［1988］ 1 All E. R. 364（C. A.）.

是一名律师，其因过错而导致赠与的允诺无效，原告无法获得其原本可以得到的赠与。法院认为，原告的请求不能得到支持，因为赠与人本人原本可以对该律师提出赔偿的请求。①

在英国，律师就其执业活动所约定或声明的一般性的责任限制是无效的。② 除了这个领域之外（包括在对第三人的关系方面），责任限制是否允许要依据 1977 年的《英国不公平合同条款法案》第 2 条的规定进行判断。③ 依据该法第 2 条第 1 款的规定，在侵害生命、身体或健康的情形下，完全免除责任的约定或声明是不允许的。而依据同条第 2 款的规定，就财产损害所做的限制责任的约定或声明，只有其是合理的，才能被允许。而且，在律师对第三人责任领域，尤其是在不支付报酬的情形下，人们坚持认为，责任限制之上存在一般的利益（即公共利益）。④

在英国，律师对第三人责任也受到消灭时效（或称诉讼时效）的限制，这属于其责任的时间上限制。⑤ 按照 1980 年的《英国时效法案》（Limitation Act 1980）第 2 条和第 5 条的规定，因律师违反义务而产生的合同请求权和侵权请求权的消灭时效为 6 年，自请求权产生之日起算。按照该法第 11 条至第 14 条和第 33 条的规定，侵害生命、身体和健康时，适用较长的消灭时效期间。依据英国 1986 年的《潜在损害法案》（Latent Damage Act 1986），因过失侵权而产生的请求权，自受害人应当合理地认识到损害发生之时开始，经过三年而罹于消灭时效；最晚在违反义务后的 15 年，消灭时效届满。⑥

---

① Hemmens v. Wilson Browne [1993] 4 All E. R. 826 (Ch.).

② Poll, Die Haftung der freien Berufe am Beispiel des Rechtsanwalts, Diss. FU Berlin 1992, S. 144f.

③ Hirte, Berufshaftung: ein Beitrag zur Entwicklung eines einheitlichen Haftungsmodells für Dienstleitungen, München 1996, S. 279.

④⑥ Hirte, Berufshaftung: ein Beitrag zur Entwicklung eines einheitlichen Haftungsmodells für Dienstleitungen, München 1996, S. 280.

⑤ Benn-Ibler, Anwaltshaftung, Verjährung, in: FS für Rudolf Welser zum 65. Geburtstag, Wien 2004, S. 55.

二、法国法上的律师对第三人责任

1. 法国律师制度概说

法国的律师制度历史悠久，迄今为止已有数百年的历史。自 15 世纪开始，法国的律师就分化为两大主要类型，即“言辞辩护人”（avocat）和“讼状代理人”（avoué），前者专门进行言辞辩论，通过言辞的方式保护当事人利益；后者则不介入言辞部分，只是专门致力于诉讼文书的写作。①

自法国资产阶级革命开始，其现代意义上的律师制度逐渐形成。而 1971 年和 1990 年的两次律师制度改革，则使得法国的律师制度达到了符合世界潮流的期望。在 1971 年的律师制度改革中，言辞辩护人与第一审级的“讼状代理人”合一，成为真正的律师。②在 1990 年的改革中，律师业与法律顾问业合并，称为“律师”（avocat）。讼状代理人仅活动于高等法院，所以，其名称改为“高等法院讼状代理人”。③另外，根据 1990 年的第 1258 号法令，律师可以组成股份有限公司。④

总体上，法国的律师发挥两大功能：一是协助功能。它主要是指律师应协助其当事人提供法律上的专业意见。不论是否实际进行了诉讼，也不论该意见的提供是采取口头还是书面方式，律师都可以发挥其协助功能。二是代理功能。它主要是指律师应当在诉讼程序上代理其当事人，实施诉讼活动，收受一切诉讼文书，直到诉讼结束为止。⑤

2. 法国法上律师对第三人责任的具体规则

在法国，律师对第三人责任，尤其是咨询责任，也适用其侵权法上过错责任的一般条款。⑥这就是说，应当适用《法民》第 1382 条和第 1383 条，前者适用于故意侵权，后者适用于过失侵权。⑦

---

① Tomasi, Der französische Anwaltsstand im Wandel der Zeiten, AnBl 57, 85ff.

②③⑤ 参见李鉘澄：《法国律师制度概述》，《法学丛刊》（中国台湾）2002 年第 186 期。

④ Hirte, Berufshaftung: ein Beitrag zur Entwicklung eines einheitlichen Haftungsmodells für Dienstleitungen, München 1996, S. 255.

⑥ Lammel, Zur Auskunftshaftung, AcP179 (1979), 337.

⑦ Reinhard Zimmermann & Mathias Reimann (eds.), *Oxford Handbook of Comparative Law*, Oxford: Oxford University Press, 2007, p. 1006. 也有学者认为，《法民》第 1382 条是规范作为侵权的，第 1383 条是规范不作为侵权的。

在适用过错责任的一般条款时，重要的要件是过错。此处所说过错包含了客观因素和主观因素，类似于德国法上过错和违法性的综合。[①] 律师过错的认定直接抽象地以合理人的必要注意义务为标准。其中，在律师义务判断中必要的认识方面，以普通的、良好的律师的认知状况为标准。而且，应当考虑职业活动中被期待的特殊知识。[②] 从实践来看，法院通常会认定存在如此严重的过错，以至于责任不可能被排除。另外，尤其是在银行向第三人提供咨询的情形下，只有特定的具有严重过错的咨询，才会导致律师承担损害赔偿责任。[③]

三、德国法上的律师对第三人责任

1. 德国律师制度概说

随着罗马法的复兴，德国在公元 16 世纪形成早期的律师制度。当时分为“辩护律师”和“庭外律师”，并构成了“二元律师制”。[④] 1879 年 7 月 1 日，德国颁布了第一部全国性的律师法，即《国家律师法》。该法实行了统一的“一元律师制”，奠定了德国近现代律师制度的基础。[⑤]

第二次世界大战以后，德国律师制度得到了进一步的发展。1959 年 8 月 1 日，《德国联邦律师法》颁布，废止了各个州的有关法律，使得律师制度趋于统一。[⑥] 后来，为了加强、促进和规范律师业，又相继制定了一些法律，包括规范律师收费的《德国联邦律师收费法》、规范专业律师的《德国专业律师法》等，从而形成了德国的现代律师法律体系。根据《德国联邦律师法》第 1 条的规定：“律师是独立的司法单元。”这一规定指明了律师在法治国秩序中的核心功能，即律师应通过裁判活动的协力以及防免冲突

---

① Gotthard, Landesbericht Frankreich, in: von Bar (Hg.), Deliktsrecht in Europa, Köln 1993, S. 17.

② Hirte, Berufshaftung: ein Beitrag zur Entwicklung eines einheitlichen Haftungsmodells für Dienstleitungen, München 1996, S. 256f.

③ Lorenz, Das Problem der Haftung für primäre Vermögensschäden bei der Erteilung einer unrichtigen Auskunft, in: FS für Karl Larenz zum 70. Geburtstag, München 1973, S. 605ff.

④ 他们之间的区别在于：辩护律师的主要工作是向当事人提供辩护意见并出庭为当事人担任辩护人，而庭外律师不能出庭辩护。参见朱文俊：《德国律师制度的产生与发展》，西南政法大学硕士学位论文，2009 年，第 8 页。

⑤ 何悦主编：《律师法学》，法律出版社 2010 年版，第 39 页。

⑥ 参见田文昌主编：《律师制度》，中国政法大学出版社 2007 年版，第 20 页。

或诉讼的咨询建议，促进法的实现与执行。换言之，律师应当促成正确裁判的作出、避免法院等公权力主体的错误，尤其是应当保护委托人的利益免受损害。①

2. 德国律师对第三人责任的具体规则

就律师对第三人责任而言，《德民》第675条第2款的规定原则上也应当适用，这就是说，如果律师仅仅提供建议，只要不是因合同、侵权行为或其他法定义务而应当承担赔偿责任，则不应对该建议负责。② 不过，从其司法实践来看，法院往往通过各种方式突破这一规定，从而认可律师要对第三人因合同、侵权等而承担责任。具体来说，律师对第三人责任可能基于如下五种请求权基础：

其一，《德民》第328条规定的利益第三人合同。律师签订的委托合同也可能是有利于第三人的。例如，责任保险的保险公司签订了一份委托合同，这一合同的目的是为其投保人提供法律上的指导。③ 如果存在利益第三人合同，则应当适用《德民》第328条以下诸条的规定。

其二，依据《德民》第280条和第311条第3款所规定的附保护第三人作用的合同。在2002年的德国债法改革之前，其司法实践就已经认可了律师与委托人之间的合同具有保护第三人的作用。例如，在一起案件中，委托人委托律师终止一个房屋租赁合同，因为委托人希望其子女能够入住该房屋。但是，因为律师的失误导致终止合同的迟延。在该案中，德国联邦法院认为，委托人的子女也可以享有对律师的请求权，依据就是附保护第三人作用的合同制度。④ 在债法改革之后，第三人则可以直接以《德民》第280条和第311条第3款作为请求权基础。⑤

其三，信托关系（Treuhandverhältnisse）。律师对第三人的责任，尤其是对其委托人的相对人的责任，也可以因律师接受信托而产生。如果律师作为信托关系中的受托人，则应当对所有参与信托关系的人都负有特别的注意义务，而不应考虑委托人与第三人之间的利益对立。⑥ 例如，原告和被

① 参见姜世明：《律师民事责任论》，元照出版有限公司2004年版，第41页。

② Schneider, Die Rechtweite der Expertenhaftung gengenüber Dritten, ZHR 1999, 249ff.

③ BGH NJW 1978, 1004.

④ BGH NJW 83, 1621.

⑤ Canaris, Die Reform des Rechts der Leistungsstörungen, JZ 2001, 520.

⑥ Rinsche, Die Haftung des Rechtsanwalts und des Notars, Köln u. a. 1984, S. 8.

告在诉讼中达成和解，被告承诺其要支付一辆小客车的价款，但是，他要求只有在获得了该小客车的机动车证（Kraftfahrzeugbrief）时才付款。为了保证双方的同时履行，原告将其机动车证交给了被告的诉讼代理人，而且约定，只有在被告支付了最后一笔价款时该代理人才能交付机动车证。但作为律师的被告的诉讼代理人立即将机动车证给了其委托人，导致原告最终没有获得价款。[①] 在这一案件中，法官就运用信托关系的理论确定了律师的责任。

其四，拟制的咨询合同。早在1902年，德国帝国法院就采取拟制咨询合同的方式来解决律师对第三人责任的问题。在该案中，律师在一封信中向其委托人的相对方告知了已登记的抵押的数额。但是，这一信息实际上是律师的委托人告知的错误信息，律师没有验证就将其转告了第三人。帝国法院认为，只要律师知道某人需要可靠的咨询信息，而且，其已经给予了咨询答复，在律师与接收信息的人之间就订立了一个咨询合同。[②] 因为律师不仅是其委托人的利益代表者，其作为独立的司法单元还享受着公众对他的特殊信赖。[③] 如果律师向第三人提供了咨询意见，则基于此种信赖也会导致责任的承担。[④] 通过拟制咨询合同的方式，法院要实现的目标是，要被告承担法院所希望的责任。在确定是否存在拟制的咨询合同时，特别应当考虑如下因素：咨询答复者所认识到的该答复对于第三人的特别意义、咨询答复者的特殊的专业知识、咨询答复者自身的经济利益。[⑤]

其五，侵权责任。律师对第三人责任，也可能基于侵权提起，请求权基础是《德民》第823条第1款、第823条第2款结合保护性法律（尤其是刑法）或者第826条。《德民》第826条和第823条第2款结合保护性法律的主要的案例类型是律师为了有利于其委托人，而在诉讼中有意地作出虚假陈述。不过，这类案件适用《德民》第826条和第823条第2款的前提是律师存在故意，如果律师仅仅是信赖了其委托人提供的信息，则并不能认

① Rinsche, Die Haftung des Rechtsanwalts und des Notars, Köln u. a. 1984, S. 8f.

② RGZ 52, 365.

③《德国联邦律师法》第1条规定："律师是独立的司法单元。"

④ Rinsche, Die Haftung des Rechtsanwalts und des Notars, Köln u. a. 1984, S. 9.

⑤ Hirte, Berufshaftung: ein Beitrag zur Entwicklung eines einheitlichen Haftungsmodells für Dienstleitungen, München 1996, S. 19.

定故意的存在。[1]

从总体来看，德国联邦法院赋予律师一定的自由空间，甚至给予其一定的犯错误的权利。正如，德国联邦法院在一起案件的判决中所指出的，除了程序法上所规定的制裁之外，寻求法律保护的人原则上不会因其对法律的错误判断而承担侵权责任。否则，人们对国家司法的自由运用就会受到限制。[2]

第三节　律师对第三人责任的构成要件

一、概述

1. *律师对第三人责任的归责原则*

在比较法上，专家对第三人责任基本上属于过错责任的范畴。在德国法上，律师对第三人责任也适用专家责任的一般原理，[3] 即属于过错责任。在法国法上，律师对第三人责任也适用其过错责任的一般条款（即《法民》第1382条和第1383条）。[4] 在英国法上，律师对第三人责任属于过失侵权的一种具体类型。[5]

我国《律师法》并没有规定律师对第三人责任问题，在解释上，此种责任的承担应当适用《侵权责任法》第6条第1款，也就是说，属于普通的过错责任。不过，根据《证券虚假陈述赔偿的规定》第24条的规定，如果律师以专业中介服务机构的直接责任人的身份出现，其违反证券法的规

---

① BGH NJW 1985, 1154.

② BGH NJW 79, 1351ff.

③ Gert Brüggemeier, Deliktsrecht, 1Aufl., Baden-Baden 1986, S. 297.

④ Sprenger, Internationale Expertenhaftung: Die Dritthaftung von Experten im International Privat-und Zivilverfahrensrecht, Tübingen 2008, S. 48.

⑤ Hugh Evans, *Lawyers' Liabilities*, London: Sweet & Maxwell, 1996, pp. 21-22.

定实施了虚假陈述行为，则应承担过错推定责任。①

可见，在我国现行法上，律师对第三人责任原则上采过错责任原则，并且不实行过错推定。不过，从立法论的角度考虑，笔者认为，应当采过错推定责任，理由主要在于：其一，律师在举证方面的优势。律师因为其专业知识和专业技能，可以比较容易地举证其没有过失。受害人作为非专业人士却很难证明律师的过失。虽然有学者提出，法律的公开性、诉讼程序和办事程序的法定化，使得律师作出的法律判断及实施的行为的依据均可以查知。② 但这仅仅涉及事实问题，而不涉及法律问题判断中律师的过失问题，所以，不应当作为律师不负担举证责任的充分理由。其二，受害人保护的需要。虽然保障律师的执业自由是重要的，而且，律师执业风险的大小在很大程度上取决于律师责任制度建构的合理性。③ 但是，考虑到律师与第三人之间的利益平衡，应当要求律师对其没有过失承担举证责任。

2. 律师对第三人责任的构成要件

在我国法上，律师对第三人责任的构成要件可以分为一般构成要件和特殊构成要件。所谓一般构成要件，是指在采过错责任原则并且不实行举证责任倒置时，律师对第三人责任的构成要件。所谓特殊构成要件，是指在法律有特别规定时，律师对第三人责任的构成要件。例如，根据《证券虚假陈述赔偿的规定》第 24 条的规定，如果律师以专业中介服务机构的直接责任人的身份出现，其要承担过错推定责任，此时，其责任构成要件与一般构成要件略有不同。此处仅探讨律师对第三人责任的一般构成要件。因为律师对第三人责任原则上适用《侵权责任法》第 6 条第 1 款，所以，其构成要件应当通过解释该条规定来确定，具体包括：律师侵害第三人权益的行为、第三人遭受的损害、律师的侵权行为与第三人的损害之间存在因果关系、律师行为的违法性和律师的过错。

就损害来说，可能是因侵害绝对性权益造成了损害，也可能是造成了纯经济损失。例如，因律师的不当行为，导致第三人的财产被作为债务人

---

①《最高人民法院关于审理证券市场因虚假陈述引发的民事赔偿案件的若干规定》第 24 条规定："专业中介服务机构及其直接责任人违反证券法第一百六十一条和第二百零二条的规定虚假陈述，给投资人造成损失的，就其负有责任的部分承担赔偿责任。但有证据证明无过错的，应予免责。"

② 参见方伟：《论我国律师的民事责任制度》，安徽大学硕士学位论文，2010 年，第 11 页。

③ 参见刘加良：《论律师赔偿责任》，《法学评论》2005 年第 4 期。

的财产而被拍卖，就侵害了第三人的所有权。再如，在遗嘱见证案件中，因为律师的疏忽，导致遗嘱人没有在遗嘱上签名，而仅仅在谈话底稿上签名，最终因遗嘱无效导致遗嘱的受益人遭受了纯经济损失。无论第三人遭受了何种损失，其都应当予以证明，否则法院可能驳回诉讼请求。

就因果关系来说，律师的行为是否与损害之间有因果关系，有时认定起来比较困难。尤其是在诉讼活动中，律师的行为要导致损害，应当借助于法院的审判活动。例如，律师伪造证据导致对方当事人败诉。但是，毕竟对方当事人的败诉是因为法院的审判活动，律师的行为在多大程度上可以影响法官的裁判，值得考虑。在刑事诉讼中，这一问题表现得更为明显。刑事判决涉及国家刑罚权的确定，其裁判权在法官，律师在刑事诉讼中处于辅佐和辩护的角色，律师的刑事辩护行为对于法官的误判有多大的影响，难以判断。①

就违法性要件来说，如果要认可其可以独立存在，就涉及违法性和过错的区分。笔者赞成两者区分的观点，因此，律师的行为具有违法性和律师存在过错要分别予以认定。从这个角度来看，《律师法》第 54 条采用“律师违法执业或者因过错给当事人造成损失”的表述有失妥当。在区分违法性和过错的背景下，律师对他人承担侵权责任，既要满足违法性要件，又要满足过错要件。而该规定似乎将违法性和过错变成二者选一的要件。

需要注意的是，按照《证券虚假陈述赔偿的规定》第 6 条的规定，如果投资人以虚假陈述为由请求律师赔偿，必须以有关机关作出行政处罚决定或者人民法院作出刑事裁判文书为前提。这与会计师对第三人责任相同，构成了对受害人诉权的不当限制。

二、律师侵害第三人权益的行为

律师对第三人承担责任的前提是，其提供法律服务中存在侵权行为。在我国，并没有类似英国法上的出庭律师和事务律师的区分，因此，律师可以提供《律师法》第 28 条所允许的各种法律服务。例如，为他人提供诉讼代理、为他人起草合同书等。只要是在提供法律服务中导致第三人损害，

---

① 参见姜世明：《律师民事责任论》，元照出版有限公司 2004 年版，第 17 页。

律师就可能要承担责任。当然，律师要承担责任，还必须是以“律师”的身份实施行为，如果其并非以律师的身份出现，则不应适用律师对第三人责任。例如，律师在日常生活中对朋友提出不当建议，即使其朋友因接受该建议而遭受了损失，也没有适用律师对第三人责任制度的可能。再如，律师在为当事人提供法律服务过程中，获得了当事人以外的第三人的隐私或者商业秘密，律师泄露了该隐私或商业秘密，也不应当适用律师对第三人的侵权责任，而属于普通的侵权责任。

律师实施的侵害第三人权益的行为很多，很难一一列举，就其主要表现形态来说包括如下几种：

其一，法律咨询时的不当行为。律师可以以其专业知识为当事人提供咨询意见。① 根据《律师法》第 28 条第 1 项和第 7 项的规定，律师的业务包括“接受自然人、法人或者其他组织的委托，担任法律顾问”和“解答有关法律的询问”。如果律师接受委托提供法律咨询，而因其失误导致第三人的损失，第三人也有权请求赔偿。例如，在德国的一个案件中，律师被一个提前离职的工人委托，参与其与其前雇主的谈判，谈判内容是该工人的养老金问题。但因律师的失误导致该工人死亡后其妻子能够得到的遗孀抚恤金减少。法院就判决律师对其妻子承担赔偿责任。②

其二，法律文书起草中的不当行为。律师法律服务的另一项内容是起草合同书、法律意见书等法律文书。③根据《律师法》第 28 条第 7 项的规定，“代写诉讼文书和有关法律事务的其他文书”也是律师的业务。如果律师从事此项业务时有不当行为并导致第三人的损害，第三人也有权请求权赔偿。例如，在德国有一起案件，律师受委托起草离婚协议，但是，该协议的形式出现了瑕疵，导致其无效。后来，委托人的子女起诉该律师，因为离婚协议的无效导致他们原本可能获得的利益而不能获得。④ 在我国发生的李忠平诉南京艺术学院和江苏振泽律师事务所一案中，南京艺术学院在《扬子晚报》上发表了“律师声明”，该律师声明失实，律师事务所也未尽审查义务，所以，法院判定律师事务所与南京艺术学院构成共同侵权、承

---

①③ ［日］六本佳平：《日本法与日本社会》，刘银良译，中国政法大学出版社 2006 年版，第 100 页。

② BGH NJW 1988，200.

④ BGH NJW 1977，2073.

担连带名誉侵权责任。[1] 该案中律师的不当行为也属于法律文书起草中的不当行为。

就律师出具法律意见而言，《律师执业管理办法》第31条第1款特别规定，其应当符合“真实性、准确性、完整性”的要求，如果违反了这一要求，就属于不当行为。[2] 具体来说，法律意见应当符合3项要求：一是真实性。它是指法律意见所依据的事实是真实的。也就是说，法律意见所依据的事实是律师尽到自己的努力所调查到的事实，是有证据支持的事实，不应包含虚假的信息。例如，福州某技术进出口公司诉福建某律师事务所见证赔偿案中，合同见证律师未对合同当事各方的身份进行任何审查，即出具了“合同真实、合法、有效”的见证意见，就违背了真实性的要求。[3] 二是准确性。它是指法律意见中法律建议部分是合乎法律的。律师不能以已经失效的法律为依据，不应有虚假的、误导性的意见。三是完整性。它是指法律意见所依据的事实是全面的，所给出的建议也是全面的。律师不能仅从委托人的需要出发提供部分事实，或提供部分法律建议。

其三，证据的收集和保存中的不当行为。律师在收集和保存证据的过程中应当尽到其注意义务，避免不当行为。因律师的原因而没有及时收集导致证据灭失，或者律师遗失重要证据导致无法举证或举证失效，都属于不当行为。[4] 《律师职业道德和执业纪律规范》第35条第1款明确规定：“律师应当谨慎保管委托人提供的证据和其它法律文件，保证其不丢失或毁损。”在我国，出现了不少因为律师丢失了债权文书原件或其他证据原件，导致委托人败诉的案件。如果律师在收集和保存证据方面存在过错，并导致第三人的损失，第三人也有权请求赔偿。

其四，代理和辩护中的不当行为。律师提供法律服务的主要内容是在

---

① 参见南京市中级人民法院（2007）宁民一终字第118号民事判决书。对本案的详细分析，参见吴宏：《“律师声明”中专家过错标准和责任形态——首例律师对“律师声明”承担专家责任案评析》，《法学》2009年第9期。

②《律师执业管理办法》第31条第1款规定：“律师出具法律意见，应当严格依法履行职责，保证其所出具意见的真实性、准确性、完整性。”

③ 参见福建省福州市中级人民法院（2000）榕民初字第202号。

④ 参见宋朝武、张力：《律师与公证》，高等教育出版社2007年版，第80页。

民事诉讼中作为代理人和在刑事诉讼中作为辩护人。[①] 在代理和辩护活动中，律师应当妥当行为（如按照法律规定的时间向法院提交证据），最大限度地维护委托人的权益。[②] 按照《律师职业道德和执业纪律规范》第 24 条规定："律师应当充分运用自己的专业知识和技能，尽心尽职地根据法律的规定完成委托事项，最大限度地维护委托人的合法利益。"因此，如果律师存在不当行为，并导致第三人损害的，第三人有权请求赔偿。例如，在德国，某律师在一个婚生关系撤销诉讼中代理原告，但是，因律师的过失导致委托人败诉。这导致婚生关系撤销诉讼中的被告在委托人死亡后，与委托人的女儿共同继承，该委托人的女儿请求律师赔偿。法院认为，其可以获得赔偿。[③] 律师在代理和辩护中的不当行为之一是因律师的原因使当事人的请求权超过了诉讼时效。[④] 因为权利人的请求权超过诉讼时效就无法获得法院的保护，如果义务人不履行义务，权利人就遭受了损害。

其五，证券市场上的不当行为。律师侵害第三人权益的行为，还有一种特殊类型，即在证券市场上的不当律师工作报告和法律意见书。律师在证券活动中的工作主要是为证券的发行、上市和交易出具法律意见书和工作报告。在法律意见书中应该按照相关规则规定，对有关的法律问题发表结论性意见。对有些事项，尽管规则未明确要求，但对证券发行上市有重大影响的，律师也应发表法律意见。对不符合有关法律、法规的事项，或已勤勉尽责仍不能对其法律性质或其合法性作出准确判断的事项，应发表保留意见，并说明相应的理由。在工作报告中应详尽、完整地阐述所履行尽职调查的情况，包括所发表意见或结论的依据、进行有关核查验证的过

---

① 《律师法》第 28 条规定："律师可以从事下列业务：……（二）接受民事案件、行政案件当事人的委托，担任代理人，参加诉讼；（三）接受刑事案件犯罪嫌疑人的委托，为其提供法律咨询，代理申诉、控告，为被逮捕的犯罪嫌疑人申请取保候审，接受犯罪嫌疑人、被告人的委托或者人民法院的指定，担任辩护人，接受自诉案件自诉人、公诉案件被害人或者其近亲属的委托，担任代理人，参加诉讼；（四）接受委托，代理各类诉讼案件的申诉……"

② 例如，在许振培诉福建德化戴云律师事务所案中，被告律师事务所的律师逾期向法院提供证据致被代理人的诉讼请求未被法院支持，所以，原告请求赔偿损失。参见福建省泉州市中级人民法院（2004）泉民终字第 1538 号判决。

③ OLG Hamm MDR 1986，1026. 转引自姜世明：《律师民事责任论》，元照出版有限公司 2004 年版，第 195 页。

④ 宋朝武、张力：《律师与公证》，高等教育出版社 2007 年版，第 80 页。

程、所涉及的必要资料或文件。① 在制作法律意见书和律师工作报告的同时，应制作工作底稿。② 律师在出具工作报告和法律意见书之前，还应对所依据的事实和材料进行核查和验证。③ 如果律师出具工作报告和法律意见书有虚假的、严重误导性内容或者有重大遗漏的，就属于违法行为，并可能导致第三人的损害。④ 例如，投资者因信任律师的工作报告和法律意见书而购买了股票，遭受了损失。从近年来证券市场信息披露暴露出的律师违法行为看，有的是律师根本不具有此方面的专业能力，提供的法律服务明显存在瑕疵，出具的法律文件不符合法律规定的格式；有的是未能勤勉尽职，违反高度注意义务，没有全面审查上市公司的材料使信息披露不真实或者不全面；有的是参与上市公司造假，在法律意见书中虚假陈述欺骗投资者和证券监管部门。⑤

值得探讨的是，律师所进行的恶意诉讼是否应当纳入专家侵权的范畴予以探讨。从实践来看，律师所进行的恶意诉讼主要有两种情形：一是起诉人与代理律师之间恶意串通，通过提起诉讼达到在诉讼外损害第三人的目的；二是律师为了获得非法报酬或者单纯为了损害第三人，利用起诉人（被代理人）在法律知识上的缺陷，在起诉人明显缺乏诉讼利益的情况下起诉第三人。⑥ 在学理上，有学者将其纳入“专家侵权责任”的框架下讨

---

①⑤ 蓝寿荣、邱唯、陈冰竹：《证券市场信息披露中律师的法律责任》，《湖北社会科学》2003 年第 12 期。

② 彭真明、陆剑：《论律师对第三人的民事责任》，《社会科学》2008 年第 6 期。工作底稿应包括承担项目的基本情况，包括委托单位名称、项目名称、制作项目的时间或期间、工作量统计；工作记录，对提供资料的检查、调查访问记录、往来函件、现场勘察记录、查阅文件清单等；相关资料，如设立批准证书、营业执照、合同、章程等文件或变更文件的复印件，重大合同、协议及其他重要文件和会议记录的摘要或副本，相关的书面保证或声明书的复印件及其他重要资料。

③《公开发行股票公司信息披露的内容与格式准则第六号（法律意见书的内容与格式）》第 4 条规定：“律师应当对出具法律意见书所依据的事实和材料进行核查和验证。若有过错，应承担相应的法律责任。”

④《股票发行与交易管理暂行条例》第 73 条规定：“律师事务所违反本条例规定，出具的文件有虚假、严重误导性内容或者有重大遗漏的，根据不同情况，单处或者并处警告、没收非法所得、罚款；情节严重的，暂停其从事证券业务或者撤销其从事证券业务许可。对前款所列行为负有直接责任的注册会计师、专业评估人员和律师，给予警告或者处以 3 万元以上 30 万元以下的罚款；情节严重的，撤销其从事证券业务的资格。”

⑥ 周院生：《论律师对第三人的侵权责任》，中国人民大学博士学位论文，2014 年，第 26 页。

论,[①] 也有学者表示反对。[②] 笔者赞成反对的观点，因为律师进行恶意诉讼与普通人进行恶意诉讼没有特殊之处，尤其是因为恶意诉讼是以故意为前提的，在过错认定方面，因律师的专家身份而影响注意义务认定的规则也没有意义。

三、律师的注意义务

1. 律师注意义务认定的一般标准

律师属于专家的一种类型，因此，律师注意义务的认定标准与专家注意义务的认定标准是一致的。在比较法上，专家的注意义务的认定基本上采同领域专家的普遍一员的标准。在德国，法院认为，专家应当拥有从事某一特殊职业的胜任之人的通常技巧，否则，就认定为具有过失。[③] 在英国法上，专家过失的认定要运用 Bolam 检验法。Bolam 检验法就是要确定合理的、胜任的职业者的标准，这个标准是该领域中通常被接受的标准。[④] 我国学者也认为，专家应当尽到该领域专家的通常注意义务，这一观点也被法院所认可。例如，在许振培诉福建德化戴云律师事务所案中，法院就明确地提出，律师执业责任的前提之一是："律师的执业行为违反了同类职业人员处理同类法律事务时一般具有的行为要求。"[⑤]

就律师而言，其也应当尽到普通律师的注意义务。按照《律师职业道德和执业纪律规范》第 5 条的规定："律师应当诚实守信，勤勉尽责，尽职尽责地维护委托人的合法利益。"这一规定明确了律师应"诚实守信、勤勉尽责"，确切地说，他应当尽到普通律师所应尽到的勤勉。这就意味着，即便律师具有该领域的最高水平，其也并非要尽到超出普通律师的注意义务；即便律师刚刚取得执业资格，其也不能以自己经验欠缺为由而要求降低注意义务标准。

---

① 田韶华、杨清：《专家民事责任制度研究》，中国检察出版社 2005 年版，第 245 – 263 页。

② 周院生：《论律师对第三人的侵权责任》，博士学位论文，中国人民大学，2014 年，第 27 – 28 页。

③ 参见［德］冯·巴尔：《欧洲比较侵权行为法》（下册），焦美华译，法律出版社 2004 年版，第 373 页。

④ Hugh Evans, *Lawyers' Liabilities*, London: Sweet & Maxwell, 1996, p. 5.

⑤ 参见福建省泉州市中级人民法院（2004）泉民终字第 1538 号判决。

另外，在律师注意义务的认定中，也应当尊重其作为专家的自主判断。《律师职业道德和执业纪律规范》第27条第1款规定："为维护委托人的合法权益，律师有权根据法律的要求和道德的标准，选择完成或实现委托目的的方法。"这一规定实际上就体现了对专家判断的尊重。不过，律师毕竟是接受委托人的委托，而且，委托人要承担费用和法律服务的结果，因此，律师应当受到委托人指示的拘束。[①] 如果委托人有特别的指示，律师也不能以专家的自主判断为由，而违背委托人的指示。

在律师因过错导致证券市场上的虚假陈述的情形下，律师的过错是容易认定的。因为中国证券监督管理委员会在作出行政处罚决定时，往往会比较详细地说明律师和律师事务所的过错。例如，在《中国证券监督管理委员会关于四川天澄门律师事务所、徐平、肖兵违反证券法规行为的处罚决定》中，对于律师没有发现其客户编造重大虚假内容方面的过错作出了明确的认定和说明。[②] 这些行政处罚决定对于法院认定律师的过错具有重要参考意义。

值得探讨的是，在律师提供法律援助时，考虑到其提供的是无偿服务，[③] 过错的认定是否采用较低的注意义务标准？对此，在理论上存在不同的观点。一种观点认为，考虑到律师的法律援助活动属于无偿行为，可以适当降低其注意义务标准。另一种观点认为，在律师提供法律援助的情况

---

① 参见姜世明：《律师民事责任论》，元照出版有限公司2004年版，第158页。

②《中国证券监督管理委员会关于四川天澄门律师事务所、徐平、肖兵违反证券法规行为的处罚决定》（证监罚字〔2013〕25号）指出："天澄门、徐平、肖兵在陈述、申辩意见中提出，其未发现绿大地编造重大虚假内容，系履行法定职责不当，而非不履行法定职责。根据相关事实和证据，我会认为，由于未对绿大地提供的客户及供应商的工商信息完整地进行核实，天澄门未发现绿大地编造重大虚假内容。天澄门为在法律意见书中就未能对绿大地提供的客户及供应商的工商信息完整地进行核实的情况予以说明。天澄门未勤勉尽责，未对绿大地相关土地使用权的取得过程完整地进行核实。因此，我会对于天澄门在绿大地欺诈发行上市时未勤勉尽责，为在法律意见书中说明其工作相关情况，未对绿大地相关资产的去取得过程进行完整核实的认定事实清楚、证据充分。"参见周院生：《论律师对第三人的侵权责任》，中国人民大学博士学位论文，2014年，第57–58页。

③《法律援助条例》第24条第1款规定："受指派办理法律援助案件的律师或者接受安排办理法律援助案件的社会组织人员在案件结案时，应当向法律援助机构提交有关的法律文书副本或者复印件以及结案报告等材料。"第2款规定："法律援助机构收到前款规定的结案材料后，应当向受指派办理法律援助案件的律师或者接受安排办理法律援助案件的社会组织人员支付法律援助办案补贴。"可见，在律师提供法律援助时可以获得办案补贴，但是，办案补贴并非报酬，其行为属于无偿行为的性质不因此受到影响。

下，不应降低其过错的认定标准，以督促提供法律援助的律师尽到必要的谨慎。笔者赞成后一种观点，理由主要在于：其一，这有利于避免损害的发生。要求提供法律援助的律师尽到通常的注意义务，有利于预防侵权行为，避免第三人遭受损害。其二，这有利于保护受害人。接受法律援助的诉讼当事人属于社会中的弱势群体，他们更需要受到法律的保护。所以，律师对接受法律援助的人负有的注意义务不应降低，而律师对第三人所负有的注意义务不可能与其对接受援助者的注意义务相互分离，分别认定。

2. 律师注意义务的具体认定

律师的注意义务主要包括事实澄清义务、法律审查义务、建议与告知义务、采取较安全途径的义务。这些义务虽然主要是针对委托人的，但是，其也应当是对第三人的义务。如果律师违反这些注意义务，应当承担对第三人的责任。例如，在我国曾出现了典型的遗嘱无效案件，即王保富诉三信律师事务所一案。[①] 在该案中，律师违反了其对委托人的告知和建议义务，即没有告知其代书遗嘱应当有两个以上的见证人。律师违反的虽然是对委托人的注意义务，但是，同时也违反了对第三人（即继承人）的义务，也应当对第三人承担责任。下面拟对律师应尽的各种义务进行探讨。

其一，事实澄清义务。[②] 它又称为阐明义务，是指律师在提供法律服务时，不能仅以委托人的陈述为限，还应通过补充提问，就所有对于法律判断必要的、委托人没有提出的细节予以厘清。这可以理解为是律师执业"以事实为依据"的具体化。律师履行其事实澄清义务时，应当以实现委托事务为目的，厘清对于法律性、经济性评价与建议具有重要性的事实。律师应当澄清的事实除了与法律相关的事实以外，还包括可能的证据方法，例如，提供可能的书面合同或者就特定事实传唤证人。[③] 毕竟委托人通常不可能具有相关的专业知识，无法判断所需要的事实。而律师提供法律服务既然要"以事实为根据、以法律为准绳"，就首先要澄清事实。[④]

其二，法律审查义务。它是指律师应尽到其谨慎注意进行法律审查，从而形成自己的法律观点。这可以理解为是律师执业应当"以法律为准绳"

---

① 参见《王保富诉三信律师所财产损害赔偿纠纷案》，《最高人民法院公报》2005 年第 10 期，第 32 – 35 页。

② Sieg，Internationale Anwaltshaftung，Diss. Münster 1995，S. 92.

③ 参见姜世明：《律师民事责任论》，元照出版有限公司 2004 年版，第 126 页以下。

④《律师法》第 3 条第 2 款规定："律师执业必须以事实为根据，以法律为准绳。"

的具体化。[①] 律师是提供法律服务的专家，应当就所有的法律错误负责，因此，他必然负有法律审查义务。律师的法律审查义务包括律师应当准确掌握法律（包括对法律的修改、新法律的制定等）、准确掌握法院的裁判、准确掌握学说文献。[②] 按照律师的法律审查义务的要求，律师不仅要熟悉法律的字面含义，更要深谙法律的精神实质；不仅要熟知实体法的规定，还要精通程序法的规则，确保可以为当事人提供全面、正确的法律信息，以维护当事人的合法权益，保障法律的正确实施。[③] 例如，在程钢诉上海市某律师事务所法律服务合同纠纷案中，法院就指出，李某代理抵押人为自己的债务设定了抵押，属于自己代理，而被告作为法律服务专业从业者，未对该自己代理行为的有效性进行审核，从而有违其注意义务。这实际上就是律师违反其法律审查义务的典型。[④] 在我国，律师取得执业资格必须通过国家统一司法考试，而且，在取得执业资格以后，还应当通过自学、参加职业培训等方式，不断充实法律专业知识，更新专业知识，以提升法律服务品质。[⑤] 这些都是与律师的法律审查义务相互配合的制度。需要注意的是，在我国，2010 年 11 月 26 日《最高人民法院关于案例指导工作的规定》（法发〔2010〕51 号）发布，开始推行案例指导制度。依据该规定，指导性案例由最高人民法院确定并统一发布，各级人民法院审判类似案件时应当参照，[⑥] 因此，律师除了掌握成文法之外，还应当特别注意指导性案例。

其三，建议与告知义务。[⑦] 它是指律师在履行其事实阐明与法律审查义务之后，为了使委托人能够作出维护其个人权益的决定，应当建议适合实

① 笔者认为，“以法律为准绳”中的“法律”并不限于制定法，而是广义上的“法”。如果参照我国台湾地区“民法”第 1 条的规定，可以理解为，法包括制定法、习惯法和法理。如果制定法没有规定，也并非意味着律师无法可依，而是应当依据广义上的法（包括习惯法和法理）。

② 参见姜世明：《律师民事责任论》，元照出版有限公司 2004 年版，第 131 页以下。

③ 何悦主编：《律师法学》，法律出版社 2010 年版，第 80 页。

④ 参见上海市第二中级人民法院（2009）沪二中民一（民）终字第 1804 号判决。

⑤《律师执业管理办法》第 42 条规定：“律师应当按照规定参加司法行政机关和律师协会组织的职业培训。”我国台湾地区“律师伦理规范”第 5 条规定：“律师应精研法令，充实法律专业知识，吸收时代新知，提升法律服务品质。”

⑥《最高人民法院关于案例指导工作的规定》第 1 条规定：“对全国法院审判、执行工作具有指导作用的指导性案例，由最高人民法院确定并统一发布。”第 7 条规定：“最高人民法院发布的指导性案例，各级人民法院审判类似案例时应当参照。”

⑦ Sieg, Internationale Anwaltshaftung, Diss. Münster 1995, S. 95ff.

现委托人目的的步骤和方法，并告知委托人如何避免风险和损失。建议和告知的范围应当考虑委托人的基本知识、事务的急迫性和时间压力等因素，应包括与委托事务相关的所有法律问题。在实践中，告知的内容主要包括诉讼时效和诉讼风险。就诉讼时效来说，律师应当告知委托人诉讼时效期间的长短、诉讼时效期间的起算点、诉讼时效届满后的法律后果等。例如，当事人的请求权可能要超过诉讼时效，应当告知当事人及时采取措施，如提起诉讼。就诉讼风险来说，律师应当评估诉讼风险，并告知委托人。诉讼风险的评估主要包括诉讼的合法性、请求权基础、请求金额、举证责任、执行的可能性等。[①] 除此之外，律师也应当告知其他与实现委托目的相关的事项。例如，律师在办理遗嘱见证时，应当告知委托人，代书遗嘱要产生效力必须有两个以上的见证人。[②]

其四，采取较安全途径的义务。它是指律师在数种可选择的措施中，应当选择对委托人较安全的措施。德国联邦法院曾经指出，律师应当避免委托人遭受可预见的损害。如果有数种措施可以采取时，律师应当采取最安全且最没有危险性的措施。如果有数种方法可以达到委托人的目的，应当选择最安全的方法。[③] 例如，我国《合同法》第 80 条第 1 款前句规定："债权人转让权利的，应当通知债务人。"但是，该规定没有明确规定通知的主体，是债权人还是受让人。律师应当建议委托人采取较安全的途径，即债权人和受让人都通知债务人。

另外，从实践来看，律师注意义务的认定还应当考虑如下两种类型的行为准则：一是政府主管部门确立的律师行为准则。例如，在证券发行业务中，中国证券监督管理委员会制定了《证券发行与承销管理办法》、《证券发行上市保荐业务管理办法》、《首次公开发行股票并在创业板上市管理暂行办法》、《公司债券发行试点办法》、《首次公开发行股票并上市管理办法》。再如，司法部颁布了《律师和律师事务所违法行为处罚办法》。这些

---

① 参见姜世明：《律师民事责任论》，元照出版有限公司 2004 年版，第 141 页以下。

②《继承法》第 17 条第 3 款规定："代书遗嘱应当有两个以上见证人在场见证，由其中一人代书，注明年、月、日，并由代书人、其他见证人和遗嘱人签名。"

③ BGH NJW 1988，486. 转引自姜世明：《律师民事责任论》，元照出版有限公司 2004 年版，第 150 页。

规定是政府主管部门对特定领域法律执业的最低要求。[①] 违反了这些规定可以直接认定律师具有过错。二是行业自律组织制定的行为准则。中华全国律师协会制定了一些强制性的行为准则，包括《中华全国律师协会律师执业行为规范》、《律师协会会员违规行为处分规则（试行）》。违反这些规定也可以直接认定律师的过错。此外，中华全国律师协会为了“规范律师执业行为，防患律师执业风险，加强对律师业务的指导”，还编写了40多个领域的《律师业务操作指引》，[②] 包括国有企业改制与相关公司治理业务、公司治理业务、有限责任公司收购业务、风险投资与股权激励业务、破产管理人业务、建设工程法律业务、合同审查业务、工资集体协商业务、继承法律业务等。每一个领域的操作指引详细地列举了该领域执业活动的代表性做法，而这些做法也是经律师执业实践被证明是较为安全的做法。[③]这些业务操作指引的违反不能直接认定过错的存在，但是，可以作为认定律师是否具有过错的重要参考。

第四节　律师对第三人责任的承担

一、概述

在符合责任构成要件时，律师就要对第三人承担责任。在我国，实行律师资格证书和律师执业证书区分制度。在申请律师执业证书之前，申请人必须通过国家统一司法考试，并取得司法资格证书。取得司法资格的人，还必须满足一定的条件，如在律师事务所实习满一年等，才能取得律师执

①③ 参见周院生：《论律师对第三人的侵权责任》，中国人民大学博士学位论文，2014年，第102－103页。

② 参见中华全国律师协会编：《中华全国律师协会律师业务操作指引》（第1卷），北京大学出版社2009年版；中华全国律师协会编：《中华全国律师协会律师业务操作指引》（第2卷），北京大学出版社2013年版。

业证书。[1] 根据《律师法》第 13 条的规定，没有取得律师执业证书的人，不能以律师名义从事法律服务业务。[2] 问题在于，如果没有取得律师资格而以律师名义提供法律服务（如所谓的“民间讼师”），是否对第三人承担责任？笔者认为，此处所说的律师应当是指取得律师执业资格证书的人。其他人都不符合这一主体资格的要求。没有取得律师执业资格证书者，也可能对第三人承担责任，但是，其并非适用律师对第三人责任制度。

律师通常是接受当事人委托而提供法律服务，在例外情况下，律师也可能因提供法律援助而为当事人法律服务。[3] 法律援助，是指国家为经济困难的公民或特殊案件的当事人，予以减免费用提供专业性的法律帮助，以保障其合法权益得以实现的法律制度。[4] 如果公民申请法律援助经过审查被同意，或者人民法院指定法律援助，法律援助机构可以指派律师事务所安排律师办理法律援助案件。在律师提供法律援助的情形下，也可能要对第三人承担责任。

《证券虚假陈述赔偿的规定》第 7 条要求律师事务所等中介机构的直接责任人要承担责任。但是，如何认定直接责任人，值得探讨。因为作为律师事务所的中介机构要执行一项业务、出具一份报告，涉及签字律师、复核主任律师、参与执行业务的律师以及参与执行业务的未取得律师资格的律师助理人员等。除了签字律师以外，其他人员不在法律意见书签名，而只有可能在工作底稿上签名。那么，究竟以何种标准来认定“直接责任人”？笔者赞成此种观点，即将“直接责任人”界定为在法律意见书中签名的律师。因为一般而言，签名律师是法律意见书的主要完成人员，其他人员只是辅助人员，提供的只是辅助性的工作，没有实质性参与法律意见书的制作。[5] 另外，作为受害人的第三人也仅对在法律意见书中签名律师的执业行为产生信赖。

从实践来看，不少律师为其法律意见附加了保留声明，例如，“本法律

---

① 《律师法》第 5 条第 1 款规定：“申请律师执业，应当具备下列条件：（一）拥护中华人民共和国宪法；（二）通过国家统一司法考试；（三）在律师事务所实习满一年；（四）品行良好。”

② 《律师法》第 13 条规定：“没有取得律师执业证书的人员，不得以律师名义从事法律服务业务；除法律另有规定外，不得从事诉讼代理或者辩护业务。”

③ 《律师法》第 42 条规定：“律师、律师事务所应当按照国家规定履行法律援助义务，为受援人提供符合标准的法律服务，维护受援人的合法权益。”

④ 宋朝武、张力：《律师与公证》，高等教育出版社 2007 年版，第 180 页。

⑤ 彭真明、陆剑：《论律师对第三人的民事责任》，《社会科学》2008 年第 6 期。

意见的真实性，以委托人提供的证据材料或者事实陈述为前提。”这些保留声明是否会影响律师的责任承担值得探讨。笔者认为，上述保留声明不应当影响其责任的承担。理由主要在于，法律之所以要求委托人提供律师的审查意见，主要还是基于对律师专业审查能力的信任，即对律师识别委托人证明材料和事实陈述的能力的信任。否则，根本就没有必要要求律师出具法律意见。因此，律师不能简单地凭借前述声明而免除其审查职责。相反，对于当事人提供的虚假证明材料或者虚假事实陈述，只要律师具有凭借其专业知识予以合理地发现和审查的能力，律师就要积极地进行进一步的核实审查，并出具相应的法律意见。[①]

二、律师的免责特权

在英国法上，有出庭律师免责特权制度（Immunity-of-the-bar-Doktrin）。在 Saif Ali v. Sydney Mitchell E Co. 案中，法官确立了这一规则，即出庭律师不能因为其在诉讼行为中没有尽到注意义务而被起诉。[②] 其免责的理由主要在于：[③] 其一，出庭律师承担违约责任和侵权责任缺乏基础。出庭律师和委托人并不存在合同上的联系，而是间接地通过事务律师发生联系。[④] 因为出庭律师与当事人和第三人都没有合同关系，也就不可能承担违约责任。出庭律师又没有起诉请求报酬的权利，也就没有要求其承担侵权责任的基础。[⑤] 其二，责任的承担可能影响出庭律师公正、独立地执业。[⑥] 出庭律师免责制度可以保障其执业的自由，有利于其执业活动的进行。其三，出庭律师过失认定困难。出庭律师的诉讼行为要求随机应变。即使借助于专家证人，也很难确定出庭律师是否合理运用了其知识技能，是否尽到了合理

---

① 参见周院生：《论律师对第三人的侵权责任》，中国人民大学博士学位论文，2014 年，第 117 页。

② Jeffrey C Brown, *Professional Negligence and Insurance Law*, London: Lloyd's of London Press Ltd., 1994, p. 33.

③ 有学者认为，还有一个原因是，法官也是自出庭律师之中产生的。参见 Graef, Die Haftung der Anwälter nach englischen Recht, AnwBl. 1993, 4。

④ Hirte, Berufshaftung: ein Beitrag zur Entwicklung eines einheitlichen Haftungsmodells für Dienstleitungen, München 1996, S. 277.

⑤ 姜世明：《律师民事责任论》，元照出版有限公司 2004 年版，第 8 页。

⑥ Hirte, Berufshaftung: ein Beitrag zur Entwicklung eines einheitlichen Haftungsmodells für Dienstleitungen, München 1996, S. 277.

的注意。[1] 其四，基于公共政策考虑，不应要求其承担责任。作为出庭律师诉讼行为（以及法院外而与诉讼行为有密切关系的工作）免责理论依据的“公共政策”，主要包括如下三个方面：一是司法的运作功能。就司法运作功能而言，出庭律师具有独立性，他被认为是与法院有相同地位的司法机关，都是为寻找实质真实而努力。他不仅仅是当事人利益的代言人，更应注意其公益角色的践行。如果出庭律师承担损害赔偿责任，则导致其不敢履行对于法院负担的义务。二是假设性前程序的复行。对于出庭律师的民事责任程序是否将等同于为当事人开启前程序的再审，法院存有疑虑。尤其是对于出庭律师的诉讼是否会造成原判决的安定性被破坏，也值得考虑。三是强制性的代理义务。它是指出庭律师因排序规则（Cab-rank Rule）而负有代理当事人出庭的义务，他并无选择当事人的权利。所以，出庭律师的责任也应当有所限制。[2]

从解释论的角度来看，在我国法上，从来都没有认可过律师免责特权制度。因此，从事诉讼行为的律师不可能据此主张免责。不过，在立法论的层面，也应当探讨是否借鉴英国法上的制度的问题。对此，笔者持反对的观点，理由主要在于：其一，出庭律师免责特权制度源于英国法的特殊制度背景，而我国缺乏相应的制度背景。例如，英国法上，律师被分为出庭律师和事务律师，出庭律师并不受当事人的委托而是受事务律师的委托等，这些都不为我国法所认可。其二，在英国，出庭律师被认为是与法院有相同地位的司法机关，这与我国法对律师的定位并不相同。我国《律师法》第 2 条仅仅将律师界定为“为当事人提供法律服务的执业人员”，并没有将其定位为司法机关。

三、律师的责任与律师事务所的责任

在满足了律师对第三人责任的构成要件时，律师要承担责任，律师事务所也可能要承担责任。不过，律师事务所承担责任的法理基础要考虑律师事务所的不同组织形式。从我国目前的法律规定来看，律师事务所有三

① Jeffrey C Brown, *Professional Negligence and Insurance Law*, London: Lloyd's of London Press Ltd., 1994, p. 33.

② 参见姜世明：《律师民事责任论》，元照出版有限公司 2004 年版，第 9 页。

种形式，即国资律师事务所、个人律师事务所和合伙律师事务所。[①] 因为律师事务所有多种组织形式，所以，在律师应当对第三人承担责任的情形下，律师事务所承担责任的法理基础也是有区别的。如果律师事务所是个人律师事务所，事务所本身并没有独立的人格，实际上是由律师本人承担责任。[②] 如果律师事务所是合伙律师事务所，要区分执业的律师是合伙人还是其他律师。如果执业的律师是合伙人，其他合伙人是基于合伙协议而承担连带责任；如果执业的律师不是合伙人，其与律师事务所之间的关系是雇员和雇主的关系，应当适用雇主责任的一般原理，由律师事务所承担替代责任。[③] 因为国资的律师事务所属于法人，因此，律师与律师事务所之间是雇员和雇主的关系，律师事务所要对律师的行为承担雇主责任。

我国《侵权责任法》第 34 条第 1 款规定："用人单位的工作人员因执行工作任务造成他人损害的，由用人单位承担侵权责任。"这是关于雇主责任的一般规定。据此，如果律师事务所承担雇主责任，就应当认定：律师事务所和律师之间存在雇主和雇员的关系、律师的行为属于执行职务、律师的行为符合过错责任的构成要件。其中，"执行职务"的要件是重要要件，理论界对于如何认定执行职务也存在不同的看法。[④] 为了解决理论上的争议，也为了实现司法的统一，《人身损害赔偿司法解释》第 9 条第 2 款对此专门作出了规定。根据该解释，如下两种情形可以认定为执行职务：

---

① 《律师事务所管理办法》第 5 条第 1 款规定："律师事务所可以由律师合伙设立、律师个人设立或者由国家出资设立。"第 2 款规定："合伙律师事务所可以采用普通合伙或者特殊的普通合伙形式设立。"

② 《律师事务所管理办法》第 38 条第 2 款规定："个人律师事务所的设立人对律师事务所的债务承担无限责任。"

③ 《律师事务所管理办法》第 38 条第 2 款规定："普通合伙律师事务所的合伙人对律师事务所的债务承担无限连带责任。特殊的普通合伙律师事务所一个合伙人或者数个合伙人在执业活动中因故意或者重大过失造成律师事务所债务的，应当承担无限责任或者无限连带责任，其他合伙人以其在律师事务所中的财产份额为限承担责任；合伙人在执业活动中非因故意或者重大过失造成的律师事务所债务，由全体合伙人承担无限连带责任。"

④ 关于执行职务的认定，有主观说和客观说两种不同的观点：一是主观说。它又分为雇主意思说和雇员意思说。雇主意思说认为，职务的范围应当以雇主指示雇员所承担的事项为准，如果雇员擅自行动，即使有利于雇主，也不能认定为执行职务。雇员意思说认为，执行职务的范围原则上按照雇主指示的事项来认定，但是，如果雇员的意思是为了有利于雇主指示的事项，从而实施的行为，也应当认定为执行职务。二是客观说。此种观点认为，是否执行职务应当以行为的外观来确定，在客观上可以认为是执行职务的，不考虑雇主和雇员的意思如何，都属于执行职务。参见郑玉波：《民法债编总论》，中国政法大学出版社 2004 年版，第 159 页。

一是“从事雇主授权或者指示范围内的生产经营活动或者其他劳务活动”。二是“雇员的行为超出授权范围，但其表现形式是履行职务或者与履行职务有内在联系”。这里所说的“其表现形式是履行职务或者与履行职务有内在联系”是弹性的标准，笔者认为，应当结合案件的各种具体因素进行综合性的考量，并且要伴随着政策性的考量。例如，律师擅自与当事人签订《聘请律师合同》，并未经过律师事务所的审查，律师事务所对此事也毫不知情，但因为其表现形式是履行职务，所以，也应当认定为执行职务。

如果受害人仅向律师事务所请求赔偿，律师本人就没有实际地对外承担民事责任。此时，律师事务所和律师之间存在内部追偿关系，追偿的基础可以是双方之间的合同约定。如果双方没有约定，则应当适用《律师法》第54条的规定，即律师事务所仅仅可以向有故意或重大过失行为的律师追偿。例如，在王保富诉三信律师事务所案件中，如果律师本人有故意或重大过失，则律师事务所可以向其追偿。问题在于，如果律师事务所和律师之间作出约定，即便律师有轻过失也可以追偿，此种约定是否有效？笔者认为，《律师法》第54条的规定是为了保护处于弱势地位的律师的利益，属于强制性规定，确切地说，属于效力性强制性规定，因此，律师事务所和律师之间的此种约定应当无效。①

四、律师责任的保障机制

在比较法上，很多国家的法律都规定，律师应当投保强制性的职业责任保险，以控制其执业风险，强化对受害人的保护。例如，依据1974年的《英国事务律师法案》（Solicitors Act 1974）第37条的规定，事务律师必须购买职业责任保险。对于出庭律师，立法并没有强制其投保职业责任保险，但其行业协会也要求他们购买保险。② 再如，依据《德国联邦律师条例》第51条的规定，律师必须投保职业责任保险。

---

①《合同法》第52条第5项规定：“有下列情形之一的，合同无效：……（五）违反法律、行政法规的强制性规定。”《最高人民法院关于适用〈中华人民共和国合同法〉若干问题的解释（二）》第14条规定：“合同法第五十二条第（五）项规定的‘强制性规定’，是指效力性强制性规定。”

② 参见［德］瓦格纳主编：《比较法视野下的侵权法与责任保险》，魏磊杰等译，中国法制出版社2012年版，第68－69页。

在我国立法并没有强制律师投保职业责任保险。从实践来看，有些地方的律师或律师协会投保了自愿的职业责任保险。据中华全国律师协会统计，截至2013年12月20日，全国共有10个省市的律协为其会员律师事务所和律师投保了职业责任保险。①

在立法论的层面，我们应当探讨是否要求律师投保强制性的职业责任保险。笔者认为，这一强制性的职业责任保险制度应当确立，理由主要在于：其一，这是控制律师执业风险的需要。律师执业中可能因疏忽而导致委托人和第三人的损害，而且，在律师为上市公司出具法律意见书等情形下，这一损害有可能非常巨大。律师职业责任的承担可能使得律师的执业活动受到极大的威胁。目前，我国律师业务领域日益扩大，律师办理证券、金融、企业并购、房地产等领域业务持续增加，在这些领域中执业的疏忽可能给他人造成重大的经济损失，而律师因执业过失所要承担的责任可能很重，甚至严重危及律师的职业生存。其二，这是强化受害人救济的要求。通过强制律师投保职业责任保险，可以避免因律师个人或律师事务所赔偿能力的不足而难以获得赔偿的尴尬。尤其是通过受害人直接请求权的制度设计，可以使受害人有权直接向保险公司请求赔偿，从而简化受害人救济的程序。

① 具体包括北京、河南、海南、江苏、福建、吉林、浙江、青海、广东、上海。参见周院生：《论律师对第三人的侵权责任》，中国人民大学博士学位论文，2014年，第123页。

第七章　公证人对第三人责任

第一节　公证人对第三人责任概述

一、公证制度的起源与发展

公证，是由法律授权的专业人员或机构对法律行为、有法律意义的文书和事实进行证明的活动。① 公证在词源上起源于拉丁语 nata，是抄录文书并取其要领、备案存查的意思。② 从制度史的角度来看，古罗马共和国末期的代书人（scribe，又称书记）可以看作是公证人制度的起源。③ 在古罗马时期，教育并不普及，但当时旺盛的交易活动又对记录交易活动提出了现实的要求，这一矛盾催生了一种新兴行业，即代书人。代书人专门替群众草拟文书或者誊写合同并代为保存，以免日后发生纠纷时没有凭据。④

公元 5 世纪，西罗马帝国灭亡。但是，在整个中世纪，公证制度在欧洲许多国家仍然具有重要意义。尤其是当时实行宗教公证制度，使公证制度得到了一定程度的发展。⑤ 13 世纪以后，近代欧洲的公证制度得以建立，其主要标志有三：其一，公证书取得公文书的效力；其二，公证书具有强制

---

① 宫晓冰：《中国公证制度的完善》，《法学研究》2003 年第 5 期。

② 参见吕乔松：《公证法释论》，三民书局 1984 年版，第 1 页。

③ 常柏：《法国公证印象》，《中国司法》1999 年第 5 期。

④ 参见郑云鹏：《公证法新论》，元照出版有限公司 2001 年版，第 3 页。

⑤ ［英］ N. P. Ready：《公证制度在欧洲的起源与形成》，马玉娥译，《中国司法》2004 年第 9 期。

执行力；其三，公证人逐渐脱离法院，公证行业成为独立的行业。①

现代意义上的公证人制度起源于法国。1803 年 3 月 16 日，《法国公证法》颁布，这是第一部系统、完整的公证法。② 该法对公证人的组织和地位作了规定，原则上规定公证人有独立办理公证书的法律地位。③ 因为该法废除了一切封建特权，顺应了自由竞争的资本主义经济发展，特别是满足了保障合同自由的需要，所以，其对于法国经济社会发展产生了重要影响。④ 其后，比利时、意大利、德国、土耳其、日本等国家都纷纷效仿，相继进行公证立法。从世界范围来看，基于各国不同的法律传统、经济社会管理体制、公证制度的不同功能等，形成了两大公证体系，即英国公证体系和拉丁公证体系。⑤ 英国公证体系起源于英国，并随着英国在海外的殖民扩张而传播到其殖民地。例如，我国香港地区就采用英国公证体系。而拉丁公证体系则是被广泛采用的制度，它不仅通行于欧洲大陆各国，而且也通行于亚洲的日本、中美、南美、非洲、加拿大的魁北克省和美国的路易斯安那州等，影响十分广泛。⑥我国属于拉丁公证体系的一员，并于 2003 年正式加入国际拉丁公证联盟。⑦

公证是预防性的司法证明制度。所谓预防性司法，是指通过参与私法关系的形成和保障，以增进个人的利益，尤其是避免未来的侵害他人利益的行为，同时，关照他人的利益和社会公众利益，通过此种方式服务于正义、法的安全和法的和平。预防性司法是国家为了公民的需要和利益而给予的照顾或帮助的一部分。⑧ 换言之，国家通过赋予公证书以确定的法律效力，可以实现预防纠纷、减少诉讼的目的，最终有利于降低社会管理成本、维护社会稳定。

---

① 参见沈桥林主编：《律师与公证》，厦门大学出版社 2011 年版，第 246 页。

② Schützeberg，Der Notar in Europa，Bonn 2005，S. 111.

③④⑥ 肖建华：《公证法律制度比较研究》，载樊崇义主编：《诉讼法学研究》（第二卷），中国检察出版社 2002 年版。

⑤ 参见宫晓冰：《中国公证制度的完善》，《法学研究》2003 年第 5 期。在前苏联和东欧的社会主义国家，与其计划经济相适应，设置了属于国家机关组成部分的公证处，形成了特有的公证制度。

⑦ 国际拉丁公证联盟是在 1948 年 10 月 2 日于阿根廷首都布宜诺斯艾利斯成立的。该组织是从拉丁语系国家发起、发展起来的，会员一般都是大陆法系国家。截至目前，该联盟已有 70 多个成员国，以德国、意大利、法国、西班牙等国的公证制度最具有代表性。参见陈加满：《论公证赔偿的特殊民事责任性质》，《法学杂志》2007 年第 1 期。

⑧ Godl，Notarhaftung im Vergleich，Tübingen 2001，S. 6.

正如有学者所指出的，现代公证的重要贡献尤其在于，在日常生活中独立而公正地提供法的安全。① 因此，公证人的意义与作用也主要是通过其中立性和公正性的地位得以实现。公证人的中立性和公正性表现在，其不代表任何一方当事人，而是“所有参与人的独立与公正的受托人”。② 公证人的此种中立地位正是公证的实质体现。与律师代表委托方的利益不同，公证人要全方位地考虑所有公证参与人的权益，使公证事项公平合理，从而达到预防纠纷的目的。③

二、我国公证制度的产生与发展

1. 新中国成立前的公证制度

在我国古代，并不存在现代意义上的公证制度。在清末变法时期，公证制度才被引入。1927 年，北洋政府就曾经拟定了《公证人法草案》，但因为北洋政府的倒台，其并没有成为正式的法律。1935 年，中华民国司法院颁布了《公证暂行规则》，规定由地方法院的推事（即法官）办理公证事务。④ 该法首次确立了我国现代意义上的公证制度。1943 年 3 月，中华民国颁布了《公证法》，对公证制度予以完善。

2. 新中国成立后的公证制度

在新中国成立以前，解放区曾有公证制度的萌芽。尤其是在解放战争时期，为了满足人民群众的需要，在有些城市（如沈阳、上海等）的人民法院建立了公证组织并开展公证工作。

新中国成立以后，我国公证制度有了初步发展。1951 年 9 月 3 日，中央人民政府委员会第十二次会议通过了《中华人民共和国人民法院暂行组织条例》。该条例规定，“公证及其他法令所定非讼事件”由县级人民法院和中央及大行政区直辖市人民法院管辖。1958 年以后，在砸烂公检法的错误思潮下，

① Godl，Notarhaftung im Vergleich，Tübingen 2001，S. 5.

② 参见《德国联邦公证人条例》第 14 条第 1 款。

③ 刘懿彤：《德国公证的立法取向》，《比较法研究》2008 年第 1 期。

④ 其原因大概是，当时的立法者认为，我国教育十分落后，大多数人知识水准不高，如果允许公证人自设事务所可能会流弊丛生。参见肖建华：《公证法律制度比较研究》，载樊崇义主编：《诉讼法学研究》（第二卷），中国检察出版社 2002 年版。

全国的司法行政机关陷入瘫痪，各地的公证处也随之被撤销。[①]

改革开放以后，我国公证制度又得到了恢复和发展。[②] 1982 年 4 月，国务院正式颁布了《中华人民共和国公证暂行条例》，奠定了我国现行公证制度的法律基础。[③] 按照这一条例的规定，公证处是国家行政机关，隶属于各级司法行政机关，公证处公证员是行政序列内的国家公务员。这种行政化的公证制度是参照前苏联的公证管理模式建立起来的，是计划经济时代的产物。而且，这种体制导致公证员从事公证事务，但却没有独立的权利，也不承担相应的责任，形成责权利的错位。[④] 因此，这一体制无法适应我国的经济社会发展。尤其是随着我国市场经济体制的建立，既有的公证制度越来越难以适应社会的需要，公证制度的改革势在必行。

1993 年，党的十四届三中全会通过了《中共中央关于建立社会主义市场经济体制若干问题的决定》，该决定将公证机构定性为中介组织，为公证体制改革指明了方向。[⑤] 2005 年 8 月 28 日颁布的《公证法》则全面体现了我国公证制度改革的成果。[⑥] 例如，该法第 6 条明确规定："公证机构是依法设立，不以营利为目的，依法独立行使公证职能、承担民事责任的证明机构。"

---

① 金月蓉：《论市场经济体制下我国公证制度的完善》，华东政法学院硕士学位论文，2004 年，第 21 页。

② 1980 年 2 月司法部发布《关于逐步恢复国内公证业务的通知》，3 月又发布《关于公证处的设置和管理问题的通知》，其中规定："在直辖市、省辖市公证处，暂不设公证处的市县，基层人民法院设公证员（或由审判员兼）办理公证业务，公证处归司法行政机关领导。"

③《中华人民共和国公证暂行条例》对公证的性质、业务范围、公证组织机构、公证员资格、公证管辖、公证程序等作了明确规定，1990 年 2 月，司法部又颁布了《公证程序规则（试行）》，从立法上确定了公证程序。

④ 金月蓉：《论市场经济体制下我国公证制度的完善》，华东政法学院硕士学位论文，2004 年，第 23 页。

⑤ 2000 年 8 月，国务院办公厅批准了司法部《关于深化公证工作改革的方案》，该方案明确指出，改制后的公证处应当成为执行国家公证职能、自主开展业务、独立承担责任、按市场规律和自律机制运行的公益性、非营利的事业法人。2002 年 5 月，司法部《关于进一步加强公证改革的若干意见》再次强调，公证改革的重点是将符合条件的行政体制公证处改制为事业体制。参见王洁：《德国公证制度及其启示》，《成都行政学院学报》2002 年第 5 期。

⑥ 为了配合《公证法》的实施，司法部先后通过了《公证员执业管理办法》（2006 年 3 月 8 日通过并施行）、《公证程序规则》（2006 年 5 月 10 日通过，2006 年 7 月 1 日起施行）等规范性法律文件。

三、公证人的专家身份定位

在很多国家（如法国和德国），公证人都属于专家，其以个人的身份对外从事自由职业。例如，依据《德国联邦公证人条例》第5条的规定，“具备《法官法》规定资格的德意志共和国的公民，可以任命为公证人”。公证人以自由职业者的身份对外从事执业活动。① 在我国，《公证法》仅仅规定“公证机构”享有国家证明权。② 至于公证人（也称公证员）自身，则只能在公证机构从事公证业务，并不能以个人身份执业。③ 在此背景下，我国的公证人是否属于专家，就值得探讨。笔者认为，应当认定我国法上的公证人属于专家，理由主要在于：

第一，公证人应当具备专业知识。专家的特征之一是具备专业知识。公证人作为提供法律安全的人员，④ 其必须是法律专业人员。尤其是从我国《公证法》的规定来看，要担任公证员必须掌握丰富而牢固的法律知识，并具有一定的实践经验。⑤

第二，公证人取得其资格要经过国家的许可，并受到国家的职业监督。专家通常应当获得国家的执业许可，并受到国家的职业监督。⑥ 依据我国《公证法》的规定，司法行政部门代表国家进行公证人的执业许可，而且，

---

① 在德国，要取得公证人资格，必须要通过两次国家法律考试。这是各州为将要从事法律工作的人举办的执业资格考试，由州司法部法律考试局组织。通过两次国家法律考试的人员在公证人事务所实习3年，可以提出公证人申请，并再通过一次国家专门考试后，才可以被任命为公证人。参见王洁：《德国公证制度及其启示》，《成都行政学院学报》2002年第5期。

②《公证法》第6条规定：“公证机构是依法设立，不以营利为目的，依法独立行使公证职能、承担民事责任的证明机构。”

③《公证员执业管理办法》第2条规定：“公证员是符合《公证法》规定的条件，经法定任职程序，取得公证员执业证书，在公证机构从事公证业务的执业人员。”

④ ［法］让·吕克·奥贝尔：《公证人的民事责任》，《中国公证》2004年第7期。

⑤ 我国《公证法》第18条规定，担任公证员应当具备的条件是“通过国家司法考试”，并且“在公证机构实习二年以上或者具有三年以上其他法律职业经历并在公证机构实习一年以上，经考核合格”。另外，该法第19条规定，“从事法学教学、研究工作，具有高级职称的人员，或者具有本科以上学历，从事审判、检察、法制工作、法律服务满十年的公务员、律师，已经离开原工作岗位，经考核合格的，可以担任公证员。”

⑥ Herrmann, Die Sachwalterhaftung vermögenssorgender Berufe, JZ 1983, 425.

代表国家对公证人进行职业监督。①

第三，公证人提供的是个性化的脑力劳动。专家所提供的劳动是脑力劳动，而且，是个性化的。公证人所进行的公证活动也是如此。公证活动是以法律知识为基础的，包括为当事人提供咨询和建议等服务。而且，公证人提供的劳动随着委托人的不同而不同，随委托事项的不同而不同，具有个性化的特点。

第四，公证人要实行行业自律。通常来说，专家都要实行行业自律。而按照我国《公证法》及相关规范性法律文件的要求，公证协会是公证业的自律性组织，公证员应当加入地方和全国的公证协会。②

总之，我国法上的公证人符合专家的诸多特点，应当属于专家的一种重要类型。

四、公证人对第三人责任

1. 我国法上公证赔偿的性质变迁

从世界范围来看，多数国家的公证赔偿仍然属于民事赔偿的范畴。这是因为在多数国家，公证人属于是自由职业者，因进行公证而产生的是民事法律关系，而不是行政法律关系。③ 在我国，伴随着从计划经济体制向市场经济体制的转变，公证制度曾经进行了改革。与此相应，公证赔偿责任（包括对第三人责任）的性质也发生了变迁。

在计划经济体制之下，我国公证机关是由司法行政机关批准设立的，公证处受司法行政机关领导，公证机关属于国家行政机关。1982 年的《中华人民共和国公证暂行条例》第 3 条明确规定，“公证处是国家公证机关”。此时，公证机关与委托人等的关系是行政法律关系。公证机关所承担的赔

---

①《公证法》第 21 条规定：“担任公证员，应当由符合公证员条件的人员提出申请，经公证机构推荐，由所在地的司法行政部门报省、自治区、直辖市人民政府司法行政部门审核同意后，报请国务院司法行政部门任命，并由省、自治区、直辖市人民政府司法行政部门颁发公证员执业证书。”同法第 5 条规定：“司法行政部门依照本法规定对公证机构、公证员和公证协会进行监督、指导。”

②《公证法》第 4 条第 2 款规定：“公证协会是公证业的自律性组织，依据章程开展活动，对公证机构、公证员的执业活动进行监督。”《公证员执业管理办法》第 4 条第 2 款规定：“公证员应当加入地方和全国的公证协会。”

③ 参见叶自强：《现代公证制度应用研究》，中国民主法制出版社 1996 年版，第 77 页。

偿责任也属于国家赔偿的范畴。①

改制以后，我国公证机构不再是依附于司法行政机关的行政机构，而是具有独立责任能力的法人。依据《公证法》第6条的规定："公证机构是依法设立，不以营利为目的，依法独立行使公证职能、承担民事责任的证明机构。"这就意味着，公证机构作为市场主体的一员，与其他市场主体之间的关系是平等主体之间的民事法律关系，而不再是行政法律关系。因此，因公证人员执业过错造成当事人或第三人损害的赔偿责任应当属于民事赔偿，而不能再按照国家赔偿处理。②

2. 公证人自身对第三人承担责任的认可

我国《公证法》第43条规定："公证机构及其公证员因过错给当事人、公证事项的利害关系人造成损失的，由公证机构承担相应的赔偿责任；公证机构赔偿后，可以向有故意或者重大过失的公证员追偿。"按照"明示其一、排斥其他"的解释规则，立法者似乎要明确"由公证机构承担相应的赔偿责任"，而公证人不必承担责任。2014年6月6日起施行的《最高人民法院关于审理涉及公证活动相关民事案件的若干规定》（以下简称"《公证案件的规定》"）第1条对此有明确规定。在一些地方的立法中也明确规定，公证机构是赔偿义务人。例如，上海市司法局《关于公证赔偿的规定》第4条规定："因办理公证事项造成赔偿申请人直接经济损失的公证机构是赔偿义务人。"在诉讼实践中，受害人也往往起诉公证机构（即公证处），几乎没有出现受害人起诉公证人的案例。以公证机构作为责任主体，这大概是考虑到，以公证机构的信用和经济能力作为承担责任的基础，可以避免因个别公证人的信用危机造成全行业的信用危机，从而保障整个公证行业的持续、稳定发展。不过，在解释论上，笔者认为，也应当认可公证人个人对第三人的责任，理由主要在于：

第一，这是公证权的性质决定的。我国公证权属于国家证明权，它不

① 参见余宇、李夙：《公证赔偿责任初探》，《上海公证》2000年第1期。正如司法部于2000年8月10日颁布的《关于深化公证工作改革的方案》第13条第2款所指出的，"本《方案》实施以前所发生的因公证行为引起的公证赔偿，依照《中华人民共和国国家赔偿法》有关规定办理。"

② 参见王超：《论新体制下的公证赔偿制度》，《天津市政法管理干部学院学报》2003年第3期。

同于行政权，也有别于司法权，[①] 只不过，国家将其赋予了公证人和公证机构。[②] 既然公证人享有国家证明权，从权利义务对等的角度考虑，其也应当承担相应的义务，尤其是要对公证中的过错承担责任。

第二，这是由公证文书所具有的强大效力决定的。公证文书的效力主要有两个方面：一是证据效力。在拉丁公证制度下，公证人是代表国家进行证明的，因此公证书或私证的确认书具有无可置疑的、完全的证据效力。不经过特殊的法律程序通过反证推翻，不能否定其证据力。[③] 我国《公证法》也明确认可了公证文书较强的证据效力。[④] 二是强制执行效力。在拉丁公证制度之下，公证文书具有强制执行效力，即使不经过诉讼程序也可以执行。[⑤] 我国《公证法》采与拉丁公证制度相同的立场，也赋予经过公证的债权文书以强制执行效力。[⑥] 既然公证文书具有如此强大的效力，如果公证人存在过错，就会对第三人的权益产生较大影响，从而也应当赋予第三人获得救济的权利。

第三，这是由公证人的专家身份决定的。在公证制度之下，公证人属于专家。专家所具有的专门知识、独立性、中立性等特点都决定了第三人要对其产生信赖。例如，我国《公证法》第 3 条规定："公证机构办理公证，应当遵守法律，坚持客观、公正的原则。"这实际上明确了，作为专家的公证人是以中立第三方的身份出现的，并非为了委托人的利益办理公证。因此，社会一般人都对公证产生较高的信赖。为了保护此种信赖，就应当

---

① 汤维建：《刍议独立的国家证明权》，《法学家》2006 年第 2 期。

② 在理论上，公证权的性质如何存在争议。也有学者认为，公证权属于广义的国家司法权的范畴。其从公证在预防纠纷方面的功能出发，认为公证权即是一种预防性的司法保障权，与直接解决纠纷的司法权共同构成完整的司法保障体系。参见尹江海、施卫兵：《我国公证权性质研究》，《法制与社会》2007 年第 1 期。还有学者认为，公证权是一种独立的社会证明权，其具有社会自治的属性。参见陈桂明、王德新：《论公证权的性质》，《河南省政法管理干部学院学报》2009 年第 3 期。

③ 肖建华：《公证法律制度比较研究》，载樊崇义主编：《诉讼法学研究》（第二卷），中国检察出版社 2002 年版。

④《公证法》第 36 条规定："经公证的民事法律行为、有法律意义的事实和文书，应当作为认定事实的根据，但有相反证据足以推翻该项公证的除外。"这一规定虽然存在某种缺陷，但是原则上也认可了公证文书较强的证据效力。

⑤ 据学者考证，自 13 世纪开始，在罗马法诸国，由公证人予以证明的债权文书或合同便获得了像法庭判决一样的执行力，即使不经过诉讼程序也可执行。参见［英］N. P. Ready：《公证制度在欧洲的起源与形成》，马玉娥译，《中国司法》2004 年第 9 期。

⑥《公证法》第 37 条第 1 款规定："对经公证的以给付为内容并载明债务人愿意接受强制执行承诺的债权文书，债务人不履行或者履行不适当的，债权人可以依法向有管辖权的人民法院申请执行。"

要求公证人对其过错承担责任。

第四，这符合过错责任原则的本旨。我国《民法通则》第 106 条第 2 款就曾确立了过错责任原则，《侵权责任法》第 6 条第 1 款继续对此予以确认。过错责任原则是基础性的归责原则，而危险责任原则和替代责任原则是补充性的归责原则。[①] 过错责任原则与自己责任原则具有内在的一致性。按照过错责任原则的要求，个人应当对其因过错造成他人的损失承担责任。

第五，这有利于督促公证人谨慎执业。如果公证人不必对第三人负责，则难以提供足够的激励，以督促其谨慎执业。虽然公证机构可以向其追偿，但是，较之于独立向第三人负责，后者更能够起到预防执业过错行为的作用。

虽然在我国公证法律体制之下，公证机构以自己的名义受理公证申请，办理公证业务，出具公证书，公证员只是受公证机构的指派办理公证业务，在公证书上署名。但是，公证机构作为受托人承担公证事务，并不意味着公证人不承担侵权责任。因为公证机构作为受托人，只是表明其要承担合同责任。公证人不是受托人，并不影响其承担侵权责任。

第二节　公证人对第三人责任的比较法考察

一、英国法上的公证人对第三人责任

英国公证制度在英美法系中历史相对久远。1279 年，罗马教皇尼古拉斯三世准许在英格兰的坎特伯雷（Canterbury）大主教 John Pechan 任命了三名公证人，这是其第一批真正的公证人，英国公证制度也开始建立。[②] 不过，直到 19 世纪初，英国才有了关于公证的法令，即《1801 年公证人

---

① 有学者认为，过错仍然是主导性的责任基础，与它相比，其他两个标准实际上多少具有附属性或例外性的特征。参见欧洲侵权法小组：《欧洲侵权法原则：文本与评注》，于敏、谢鸿飞译，法律出版社 2009 年版，第 111 页。

② 参见吴翠丹：《英国公证的历史》，《中国公证》2005 年第 12 期。

法》。[①] 目前，英国的公证人员包括五种，即普通公证人、地区公证人、教会公证人、在威尔士地区执业的公证人和在英国海外地区执业的公证人。[②] 根据《1998 年公证人（资格）规则》，被任命为公证人需满足法定的条件。[③] 总体上，1801 年、1833 年以及 1843 年英国国会通过了三个有关公证人的法令适用于不同的公证人，而教会公证人仍然适用教会的传统规则。[④]

在英国，公证人的任务主要包括：①起草、证明或鉴别与动产和不动产的转移有关的合同和其他文件；②行使位于英格兰、威尔士及英联邦内其他国家在国外的动产和不动产的代理人的权利；③通知或证明有关流通证券交易；④协助设定遗嘱或其他遗示文件；⑤起草有关航行中船只海难或货物海损的证明。[⑤]

英国公证体系的最大特点是其处于教会的管辖之下，这源于欧陆国家早期的婚姻、继承、财产等事务受教会管辖的历史传统。[⑥] 另外，较之于拉丁公证体系，英国公证体系在制度和理念上奉行彻底的私法自治原则，在公证制度的功能设置上完全不同于大陆法系国家对经济的适度干预

---

① 参见沈桥林主编：《律师与公证》，厦门大学出版社 2011 年版，第 247 页。

② 具体来说：第一，普通公证人，根据 1801 年国会颁布的法令任命的，可以在英格兰和威尔士全境内进行业务活动，但要在伦敦斯克莱文公会管辖区内执业，还必须取得该公会的许可，并经该教区主事官的确认。第二，地区公证人，根据 1833 年国会颁布的法令任命，只能在伦敦城外、威斯敏斯特教区领地、南沃克郡和伦敦皇家交易所 10 英里以外的英格兰的某一地区开业，其具体执业的区域由授权书载明。第三，教会公证人，是苏格兰教会法庭的记录官、大主教的法律秘书或其他为教会公证事务所所必需的人，均可被指定为教会公证人，教会公证人不必经法律学院学习阶段，也不得招收学徒为其服务，教会公证人的指定权由教区主事官行使。第四，在威尔士地区执业的公证人由大法官办公厅所辖皇家书记官指定，受 1833 年的法律约束。只有已获开业许可的事务律师方可提出申请，申请人须向办公厅或皇家书记官提交申请书、申请费、任职能力证明以及最近的年度执业报告。第五，在英国海外地区执业的公证人，主管教区主事官有权指定某人在英国的宗主地、殖民地进行公证活动。该申请人可以没有公证实习经历或事务律师资格，但必须具备教区主事官要求的公证业务能力。参见樊江宁：《英国公证人及其职务内容》，《中国公证》2007 年第 9 期。

③ 具体包括如下条件：第一，年满 21 周岁，并符合该规则规定的条件；第二，进行了忠诚宣誓及根据《1843 年公证人法》第 7 条的宣誓；第三，除非是教会公证人或欧洲经济区公证人，申请人必须或是高等法院的事务律师、出庭律师，或是有相应法律学位的人。参见沈桥林主编：《律师与公证》，厦门大学出版社 2011 年版，第 247 页。

④ 参见陈加满：《论公证赔偿的特殊民事责任性质》，《法学杂志》2007 年第 1 期。

⑤ 樊江宁：《英国公证人及其职务内容》，《中国公证》2007 年第 9 期。

⑥ 肖建华：《公证法律制度比较研究》，载樊崇义主编：《诉讼法学研究》（第二卷），中国检察出版社 2002 年版。

政策。[①]这表现在如下方面：其一，公证制度侧重于形式证明，即证明当事人在公证人面前签署文件的行为属实。其二，实行自愿公证原则，法律很少规定必须公证的事项。其三，公证没有强制执行力。[②]

在英国，公证人对第三人责任问题并没有以合同责任的途径予以解决，而是被纳入过失侵权的范畴。因此，公证人对第三人责任的构成要件包括：公证人对第三人负有注意义务、公证人违反了该注意义务，以及第三人因此遭受了损害。[③] 因为英国采形式证明制度，公证人所负有的注意义务也相对笼统，包括适当的注意、勤勉、保密、避免利益冲突、保持中立等。违反义务的判断采客观标准，即以一般公证人在相同情境下的注意来衡量。[④]另外，在确定公证人对第三人的注意义务时，也要考虑公证人与公证申请人之间的委托合同的约定。[⑤]

在英国，公证人个人是责任主体。为确保赔偿责任得以实现，每年公证人向公证人协会申请换发执照时须缴纳一定数额的保险费，由协会向保险机构统一投保职业责任保险。[⑥]

二、法国法上的公证人对第三人责任

法国是现代公证制度的诞生地。作为拉丁公证制度的典型，法国公证制度对大陆法系其他国家产生了深远影响。[⑦]

在法国，公证人是完成辅助司法活动的公务助理人员，其行使国家证明权。公证人具有双重属性，即自由职业者和公务员。[⑧] 虽然 1945 年的《法国公证机关条例》第 1 条明确了公证人的公务员身份，[⑨] 但国家并不发

---

①② 宫晓冰：《中国公证制度的完善》，《法学研究》2003 年第 5 期。

③ Schützeberg, Der Notar in Europa, Bonn 2005, S. 246f.

④ 参见司法部律师公证工作指导司编：《中外公证法律制度资料汇编》，法律出版社 2004 年版，第 644 页。

⑤ Schützeberg, Der Notar in Europa, Bonn 2005, S. 247.

⑥ 吴奕晗：《论公证赔偿制度》，硕士学位论文，中国政法大学，2011 年，第 15 页。

⑦ 叶自强：《谈谈法国公证制度的特点》，《河北法学》1991 年第 5 期。

⑧ 肖建华：《公证法律制度比较研究》，载樊崇义主编：《诉讼法学研究》（第二卷），中国检察出版社 2002 年版。

⑨ 该条规定："公证人是为从事下述辅助性司法活动而设立的公务员，即受理当事人必须或愿意使真实性得到确认的一切文件和合同，赋予其公证效力。"

给公证人工资，其经济来源是其业务收费。①

公证人执业通常以公证人事务所的形式。目前，法国有两种类型的公证人事务所，即个体型公证人事务所和合伙型公证人事务所。② 在法国，公证人的服务领域相当广泛，主要有三大方面：家庭法领域、不动产法领域和公司法领域。③ 近些年，公证人对其传统业务有所突破，逐步涉及了一些新的服务领域，如参与不动产买卖的交易谈判、接受法院的委托进行遗产清算、参与离婚后家庭共有财产的分割、参与各种调解和仲裁等。④ 另外，在法国，有不少事项属于强制公证的范围，如不动产事务、公司成立、婚约、遗嘱等。这既确保了国家对某些重要的民商事法律行为的有效监督，又保证了公证人可以获得稳定而优厚的收入。⑤

在法国，公证不仅具有国家证明属性，而且具有准司法性质，属于公权力的范畴。公证效力具有司法裁判证明效力和强制执行效力。⑥这就是说，公证文书等同于法院判决，当事人可以直接请求法院强制执行。⑦

在法国，公证人责任要适用《法民》第 1382 条和第 1383 条的规定。⑧这就是说，公证人责任要适用过错责任的一般条款，因公证人的过错导致受害人（包括委托人和第三人）的损害，其要承担侵权责任。另外，在公证人对第三人责任方面，法院的判例也发挥了重要的作用。⑨

在认定公证人责任时，最重要的是其义务的确定。一般认为，公证人的义务应当包括两个方面：一是效力义务。公证的职能就意味着，公证人应当负有效力义务。效力义务要求公证人采取一切手段，使他制定的公证文书在法律上没有瑕疵。换言之，公证人制定的公证文书应当能够产生当事人所期待的全部效力。因此，公证文书必须是有效的，它应该符合当事人的心愿。二是咨询义务。咨询义务要求公证人为当事人提供法律上的建议，尤其是提醒当事人注意可能的法律风险。例如，在贷款购房的情况下，公证人应该告诉借款人适时投保，以保证在其身故或者身残的情况下仍能

---

①⑥ 参见陈加满：《论公证赔偿的特殊民事责任性质》，《法学杂志》2007 年第 1 期。

②⑦ 常柏：《法国公证印象》，《中国司法》1999 年第 5 期。

③ 叶自强：《谈谈法国公证制度的特点》，《河北法学》1991 年第 5 期。

④ 刘颖：《法国公证制度简况与借鉴》，《中国司法》2008 年第 4 期。

⑤ 参见肖建华：《公证法律制度比较研究》，载樊崇义主编：《诉讼法学研究》（第二卷），中国检察出版社 2002 年版。

⑧ ［法］让·吕克·奥贝尔：《公证人的民事责任》，《中国公证》2004 年第 7 期。

⑨ 参见程春明：《法国公证法律制度的基础理论与实践》，《中国司法》2005 年第 6 期。

够偿还贷款。[①] 如果公证人违反了其效力义务或咨询义务，就可能要对第三人承担赔偿责任。

为了保障公证人责任的承担，法国设立了集体保险和集体担保的制度。通过提取一定比例的公证机构营业收入作为保险费而投保的集体保险，可以分散公证人执业过程中的风险。集体担保则是全体法国公证人通过组成互助基金会，按人头均摊一定的金钱设立基金，用于以补助名义承担事故的赔偿责任。实践证明，集体保险和集体担保已经成为保障法国公证当事人利益安全的有效措施。[②]

三、德国法上的公证人对第三人责任

德国也属于拉丁公证体系，其公证制度的历史相当久远，最早可以追溯到1512年颁布的马克西廉的帝国公证人法。1937年，德国颁布了新的《帝国公证人条例》；1961年，该法被修改为《德国联邦公证人条例》。[③] 这部法律经过数次修改，目前仍然是规范德国公证制度的主要规范性文件。[④]

在德国，公证被定位为具有国家公权力性质的公职行为，而非私人行为，公证人被定位为国家授权的自由执业者，[⑤] 因此，公证人具有公职性和自由执业的双重性。[⑥] 总体上，存在着三种类型的公证人，即专职公证人、公务员式的公证人和律师兼公证人。其中律师兼公证人是其主体。[⑦]

在德国法上，公证的形式从广义上分为公证书证（Beurkundung）和认证（Beglaubigung）或签字认证（Unterschriftsbeglaubigung）。可见，其公证制度

---

① 参见［法］让·吕克·奥贝尔：《公证人的民事责任》，《中国公证》2004年第7期。

② 参见叶自强：《现代公证制度应用研究》，中国民主法制出版社1996年版，第437页。

③ 参见沈桥林主编：《律师与公证》，厦门大学出版社2011年版，第247页。

④ 基于历史的原因，德国的公证人制度迄今为止也并没有完全统一，因此对公证的规定，不仅有联邦法律，还有行业的规章制度。它们主要是：《德国联邦公证人条例》、《德国公证书证法》（Beurkundungsgesetz）、《公证人职务规章》（Diestordnung fuer Notare）、《德国联邦公证人协会章程》和各州公证人协会章程、《德国公证人协会的一般原则》（Richtlinien der Notarkammern）、《德国收费法》（Kostenordnung）。参见刘懿彤：《德国公证的立法取向》，《比较法研究》2008年第1期。

⑤《德国联邦公证人条例》第1条规定："公证人是为了证明法律事实和预防纠纷而设置的独立的公职人员。公证人由各州任命。"

⑥ 参见陈加满：《论公证赔偿的特殊民事责任性质》，《法学杂志》2007年第1期。

⑦ 目前，德国各州共有9000多名公证人，其中律师兼公证人的人数占公证总人数的近80%。参见刘懿彤：《德国公证的立法取向》，《比较法研究》2008年第1期。

要尽可能地为当事人提供更多的选择可能性，为不同层次的文书提供不同层次的证明力，使得公证的适用性非常强，可以涉及民众生活的方方面面。①

在德国，公证人责任的法律依据是《德国联邦公证人条例》第19条。②根据该条第1款第1句的规定："公证人因故意或过失违反职务上的义务，并造成他人的损害，应承担由此而产生的损害赔偿责任。"按照德国目前的通说看法，只要第三人处于公证人所违反的具体职务上义务的保护范围之内，该第三人就对公证人享有损害赔偿请求权。③ 公证人责任的要件是，其因过错而违反了对第三人负有的职务上义务，并且，违反义务的行为与损害之间存在因果关系。④ 因此，公证人责任有两个重要的要件：其一，公证活动的实施。公证人责任以公证活动的实施为前提。如果公证人不以公职人员（Amtsperson）的身份行为，则应依据民法的规定承担责任。⑤ 其二，公证人职务上义务的违反。《德国联邦公证人条例》第19条本身并没有对公证人职务上义务的内容和范围进行界定。公证人职务上义务是通过其他的法律规定或司法实务发展出来的，包括：公正和独立的义务、正直的义务、保守秘密的义务、验证和阐明义务等。⑥

在德国法上，依据《德国基本法》第34条并结合《德民》第839条，公职人员和公务人员的行为会导致国家承担赔偿责任（Staatshaftung）。但作为公职人员的公证人的个人责任却是依据《德国联邦公证人条例》第19条而产生的。该条并没有规定国家的责任，而仅仅规定了公证人个人的责任。⑦ 因为国家并不对受害人负责，而仅由公证人个人对受害人承担责任，因此，受害人面对的是具有比较有限清偿能力的债务人。基于这一原因，

---

① 刘懿彤：《德国公证的立法取向》，《比较法研究》2008年第1期。

② Godl, Notarhaftung im Vergleich, Tübingen 2001, S. 3.

③ BGH DNotZ 1983, 512; BGHZ 121, 67; Arndt/Lerch/Sandkühler, §19 BNotO, Rn. 89ff.

④⑤ Tremml/Karger/Luber, Der Amtshaftungsprozess, 3 Aufl., München 2009, S. 322.

⑥《德国联邦公证人条例》第14条第1款第2句规定了公正和独立的义务，同法第14条第2款规定了正直的义务，同法第18条规定了保守秘密的义务。在责任法意义上具有重要意义的是《德国公证书证法》第17条第1款的规定，其规定了公证人的验证和阐明义务（Prüfungs-und Belehrungspflichten）及其他义务。依据《德国公证书证法》第17条第1款的规定："公证人应当研究出当事人的意愿，弄清实情，告知当事人该行为会带来的法律效果，并且清楚、准确无误地记录下当事人的声明……"这就是对公证人阐明义务的规定。参见Tremml/Karger/Luber, Der Amtshaftungsprozess, 3 Aufl., München 2009, S. 325.

⑦ Haug, Die Amtshaftung des Notars, 2. Aufl., München 1997, S. 2.

《德国联邦公证人条例》第19a条引入了强制性的公证人责任保险。[①] 因此，公证人必须投保商业性的责任保险，而且，保额必须达到50万欧元，否则不能被批准为执业公证人。[②]

另外，德国法上还确立了公证人责任的辅助性规则。依据《德国联邦公证人条例》第19条第1款第2句的规定，原则上，在公证人具有过失的情况下，只有受害人不能通过其他途径获得赔偿时，公证人才应当承担责任。[③]

第三节　公证人对第三人责任的构成要件

一、概述

1. 归责原则

在比较法上，不少国家的公证人责任都采过错责任原则。例如，在法国，公证人责任要适用《法民》上过错责任的一般条款。在举证责任上，受害人要证明公证人具有过错。在德国，依据《德国联邦公证人条例》第19条第1款第1句的规定，公证人因过错而违反其职务上义务，就应当对受害人（包括委托人和第三人）承担承担责任。从法理来看，公证赔偿之所以采用过错原则，主要是考虑公证制度的局限性。因为公证人并不能保证公证活动不存在任何的疏失，公证人对于公证对象只能起到合理的保证作用。[④]

从解释论的角度来看，我国法上公证人自身对第三人的责任应当适用过错责任的一般条款，即《侵权责任法》第6条第1款的规定。据此，公

① Treml/Karger/Luber，Der Amtshaftungsprozess，3 Aufl.，München 2009，S. 322.

② 参见王继华：《从德国的公证赔偿制度说起》，《中国公证》2005年第1期。

③《德国联邦公证人条例》第19条第1款第2句规定："如果公证人仅仅具有过失，则只有在受害人不能通过其他途径获得赔偿时，公证人才能被请求承担责任；但前述规定不适用于以本法第23条、第24条指明的方式形成的公证人和申请人之间关系中的职务事项。"

④ 参见王进喜主编：《律师与公证制度》（第二版），中国人民大学出版社2012年版，第268页。

证人的过错责任，应当符合过错责任的一般构成要件。就过错的举证来说，受害人应当就公证人的过错承担举证责任。结合《侵权责任法》第6条第2款的规定，如果要实行过错推定，必须有法律规定。[①] 既然目前没有法律对此作出规定，公证人责任的诉讼中过错的证明就不能实行举证责任倒置。[②]

在立法论上，有学者提出，公证人承担的责任应当是过错推定责任，理由主要在于：其一，公证人距离证据较近。从实践来看，能证明公证人是否尽到注意义务的证据就是公证卷宗，而我国对公证卷宗实行保密原则，受害人很难取得公证卷宗。其二，公证是专业性、技术性较强的工作。即便受害人获得了公证卷宗，因为专业知识的缺陷，也无法证明公证人在主观上是否存在过失。[③] 笔者认为，这一观点值得赞同。

2. 公证人责任的构成要件

因为公证人责任的认定应当结合过错责任的一般条款，所以，在解释上，应当分析《侵权责任法》第6条第1款的规定来确定其责任构成要件。过错责任的构成要件有哪些？对此，学界主要有三要件说和四要件说。[④] 笔者认为，过错责任的一般构成要件包括：侵权行为、损害、因果关系、违法性和过错。

总体来说，公证人责任的各个构成要件的认定，都采一般的理论。例如，就因果关系的认定，按照我国学界通说应当采相当因果关系说。另外，还应当以规范目的说补充相当因果关系说不足。再如，就损害的认定，也应当运用一般原理，即原则上以差额说为标准进行认定。所以，就公证人责任的构成而言，比较具有特殊性的要件是侵权行为（即公证人违反职务上义务的行为）和过错，下面拟对此两个要件进行分析。

---

①《侵权责任法》第6条第2款规定："根据法律规定推定行为人有过错，行为人不能证明自己没有过错的，应当承担侵权责任。"

② 《公证案件的规定》第4条明确了，在受害人请求公证机构赔偿时，受害人应当负担被告过错的举证责任。

③ 梁威、鞠晓东：《公证人的法律责任问题研究》，《行政与法》2006年第1期。

④ 王利明教授主张三要件说，参见王利明、周友军、高圣平：《中国侵权责任法教程》，人民法院出版社2010年版，第183页以下。杨立新教授主张四要件说，参见杨立新：《〈中华人民共和国侵权责任法〉条文释解与司法适用》，人民法院出版社2010年版，第28页以下。

二、公证人违反职务上义务的行为

公证人对第三人承担责任的前提是，其实施了违反职务上义务的行为。此种行为可以是作为，也可以是不作为。[①] 例如，在一个案件中，公证处办理了遗嘱公证，事后发现存在问题，便收回了公证书，但没有向当事人发出撤销公证的通知。后来，当事人要求执行经公证的遗嘱时发现遗嘱无效，而且，遗嘱人已经死亡，无法补救。[②] 在该案中，公证人就因为其不作为（即没有发出撤销公证的通知）而导致受害人的损害，属于不作为侵权。

在认定公证人是否实施了违反职务上义务的行为时，核心的问题是公证人的职务上义务的确定。可以说，对于公证人责任而言，公证人职务上义务的认定具有决定性意义。[③] 借鉴德国学者的理论，并结合我国《公证法》及相关法律法规的规定，公证人职务上义务主要包括如下两大类：

其一，验证和劝导的义务（Prüfungs-und Belehrungspflichten）。在拉丁公证体系中，侧重于对公证内容的真实性和合法性进行证明，一般可称为实质公证，因此也就产生了公证人的验证和劝导的义务。验证和劝导义务的基本内涵包括如下四个方面：一是探求真意。它指公证文书的记载必须反映公证申请人的真实意愿。二是澄清事实真相。它是指公证人应就法律行为当时相关的事实状况加以考虑。三是说明行为的法律后果。它是指通过公证人的说明，公证申请人可就其要达到的法律效果进行磋商、补充及调整。四是发问或告知。它是指公证人对于请求公证的内容认为有不明了、不完整或依当时情形显失公平的情形，应当向公证申请人发问或告知，让他说明、补充或修正。[④] 在拟定证明文书草稿时，公证人的验证和劝导义务就已经产生。如果公证人在出具证明文件之后才知道可能致损的事实，则其也应当负有验证和劝导义务，以避免损害的发生。[⑤] 从我国《公证法》的相关规定来看，其也明确了公证人的验证和劝导义务，该法第 27 条第 2 款规定："公证机构受理公证申请后，应当告知当事人申请公证事项的法律意

---

①② 么世菊：《公证人的法律责任》，《中国公证》2004 年第 4 期。

③ Haug，Die Amtshaftung des Notars，2. Aufl.，München 1997，S. 5.

④ 参见郑云鹏：《公证法新论》，元照出版有限公司 2001 年版，第 119－120 页。需要注意的是，由于翻译上的原因，该学者将劝导义务（Belehrungspflichten）称为阐明义务。

⑤ Tremml/Karger/Luber，Der Amtshaftungsprozess，3 Aufl.，München 2009，S. 325.

义和可能产生的法律后果，并将告知内容记录存档。”《公证程序规则》则进一步补充了规定此种义务，该规则第34条规定，“公证机构在审查中，认为申请公证的文书内容不完备、表达不准确的，应当指导当事人补正或者修改。当事人拒绝补正、修改的，应当在工作记录中注明。应当事人的请求，公证机构可以代为起草、修改申请公证的文书”。

其二，公证的义务（Beurkundungspflichten）。此种义务又分为三个方面：一是出具形式上有效的证明文书的义务。公证人出具的证明文书具有形式上瑕疵，就可能导致公证的无效。① 所以，公证人在出具证明文书时应当注意避免出错，从而维护无经验的和缺乏法律知识的当事人的权益。② 二是密切关注当事人利益的义务。它是指公证人要确保其所出具的证明文书完整地、无歧义地反映当事人的真实意思。③ 三是实质上的内容控制的义务。这就是说，公证人有义务检查，当事人的法律行为是否符合法律的规定。无效的法律行为不得被公证。④《公证法》第28条规定：“公证机构办理公证，应当根据不同公证事项的办证规则，分别审查下列事项：……（四）申请公证的事项是否真实、合法。”这就是对实质上的内容控制义务的规定。

为了履行职务上义务，公证人可能要进行审查，问题在于，其所进行的审查究竟是实质审查，还是形式审查？所谓公证的实质审查，是指对请求公证的法律行为或私权事实的实体事项加以审查，实质审查的内容包括主体是否适格、内容是否合法有效，以及其他实体事项。⑤ 公证的形式审查并不审查实质事项，公证人要尽量避免对权利义务关系的存在与否作出判断，只需要对足以影响请求事项有效性、真实性的客观事实进行审查，再对审查结果进行客观的记载。⑥ 从我国《公证法》第28条的规定来看，办理公证时，应当对“申请公证的事项是否真实、合法”进行审查，这实际上确立了实质审查的义务。通过课予公证人实质审查义务，对于保障交易安全和法律关系稳定具有非常重要的意义。据学者考察，在法国引起争议的公证文书仅占其所受理的公证文书总量的0.01%，公证有效发挥了保障

① Tremml/Karger/Luber, Der Amtshaftungsprozess, 3 Aufl., München 2009, S. 331f.

② 刘懿彤：《德国公证的立法取向》，《比较法研究》2008年第1期。

③④ Tremml/Karger/Luber, Der Amtshaftungsprozess, 3 Aufl., München 2009, S. 332.

⑤ 参见郑云鹏：《公证法新论》，元照出版有限公司2001年版，第131页。

⑥ 参见郑云鹏：《公证法新论》，元照出版有限公司2001年版，第133页。

交易安全的作用，这很大程度上与其采取实质审查的立场有关。① 以不动产买卖合同的公证为例，法国的公证人要审查诸多的细节问题，以充分保障不动产买卖的合法有效。② 另外，目前我国的《公证法》仅仅在其第29条授予了公证机构核实权，③ 并没有像一些大陆法系国家那样授予公证人调查权。由于公证机构无调查权，可能会对大量表面看上去真实的事项出具了错误的公证书，进而承担全部赔偿责任。④ 所以，从立法论的角度考虑，应当赋予公证人以调查权，以保障公证人能够进行真正的实质审查。

从总体来看，法律所确立的公证人的义务在很大范围内都是不清晰的，要依赖不确定概念，所以，法院的司法实践对于义务的认定具有重要意义。⑤ 另外，在认定公证人的职务上义务时，也要考虑公证人自己的确信。正如德国联邦法院所指出的，在有疑问的情形下，公证人享有按照自己的确信行为的权利。⑥

三、公证人的过错

1. 公证人的过错与注意义务

公证人的过错包括故意和过失。故意的认定应当采主观标准，考虑公证人的主观心理状态；过失的认定则应当采客观标准，即考虑其是否违反了注意义务。从实践来看，法院否定公证赔偿责任的理由往往也是公证人不具有过错。例如，在“珠江典当有限责任公司诉南方公证处”一案，法

---

① 刘颖：《法国公证制度简况与借鉴》，《中国司法》2008年第4期。

② 在法国，进行不动产买卖合同的公证时，公证人负责审查如下内容，以保障买受人及银行的利益和知情权：第一，审查出卖人是否为真实的房屋所有权人。第二，审查从签署意向书之日起前30年的不动产流转的情况，主要是不动产流转的真实性和合法性（之所以审查时限为30年是因为法国有关不动产买卖纠纷的诉讼时效为30年）。第三，审查房屋状况和周边环境。第四，考察房屋是否存在危险状况，如是否可能被洪水淹没、供暖设备是否安全、墙体是否坚固等。第五，当市政府出于社会公共利益的需求对某些不动产享有优先购买权时，公证人还必须事先征求市政府的意见。参见刘颖：《法国公证制度简况与借鉴》，《中国司法》2008年第4期。

③《公证法》第29条规定：“公证机构对申请公证的事项以及当事人提供的证明材料，按照有关办证规则需要核实或者对其有疑义的，应当进行核实，或者委托异地公证机构代为核实，有关单位或者个人应当依法予以协助。”

④ 胡月：《论公证错证》，中国政法大学硕士学位论文，2007年，第22页。

⑤ Haug, Die Amtshaftung des Notars, 2. Aufl., München 1997, S. 26.

⑥ DNotZ 1958, 554.

院就明确地指出，公证是依法定程序进行的证明活动，公证机构只是证明机构而非鉴定机构，故只要公证机构在履行职责过程中依法定程序、采用合理方式、审慎地进行了审查，即使最终不能发现当事人提供资料的虚假，也应认为公证机构已依法履行审查义务，而不能认为公证机构存在过错。①

公证人违反职务上义务与公证人的过错之间存在密切联系。以德国法为例，如果公证人职务上义务的违反被认定，极少被认为不具有过错。而且，在《德国联邦公证人条例》第19条的框架内，公证人过错的认定针对的就是其职务上义务的违反。② 在我国，也存在类似的情形。

2. 公证人过错的表现形式

从实践来看，公证人的过错可以表现为多种形式，主要包括如下四种：③

第一，申请人提供了不真实、不合法的材料，而公证人未能尽到其审查义务。公证当事人为了达到其不合法的目的，往往以故意虚构，隐瞒事实或提供虚假证明材料的方式申请办理公证。如果公证员在审查过程中存在疏忽，就会使公证当事人得以利用错证这种合法的形式来掩盖其非法的目的。在实践中，公证当事人提供的文书内容也可能不完备，或者含义不清晰，或者签名、印鉴不齐全，在此情况下，如果公证员未能审查发现或

① 该案的案情如下：2005年8月，一名自称是简某的男子持伪造的身份证、户口簿、房地产权证，与珠江典当有限责任公司（以下简称“珠江公司”）签订《房地产典当（抵押）合同》，约定由简某提供其天河区林和街的房屋作为抵押物，通过典当（抵押）方式向珠江公司借款，珠江公司以现金方式支付当金62万元给该人，典当期限1个月，期满偿还当金本息赎回当物，逾期为绝当，珠江公司有权处理绝当房产。经珠江公司申请，公证处对该合同以及委托他人代为办理的房产进行了抵押等手续的委托书公证，并在广州市国土局办理了抵押登记。其后，真正的简某向公安机关报案，公安机关以涉及合同诈骗案将该房产查封。公证处撤销了上述两个公证书。该公司一纸诉状将公证处告上了法庭，请求判令公证处赔偿损失62万元及其利息。珠江公司认为，公证机构进行公证的目的是保护公民的合法利益，珠江公司在签订合同过程中自愿申请办理公证就是为了保证自身交易安全，正是基于公证处的公证，他们才敢于继续与冒用他人身份的人进行交易，所以，公证处的错误公证是导致公司损失的直接原因之一。法院认为，公证处在出具公证之前已要求公证申请人提供“简某”身份证等资料，也要求双方申请人一起办理确认手续，以上操作符合公证审查程序要求，只是由于不法分子伪造资料的充分、逼真，使得即使通过合理审慎的审查仍难以发现其虚假，故应认为公证处已依法定程序，合理地进行了公证审查。因此，南方公证处与珠江公司的损失之间不存在因果关系。参见闫晓光：《经公证交易出现假资料当铺被骗62万状告公证处》，《信息时报》2007年10月9日。

② Haug, Die Amtshaftung des Notars, 2. Aufl., München 1997, S. 28.

③ 《公证案件的规定》第4条也从公证机构的角度列举了公证机构具有过错的表现形式。

发现没有重视，则可能导致错证的产生。① 例如，在“大唐电信诉北京市公证处”案中，承办该房地产抵押合同公证的公证员，没能严格履行审查职责，在既没有房屋所有权凭证又没有抵押登记证明的情况下，为公证当事人之间的抵押协议出具了错误的公证书，证明该抵押行为合法有效。② 这就是典型的因公证人没有尽到审查义务而导致错证的案件。

第二，公证人违反公证程序。具体来说，主要包括如下情形：公证人违反回避规定；公证人违反管辖规定；公证人违反审查规定；公证人违反期限规定；公证人违反其他公证程序。③ 例如，在一起遗嘱公证案件中，办理遗嘱时仅有一个公证员在场，不符合办理遗嘱公证需要两个公证员在场的程序规定，后来，法院撤销了公证遗嘱，并要求公证处赔偿遗嘱受益人人民币 15 万元。在该案中，公证人就违反了公证程序。

第三，公证文书本身存在瑕疵，并影响到其效力。公证人的过错也可能表现为公证文书本身存在瑕疵，包括：公证文书证词中文字或数字出现差错；公证文书证词中缺少必备要素或用语不当；公证文书制作不符合规定等。④

第四，公证人与公证申请人恶意串通出具不实证明。在极少数情况下，公证申请人也可能与公证人合谋，出具不实证明。在此情况下，公证人最严重地违反了其职务上义务，往往导致第三人的损害，公证机构与公证申请人构成共同侵权。不过，从诉讼的角度来看，受害人要证明公证人与公证申请人合谋是比较困难的。例如，在梁某诉长沙某公证处损害赔偿纠纷一案中，原告梁某称自己的兄长串通公证处作出虚假赠与公证书，使得本应属于共同财产的拆迁补偿款由兄长个人获得，要求被告赔偿其损失。法院则认为，公证处在进行相关公证时已尽到注意义务，主观上不具有明知

---

① 胡月：《论公证错证》，硕士学位论文，中国政法大学，2007 年，第 4 页。

② 因为公证机构的错证，致使公证当事人的一方大唐电信基于对此错证内容的信赖，交付了货物，但在对方不支付合同款项后，要求法院以此公证书为根据，行使抵押权时，却因为抵押房产不属于对方当事人所有，导致抵押行为无效。大唐电信由于此公证书的错误，蒙受了 300 多万元的货款损失。为此，大唐电信将北京市公证处告上了法院，最终朝阳法院判北京市公证处赔偿大唐电信的全部经济损失。参见段伟：《公证错证的发生及对策》，《中国司法》2000 年第 4 期。

③④ 参见上海市司法局《关于公证赔偿的规定》第 6 条。

和串通的过错。[①]

3. 公证人过错与执业准则

目前，我国司法部制定了各种办理公证事务的细则，涉及遗赠抚养协议、遗嘱公证、赠与公证、提存公证、开奖公证、抵押贷款合同公证、招标投标公证等诸多公证事项。[②] 这些都是公证人在办理公证事务时应当遵循的执业准则。例如，按照《遗嘱公证细则》第10条的规定："公证人员应当向遗嘱人讲解我国《民法通则》、《继承法》中有关遗嘱和公民财产处分权利的规定，以及公证遗嘱的意义和法律后果。"这就是公证人办理遗嘱公证时应遵循的执业准则。

公证人的执业准则是公证人注意义务认定的最低标准，违反该标准就应认定为具有过失。从司法实践来看，如果公证人没有遵守这些规则，也往往被直接认定为具有过失。例如，在李某与南阳市某公证处公证损害赔偿纠纷一案中，法院就在判决中指出，南阳市公证处在办理公证的过程中没有严格按照《公证程序规则》的规定办理，致使公证书被撤销，因此存在过错。[③]

问题在于，如果公证人遵守了执业准则，是否就意味着其不具有过错？有学者认为，对公证人过失的判断标准就是公证人的执业准则。如果公证人严格遵守了执业准则，即使当事人及利害关系人遭受了损害，公证人也是无过失的。[④] 笔者认为，这一看法恐值得商榷，理由主要在于：其一，司法部所拟定的办理公证事务的细则虽然非常重要，但是，其一旦出台就难免具有滞后性，无法适应变化了的情况。其二，如果公证人遵守了执业准则，就认定为没有过错，则不利于受害人的保护。毕竟公证人过错的认定要考虑个案的各种具体情况，直接以执业准则为标准，既无法给予受害人

---

① 此外法院还认为，被告的公证行为与原告所诉称的损害结果之间并没有直接因果关系，因此不支持原告的诉求，公证处不承担赔偿责任。参见雷达：《公证赔偿司法现状及思考》，《中国公证》2012年第4期。

② 具体来说主要有《遗赠抚养协议公证细则》、《遗嘱公证细则》、《赡养协议公证细则》、《赠与公证细则》、《企业承包经营合同公证程序细则》、《企业租赁经营合同公证程序细则》、《提存公证规则》、《开奖公证细则》、《城市房屋拆迁补偿安置协议公证细则》、《房屋拆迁证据保全公证细则》、《抵押贷款合同公证程序细则》、《招标投标公证程序细则》等。参见张瑞安、陈加满：《论公证赔偿责任的过错内涵及其认定》，《江淮论坛》2008年第2期。

③ 雷达：《公证赔偿司法现状及思考》，《中国公证》2012年第4期。

④ 赵淑霞：《公证赔偿的归责原则和构成要件》，《中国司法》2002年第11期。

妥当的保护，也无法督促公证人尽到应尽的执业谨慎。

第四节　公证人对第三人责任的承担

一、概述

1. 公证人对第三人责任与侵权责任承担的一般规则

在符合了公证人对第三人责任的构成要件以后，公证人就应当对受害人承担侵权责任，原则上应当适用侵权责任承担的一般原理和规则。

在例外情况下，我国驻外使领馆的工作人员也可以办理公证。依据《公证法》第45条的规定："中华人民共和国驻外使（领）馆可以依照本法的规定或者中华人民共和国缔结或者参加的国际条约的规定，办理公证。"考虑到为在国外的中国公民办理这类公证事项的外交官员具有国家公务员的身份，因其过错行为产生错证的，对外承担错证责任的主体就应当是国家。因此，其应当适用《国家赔偿法》等相关法律法规的规定，而不应适用《侵权责任法》的规定。

2. 公证人对第三人责任的赔偿范围

2000年国务院《关于深化公证工作改革的方案》第13条第1款规定，公证赔偿的范围为公证机构及其工作人员在履行公证职务中，因错误公证或不当公证给当事人造成的直接经济损失。与此相应，有些地方性的规范性法律文件也规定，公证赔偿的范围限于直接损失。例如，上海市高级人民法院《关于涉及公证民事诉讼若干问题的解答》和上海市司法局《关于公证赔偿的规定》都将赔偿的范围限于直接的经济损失。① 这些规范性法律文件也被有关法院所贯彻。例如，在上海市恒通典当有限公司诉上海市虹口公证处财产损害赔偿纠纷案中，一审法院就认为，赔偿范围仅限于直接经济损失。恒通典当有限公司在贷款时已预扣了综合费和利息，实际只发

① 上海市司法局《关于公证赔偿的规定》第2条规定："公证机构及其公证人员在办理公证事项中，因过错致使公证当事人、利害关系人造成直接经济损失的，应当依法承担赔偿责任。"

放了2013750元，故虹口公证处仅在该款范围承担补充责任。[①]

在理论界，有学者提出，前述《关于深化公证工作改革的方案》虽不具有法律效力，但却反映着法律政策，属于“法规目的”。间接损失不属于公证赔偿的范围，因为其不符合立法目的。[②] 笔者认为，这一理解并不妥当，公证赔偿（包括公证人自身对第三人的责任）的范围也应当包括间接损失，理由主要在于：其一，从《公证法》第43条的规定来看，其并没有限定赔偿的范围限于直接损失，可以认为，该条的规定已经修改了《关于深化公证工作改革的方案》的规定。虽然《公证法》第43条是针对公证机构的责任的，但是，这一规定的精神也应当适用于公证人自身的责任。其二，这一理解也违背了侵权法上的完全赔偿原则。在我国，侵权责任领域贯彻完全赔偿原则。除非法律有特别规定，或者有充分的理由，否则不应当背离这一原则。按照这一原则，所有有因果关系的损害都应当予以赔偿，包括直接损失和间接损失。其三，这一理解也不利于受害人的保护。现代民法的重要发展趋势之一就是强化对受害人的救济。[③] 如果将公证赔偿责任的范围限于直接损失，就弱化了受害人的救济，违背了现代民法的发展趋势。

就赔偿范围来说，《公证法》第43条在规定公证机构的责任时，使用“相应的赔偿责任”的表述。这一规定似乎也适用于公证人个人对第三人承担责任的情形。问题在于，如何理解“相应的赔偿责任”?[④]《公证案件的规定》第4条似乎明确了，在故意的情形下要承担全部赔偿责任，而在过失的情形下仅承担与过失程度相适应的责任。笔者认为，对此可以借鉴瑞士法的经验予以解释。依据《瑞士债务法》第43条第1款的规定，法官可以考虑具体情形和责任人的过错程度，从而减轻赔偿数额。借鉴这一规定，在公证人具有故意和重大过失时，应当完全赔偿；在其具有轻过失时，可

① 参见上海市第二中级人民法院（2011）沪二中民四（商）终字第1208号判决。

② 宋诚：《公证赔偿中因果关系的认定》，《中国公证》2012年第11期。

③ 参见王利明：《我国侵权责任法的体系构建——以救济法为中心的思考》，《中国法学》2008年第4期。

④ 在我国，有些法院也认为，应当根据过错程度确定责任范围。例如，前述上海市恒通典当有限公司与上海市虹口公证处财产损害赔偿纠纷案中，一审法院就认为，公证处应当依据过错程度大小承担补充性质的赔偿责任。参见上海市第二中级人民法院（2011）沪二中民四（商）终字第1208号判决。

以适当减轻责任，但并非必须减轻其责任。[①] 如果法官要考虑过错而减轻公证人的责任，应当负有更重的论证义务，以阐明其减轻责任的正当性。

此外，公证赔偿是否包括精神损害赔偿也值得探讨。从实践来看，公证人的行为也可能导致第三人精神损害，例如，在实践中，经常发生老人被儿子"公证死"、老人被女婿"公证死"、房主被购房人"公证死"的案件，这都给第三人造成了精神损害。在《上海市司法局关于公证赔偿的规定》规定直接经济损失不包括精神赔偿，仅指可以量化计算的直接物质损失。不过，我国《公证法》第43条采用了"损失"的表述，并没有限定为财产损害，解释上应当认为也包括精神损害。这既是适用《侵权责任法》相关规定的要求，也是充分保护受害人的需要。只不过，按照《侵权责任法》第22条的规定，请求精神损害赔偿应当符合一定的要件，尤其是要满足如下两项前提，即侵害了受害人的人身权益，并造成了严重精神损害。[②] 此处"严重"与否的认定，应采容忍限度理论，即超出了社会一般人的容忍限度，就认为是"严重"的。[③]

3. 公证人对第三人责任中的过失相抵

依据我国《侵权责任法》第26条和第27条的规定，如果受害人自身具有过错，并导致损害的发生或扩大，则应当适用过失相抵规则。这一规定原则上可以适用于所有侵权责任案件。在公证人对第三人责任案件中，如果第三人自身对于损害的发生或扩大也具有过错，则应当减轻或免除公证人的责任。例如，在姚某诉张某和南阳某公证处公证损害赔偿纠纷一案中，张某伪造买方姚某与卖方李某的房产买卖合同、卖方李某房产证及房产共有人王某的同意转让证明书，将李某、王某的房产转卖给原告姚某，给姚某造成了经济损失。法院认定，公证处在房产共有人王某未到场的情况下，没有严格审查和实地核实，未及时发现张某提供的房产证及房产同意转让书是伪造的，即对房屋买卖行为进行公证，公证处也存在重大过失，但原告姚某也未尽到一般的注意义务，姚某和公证处的责任承担以4∶6比

---

① Rey, Ausservertragliches Haftpflichtrecht, 3. Aufl., Zürich 2003, S. 89f.

②《侵权责任法》第22条规定："侵害他人人身权益，造成他人严重精神损害的，被侵权人可以请求精神损害赔偿。"

③ 参见张礼洪：《意大利法中非财产性人身损害赔偿制度及其启示》，载全国人大常委会法工委民法室和中国人民大学法学院主编：《2009年中日侵权责任法研讨会会议资料》，第43页。

例确定。[1] 这一判决虽然是以公证处承担责任为前提的，但是，如果认可公证人自身的责任，也应当作出类似的判决。另外，我国《公证案件的规定》第6条规定："当事人、公证事项的利害关系人明知公证机构所出具的公证书不真实、不合法而仍然使用造成自己损失，请求公证机构承担赔偿责任的，人民法院不予支持。"这一规定也可以类推适用于公证人对第三人责任，作为公证人责任领域过失相抵的特殊规则。

二、享有请求权的第三人的范围

作为请求权人的第三人，在我国《公证法》第43条中被表述为"公证事项的利害关系人"。《公证程序规则》第69条也有同样的表述。从这一规定来看，其仅仅明确了第三人是与公证的"当事人"相对应的概念。因此，要明确"第三人"的范围，就首先应当界定公证的"当事人"的范围。笔者认为，这里所说的"当事人"应当是指公证申请人，因为公证申请人与公证人之间存在合同关系，而公证申请人以外的人则属于第三人的范围。

问题在于，第三人的范围具体如何认定？对此，《公证法》第43条以"利害关系人"予以回答，实际上仍然比较模糊。结合本书一般理论部分的论述，笔者认为，仍然可以区分不同的案群。在遗嘱案群中，第三人范围就是因公证人的执业活动而间接受益的人。例如，因公证人的过错导致遗嘱无效，可以请求赔偿的第三人就是如果该遗嘱有效而受益的人。对于专家意见案群和专家咨询案群来说，第三人的范围要综合考虑公证的目的、公证人对第三人的认知、第三人信赖的合理性等予以确定。另外，在认定第三人的范围时，还可以借鉴德国法上的理论。依据《德国联邦公证人条例》第19条第1款的规定，只要公证人对其负有职务上义务，公证人就要对其承担责任。德国学界通说认为，只要第三人处于公证人所违反的具体职务上义务的保护范围之内，该第三人就对公证人享有损害赔偿请求权。[2] 在认定职务上义务的保护目的时，应当考虑公证人所处理事项的特别性质和目的。[3] 例如，遗嘱因公证行为的缺陷而无效，遗嘱的受益人因此属于需要得到保护的第

① 雷达：《公证赔偿司法现状及思考》，《中国公证》2012年第4期。

② BGH DNotZ 1983, 512; BGHZ 121, 67; Arndt/Lerch/Sandkühler, §19 BNotO, Rn. 89ff.

③ Tremml/Karger/Luber, Der Amtshaftungsprozess, 3 Aufl., München 2009, S. 339.

三人，但是，并非因为受益人对遗嘱有效的信赖，而是考虑到公证事项的性质，受益人是需要得到保护的。再如，对于意欲设立的遗嘱继承人的债权人，虽然其信赖遗嘱有效，公证人也不对其负有职务上义务。① 从实践来看，依据公证人所处理事项的目的而明示的受益人或其他可认识到的受益人，或者公证人所处理事项涉及其经济或法律利益的人，往往都被认定为第三人。② 例如，在代理权公证的情形下，如果其目的是对外证明代理权的存在，则公证人可能要对因公证无效而遭受损害的所有受害人承担赔偿责任。③

三、公证人的补充责任

在比较法上，公证人责任是否属于补充责任，存在不同的立法例。《德国联邦公证人条例》第 19 条第 1 款第 2 句确立了公证人责任的辅助性规则，它意味着，在公证人具有故意时，要直接负责；在其具有过失时，以受害人不能以其他途径获得救济为限，公证人才应负责。我国台湾地区“公证法”第 68 条第 1 款也有类似规定。④ 我国《公证案件的规定》第 5 条明确了，公证机构对第三人责任的辅助性，而且，公证机构具有过失时承担“与其过错相应的补充赔偿责任”。事实上，在该司法解释颁布之前，也有不少判决认可了公证赔偿责任的辅助性。例如，在李某与南阳市某公证处公证损害赔偿纠纷一案中，法院就认为，公证机构仅承担补充责任。⑤ 笔者认为，《公证案件的规定》可以类推适用于公证人对第三人责任，这就是

---

① Tremml/Karger/Luber，Der Amtshaftungsprozess，3 Aufl.，München 2009，S. 339.

② Tremml/Karger/Luber，Der Amtshaftungsprozess，3 Aufl.，München 2009，S. 340.

③ BGH NJW 1985，730.

④ 台湾地区“公证法”第 68 条第 1 款规定：“民间之公证人因故意违反职务上之义务，致他人之权利受损害者，负赔偿责任。其因过失者，以被害人不能依他项方法受赔偿时为限，负其责任。”

⑤ 在该案中，李某的继母刘某与自己的侄孙订立遗赠扶养协议，将刘某名下财产公证遗赠给侄孙，并到公证处办理了公证。2004 年刘某过世后，李某与刘某侄孙就遗产纠纷诉至法院，并于 2005 年多次向南阳市司法局申诉撤销该公证书，2006 年南阳市公证处撤销了此份公证书。此后，李某又以因上述公证事宜多次信访，花费了大量人力财力，造成了一定的经济损失，诉至法院要求南阳市公证处承担损失赔偿责任。法院认为：南阳市公证处在办理公证的过程中没有严格按照《公证程序规则》的规定办理，致使公证书被撤销，最终法院判处南阳市公证处存在过错，公证处赔偿李某因此多次上访、申诉产生的车费和住宿费等。在该案中，赔偿范围上，法院要求公证机构承担补充责任。参见雷达：《公证赔偿司法现状及思考》，《中国公证》2012 年第 4 期。

说，应通过区分故意和过失，确定公证人是否对第三人承担补充责任，理由在于：其一，在公证人具有故意的情形下，要求承担完全的责任，而非补充责任，这是为了体现对其故意行为的制裁。其二，在公证人具有过失的情形下，要求其承担补充责任，可以适当限制其责任。

在德国，责任辅助性抗辩属于责任构成的消极要素。① 公证人责任辅助性规则的适用要件是：其一，存在其他的赔偿可能性。其二，受害人行使其他的赔偿请求权具有期待可能性。② 其三，公证人并非故意违反其职务上义务。

从程序法的角度来看，在德国的公证人责任诉讼中，受害人应当陈述并证明不存在此种消极的构成要件（即其他的赔偿请求权）。③ 不过，消极事实的证明经常比较困难。因此，法院认为，只要原告陈述为什么其他赔偿请求权的行使没有结果，就已经足够；公证人的任务是证明其他赔偿请求权原本可以实现。如果公证人提供了此种证明，则受害人要继续从相反的方面予以证明。④ 另外，就其他赔偿请求权实现的可能性大小以及受害人因可责难的原因而怠于对其他人请求赔偿，原告（即受害人）也应当按照前述原则负有陈述和证明的义务。⑤

借鉴德国法上的经验，我国公证人对第三人责任的辅助性规则，也应当明确上述要件，尤其是其中的期待可能性要件是适用这一规则时的关键性要件，也是我国学界以往的研究中比较忽视的问题。另外，我国学者理解的补充责任的适用往往限于存在直接侵权人的情形，这与德国法上的经验也存在不一致之处。在德国法上，只要存在其他赔偿可能性，就应当适用辅助性规则，这里所说的其他赔偿可能性，并不限于存在直接侵权人的情形。

---

① BGH BB 1969, 736; BGH VersR 1983, 82; BGH NJW 1985, 2027; Arndt/Lerch/Sandkühler, §19 BNotO, Rn. 177.

② RGZ 158, 280; BGH WM 1960, 1013; BGH NJW 1977, 199; BGHZ 120, 130; BGH NJW 1995, 2713.

③ BGH WM 1960, 1013; bghz 102, 249; BGH NJW 1996, 521; BGH NJW 1999, 2038.

④ Godl, Notarhaftung im Vergleich, Tübingen 2001, S. 123f.

⑤ Godl, Notarhaftung im Vergleich, Tübingen 2001, S. 124.

四、公证人责任与公证申请人的责任

第三人遭受的损害也可能是因为公证人和公证申请人的过错相结合而造成的。具体来说，可以分为如下两种情形：一是公证人与公证申请人恶意串通，作出错误的公证文书；二是公证申请人因故意或过失而提供虚假材料，而公证人在审查、核实中也存在过失，导致错误发生。[①]

在公证人与公证申请人恶意串通的情形，因为双方之间具有意思联络，此时，两者构成共同侵权（确切地说是共同加害行为）。根据《侵权责任法》第8条的规定："二人以上共同实施侵权行为，造成他人损害的，应当承担连带责任。"因此，公证人和公证申请人要对第三人承担连带责任。[②]就内部关系而言，两者按照其责任大小确定责任份额。

在公证申请人因过错而提供虚假材料，而公证机构在审查、核实中也存在过失的情形下，双方之间并不存在意思联络。从实践来看，这是最常见的案件类型。例如，在一起案件中，张某为了偿还巨额赌债，偷了父母的房产证、身份证和户口本，找人冒充父母从公证处骗取委托出售房产的公证书，并将其父母的房屋卖给了他人。后来，该房的房主又两度变更。张某的父母将公证处告上法庭，请求赔偿。法院认为，经过相关司法鉴定，原告并未在《公证申请表》申请人签名处及委托书中的委托人落款处签字。公证处在审查办理该委托公证书中存在重大过错。[③] 对于此种情形，上海市高级人民法院《关于涉及公证民事诉讼若干问题的解答》中规定，此时法院应当分别判定直接加害人和公证处各自承担相应的责任。从我国《公证案件的规定》第5条来看，其仅要求公证机构承担与其过错相适应的补充责任。如果承认公证人自身对第三人的责任，则也应当类推适用这一规则，要求公证人承担与其过错相适应的补充责任。

---

① 参见2006年上海市高级人民法院《关于涉及公证民事诉讼若干问题的解答》。

②《公证案件的规定》第5条对此有明确规定。上海市高级人民法院《关于涉及公证民事诉讼若干问题的解答》对此也明确规定，"公证机构与公证申请人应当对损害承担连带责任"。当然，这些规定并没有明确公证人自身是否要承担责任。因为笔者认为，公证人自身也要承担责任，所以，也可以类推适用这一规定。

③ 参见王丽娜：《公证处违规做房屋委托出售公证被判赔偿120万》，《京华时报》2010年9月7日。

五、公证人责任的保障机制

1. 公证人职业责任保险

公证人的职业责任保险是分散公证人责任的重要工具。在很多国家和地区，作为自由职业者的公证人都是以自己的名义进行公证活动的。与此相应，公证人也应当自行购买职业责任保险。例如，《德国联邦公证人条例》第19a条规定，公证人为避免承担因其职务行为引起的损害赔偿风险，在其整个任职期间，都必须参加职业责任赔偿保险。再如，我国台湾地区"公证法"第32条规定："民间之公证人于任命后，非经践行下列各款事项，不得执行职务：……三、参加责任保险并缴纳保险费……"

我国《公证法》第15条规定："公证机构应当参加公证执业责任保险。"这实际上是强制公证机构购买职业责任保险。[①] 这既可以分散公证机构的执业风险，又可以确保受害人的赔偿请求权的实现，具有重要意义。不过，我国现行法没有明确规定公证人的责任，也就不可能规定其职业责任保险问题。如果认可公证人自身的责任，也应当要求其参加职业责任保险。同时，在制度设计上，也应当考虑公证机构的责任保险与公证人自身的责任保险的协调和配合。

2. 公证人赔偿基金

在比较法上，除了职业责任保险之外，还存在其他公证人责任的社会化分散制度。[②] 在法国法上，有赔偿基金制度。《法国公证机关条例》第4条规定，为保证公证人的支付能力，每个公证人都要按其近5年平均营业额的2%和1.5%，分别交给保险公司和公证人委员会作为职业保险和公证人公共保险基金。一旦需要赔偿，先由保险公司支付，不足部分由公证人公共保险基金支付。在日本法上，其实行身份保证金制度。《日本公证人法》第19条对身份保证金的缴纳作了规定：①公证人必须在收到任命证书之日起15天内，向其所属的法务局或地方法务局缴纳身份保证金。②身份保证金由政令规定。③因身份保证金不足，而接到补交命令时，应在接到命令

① 虽然《公证法》使用"执业责任保险"的概念，但笔者采通用的概念，即"职业责任保险"。

② 肖建华：《公证法律制度比较研究》，载樊崇义主编：《诉讼法学研究》（第二卷），中国检察出版社2002年版。

之日起30日内将不足之数补足。[1]

目前，我国公证机构责任的赔偿保障机制中也包括公证赔偿基金制度。[2] 司法部于2002年颁布《公证赔偿基金试行办法》，以规范公证赔偿基金的设立和使用。公证赔偿基金于2001年1月1日正式建立，全国3100多个公证处以其总收入的3%作为基金的来源。[3] 基金分两部分：一部分是交给保险公司的保险费，投保公证职业责任保险。目前公证职业责任保险包括主险（即公证职业责任保险）和附加险（包括公证员健康保险、公证员补充健康保险和公证处财产综合险）两部分。另一部分是公证赔偿后备金。公证赔偿后备金又分为三部分，一部分交给中国公证人协会，另一部分交给省级协会，还有一部分留在公证处。当保险公司不能全部赔偿当事人损失时，先动用公证处的后备金，然后使用省级协会后备金，最后是中国公证人协会的后备金。[4] 公证赔偿基金对于公证机构的责任分散和受害人赔偿保障都发挥了重要作用。如果我国也承认了公证人自身对第三人的责任，也可以考虑将公证人自身的责任纳入该赔偿基金的保障范围。毕竟职业责任保险的保障范围有限，如果保险不足以覆盖受害人的损失，受害人还可以通过赔偿基金获得救济。当然，我国的公证赔偿基金制度仍处于探索阶段，应当在实践中不断地予以完善。例如，目前公证赔偿基金的收取采用全行业统一标准，即上一年度业务收入总额的3%，而没有考虑公证执业过程中的出错率和赔付率。显然，基金的收取标准应当进一步细化。[5]

---

① 《日本公证人法》第20条还对身份保证金的退还作了规定：第一，在必须退还身份保证金时，应对身份保证金拥有权利的人发出公告，命其在不少于6个月的期间提出申请。第二，未满前项时间的，不得退还身份保证金。第三，身份保证金应优先于其他由政府征收的费用及债权，以用于第一项所提及的公告费。

② 参见王进喜主编：《律师与公证制度》（第二版），中国人民大学出版社2012年版，第270－271页。

③ 目前我国每年公证的总收入约为10亿元。

④ 余宇、李夙：《公证赔偿责任初探》，《上海公证》2000年第2期。

⑤ 参见吴奕晗：《论公证赔偿制度》，中国政法大学硕士学位论文，2011年，第41－42页。

结　语

正如Hirte教授所言，专家责任既是老问题也是新问题。在罗马法上，土地测量员的责任就已经被承认,[①] 这是专家责任的最初形态。在现代社会，各种新的专家类型不断涌现，专家责任问题受到社会越来越多的关注，专家责任制度也处于不断发展之中。例如，在“安然事件”之后，世界各国都开始关注会计师的责任问题，并进一步规范会计师执业行为和执业责任。[②] 专家对第三人责任问题，不仅是专家责任的重要组成部分，也是其中最活跃的部分，反映了专家责任的最新发展。

从比较法来看，因为各国的法律结构和制度背景等的差异，专家对第三人责任问题的解决路径存在较大差异。例如，在英国法上，因为约因制度和合同相对性规则的坚守，其主要通过过失侵权解决这一问题；在德国法上，附保护第三人作用的合同制度则成为解决这一问题的主要路径。当然，比较法上的经验也存在共同之处。例如，在可以请求专家赔偿的第三人范围认定方面，总体上都存在既认可又适当限制的趋势；在确定第三人的范围时，其考虑的因素也基本相同，主要包括专家意见的目的、专家对第三人的认知、第三人信赖的合理性等。在本书中，笔者考察了具有代表性的英国、法国和德国的专家对第三人责任制度，以充分发挥比较法的灵感来源和工具箱价值，在解释论与立法论两个层面为我国提供借鉴。

在深入考察比较法经验的基础上，结合我国既有的制度资源和理论基础，笔者认为，在立法论层面，我国专家对第三人责任应当属于侵权责任，而且应当定位于职业责任。专家对第三人所负有的作为义务的扩张，可以

---

① Lammel, Zur Auskunftshaftung, AcP179 (1979), 358f.

② Richter, Die Dritthaftung der Abschlussprüfer, 1. Aufl., Baden-Baden 2007, S. 25.

通过安全保障义务制度来解决。而且，从归责原则的角度来看，专家对第三人责任应当属于过错责任，而且实行过错推定。

在专家对第三人责任的构成要件方面，应当借鉴德国法的经验，分为三个层次，即符合性、违法性和有责性。在认定责任时，专家过失是重要的要件。对于专家过失的认定，应当采善良管理人的注意义务标准，即本领域普通专家的标准。在认定专家过失时，应当参考行业准则，但是，行业准则并非认定专家过失的决定性依据。而且，在认定专家过失时，可以引入专家鉴定制度。

在专家对第三人承责任方面，第三人的范围认定是重要的问题，也是实现专家执业利益与社会公众利益平衡的关键点之一。笔者认为，在第三人范围认定方面，遗嘱案群应当独立出来。因为在遗嘱案群中，第三人是范围特定的，而且是专家在其实施执业活动时已经认识到的人。就专家意见案群和专家咨询案群来说，应当综合考虑专家意见的目的、专家对第三人的认知、第三人信赖的合理性来认定。

专家对第三人承担侵权责任的形式就是损害赔偿，包括两大类型，即金钱赔偿和回复原状。而且，在损害赔偿方面，原则上应当坚持完全赔偿原则，而不应借鉴动态系统论。此外，为了限制专家对第三人责任，还应当采补充责任的观点，不过，在补充责任规则方面，应当借鉴德国法上的理论，如果存在其他的赔偿可能性，而且，受害人实现其他赔偿可能性具有期待可能性，则专家的责任应当具有辅助性。

在专家对第三人责任诉讼中，专家可能提出若干抗辩，是否认可应当具体考虑。具体而言，专家的免责条款和免责声明应当认可，但是，应当参照适用法律上规制格式条款的规则；专家提出的合法替代行为抗辩，则应当考虑其违反的合同义务或法定义务的规范目的，以决定是否认可；专家的保密条款也可以认可，如果被记载在专家意见中，则专家应当免于对第三人承担责任。

在专家对第三人责任的一般规则方面，我国现行法上并没有直接的规定。从比较法来看，有一些国家和地区对此有规定，包括奥地利、埃塞俄比亚、我国澳门地区等。[①]《欧洲示范民法典草案》（DCFR）也专条对此进行了规定。[②] 在我国《侵权责任法》制定之前，学者起草的民法典草案建议稿或侵权责任法草案建议稿中对此也都有专门的规定，不过，这一立法建议并没有得到立法机关的认可。[③] 笔者赞成在我国《侵权责任法》中专章规定专家责任，其中包括专家对第三人责任的规则。虽然通过修改《侵权责任法》增加这些规定的可能性并没有完全排除，但是，从目前来看，比较现实的途径是通过最高人民法院颁布司法解释的方式确立专家责任的一般规则。

结合前面的研究，笔者试拟一些建议条文，作为专家对第三人责任的一般规则，具体包括：

第 1 条　专家在执业活动中因故意或过失而违法地导致第三人损害的，应当对第三人承担损害赔偿责任。

第三人主张专家具有过失的，专家应当证明其没有过失。

第 2 条　专家以专业机构的名义执业而造成第三人损害的，专家与专业机构对第三人承担连带责任。

---

① 《奥地利民法典》第 1300 条规定："如果专家就其技术或知识范围内的事务，因过失而提供了不利的意见，并因此获得了报酬，则其也应当负责。除此之外，仅在故意通过意见的提供造成他人损害时，提供意见的人才应当承担责任。"《埃塞俄比亚民法典》第 2059 条（虚伪表示——1. 原则）规定："在下列情况下，如果某人故意或过失地向他人提供虚假信息，他实施了过犯：（1）他知道接受该信息的人或另一特定人将依此信息行事并因此遭受损害；或（2）他受到其职业规则的约束，必须提供准确信息。"第 2060 条（虚伪表示——2. 例外）规定："（1）如果提供不正确信息的人所做的陈述以另一人的资格、行为、清偿能力或允诺为内容，并且陈述的目的是为了使该人得到信用、金钱或商品，得不承担责任。（2）在这种情况下，除非陈述是以签名文件的形式做出的，陈述者不承担责任。"我国《澳门地区民法典》第 478 条（建议、提议或资讯）规定："1. 给予单纯建议、提议或资讯之人，即使其本身有过失，亦无须负责。2. 然而，如上款所指之人已表示承担因损害而产生之责任，或在法律上有义务给予有关建议、提议或资讯且在行事中有过失或损害意图，又或该人之行为构成可处罚之事实，则有义务做出损害赔偿。"

② 《欧洲示范民法典草案》第 6－2：207 条规定："因合理地信赖错误的建议或信息而作出决定所遭受的损失，在以下情况下，构成具有法律相关性的损害：（a）该建议或信息是由专业人士或在业务活动中提供的；（b）建议或信息的提供人，知道或应当知道建议或信息的受领人在作决定时将依赖此建议或信息。"

③ 王利明教授主持的民法典草案建议稿第八编"侵权行为"的第二章"特殊的自己责任"中第二节专门规定了专家责任。参见王利明主编：《中国民法典学者建议稿及立法理由·侵权行为编》，法律出版社 2005 年版，第 72 页以下。梁慧星教授主持的民法典草案建议稿第五编"侵权行为"的第六十四掌"自己的侵权行为"的第三节就专门规定了专家责任。参见梁慧星主编：《中国民法典草案建议稿附理由·侵权行为编、继承编》，法律出版社 2004 年版，第 55 页以下。

第 3 条　专家过失的认定以本领域普通专家应尽的注意义务为标准。

行业准则可以作为认定专家过失的参考。

在认定专家过失时，也应考虑其依据专业知识进行的自主判断。

第 4 条　专家因执业活动而负有对第三人的作为义务的，应当对第三人承担不作为侵权责任。

第 5 条　有权请求专家赔偿的第三人的范围应当综合考虑专家意见的目的、专家对第三人的认知、第三人信赖的合理性等因素予以认定。

第 6 条　如果存在其他赔偿可能性，而且可以合理期待第三人实现其他赔偿可能性，则专家因过失而应对第三人承担的责任具有辅助性。

第 7 条　第三人对于损害的发生和扩大具有过失的，应当依据法律关于过失相抵的规则减轻专家的责任。

第 8 条　专家在其意见中载明了与委托人之间约定的免责条款，或者在其意见中作出了免责声明的，该免责条款或免责声明是否有效，应参照法律规制格式条款的规则予以确定。

第 9 条　专家主张其即使合法行为也会导致损害的，应当考虑专家所违反的合同义务或法定义务的目的，以确定是否认可该抗辩。

第 10 条　专家与委托人约定其意见不得转交第三人或向第三人披露，并载明于专家意见之上的，第三人不得请求专家承担赔偿责任。

第 11 条　法律对于专家对第三人责任的最高限额有规定的，应当适用该规定。

第 12 条　法律可以规定专家必须投保职业责任保险，或其他的执业风险保障措施。

在专家对第三人责任的类型化研究方面，笔者选取了会计师、律师和公证人的第三人责任作为类型化研究的对象。这主要是考虑到我国现有立法状况、司法实践需要以及专家执业对社会的影响等方面的因素。

就会计师对第三人责任而言，英国、法国和德国都有其自身的特点，因为各自有不同的法律体系、历史发展过程等。在英国，会计师对第三人责任以侵权法上的过失侵权作为核心的请求权基础，例外情况下也可能构成欺诈侵权。在法国，依据《法国商法典》第 L822－17 条的规定，会计师对第三人承担责任的前提包括：义务的违反、损害、义务违反与损害之间的因果关系。而在德国，《德国商法典》第 323 条第 1 款第 3 句规定了，在强制审计时，会计师要对被审计公司的关联企业承担责任。除此之外的会计师对第三人责任的请求权基础主要有如下三个：默示的咨询合同、附保护第三人作用的合同和缔约过失责任。

我国《注册会计师法》第42条明确了会计师事务所应对第三人承担赔偿责任。而最高人民法院通过颁行《会计师事务所侵权赔偿的规定》这一司法解释，更是全面、细致地规范了会计师事务所对第三人责任问题。不过，会计师个人对第三人的责任仅在《证券虚假陈述赔偿的规定》这一司法解释中得到确认。笔者认为，应当普遍认可会计师个人对第三人的责任，而且应当为过错推定责任。在适当的时候，应当修改《注册会计师法》第42条的规定，增加规定会计师对第三人的责任问题。当然，也可以通过司法解释的形式，确立会计师对第三人责任的规则。根据本书的研究，笔者拟定了如下建议条文：

第1条　在审计、会计咨询和会计服务等执业活动中，会计师因故意或过失而违法地导致第三人损害的，应当对第三人承担损害赔偿责任。

第三人主张会计师具有过失的，会计师应当证明其没有过失。

第2条　会计师以会计师事务所的名义执业的，第三人有权请求会计师与会计师事务承担连带责任。

第3条　会计师不得以其已经遵循了执业准则作为没有过失的抗辩。

第4条　数个会计师共同执业导致第三人损害的，应当对第三人承担连带责任。

第5条　会计师虚假验资导致第三人损害的，应当在其验资不实的金额范围内对第三人承担损害赔偿责任。

律师对第三人责任也是比较法上比较关注的重要专家责任类型。在英国法上，律师对第三人责任主要归属于侵权法上的过失侵权责任，而且存在出庭律师免责特权制度。在法国，律师对第三人责任，尤其是咨询责任，也适用其侵权法上过错责任的一般条款。在德国，律师对第三人责任可能基于如下五类请求权基础：利益第三人合同、附保护第三人作用的合同、信托关系、拟制的咨询合同和侵权责任。

在我国，《律师法》第54条仅规定了，在律师执业给当事人造成损失时，律师事务所应承担的责任，并没有涉及律师事务所对第三人的责任，更没有涉及律师个人对第三人的责任问题。不过，《证券虚假陈述赔偿的规定》第7条却认可了在证券虚假陈述中的律师对第三人责任。笔者认为，应当普遍认可会计师个人对第三人的责任，而且应当为过错推定责任。在适当的时候，可以修改《律师法》第54条的规定，增加规定律师对第三人的责任。当然，通过司法解释的形式确立律师对第三人责任的规则是比较现实的选择。笔者认为，律师对第三人责任规则应当包括如下条文：

第1条　在提供法律服务时，律师因故意或过失而违法地导致第三人损害的，应当对第三人承担损害赔偿责任。

第三人主张律师具有过失的，律师应当证明其没有过失。

第2条　律师以律师事务所的名义执业的，第三人有权请求律师与律师事务所承担连带责任。

第3条　律师在执业过程中，应当尽到事实澄清、法律审查、建议与告知、采取较安全的途径等义务。

第4条　律师提供法律援助造成第三人损害的，适用律师对第三人责任的一般规则。

第5条　律师应当投保职业责任保险，最低保额由法律或行政法规规定。

就公证制度而言，世界范围内可以分为英国公证体系和拉丁公证体系，前者以英国为其典型，后者以法国和德国为其代表。因为公证制度本身的差异和专家对第三人责任制度本身的差异，英国、法国和德国在公证人对第三人责任方面的规则存在较大差异。在英国，公证人对第三人责任问题并没有以合同责任的途径予以解决，而是被纳入过失侵权的范畴。在法国，公证人责任要适用过错责任的一般条款，即《法民》第1382条和第1383条，公证人责任认定的关键是是否违反了效力义务和咨询义务。在德国，公证人责任的法律依据是《德国联邦公证人条例》第19条，据此，公证人对第三人责任的重要要件之一是职务上义务的违反。该条还确立了公证人责任的辅助性规则。

我国属于拉丁公证体系，而且，公证赔偿经历了从国家赔偿向普通民事赔偿的转变过程。我国《公证法》第43条第1款明确了公证机构对于第三人的赔偿责任，《公证案件的规定》也对此作出了较为详细的规定，但是，与前述《注册会计师法》类似，并没有确立公证人个人对第三人的责任制度。笔者认为，如果时机成熟，可以考虑修改《公证法》，增加规定公证人对第三人责任的规则。不过，考虑到实践中的迫切需要，应当尽快通过司法解释的形式确立这一规则。笔者认为，在法律或司法解释中，公证人对第三人责任的规则应当包括如下条文：

第 1 条　在公证活动中，公证人违反职务上义务，故意或过失地导致第三人损害，应当对第三人承担损害赔偿责任。

第三人主张公证人具有过失的，公证人应当证明其没有过失。

第 2 条　公证人以公证机构的名义执业的，第三人有权请求公证人与公证机构承担连带责任。

第 3 条　公证人职务上义务保护范围内的第三人都可以请求公证人承担赔偿责任。

第 4 条　公证人违反法律和其他规范性法律文件确立的公证规则，应当认定其具有过失，但公证人不得仅以其遵循了这些公证规则而证明自己没有过失。

第 5 条　第三人有权请求公证人赔偿所有有因果关系的可赔偿的损害，不限于直接经济损失。

第 6 条　公证申请人与公证人串通损害第三人利益的，应当对第三人承担连带赔偿责任。

公证申请人提供虚假材料等，而公证人未能尽到其审核义务，导致第三人损害的，公证人应当承担补充赔偿责任。

第 7 条　公证人应当投保职业责任保险。

第三人请求公证人承担损害赔偿责任的，也应当纳入公证赔偿基金的支付范围。

参考文献

一、中文文献

1. 中文论著

姜世明：《律师民事责任论》，元照出版有限公司2004年版。
金勇军：《会计师第三人责任》，高等教育出版社2006年版。
胡雪梅：《英国侵权法》，中国政法大学出版社2008年版。
[德] 克雷斯蒂安·冯·巴尔：《欧洲比较侵权行为法》（上卷），张新宝译，法律出版社2001年版。
[德] 克雷斯蒂安·冯·巴尔：《欧洲比较侵权行为法》（下卷），焦美华译，法律出版社2001年版。
李昊：《交易安全义务论》，北京大学出版社2008年版。
廖焕国：《侵权法上注意义务比较研究》，法律出版社2008年版。
刘燕：《会计师民事责任研究：公众利益与职业利益的平衡》，北京大学出版社2004年版。
彭真明：《注册会计师不实财务报告民事责任研究》，华中师范大学出版社2010年版。
屈茂民：《专家民事责任论》，湖南人民出版社1998年版。
田韶华、杨清：《专家民事责任制度研究》，中国检察出版社2005年版。
唐先峰、赵春兰、王洪宇：《我国专家民事责任制度研究》，法律出版社2005年版。
王泽鉴：《侵权行为法》（第1册），中国政法大学出版社2001年版。
王伟：《董事责任保险制度研究》，知识产权出版社2006年版。
[日] 望月礼二郎：《英美法》，郭建、王仲涛译，商务印书馆2005年版。
吴定富主编：《〈中华人民共和国保险法〉释义》，中国财政经济出版社

2009 年版。
于定明、朱锦余：《注册会计师法律制度研究》，法律出版社 2009 年版。
叶自强：《现代公证制度应用研究》，中国民主法制出版社 1996 年版。
张彩云：《专家责任研究》，中国文史出版社 2005 年版。
周学峰：《公司审计与专家责任》，人民法院出版社 2007 年版。
郑云鹏：《公证法新论》，元照出版有限公司 2001 年版。
张新宝：《侵权责任法》（第二版），中国人民大学出版社 2010 年版。

2. 中文论文

陈加满：《论公证赔偿的特殊民事责任性质》，《法学杂志》2007 年第 1 期。
蔡佳君：《专家对第三人民事责任研究》，华南理工大学硕士学位论文，2008 年。
达燕：《专家对第三人的责任——以专家作为信息提供者为中心》，西南政法大学硕士学位论文，2004 年。
方伟：《论我国律师的民事责任制度》，安徽大学硕士学位论文，2010 年。
樊江宁：《英国公证人及其职务内容》，《中国公证》2007 年第 9 期。
宫晓冰：《中国公证制度的完善》，《法学研究》2003 年第 5 期。
郭义贵：《论英国早期的律师制度》，《法学评论》2008 年第 1 期。
季为玉：《专家对第三人侵权责任研究》，南京师范大学硕士学位论文，2008 年。
刘燕：《“专家责任”若干基本概念质疑》，《比较法研究》2005 年第 5 期。
刘懿彤：《德国公证的立法取向》，《比较法研究》2008 年第 1 期。
刘正峰：《会计师虚假验资证明民事赔偿责任研究》，《现代法学》1999 年第 4 期。
刘正峰：《独立审计准则的法律地位研究》，《中国法学》2002 年第 4 期。
刘加良：《论律师赔偿责任》，《法学评论》2005 年第 4 期。
雷达：《公证赔偿司法现状及思考》，《中国公证》2012 年第 4 期。
李彬：《日本建筑师专家责任研究》，湖南大学硕士学位论文，2006 年。
李鏵澄：《法国律师制度概述》，《法学丛刊》（中国台湾）2002 年第 186 期。
林美惠：《侵权行为法上交易安全义务之研究》，中国台湾大学法律学研究所博士学位论文，2000 年。
蓝寿荣、邱唯、陈冰竹：《证券市场信息披露中律师的法律责任》，《湖北社会科学》2003 年第 12 期。
缪静：《论会计师对第三人的民事责任》，《法学》2002 年第 8 期。
么世菊：《公证人的法律责任》，《中国公证》2004 年第 4 期。
[日] 能见善久：《论专家的民事责任》，梁慧星译：《民商法论丛》（第 5 卷），法律出版社 1996 年版。
彭真明：《论会计师职务侵权责任的归责原则》，《法商研究》2004 年第 6 期。
彭真明：《论注册会计师职务侵权民事责任的承担主体》，《河北法学》2005 年第 10 期。
彭真明、陆剑：《论注册会计师不实财务报告的民事责任》，《海南大学学报》2008 年第 3 期。
彭真明、陆剑：《论律师对第三人的民事责任》，《社会科学》2008 年第 6 期。
邱永红：《证券欺诈中注册会计师的民事侵权责任研究》，《律师世界》2002 年第 8 期。
屈茂辉：《注册资产评估师的专家义务与专家过失》，《法学杂志》2007 年第 3 期。
邱琦：《纯粹经济上损失之研究》，台湾大学法律学所博士学位论文，2002 年。
王洁：《德国公证制度及其启示》，《成都行政学院学报》2002 年第 5 期。
王继华：《从德国的公证赔偿制度说起》，《中国公证》2005 年第 1 期。
吴奕晗：《论公证赔偿制度》，中国政法大学硕士学位论文，2011 年。
肖建华：《公证法律制度比较研究》，载樊崇义主编：《诉讼法学研究》（第二卷），中国检察出版社 2002 年版。
颜延：《从会计师的注意义务看独立审计准则的法律地位》，《会计研究》2003 年第 6 期。
叶自强：《谈谈法国公证制度的特点》，《河北法学》1991 年第 5 期。
于守华：《论我国注册会计师的法律责任——以会计信息虚假陈述为视角探讨》，对外经济贸易大学博士学位论文，2007 年。
杨华柏：《德国侵权法与责任保险的互动关系及对中国的启示》，《保险研究》2009 年第 3 期。
杨硕：《律师第三人责任研究》，西南财经大学硕士学位论文，2007 年。

仲伟珩：《专家对第三人民事责任制度研究》，中国政法大学博士学位论文，2007 年。
张新宝：《侵权行为法的一般条款》，《法学研究》2001 年第 4 期。
周学峰：《侵权诉讼与责任保险的纠结》，《清华法学》2012 年第 2 期。
朱慈蕴、陈彦晶：《评会计师对第三人的民事责任》，《法学评论》2007 年第 4 期。
周院生：《论律师对第三人的侵权责任》，中国人民大学博士学位论文，2014 年。
张瑞安、陈加满：《论公证赔偿责任的过错内涵及其认定》，《江淮论坛》2008 年第 2 期。

二、外文文献

1. 英文著作

André Tunc (ed.), *International Encyclopedia of Comparative Law*, Vol. XI, Torts, Part I, Ch. 6, Tuebingen: J. C. B. Mohr, 1983.
Dugdale, Parkinson, Stanton, Cox, Swinson, *Professional Negligence in Accountancy*, London: Longman Group Ltd., 1986.
George A. Bermann, Etienne Picard (ed.), *Introduction to French Law*, Leiden: Kluwer Law International BV, 2008.
Hugh Evans, *Lawyers' Liabilities*, London: Sweet & Maxwell, 1996.
Harrop-Griffiths, Bennington, *Underwood and Holt's Professional Negligence*, London: Fourmat Publishing, 1985.
Jeffrey C. Brown, *Professional Negligence and Insurance Law*, London: Lloyd's of London Press Ltd., 1994.

2. 德文著作

Büttner, Umfang und Grenzen der Dritthaftung von Experten, Tübingen 2006.
Decku, Zwischen Vertrag und Delikt, Frankfurt 1997.
Deutsch, Allgemeines Haftungsrecht, 2. Aufl., Köln/Berlin/Bonn/München 1996.
Ebke, Wirtschaftsprüfer und Dritthaftung, Diss. Bielefeld 1983.
Fuchs, Deliktsrecht, Berlin/Heidelberg 1995.
Haug, Die Amtshaftung des Notars, 2. Aufl., München 1997.
Hirte, Berufshaftung: ein Beitrag zur Entwicklung eines einheitlichen Haf-

tungsmodells für Dienstleitungen, München 1996.
Köndgen, Selbstbindung ohne Vertrag, Tübingen 1981.
Kupisch/Krüger, Deliktsrecht, München 1983.
Larenz/ Canaris, Lehrbuch des Schuldrechts, Band Ⅱ/2 · Besonderer Teil, 13. Aufl. , Munchen 1994.
Mirtschink, Die Haftung des Wirtschaftsprüfer gegenüber Dritten, Berlin 2006.
Medicus, Schuldrecht Ⅰ, Allgemeiner Teil, 14. Aufl. , München 2003.
Poll, Die Haftung der freien Berufe am Beispiel des Rechtsanwalts, Diss. FU Berlin 1992.
Quiring, Die Dritthaftung von Sachverständigen, Frankfurt 2006.
Richter, Die Dritthaftung der Abschlussprüfer, 1. Aufl. , Baden-Baden 2007.
Schellhammer, Schuldrecht nach Anspruchsgrundlagen samt BGB Allgemeiner Teil, 4. Aufl. , Heidelberg 2002.
Sprenger, Internationale Expertenhaftung : Die Dritthaftung von Experten im International Privat-und Zivilverfahrensrecht, Tübingen 2008.
Schützeberg, Der Notar in Europa, Bonn 2005.
Treml/Karger/Luber, Der Amtshaftungsprozess, 3 Aufl. , München 2009.
Godl, Notarhaftung im Vergleich, Tübingen 2001.
von Bar, Verkehrspflichten: richterliche Gefahrsteuerungsgebote im deutschen Deliktsrecht, Köln/Berlin/Bonn/München 1980.

3. 德文论文

Canaris, Schutzgesetz-Verkehrspflichten-Schutzpflichten, in: Festschrift für Karl Larenz zum 80. Geburtstag am 23. April 1983, München 1983.
Canaris, Die Reichweite der Expertenhaftung gegenüber Dritten, ZHR 163 (1999).
Canaris, Die Reform des Rechts der Leistungsstörungen, JZ 2001.
Grunewald, Die Haftung des Experten für seine Expertise gegenüber Dritten, AcP 187 (1987).
Grunewald, Die Haftung des Abschlussprüfer gegenüber Dritten, ZGR 1999.
Herrmann, Die Sachwalterhaftung vermögenssorgender Berufe, JZ 1983.
Lammel, Zur Auskunftshaftung, AcP 179 (1979).
Schneider, Die Rechtweite der Expertenhaftung gengenüber Dritten, ZHR 1999.

Schäfer, Haftung für fehlerhafte Wertgutachten aus wirtschaftswissenschaftlicher Perspektive, AcP 202 (2002).

Quick/Renault, Die zivilrechtliche Haftung des französischen Abschluöprüfers, RIW 1993.

Tomasi, Der französische Anwaltsstand im Wandel der Zeiten, AnBl 57.

索　引

H

J

L

M

Q

S

W

X

Y

Z

后　记

专家对第三人责任是一个古老而常新的问题，它虽不算宏大，但涉及专家执业利益与社会公众利益的平衡，纠结于合同法和侵权法两大领域。而且，在比较法上因各国的历史和制度背景的差异，对该问题的处理方式也有所不同。可以说，研究这一问题既是对自身民法知识的考验，也是观察比较法上的异与同的适当“切面”。

我对这一问题产生兴趣是因为阅读了最高人民法院仲伟珩法官在中国政法大学学习时撰写的博士学位论文《专家对第三人民事责任制度研究》。后来，我进一步阅读相关文献发现，这是一个国际学术界关注较多的、重要的前沿问题。所以，我以“专家对第三人责任制度研究”为题申报了国家社会科学基金，并很幸运地获得批准（批准号：08CFX024）。同时，我也将其作为自己博士后研究期间的课题。

这一作品要面世了，我想要感谢的人很多。限于篇幅，下面仅对与该作品有直接因果关系的个人和组织表示感谢。

首先，应当感谢我攻读博士期间的导师王利明教授。王老师引领我进入侵权法研究的殿堂，而且，让我有较多的机会参与我国《侵权责任法》制定过程中的研讨，这些都为本课题的研究提供了良好的知识基础。而王老师以民法为志业，时刻不忘法律的人文关怀的为人为学态度也是我学习的榜样。

其次，应当感谢我从事博士后研究期间的合作导师孙宪忠教授。在进行博士后研究期间，孙老师不仅为我创造了自由、宽松的环境，而且对我的学术研究进行了较多的指导。尤其是孙老师“法学家要讲真话”的告诫，让我受益终身。

再次，应当感谢西南政法大学徐以祥教授、德国图宾根大学法律系 Jan Thiessen 教授以及北京航空航天大学法学院杨彩霞副教授为本书文献资料的收集所提供的帮助。徐以祥教授千里迢迢从德国为我带来第一手的文献。Jan Thiessen 教授邀请我到该校做了一年的访问学者，使我能够便利地收集到很多文献。而我的同事杨彩霞博士在百忙之中帮助我查找、翻译了部分法语资料，使得本书中法国法方面的内容较为细致和精准。

复次，应当感谢在本课题研究过程中对我提出宝贵建议的学界前辈和同行，是他们的建议使得这一研究成果避免了不少失误。尤其是在中国社会科学院法学所博士后出站答辩时诸位老师的意见和国家社会科学基金项目成果评审专家的意见，对本书的完善有很大帮助。

最后，应当感谢《中国社会科学博士后文库》和经济管理出版社提供的出版平台，使得本书能够尽快与读者见面。

本书是我从事侵权法研究的又一部作品，也是我一段时间内所思所想的记载。我希望它能够为本领域的研究尽绵薄之力。当然，这一作品还有不少问题，希望国内外方家多提批评意见！

周友军

2014 年 9 日